Das Leben

Deutsch als Fremdsprache

Kurs- und Übungsbuch

B1

Christina Kuhn
Hermann Funk
Rita von Eggeling
Gunther Weimann

Alle **Zusatzmaterialien** online verfügbar
unter cornelsen.de/webcodes **Code: saduno**

Dieses Buch als E-Book nutzen:
Use this book as an e-book:
mein.cornelsen.de
5aqf-gp-xsth

Cornelsen

IMPRESSUM

Das Leben

Deutsch als Fremdsprache
Kurs- und Übungsbuch B1

Herausgegeben von Hermann Funk und Christina Kuhn
Im Auftrag des Verlages erarbeitet von Christina Kuhn, Rita von Eggeling, Gunther Weimann sowie Laura Nielsen

Übungen: Marie-Luise Funk, Theresa-Cecilia Krinke, Miriam Tornero Pérez, Rita von Eggeling, Gunther Weimann
Interaktive Übungen: Rita von Eggeling
Grammatik im Überblick: Hermann Funk

Beratende Mitwirkung: Alvaro Camú, Goethe-Institut Chile; Geraldo Carvalho und das Team des Werther-Instituts, Brasilien; Nicole Hawner, Goethe-Institut Nancy; Anja Häusler, Ruhr-Universität Bochum; Wai Meng Chan, National University of Singapore; Cihan Yavuzyilmaz, Goethe-Institut Istanbul

In Zusammenarbeit mit der Redaktion: Dagmar Garve, Meike Wilken, Karin Wagenblatt, Alessandra Frattin
Bildredaktion: Katharina Hoppe-Brill
Redaktionsleitung: Gertrud Deutz

Umschlaggestaltung: Rosendahl Berlin, Agentur für Markendesign
Umschlagfoto: Daniel Meyer, Hamburg

Layoutkonzept: Rosendahl Berlin, Agentur für Markendesign
Technische Umsetzung: Klein & Halm Grafikdesign, Berlin
Illustrationen: Christoph Grundmann, Peter Kast, Ing.-Büro für Kartographie, Wismar (S. 60/61)

Audios: Clarity Studio, Berlin
Videos: Gunnar Rossow Cinematography, Berlin

1. Auflage, 2. Druck 2023

Druck und Bindung: Livonia Print, Riga

ISBN: 978-3-06-122091-4 (Kurs- und Übungsbuch)
ISBN: 978-3-06-122110-2 (E-Book)

Das Leben

Die selbstverständliche Art, Deutsch zu lernen

Liebe Deutschlernende, liebe Deutschlehrende,

das Lehrwerk **Das Leben** richtet sich an Erwachsene, die im In- und Ausland ohne Vorkenntnisse Deutsch lernen. Es führt in drei Gesamtbänden bzw. sechs Teilbänden zur Niveaustufe B1 und setzt die Anforderungen des erweiterten Gemeinsamen europäischen Referenzrahmens um.

Das Leben verbindet das Kurs- und Übungsbuch mit dem multimedialen Lehr- und Lernangebot in der PagePlayer-App. Alle Audios und Videos sowie die zusätzlichen Texte, erweiterten Aufgaben und interaktiven Übungen lassen sich auf dem Smartphone oder Tablet direkt abrufen.

Das Kurs- und Übungsbuch enthält 12 Einheiten und vier Plateaus. Jede Einheit besteht aus sechs Seiten für gemeinsames Lernen im Kurs und acht Seiten Übungen zum Wiederholen und Festigen – im Kurs oder zuhause. Zusätzliche interaktive Übungen über die PagePlayer App ermöglichen eine weitere Vertiefung des Gelernten.

Auf jede dritte Einheit folgt ein Plateau, das optional bearbeitet werden kann. Zu Beginn wird das Gelernte spielerisch wiederholt und erweitert. Eine zweite Doppelseite führt die Lernenden behutsam an Literatur heran. Darauf folgt die erfolgreiche Video-Novela „Nicos Weg" der Deutschen Welle, die die Lernenden mit abwechslungsreichen Aufgaben und Übungen begleitet.
Abschließend bereitet das Prüfungstraining auf das Goethe-Zertifikat B1 vor.

Der Wortschatz von **Das Leben** bezieht die Frequenzliste des DUDEN-Korpus mit ein und trainiert gezielt die häufigsten Wörter der deutschen Sprache.

Mit seinem großen Aufgaben- und Übungsangebot bereitet **Das Leben** optimal auf alle B1-Prüfungen vor.

Wir wünschen Ihnen viel Spaß und Erfolg beim Lernen und Lehren mit **Das Leben**!

Ihr Autor*innenteam

Blick ins Buch

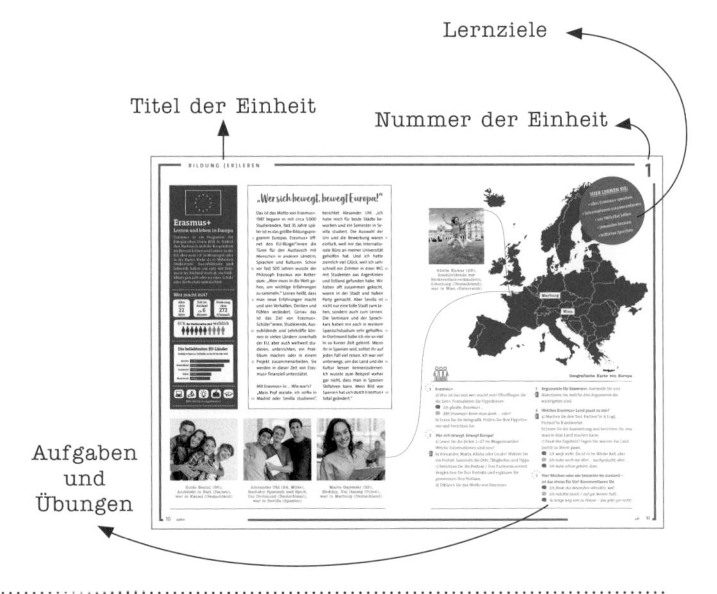

Die Magazinseite

Im Kursbuch beginnt jede Einheit mit einer Magazinseite. Das Layout der Magazinseiten orientiert sich an den alltäglichen Sehgewohnheiten. Wiederkehrende Elemente ermöglichen einen klaren Überblick. Texte und Abbildungen geben einen authentischen Einblick in die Themen der Einheiten, motivieren zum entdeckenden Lernen und führen in Wortschatz und Strukturen ein. Audios, Videos und weitere Inhalte der PagePlayer-App sind mit Symbolen gekennzeichnet (s. Übersicht unten). Die Inhalte können im Kursraum projiziert und/oder von den Lernenden auf Smartphones oder Tablets jederzeit abgerufen werden.

Das Kursbuch

In den Einheiten des Kursbuchs sind alle Aufgaben und Übungen in Sequenzen angeordnet. Sie bereiten die Lernenden Schritt für Schritt auf die Zielaufgaben vor. Übungen zur Automatisierung und Phonetik trainieren sprachliche Flüssigkeit und Aussprache. Neu sind Aufgaben, die mit Hilfe der PagePlayer-App erweitert werden. Sie unterstützen die Kursrauminteraktion oder ermöglichen Partnerarbeit. Die ODER-Aufgaben dienen der Differenzierung und bieten den Lernenden individuelle Wahlmöglichkeiten. Die Videoclips bieten einen authentischen Einblick in alltägliche Situationen. Die landeskundlichen Informationen sowie die Übungen zur Sprachmittlung und Mehrsprachigkeit regen zum Sprach- und Kulturvergleich an und aktivieren sinnvoll die Kenntnisse der Lernenden in allen vorgelernten Sprachen.

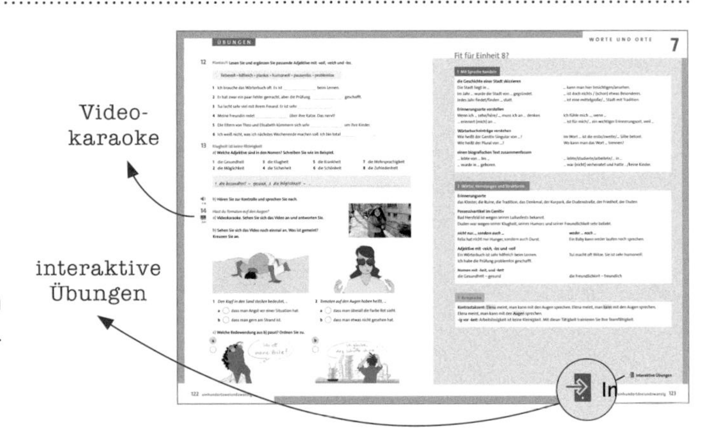

Das Übungsbuch

Der Übungsteil folgt in Inhalt und Aufbau den Sequenzen aus dem Kursbuch. Das Übungsangebot dient der selbstständigen Wiederholung und Vertiefung von Wortschatz und Strukturen. Hier steht den Lernenden analog und digital über die PagePlayer-App ein reichhaltiges Übungsangebot zur Verfügung. Neben Übungen zum Leseverstehen, zum angeleiteten Schreiben, zur Aussprache und zum Hörverstehen trainieren die Lernenden im Videokaraoke das flüssige Sprechen als Teilnehmende an echten Dialogsituationen.

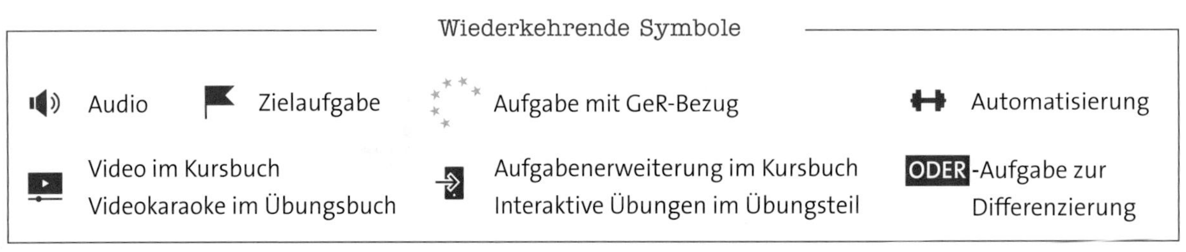

Die Plateaus

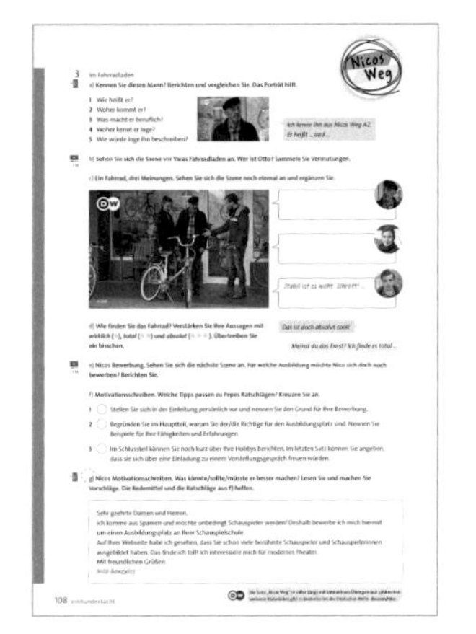

Video-Novela „Nicos Weg“

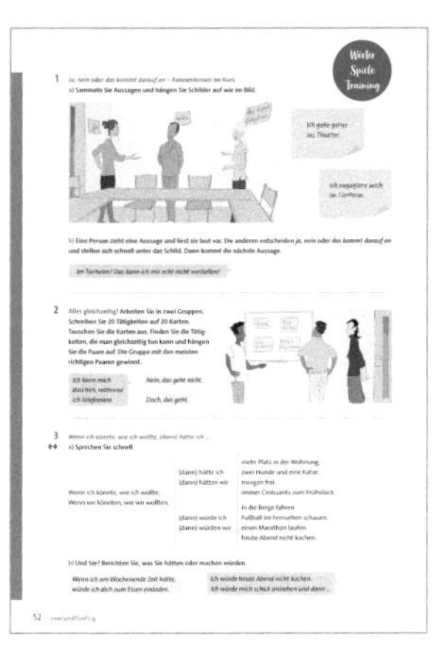
Wörter-Spiele-Training

Wintergarten

Deinen Briefumschlag
mit den zwei gelben und roten Marken
habe ich eingepflanzt
in den Blumentopf

Ich will ihn
täglich begießen
dann wachsen mir
deine Briefe

Schöne
und traurige Briefe
und Briefe
die nach dir riechen

Ich hätte das
früher tun sollen
nicht erst
so spät im Jahr

Erich Fried (1921–1988)

Literatur

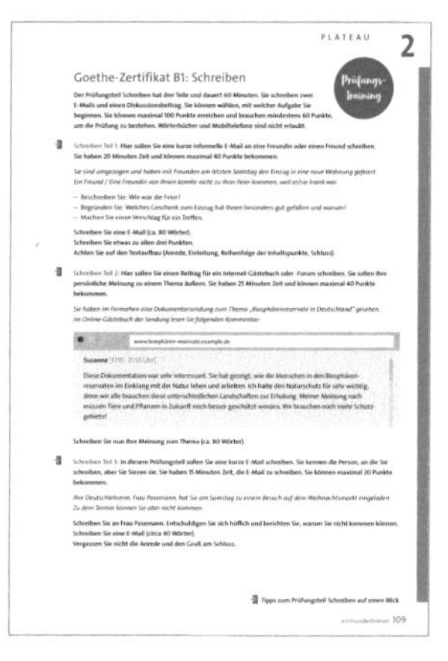

Prüfungstraining

Die vier Plateaus halten ein abwechslungsreiches Lernangebot bereit. Auf jeweils einer Doppelseite laden Aufgaben und Übungen zu „Nicos Weg“, der Video-Novela zum Deutschlernen der Deutschen Welle, vertiefende Übungen und Spiele, literarische Texte sowie ein Prüfungstraining Goethe-Zertifikat B1 zum Ausprobieren der deutschen Sprache, zum Wiederholen und Weiterlernen ein.

Das Videokonzept

Video im Kursbuch

Videokaraoke im Übungsbuch

Video-Novela „Nicos Weg“

Videos im Kursbuch und Videokaraoke in allen Übungsbucheinheiten motivieren mit lebensnahen Situationen und visueller Unterstützung zum Deutschlernen. Die Begegnung mit Nico und seinen Freunden und Freundinnen in der Video-Novela „Nicos Weg“ der Deutschen Welle bietet spannende Einblicke in den Alltag. Die Aufgaben und Übungen der Video-Doppelseite laden zum Mitmachen ein.

Mit der PagePlayer-App, die Sie kostenlos in Ihrem App-Store herunterladen können, haben Sie die Möglichkeit, alle Audios, Videos und weitere Zusatzmaterialien auf Ihr Smartphone oder Tablet zu laden. So sind alle Inhalte überall und jederzeit offline griffbereit.

Alternativ finden Sie diese als Stream und/oder Download im Webcodeportal unter **www.cornelsen.de/codes**

die PagePlayer-App

Inhalt

Gruss aus Hamburg.
Der Hafen im Winter.

10 Wir lieben Kaffee! S.160

Sprachhandlungen: über Kaffee und Cafés sprechen; über Nachhaltigkeit diskutieren; Wichtigkeit ausdrücken; etwas beschreiben; Umfragen und Interviews machen

Themen und Texte: Magazinartikel; Kaffee und Kaffeetrends; Umfrage; Blogartikel; Radiobeitrag; Zeitungsartikel

Wortfelder: Kaffee; Umwelt/Nachhaltigkeit; Selbstständigkeit im Beruf

Grammatik: Partizip II als Adjektiv; Relativpronomen im Genitiv; Gegensätze mit *trotzdem* ausdrücken

Strategien: Hörverstehen

Aussprache: das *g* und *k*

11 Einfach genial! S.174

Sprachhandlungen: über (Zufalls-)Erfindungen sprechen; Lifehacks verstehen und beschreiben; sagen, was man nicht/nur zu tun braucht; Produkte präsentieren und nachfragen

Themen und Texte: Magazinartikel; Erfinder*innen und ihre Erfindungen; Lifehacks; Präsentationen

Wortfelder: Pleiten, Pech und Pannen; Lifehacks; Präsentationen; Tipps; Eisbrecher

Grammatik: *brauchen + zu* + Infinitiv; Partizip I als Adjektiv

Strategie: erfolgreich präsentieren

Aussprache: *-end-*

12 Gestern – heute – morgen S.188

Sprachhandlungen: Visionen für die Zukunft beschreiben; Prognosen kommentieren; über Zeit und Zeitreisen sprechen; auf Nachfragen reagieren; Prognosen machen

Themen und Texte: Magazinartikel; Prognosen und Visionen; Zeitgefühl; Grafik; Forschungsprojekt; Fragebogen; Zeitkapsel; Blog; Zukunft

Wortfelder: Stadt der Zukunft; Zeit; Krimskrams

Grammatik: Nebensätze mit *da* und *weil*; *worin – darin*; Futur I

Aussprache: Zungenbrecher mit *z-*

Plateau 4 S.202

Anhang

Erasmus+

Lernen und leben in Europa

Erasmus+ ist ein Programm der Europäischen Union (EU). Es fördert den Austausch und die Kooperation im Bereich Lehren und Lernen in der EU, aber auch z. B. in Norwegen oder in der Türkei. Mehr als 10 Millionen Studierende, Auszubildende und Lehrende haben seit 1987 mit Erasmus+ im Ausland studiert, ein Praktikum gemacht oder an einer Schule oder Hochschule unterrichtet.

Wer macht mit?

Alter circa 22 Jahre

Zeit im Ausland ca. 6 Monate

Förderung circa 272 €/monatl.

61 % der Studierenden sind weiblich

Die beliebtesten EU-Länder

Häufigste Erasmus-Zielländer in der EU im Jahr 2022

Land	Anzahl
Spanien	21.300
Deutschland	18.400
Frankreich	16.800
Italien	11.500
Niederlande	10.900

Mehr Infos in der App Erasmus+

„Wer sich bewegt, bewegt Europa!“

Das ist das Motto von Erasmus+. 1987 begann es mit circa 3.000 Studierenden, fast 35 Jahre später ist es das größte Bildungsprogramm Europas. Erasmus+ öffnet den EU-Bürger*innen die Türen für den Austausch mit Menschen in anderen Ländern, Sprachen und Kulturen. Schon vor fast 500 Jahren wusste der Philosoph Erasmus von Rotterdam: **„Man muss in die Welt gehen, um wichtige Erfahrungen zu sammeln.“** Lernen heißt, dass man neue Erfahrungen macht und sein Verhalten, Denken und Fühlen verändert. Genau das ist das Ziel von Erasmus+. Schüler*innen, Studierende, Auszubildende und Lehrkräfte können in vielen Ländern innerhalb der EU, aber auch weltweit studieren, unterrichten, ein Praktikum machen oder in einem Projekt zusammenarbeiten. Sie werden in dieser Zeit von Erasmus+ finanziell unterstützt.

Mit Erasmus+ in ... Wie war's?

„Mein Prof meinte, ich sollte in Madrid oder Sevilla studieren“, berichtet Alexander Uhl. „Ich habe mich für beide Städte beworben und ein Semester in Sevilla studiert. Die Auswahl der Uni und die Bewerbung waren einfach, weil mir das Internationale Büro an meiner Universität geholfen hat. Und ich hatte ziemlich viel Glück, weil ich sehr schnell ein Zimmer in einer WG mit Studenten aus Argentinien und Estland gefunden habe. Wir haben oft zusammen gekocht, waren in der Stadt und haben Party gemacht. Aber Sevilla ist nicht nur eine tolle Stadt zum Leben, sondern auch zum Lernen. Die Seminare und der Sprachkurs haben mir auch in meinem Spanischstudium sehr geholfen. **In Dortmund habe ich nie so viel in so kurzer Zeit gelernt.** Wenn ihr in Spanien seid, solltet ihr auf jeden Fall viel reisen. Ich war viel unterwegs, um das Land und die Kultur besser kennenzulernen. Ich wusste zum Beispiel vorher gar nicht, dass man in Spanien Skifahren kann. Mein Bild von Spanien hat sich durch Erasmus+ total geändert.“

Guido Benini (36), Architekt in Bari (Italien), war in Kassel (Deutschland)

Alexander Uhl (24, Mitte), Bachelor Spanisch und Sport, Uni Dortmund (Deutschland), war in Sevilla (Spanien)

Marta Gajewski (22), Medizin, Uni Danzig (Polen), war in Marburg (Deutschland)

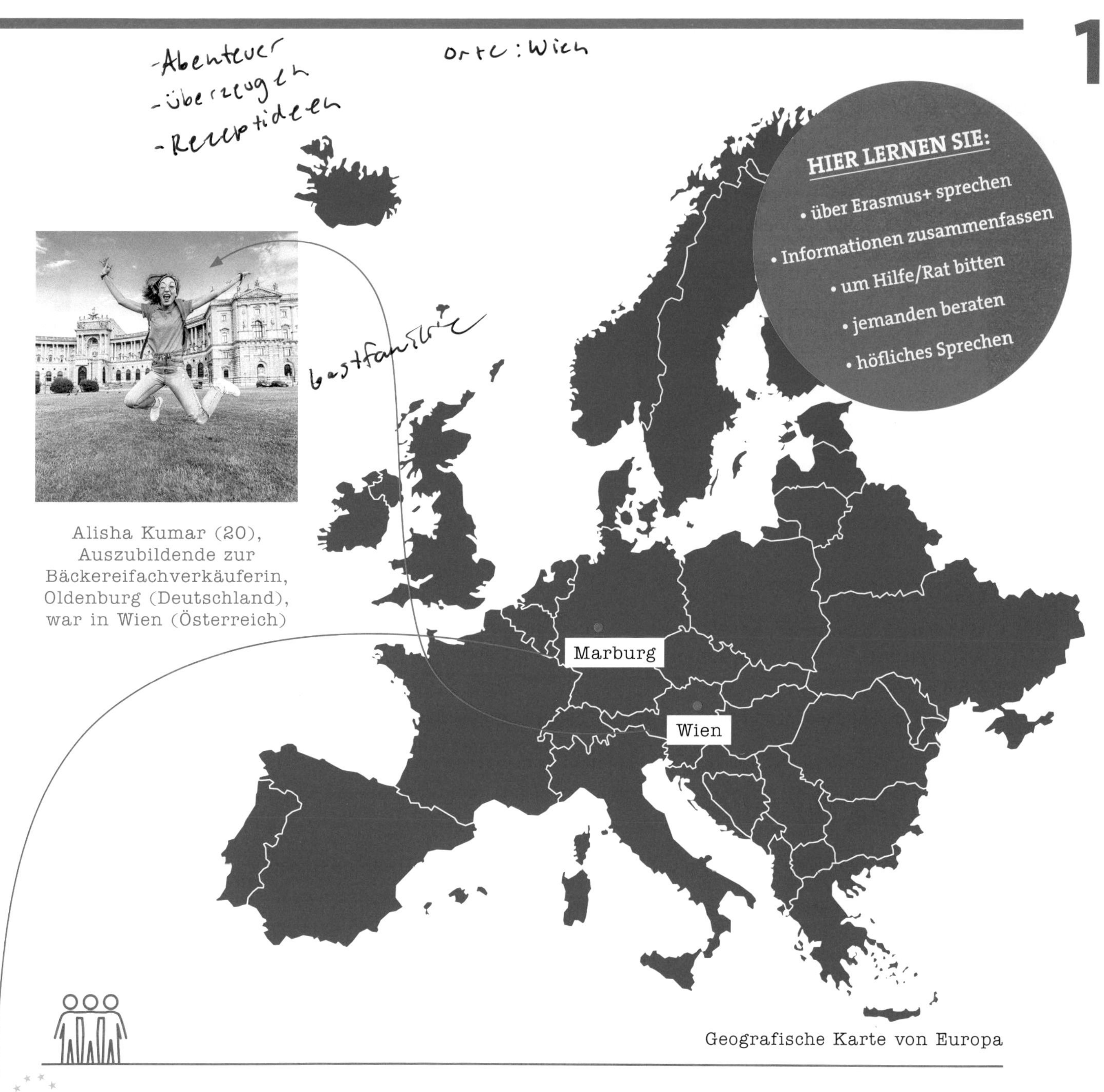

Alisha Kumar (20), Auszubildende zur Bäckereifachverkäuferin, Oldenburg (Deutschland), war in Wien (Österreich)

Geografische Karte von Europa

1 Erasmus+

a) Was ist das und wer macht mit? Überfliegen Sie die Seite. Formulieren Sie Hypothesen.

Ich glaube, Erasmus+ ...

Mit Erasmus+ kann man doch ..., oder?

b) Lesen Sie die Infografik. Prüfen Sie Ihre Hypothesen und berichten Sie.

2 *Wer sich bewegt, bewegt Europa!*

a) Lesen Sie die Zeilen 1–27 im Magazinartikel. Welche Informationen sind neu?

b) Alexander, Marta, Alisha oder Guido? Wählen Sie ein Porträt. Sammeln Sie Orte, Tätigkeiten und Tipps.

c) Berichten Sie. Ihr Partner / Ihre Partnerin notiert. Vergleichen Sie Ihre Porträts und ergänzen Sie gemeinsam Ihre Notizen.

d) Erklären Sie das Motto von Erasmus+.

3 Argumente für Erasmus+. Sammeln Sie und diskutieren Sie, welche drei Argumente die wichtigsten sind.

4 Welches Erasmus+ Land passt zu mir?

a) Machen Sie den Test. Partner*in A fragt, Partner*in B antwortet.

b) Lesen Sie die Auswertung und berichten Sie, was man in dem Land machen kann.

c) Passt das Ergebnis? Sagen Sie, warum das Land (nicht) zu Ihnen passt.

Ich weiß nicht. Da ist es im Winter kalt, aber ...

Ich habe noch nie über ... nachgedacht, aber ...

Ich habe schon gehört, dass ...

5 Vier Wochen oder ein Semester im Ausland – ist das etwas für Sie? Kommentieren Sie.

Ich finde das besonders attraktiv, weil ...

Ich möchte (auch / auf gar keinen Fall) ...

So lange weg von zu Hause – das geht gar nicht!

1 Partyatmosphäre

a) Was ist hier los? Beschreiben Sie die Szene und vergleichen Sie mit Partys, die Sie kennen.

1.06

b) Hören Sie und ordnen Sie die Aussagen den Situationen zu.

a ◯ Die Getränke stehen im Kühlschrank und das Essen steht dort drüben.
b ◯ Kommt rein und fühlt euch wie zu Hause!
c ◯ Kann man hier irgendwo japanisch essen gehen?
d (4) Kann irgendwer mal die Tür aufmachen?
e ◯ Oh Mann, meine Jacke müsste hier irgendwo sein.
f ◯ Hast du irgendwas, um die Flasche aufzumachen?

11.2

c) *Irgendwo/-was/-wann/-wer* ... Markieren Sie in b) und antworten Sie wie im Beispiel.

- Habt ihr irgendwann mal Zeit, um uns die Stadt zu zeigen?
- Gerne. Am Samstag vielleicht?
- Kann irgendwer mal ...
- Klar, mache ich.

2 Die Getränke stehen im Kühlschrank!

a) Lesen Sie Soras Leserbrief. Was ist das Problem? Berichten Sie.

Leserbriefe

Sora Kim, 22, aus Korea

Letzten Samstag war ich auf meiner ersten Party in Deutschland. Ich war ziemlich spät dran. Viele Leute waren schon da. Maria hat die Tür aufgemacht und mich sehr nett begrüßt. Sie hat gesagt: „Fühl dich wie zu Hause! Wenn du was trinken willst – die Getränke stehen im Kühlschrank und das Essen ist auf dem Tisch im Wohnzimmer." Dann hat sie mir zwei Freundinnen vorgestellt und ist weggegangen. Maria hat mir kein Getränk angeboten und auch nichts zum Essen. Das war nicht besonders höflich, oder? Ich habe mir dann selbst etwas genommen – so wie die anderen.

b) Welche Erklärung passt Ihrer Meinung nach am besten? Begründen Sie.

c) *Fühl dich wie zu Hause!* Wie verhalten sich Gastgeber*innen und Gäste bei Ihnen „richtig"? Sammeln und diskutieren Sie.

3 Das Eis brechen

a) **Auf einer Party unterhalten Sie sich mit Leuten, die Sie gerade kennengelernt haben. Welche Fragen passen zur Situation? Kreuzen Sie an.**

1 ◯ Wie alt bist du?
2 ◯ Was machst du beruflich? / Was studierst du?
3 ◯ Findest du das Essen auch so lecker?
4 ◯ Wie gefällt dir die Party?
5 ◯ Kannst du mir ein Getränk holen?
6 ◯ Kennen wir uns?
7 ◯ Hast du einen Freund / eine Freundin?
8 ◯ Wohnst du schon lange hier?
9 ◯ Was sollte man sich hier ansehen?
10 ◯ Was kostet die Wohnung eigentlich?

b) **Welche Frage(n) finden alle im Kurs nicht passend? Vergleichen Sie.**

c) **Welche Fragen stellen Sie oft auf einer Party? Sammeln Sie und vergleichen Sie.**

4 *Hallo, ich bin Hakim!*

1.07

a) **Ein Gespräch beginnen und in Gang halten. Hören Sie zwei Gespräche. Welches ist besser und warum?**

b) **Lesen Sie die Informationen zu Gespräch 1. Ordnen Sie dann die Informationen für Gespräch 2. Sammeln Sie Beispiele im Hörtext auf S. 252 und vergleichen Sie.**

Gespräch 1
- Nur Hakim stellt Fragen.
- Stefan antwortet auf Hakims Fragen nur mit Ja oder Nein.
- Stefan gibt keine weiteren Informationen.
- Hakim bricht das Gespräch ab.

Stefan und Hakim auf Marias und Toms Party

c) **Interessiert oder nicht? Lesen und spielen Sie beide Gespräche auf S. 252/253.**
ODER Sammeln Sie drei Dinge, die Sie über Ihren Partner / Ihre Partnerin wissen möchten. Überlegen Sie sich Fragen. Beginnen Sie das Gespräch mit einem „Eisbrecher". Ihr Partner / Ihre Partnerin antwortet. Achten Sie auf die Intonation und Körpersprache.

Schöne Wohnung!

Ja, finde ich auch.

Wohnst du in der Nähe?

5 *Wir haben letzte Woche über ... gesprochen*

a) **Ihr Partner / Ihre Partnerin war letzte Woche nicht im Kurs. Sie möchten ihn/sie über Erasmus+ informieren. Sammeln Sie wichtige Informationen in einer Mindmap. Tauschen Sie die Mindmaps dreimal im Kurs und ergänzen Sie sie.**

b) **Was muss Ihr Partner / Ihre Partnerin über das Thema wissen? Wählen Sie die wichtigsten Informationen aus und fassen Sie sie zusammen. Die Strategie hilft.**

Strategie

Informationen zusammenfassen
Für wen fassen Sie die Informationen zusammen?
Was ist für die Person wichtig? Was ist nicht so wichtig oder schon bekannt?
Gibt es Beispiele, die helfen?
Notieren Sie alles auf Karten und bringen Sie die Karten in eine Reihenfolge.

c) **Informieren Sie Ihren Partner / Ihre Partnerin auf Deutsch oder in einer gemeinsamen Sprache. Die Redemittel helfen.**

1 Leben und Lernen in Europa

a) **Erasmus+. Lesen Sie die Fragen, überfliegen Sie die Infografik auf S. 10 und notieren Sie kurze Antworten.**

1 Was hat die EU mit Erasmus+ zu tun? *EU-Programm* ________________

2 Wer kann teilnehmen? ________________

3 Seit wann gibt es das Erasmus-Programm? ________________

4 Was machen die Teilnehmer*innen im Ausland? ________________

5 Wie unterstützt die EU die Teilnehmer*innen? ________________

6 Welche Länder sind 2022 am beliebtesten? ________________

b) **Was hat Ihnen geholfen, die Antworten zu den Fragen 1–6 aus a) zu finden? Kreuzen Sie an.**

		1	2	3	4	5	6
a	Angaben in der Statistik						X
b	Zahl(en) im Text						
c	Grafik(en) mit Angaben						
d	Abkürzung(en) im Text						
e	Ländernamen						
f	Informationen im Text						

Erasmus +

c) **Formulieren Sie sechs Sätze zu Ihren Notizen aus a).**

1 Erasmus+ ist ein EU-Programm. ...

d) **Fassen Sie Ihre Sätze aus c) in drei Sätzen zusammen.**

Das EU-Programm Erasmus+ gibt es seit ...

2 Abkürzungen. **Ergänzen Sie wie im Beispiel und kontrollieren Sie mit den Texten auf S. 10.**

1 Europäische Union: ________________

2 zum Beispiel: ________________

3 circa: ________________

4 monatlich: ________________

5 Informationen: ________________

6 Wohngemeinschaft: ________________

7 Professor: *Prof* ________________

8 Universität: ________________

3 Ein Zitat von Erasmus von Rotterdam

a) **Was bedeutet das Zitat? Wählen Sie eine Erklärung aus.**

„Man muss in die Welt gehen, um wichtige Erfahrungen zu sammeln."
Erasmus von Rotterdam

A ◯ Man muss die ganze Welt sehr genau kennen, um sie zu verstehen.

B ◯ Man sollte viel reisen, um andere Kulturen und Menschen kennenzulernen.

b) **Formulieren Sie die Sätze aus dem Magazinartikel auf S. 10 wie im Zitat mit *um ... zu ...***

1 (Zeilen 14–17) Man muss neue Erfahrungen machen, *um* ________________

____

2 (Zeilen 21–25) Schüler*innen, Studierende, Auszubildende und Lehrkräfte bewerben sich, ________________

____

c) **Gute Gründe für ein Austauschprogramm im Ausland. Lesen Sie die Vorschläge und schreiben Sie Ihre Top 3-Empfehlungen auf.**

interessante Leute treffen • selbstbewusster werden • eine andere Kultur kennenlernen • Sprachkenntnisse verbessern • wichtige Erfahrungen sammeln • neue Ideen mit nach Hause bringen • eine Menge Spaß haben • ...

1. *Man sollte an einem Austauschprogramm im Ausland teilnehmen, um ...*
2. *Man sollte ein paar Monate im Ausland leben, ...*
3. *Man sollte ...*

4 Alisha Kumar

a) **Ergänzen Sie die Verben und vergleichen Sie mit dem Magazinartikel auf** **S. 10.**

1 die Förderung –	______	**4** die Erfahrung –	______
2 die Entscheidung –	______	**5** die Sammlung –	______
3 die Bewerbung –	______	**6** der Austausch –	*(sich) austauschen*

b) **Lesen Sie Alishas Bericht und ergänzen Sie die Nomen und Verben aus a).**

Hi, ich bin Alisha und mache eine Ausbildung zur Bäckereifachverkäuferin in Oldenburg. Mein Berufsschullehrer wollte mein Talent ______ [1] und meinte, ich könnte ein Praktikum mit Erasmus+ in Wien machen. Ich erzählte meinem Chef, dass ich in Wien neue Rezeptideen ______ [2] könnte. Er fand die Idee toll und hat mir sogar bei der ______ [3] geholfen. In der Bäckerei in Wien habe ich noch andere Auszubildende kennengelernt und mich sofort wohl gefühlt. Der Austausch [4] hat mir sehr geholfen. Ich bin in Wien selbstsicherer geworden und habe beruflich viel gelernt. Das Praktikum mit Erasmus+ war eine tolle ______ [5] und ganz sicher die richtige ______ [6]!

5 Wer sagt was?

1.08

a) **Hören Sie die Berichte von Alexander, Marta und Guido im Austausch-Podcast und ordnen Sie den Personen passende Aussagen zu.**

1 (*b*) Ich habe mich in Deutschland sofort wohl gefühlt.
2 ( ) Das Internationale Büro an meiner Uni hat mir bei der Auswahl geholfen.
3 ( ) Das Erasmus-Programm war für mich beruflich und auch privat ein Erfolg!
4 ( ) Ich war viel unterwegs und habe das Land und die Kultur besser kennengelernt.
5 ( ) Auf einer Party vom Erasmus-Büro habe ich nette Leute kennengelernt.
6 ( ) Ich habe im Studentenwohnheim gewohnt. Das war zum Glück nicht teuer.
7 ( ) Erasmus war cool. Irgendwie haben das damals alle gemacht.
8 ( ) Ich habe im Austauschsemester in einer internationalen Wohngemeinschaft gelebt.

a

Alexander

b

Marta

c

Guido

b) **Überprüfen Sie Ihre Angaben in a) mit dem Magazinartikel auf S. 10 und den Porträts aus Aufgabe 2b) auf S. 11.**

6 *Vor fast 500 Jahren*

1.09

a) **Hören Sie und sprechen Sie nach. Achten Sie auf die Betonung von *fast*, *ungefähr* und *circa*.**

1 3.000 Studierende – mit circa 3.000 Studierenden – 1987 startete das Erasmus-Programm mit circa 3.000 Studierenden.
2 23.500 Studierende – ungefähr 23.500 Studierende – Die Uni in Marburg hat ungefähr 23.500 Studierende.
3 vor 500 Jahren – vor fast 500 Jahren – Erasmus von Rotterdam lebte vor fast 500 Jahren.

Erasmus von Rotterdam starb 1536.

b) **Lesen Sie die Angaben, vergleichen Sie mit den Sätzen in a) und ordnen Sie *fast*, *ungefähr* und *circa* zu.**

1 ____________, ____________: mehr (>) oder weniger (<) als **2** ____________: weniger als (<)

c) **Was passt? Ergänzen Sie *fast*, *ungefähr* und *circa*.**

____________ [1] alle Studierenden im ersten Semester waren nach ____________ [2] sechs bis acht Wochen immer noch von ihrem Studium begeistert. Aber nach dem ersten Semester wollten ____________ [3] 20 bis 30 von ihnen doch lieber eine Ausbildung machen.

7 Was soll ich studieren?

a) **Lesen Sie den Tagebucheintrag von Emma Koretzki und vergleichen Sie mit den Aussagen von Herrn Bucher. Was hat Emma sich gemerkt? Kreuzen Sie an.**

Dienstag, 12.Mai

Ich hatte heute endlich einen Termin mit Herrn Bucher von der Studienberatung. Er findet, ich sollte meine eigenen Interessen nicht aus den Augen verlieren. Und deshalb möchte ich Journalismus und nicht Jura oder Medizin studieren. Ich denke, ich mache erstmal einen BA und dann vielleicht auch noch den MA. Im BA könnte ich mit Erasmus+ sogar schon ein Semester an einer Uni im Ausland studieren. Mit
5 dieser Möglichkeit habe ich vorher gar nicht gerechnet. Das ist bestimmt etwas für mich! Und wenn ich vor dem Studium ein Praktikum bei einer Zeitung oder beim Radio mache, öffnet das vielleicht auch schon ein paar Türen für einen Job neben dem Studium :-). Und vielleicht entscheide ich mich dann doch noch für ein anderes Studienfach. Auf jeden Fall müsste es aber irgendwas mit Medien sein. Mal sehen.

1 ◯ „Sie könnten eine Ausbildung machen."
2 ◯ „Sie sollten etwas studieren, was Sie interessiert."
3 ◯ „Sie sollten vor dem Studium ein Praktikum machen."
4 ◯ „Sie könnten auch Kommunikationswissenschaften studieren."
5 ◯ „Nach dem BA könnten Sie auch noch einen MA, also einen Master machen."
6 ◯ „Als Journalistin könnten Sie zum Beispiel auch in Unternehmen arbeiten."
7 ◯ „In zwei Wochen ist unser Hochschulinformationstag, den Sie auf jeden Fall besuchen sollten."

b) **Lesen Sie den Tagebucheintrag noch einmal. Wie formuliert Emma die Angaben a–e? Markieren Sie in a) und ergänzen Sie die Zeilennummer(n).**

a ___ Ich habe noch Zeit.
b 5 Das passt sicher gut zu mir.
c ___ Das wusste ich noch gar nicht.
d ___ Das bietet mir vielleicht eine Chance.
e ___ Ich sollte meine persönlichen Vorstellungen nicht vergessen.

c) Hören Sie das Beratungsgespräch aus Aufgabe 1b) und 3a) auf S. 12 noch einmal und ergänzen Sie die Mindmap.

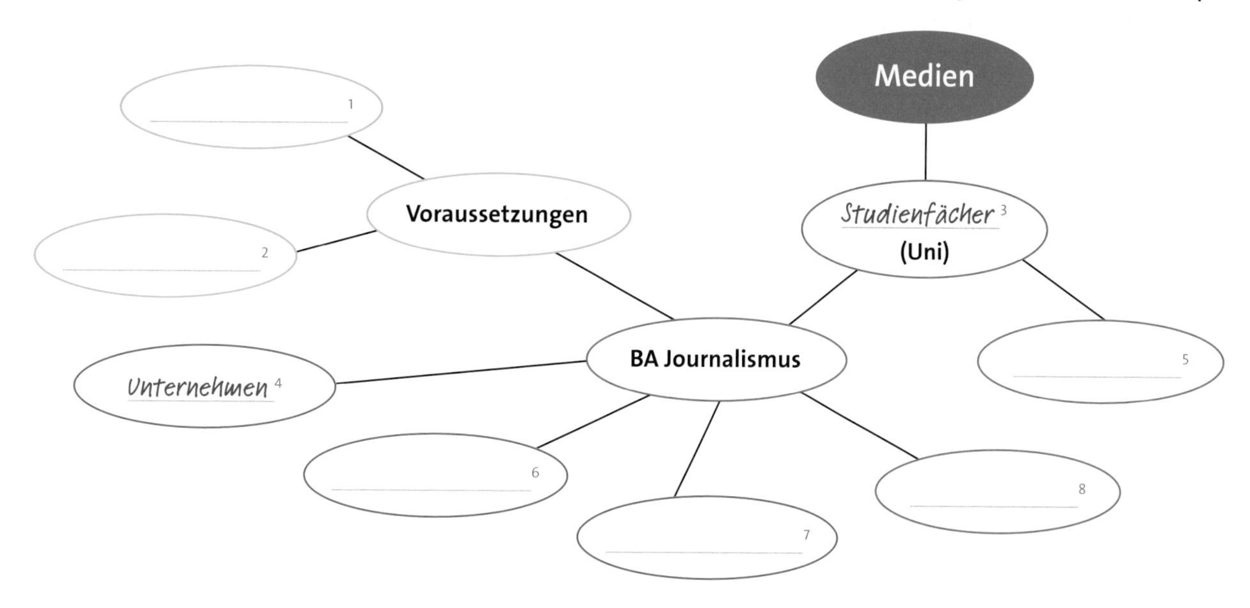

8 *Du könntest doch mal ...*

a) **Ihre Freundin / Ihr Freund langweilt sich. Was könnte, sollte oder müsste sie/er machen? Machen Sie Vorschläge.**

1 mal aufräumen – müssen: Dein Zimmer sieht schlimm aus. *Du müsstest mal aufräumen!*

2 endlich Vokabeln lernen – sollen: Morgen ist der Test. ____________

3 mir in der Küche helfen – können: Ich koche jetzt Gemüsecurry. ____________

4 mal die Blumen gießen – müssen: ____________. Die sehen ganz trocken aus.

5 Sport machen – sollen: Du sitzt immer nur am Schreibtisch. ____________

6 spazieren gehen – können: ____________. Frische Luft tut dir gut!

b) **Sagen Sie es anders! Formulieren Sie die Aussagen mit *könnte*, *sollte* oder *müsste* wie im Beispiel.**

1 Vielleicht besuche ich dich am Wochenende. ____________

2 Mein Lebenslauf ist immer noch nicht fertig. *Ich müsste ihn endlich fertig schreiben.*

3 Die Reparaturrechnung ist noch nicht bezahlt. ____________

4 Ich war schon ziemlich lange nicht mehr im Kino. ____________

5 Ich brauche noch einen Arzttermin. ____________

6 Im Yogakurs sind noch ein paar Plätze frei. ____________

c) **Und Sie? Notieren Sie vier Dinge, die Sie heute noch machen *könnten*, *müssten* oder *sollten*. Die Bilder helfen.**

1 ____________

2 ____________

3 ____________

4 ____________

9 Der Ton macht die Musik!

1.10

a) **Hören Sie und lesen Sie mit. Was klingt höflicher? Kreuzen Sie an.**

		a	b
1	Könnte ich das WLAN-Passwort haben?	◯	◯
2	Mach mal bitte das Licht an.	◯	◯
3	Könnten Sie mir bitte Platz machen?	◯	◯
4	Sie müssten bitte noch einmal am Montag anrufen.	◯	◯
5	Du solltest ab und zu auch mal an dich denken.	◯	◯
6	Ist das dein Ernst?	◯	◯
7	Könntest du die Musik leiser machen?	◯	◯
8	Sag mal, müsstest du nicht eigentlich das Bad putzen?	◯	◯

1.11

b) **Hören Sie die höflichen Bitten noch einmal und sprechen Sie nach.**

10 Ein Wintersemester in Sevilla

a) **Wo steht *ziemlich, sehr* oder *besonders*? Schreiben Sie wie im Beispiel.**

1 Ich hatte großes Glück. (ziemlich)
2 Ich habe schnell ein Zimmer in einer WG gefunden. (sehr)
3 Der Sprachkurs in Sevilla hat mir geholfen. (sehr)
4 Für ein Austauschsemester im Winter finde ich die Stadt attraktiv. (besonders)
5 Wir haben in Sevilla auch oft Party gemacht. (ziemlich)
6 Ich habe im Austauschsemester viel Spanisch gelernt. (besonders)
7 Leider habe ich in Spanien aber auch viel Geld ausgegeben. (sehr)

1 Ich hatte ziemlich großes Glück.

Sevilla im Winter

1.12

b) **Hören Sie die Aussagen 1–7 und überprüfen Sie die Position von *ziemlich, sehr* und *besonders* in a).**

c) **Was ist richtig? Vergleichen Sie mit den Aussagen in a) und kreuzen Sie an.**

Ziemlich, sehr und *besonders* ...

a ◯ können vor einem Adjektiv oder vor einem Verb stehen.

b ◯ können die Bedeutung von Adjektiven und Verben verstärken.

c ◯ werden immer benutzt, wenn man nicht ganz sicher ist.

d ◯ Mit *ziemlich* kann man Adjektive und Verben auch abschwächen.

11 *Sehr ..., besonders ..., ziemlich ...?* **Wie finden Sie das? Kommentieren Sie wie im Beispiel. Die Adjektive in der Wortwolke helfen.**

1 Märchenfilme
2 Turnschuhe
3 Erdbeeren im Winter
4 Spazierengehen
5 Regentage
6 Tee mit Milch

1 Ich finde Märchenfilme sehr ...

angenehm
lecker
teuer
romantisch
bequem
fantastisch
doof
schön
sportlich
langweilig
interessant

12 *Irgendwo, irgendwie, irgendwann ...*

a) **Sehen Sie sich das Bild von der Party noch einmal an. Wer sagt was? Ergänzen Sie die W-Fragen und ordnen Sie zu.**

a ◯ ______ ist mein Ladekabel?

b ◯ ______ besuchen wir mal einen Tanzkurs?

c ◯ Lecker! ______ gibt mir das Rezept?

d ◯ ______ gibt es hier zum Trinken?

e (2) Hi, Fred! *Wie* siehst du denn aus? Neue Frisur?

f ◯ ______ hat denn das Bier nicht in den Kühlschrank gestellt?

g ◯ ______ machen wir endlich mal zusammen Sushi?

b) ***Irgendwo/-wie/-wann/-was/-wer.*** **Ergänzen Sie. Die W-Fragen in a) helfen.**

a Ich kann mein Ladekabel nicht finden. Es müsste hier ______ sein.

b Ich möchte ______ mal einen Tanzkurs besuchen. Hast du Lust mitzukommen?

c Der Kartoffelsalat schmeckt besonders lecker! ______ muss mir das Rezept geben.

d Ich brauche ______ zum Trinken. Wo stehen denn die Getränke?

e Lange nicht gesehen. Warst du beim Friseur? ______ siehst du anders aus.

f Wie schrecklich! ______ hat vergessen, das Bier in den Kühlschrank zu stellen.

g Wir sollten ______ mal zusammen Sushi machen. Das macht sicher Spaß!

c) **Vergleichen Sie die W-Fragen in a) mit den Aussagen in b). Streichen Sie zweimal *nicht* durch, damit die Aussage stimmt.**

W-Fragen sind nicht direkter als Aussagen mit *irgend-*. In Aussagen mit *irgend-* ist nicht bekannt, *wo, wie, was, wann* etwas passiert oder *wer* etwas nicht tut.

13 *Ziemlich voll hier ...* Halten Sie das Partygespräch in Gang.

- (1) Ist ja schon ziemlich voll hier.
- ◯ Und was machst du in Zürich?
- (2) Findest du?
- ◯ Stimmt. Ich bin erst seit ein paar Wochen hier.
- ◯ Ich arbeite hier in einer Bank.
- ◯ Kennst du hier alle?
- ◯ Aha. Wie heißt du eigentlich?
- ◯ Martin. Und du?
- (3) Ja. Und ich habe gehört, dass noch mehr kommen.
- ◯ Ich bin Austauschstudent. Und du?
- ◯ Arvin. Schön dich kennenzulernen.
- ◯ Fast. Ich glaube, ich habe dich noch nie gesehen.

14 Erfahrungen machen. **Welches Verb passt zu den Nomen? Vergleichen Sie mit S. 10–12 und ergänzen Sie.**

1 eine Ausbildung / ein Praktikum / ein Austauschsemester / einen Master ____________
2 Rezepte/Erfahrungen/Ideen/Tipps ____________
3 die Kultur / das Land / die Leute / den Betrieb ____________
4 Medizin/Kommunikationswissenschaften/Jura/Journalismus ____________
5 Seminare/Sprachkurse/das Internationale Büro/Erasmus-Partys ____________

15 Hochschulinformationstag

1.01

a) **Videokaraoke. Sehen Sie sich das Video an und antworten Sie.**

b) **Sehen Sie sich das Video noch einmal an. Welche Redemittel hören Sie? Kreuzen Sie an.**

das Thema nennen

- ◯ Das Thema ist ...
- ◯ ... ist ein/e ...
- ◯ Es geht um ...
- ◯ ... steht/stehen im Mittelpunkt.

Tätigkeiten nennen

- ◯ Man kann sich über ... informieren.
- ◯ Die Universität präsentiert ...
- ◯ Lehrende/Studierende berichten über ...

Argumente nennen

- ◯ Ein Vorteil/Nachteil ist, dass ...
- ◯ Für/Gegen ... spricht, dass ...
- ◯ Das Beste ist, dass ...
- ◯ Man darf auch nicht vergessen, dass ...

Beispiele nennen

- ◯ Ein Beispiel ist ...
- ◯ ... ist ein (gutes) Beispiel (für ...)
- ◯ Zum Beispiel ...

c) **Welcher Notizzettel passt zu dem Gespräch? Wählen Sie aus.**

a ◯

7. Mai: IB-Stand
Info-Aktivitäten mit Elia: Studium, Erasmus+, Förderung, ...
Job/Bewerbung?
- Interesse an Austauschsemester
- wichtig: Lebenslauf!
- Link von Elia

b ◯

7.05.: HS-Infotag
- Studienfächer
- Austausch & Förderung
- Unisport, Campusradio
- Freizeitangeb. Stadt
IB-Job?
- Erasmus+, Erfahrungen
- Infos: meine Uni

16 Erasmus+. **Erinnern Sie sich? Notieren Sie kurze Antworten wie in 15c).**

Was ist das? ____________
Warum gibt es das? ____________
Wo findet das statt? ____________
Wie fördert die EU das? ____________
Wie lange dauert das? ____________
Wer kann mitmachen? ____________
Was kann man machen? ____________
Wo gibt es Infos und Hilfe? ____________

Fit für Einheit 2?

1 Mit Sprache handeln

über Erasmus+ sprechen
Ich möchte mich für ein Auslandssemester bewerben und neue Erfahrungen sammeln.
Ich finde, man sollte Erasmus+ auf jeden Fall als Chance sehen und Seminare und Kurse besuchen, die es zu Hause nicht gibt.
Mit Erasmus+ könnte ich interessante Leute kennenlernen und meine Sprachkenntnisse verbessern.

Informationen zusammenfassen
Wir haben über ... gesprochen.
Es ging um ...
Im Mittelpunkt stand ...
Am wichtigsten/interessantesten war (für mich) ...

um Hilfe/Rat bitten
Könnten Sie mir bitte sagen, ob ...
Ich brauche mal deinen Rat, bitte.
Was meinen Sie? Sollte ich vielleicht ...?
Was meinst du? Was müsste ich ...?

jemanden beraten
Ich finde/denke/meine, Sie sollten ...
Ich schlage vor, ...
Sie sollten vielleicht zuerst ... und könnten dann ...
Es gibt viele Möglichkeiten, z. B. ...

2 Wörter, Wendungen und Strukturen

Wortfeld (Auslands)Studium
eine Ausbildung / ein Praktikum / ein Austauschsemester / einen Master machen, wichtige Erfahrungen sammeln, Sprachkenntnisse verbessern, interessante Leute treffen/kennenlernen, eine Bewerbung schreiben

Abkürzungen
Europäische Union = EU
zum Beispiel = z. B.
circa = ca.
Wohngemeinschaft = WG
Informationen = Infos
BA/MA = Bachelor/Master

Konjunktiv II der Modalverben
Könnten Sie mir bitte sagen, wie spät es ist?
Meine Mutter meint, ich sollte Jura studieren.
Ich müsste häufiger Sport machen.

irgendwo/-was/-wann/-wer
Wo ist meine Jacke? — Meine Jacke müsste hier irgendwo sein.
Was gibt es hier zum Essen? — Ich brauche irgendwas zum Essen.
Wann habt ihr mal Zeit, um uns die Stadt zu zeigen? — Habt ihr irgendwann mal Zeit, um uns die Stadt zu zeigen?
Wer kann bitte die Tür aufmachen? — Kann irgendwer bitte die Tür aufmachen?

3 Aussprache

Höfliches Sprechen: Kann ich Sie mal kurz stören? Sie müssten bitte noch einmal am Montag anrufen.

Aussagen verstärken mit *ziemlich, sehr* und *besonders*: Das Austauschsemester in Sevilla hat mir besonders gut gefallen. Und ich hatte ziemlich viel Glück, weil ich sehr schnell ein Zimmer gefunden habe.

Interaktive Übungen

Kulisse #7

Das Theatermagazin

Die neue Spielzeit beginnt ...

Am 02. September sind wir wieder für Sie da!

#aufderBühne: Frank Hahn und Susanne Lohmann in den Hauptrollen in Shakespeares „Romeo und Julia".

#Maske: Maskenbildnerin Ana Ruiz schminkt und frisiert die Schauspieler*innen.

» *Sehn wir doch das Große aller Zeiten*
Auf den Brettern, die die Welt bedeuten,
Sinnvoll still an uns vorübergehn.
Alles wiederholt sich nur im Leben,
Ewig jung ist nur die Phantasie,
Was sich nie und nirgends hat begeben,
Das allein veraltet nie! «

Friedrich Schiller, An die Freunde

#Kostüm: Kostümbildnerin Heike Roth-Hinrichs entwirft die Kostüme für ein Theaterstück.

#Lampenfieber: Irina Nowak wartet in den Kulissen nervös auf ihren Auftritt.

#Bühnenbild: Bühnenhandwerker warten noch auf den Bühnenmaler.

Werfen Sie doch mal einen Blick hinter die Kulissen!

Bald geht die neue Spielzeit los, endlich gibt es wieder Theater: Im Saal wird es langsam dunkel, die Schauspieler*innen haben Lampenfieber, das Publikum wartet gespannt, einige Gäste husten leise, dann öffnet sich der Vorhang ... Aber haben Sie sich eigentlich auch schon einmal gefragt, was hinter den Kulissen passiert?

Während Sie sich auf die neue Spielzeit freuen, wird hier fleißig geprobt, gebaut, genäht, gemalt, frisiert, installiert, ... An jeder einzelnen Produktion sind über 20 Personen in unterschiedlichen Theaterberufen beteiligt!

Bis zur Eröffnung der neuen Spielzeit laden wir Sie ein, den Theaterbetrieb einmal ganz anders kennenzulernen und unsere Mitarbeiter*innen bei den Vorbereitungen und Proben zu beobachten. Interessiert? Dann sehen Sie sich doch mal bei uns um:

www.kulisse.example.com/tour

HIER LERNEN SIE:

- über Theaterberufe sprechen
- sagen, wozu man (keine) Lust hat
- Bedeutungen aushandeln
- eine Szene aus „Tschick“ spielen

#Scheinwerfer: Beleuchter Marco Sauer sorgt für das richtige Licht.

#großerSaal: Die Sitzreihen warten auf Publikum.

1 Im Theater

a) Überfliegen Sie die Seite und sammeln Sie Berufe im Theater.

b) Auf der Bühne, im Saal oder hinter den Kulissen? Lesen Sie den Magazinartikel und berichten Sie.

Das Publikum sitzt gespannt im Saal.

c) *Was macht eigentlich ein/eine ...?* Tätigkeiten, Ausbildung und Arbeitszeiten. Fragen und antworten Sie.

2 Alles muss stimmen!

1.13–1.15 a) Wählen Sie Maske, Kostüm oder Bühnenbild und hören Sie das Interview. Welche Informationen sind neu? Berichten Sie.

b) Teamwork. Wer arbeitet mit wem zusammen? Hören Sie das Interview aus a) noch einmal und berichten Sie.

3 Bretter, die die Welt bedeuten

1.16 a) Hören Sie die Strophe aus dem Gedicht, lesen Sie mit und achten Sie auf die Intonation.

b) Das Gedicht in moderner Sprache. Ordnen Sie die Zeilen und vergleichen Sie.

c) *Alles wiederholt sich* ... Was meint Friedrich Schiller? Nennen Sie Beispiele.

Vielleicht meint er die Jahreszeiten.

d) Lesen Sie die Strophe aus dem Gedicht laut und achten Sie auf die Intonation.

4 Irina Nowak hat Lampenfieber

a) Was ist *Lampenfieber*? Lesen und erklären Sie.

b) Wann haben oder hatten Sie Lampenfieber? Berichten Sie.

Lampenfieber? Kenne ich nicht! Ich ...

Ich hatte Lampenfieber, als ...

 Menschen im Theater

a) **Lesen Sie das Interview und ordnen Sie vier Fragen zu.**

1 Was war Ihr größter persönlicher Erfolg?
2 Wollten Sie schon immer am Theater arbeiten?
3 Mit wem arbeiten Sie am meisten zusammen?
4 Was genau macht eine Dramaturgin?
5 Was ist in Ihrem Beruf am wichtigsten?
6 Wie sieht Ihr Arbeitsalltag aus?

Beate Seidel arbeitet seit 2013 am Deutschen Nationaltheater (DNT) in Weimar.

Interviewreihe »Wege in den Beruf«

Chefdramaturgin am DNT Weimar

○

Eigentlich wollte ich Lehrerin werden. Als Kind und Jugendliche hatte ich auch nicht oft die Möglichkeit, ins Theater zu gehen. Aber ich habe schon immer sehr gerne und auch sehr viel gelesen. Und während ich in Leipzig Germanistik und Theaterwissenschaften studiert habe, bin ich zum Theater gekommen.

○

In erster Linie bin ich hier am DNT für die Öffentlichkeitsarbeit und für die gesamte Spielplanung verantwortlich, besonders für das Schauspiel. Also, welche Stücke wir spielen wollen und welche Veranstaltungen wir außerdem anbieten. Und ich arbeite auch eng mit den Regisseurinnen und Regisseuren und den Schauspielerinnen und Schauspielern zusammen. Bei uns entsteht das Meiste in Teamarbeit.

○

Ein normaler Tag beginnt für mich meistens um neun. Da gibt es gleich die erste Besprechung im Theater. Wenn ich eine Produktion habe, gehe ich um zehn auf eine Probe. Am Nachmittag arbeite ich im Büro, schreibe Mails, lese viel und bereite Besprechungen vor. Und abends gehe ich häufig noch auf andere Proben. Es gehört ja auch zu meinen Aufgaben, mir die anderen Produktionen anzusehen, zum Beispiel im Tanz- oder Musiktheater. Die Ergebnisse besprechen wir dann im Team. So ein Arbeitstag endet oft erst um zehn Uhr abends.

○

Meiner Meinung nach geht es ohne Interesse an Literatur nicht. Das ist sicher am wichtigsten, denn in meinem Beruf muss man sehr viel lesen. Neue und auch ältere Theaterstücke, Romane, Erzählungen usw. Und manchmal müssen die Texte auch für das Theater neu bearbeitet werden. Man muss zum Beispiel Dialoge ergänzen oder ganze Szenen streichen, wenn das Stück sehr lang ist. Das finde ich spannend!

Tipp:
Das ganze Interview finden Sie unter www.kulisse.example.com

b) **Voraussetzungen für den Beruf und Aufgaben einer Chefdramaturgin. Lesen Sie das Interview mit Beate Seidel noch einmal, sammeln und berichten Sie.**

Voraussetzungen:	*im Team arbeiten,*
Aufgaben:	*Öffentlichkeitsarbeit,*

Eine Voraussetzung ist, dass man gerne im Team arbeitet.

Zu den Aufgaben einer Chefdramaturgin gehört zum Beispiel ...

 1.17

c) **Hören Sie das ganze Interview und überprüfen Sie Ihr Ergebnis in a).**

d) **Hören Sie das Interview noch einmal. Sammeln Sie neue Informationen und vergleichen Sie.**

2 Hast du vor, öfter ins Theater zu gehen?

a) **Fragen und antworten Sie.**

1.3

Planst du, Hast du vor, Hast du Lust/Zeit, Macht es dir Spaß, Kannst du dir vorstellen,	ab und zu manchmal regelmäßig öfter	ins Theater zu gehen? selbst Theater zu spielen? Theaterstücke zu schreiben? Freunde ins Theater einzuladen? in einer Theatergruppe mitzumachen?	Ja. Na klar! Lieber nicht. Nein, eher/gar nicht.

b) **Lesen Sie die Sätze, sammeln Sie auf S. 25–26 weitere Beispiele und markieren Sie die Infinitive mit *zu*.**

Die Chefdramaturgin findet es wichtig, aktuelle Themen auf die Bühne zu bringen.
Es macht ihr großen Spaß, Theaterstücke für den neuen Spielplan auszuwählen.

9

c) **Vergleichen Sie die Sätze aus b) und ergänzen Sie die Regel.**

Regel: Der Infinitiv mit *zu* steht am enden.

Bei trennbaren Verben steht *zu* zwischen Vorsilbe und Nachsilbe.

3 Am Samstag gehen wir ins Theater!

a) **Einen Anzug, ein Kleid oder ...? Was ziehen Sie zu einem Theaterbesuch an? Berichten und vergleichen Sie.**

b) **Üben Sie Dialoge wie im Beispiel. Die Vorschläge helfen.**

Ich habe die Tickets schon bestellt.

Vergiss bitte nicht, die Tickets zu buchen.

Und denk dran, das schwarze Hemd zu bügeln!

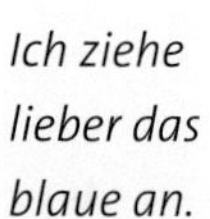

Ich ziehe lieber das blaue an.

4 Das tun Zuschauer*innen im Theater (nicht)!

a) ***Man sollte (nicht)* ... Sammeln und vergleichen Sie.**

Im Theater sollte man leise sein.

Genau. Und man sollte nicht ...

b) **Schreiben Sie einen Ratgebertext für Theaterbesucher*innen mit den Angaben aus a) ODER einen Leserbrief, in dem Sie sich über das Verhalten anderer Theaterbesucher*innen beschweren. Die Redemittel helfen.**

Bei einem Theaterbesuch ist es wichtig, die anderen Zuschauer*innen nicht zu stören. Man sollte also auf jeden Fall pünktlich sein. ...

Liebe Kulisse-Redaktion,
*ich ärgere mich manchmal über die anderen Besucher*innen im Theater. Gestern saß z. B. eine Frau hinter mir, die die ganze Zeit husten musste. Ich finde es nicht richtig, andere Zuschauer*innen zu stören. ...*

c) **Präsentieren Sie Ihre Texte.**

1 Maik und Tschick

a) Maik (M), Tschick (T) oder beide? Wählen Sie eine Person und lesen Sie die Einführung. Ergänzen und vergleichen Sie.

____	Muttersprache: Deutsch	M, T	Alter: 14 Jahre
____	Wohnort: Berlin	____	Nationalität: russisch
____	Schule: Hagecius-Gymnasium	____	Spitzname: ja

b) Sommerferien ohne Eltern. Was könnten Maik und Tschick machen? Machen Sie Vorschläge.

2 Der Roman: Kapitel 18

1.18

a) Tschick hat eine Idee. Wie reagiert Maik? Hören Sie den Dialog, lesen Sie mit und berichten Sie.

„Wohin willst du denn überhaupt?"
„Ist doch egal."
„Wenn man wegfährt, wär irgendwie gut, wenn man weiß, wohin."
„Wir könnten meine Verwandtschaft besuchen. Ich hab einen Großvater in der Walachei."
5 „Und wo wohnt der?"
„Wie, wo wohnt der? In der Walachei."
„Hier in der Nähe oder was?"
„Was?"
„Irgendwo da draußen?"
10 „Nicht *irgendwo* da draußen, Mann. In der Walachei."
„Das ist doch dasselbe."
„Was ist dasselbe?"
„Irgendwo da draußen und Walachei, das ist dasselbe."
„Versteh ich nicht."
15 „Das ist nur ein *Wort*, Mann", sagte ich und trank den Rest von meinem Bier.
„Walachei ist nur ein Wort. So wie Dingenskirchen. Oder Jottwehdeh."
„Meine Familie kommt von da."
„Ich denk, du kommst aus Russland?"
„Ja, aber ein Teil kommt auch aus der Walachei. Mein Großvater. Und meine
20 Großtante und mein Urgroßvater und – was ist daran so komisch?"
„Das ist, als hättest du einen Großvater in Jottwehdeh. Oder in Dingenskirchen."
„Und was ist daran so komisch?"
„Jottwehdeh gibt's nicht, Mann! Jottwehdeh heißt: *janz weit draußen.*
Und die Walachei gibt's auch nicht. Wenn du sagst, einer wohnt in der Walachei,
25 dann heißt das: Er wohnt in der Pampa."
„Und die Pampa gibt's auch nicht?"
„Nein."
„Aber mein Großvater wohnt da."
„In der Pampa?"
30 „Du nervst echt. Mein Großvater wohnt irgendwo am Arsch der Welt in einem Land, das Walachei heißt. Und da fahren wir morgen hin."

1.19

b) Hören Sie die Umfrage. Nach welchen Ausdrücken wird gefragt?

c) *Dingenskirchen, in der Walachei* ... Lesen Sie die Lexikoneinträge laut vor. Ihr Partner / Ihre Partnerin ergänzt.

d) Warum ist Tschick von Maik genervt? Lesen Sie den Dialog noch einmal und erklären Sie auf Deutsch oder in einer gemeinsamen Sprache.

3 Vom Roman zum Theaterstück

a) **Was passiert gleichzeitig? Lesen Sie die Regieanweisungen für Kapitel 18 und berichten Sie.**

Auf der Bühne: Wohnzimmer von Maiks Eltern: Sofa in der Mitte, zwei Sessel links und rechts, kleiner Tisch vorne, Fernseher auf Kommode links, Bücherregal rechts. **Handlung:** Tschick steht vor dem Regal. Er sieht sich die Bücher an, verliert das Interesse und geht langsam zum Sofa. Während er zum Sofa geht, kommt Maik mit zwei Flaschen in den Händen von links auf die Bühne. Er stellt die Getränke auf den Tisch. Tschick legt sich auf das Sofa. Maik öffnet zuerst eine Flasche für Tschick, setzt sich dann auf einen Sessel und öffnet seine Flasche. Sie sehen sich an, während sie einen Schluck trinken. Dann macht Tschick einen Vorschlag ...

1.1

b) **Alles gleichzeitig! Markieren Sie die Verben im Nebensatz mit *während* in a) und ergänzen Sie.**

Während Tschick vor dem Regal steht, ...
..., während Tschick vor dem Regal steht.

c) **Lesen Sie die Regieanweisung aus a) noch einmal und spielen Sie die Szene vor. Achten Sie auf das, was gleichzeitig passiert. Die anderen helfen.**

4 *Was?*

1.20

a) **Hören Sie, lesen Sie mit und achten Sie auf die Intonation.**

Während ich telefoniere, räume ich auf.

Was? Du räumst auf, während du telefonierst?

Ja, ich räume auf, während ich telefoniere.
Das mache ich immer so! Und du?

b) **Sprachschatten. Variieren Sie und fragen Sie wie in a) nach.**

5 Ab in die Walachei!

a) **Mit dem Auto von Berlin nach Bukarest. Recherchieren Sie Fahrtdauer, Städte und Länder. Berichten Sie.**

b) **Unterwegs. Wählen Sie eine Situation aus und schreiben Sie einen Dialog ODER eine Regieanweisung.**

Kapitel 19: Um vier Uhr nachts geht es los. Tschick kommt mit einem Auto, um Maik abzuholen.

Kapitel 23: Am zweiten Reisetag treffen sie ihren Mitschüler Lutz aus Berlin in einer Dorfbäckerei.

Kapitel 38: Maik und Tschick haben einen Unfall mit dem Auto. Eine nette Frau will ihnen helfen.

Kapitel 45: Maik kommt aus dem Krankenhaus und muss seinen Eltern erklären, was passiert ist.

Unterwegs in die Walachei.
„Tschick" am Schauspiel Leipzig.

c) **Präsentieren Sie Ihre Dialoge oder Regieanweisungen. Spielen Sie die Szenen nach.**

1 Im Theater

a) **Menschen, Orte, Tätigkeiten. Ordnen Sie die Angaben aus der Wortwolke zu.**

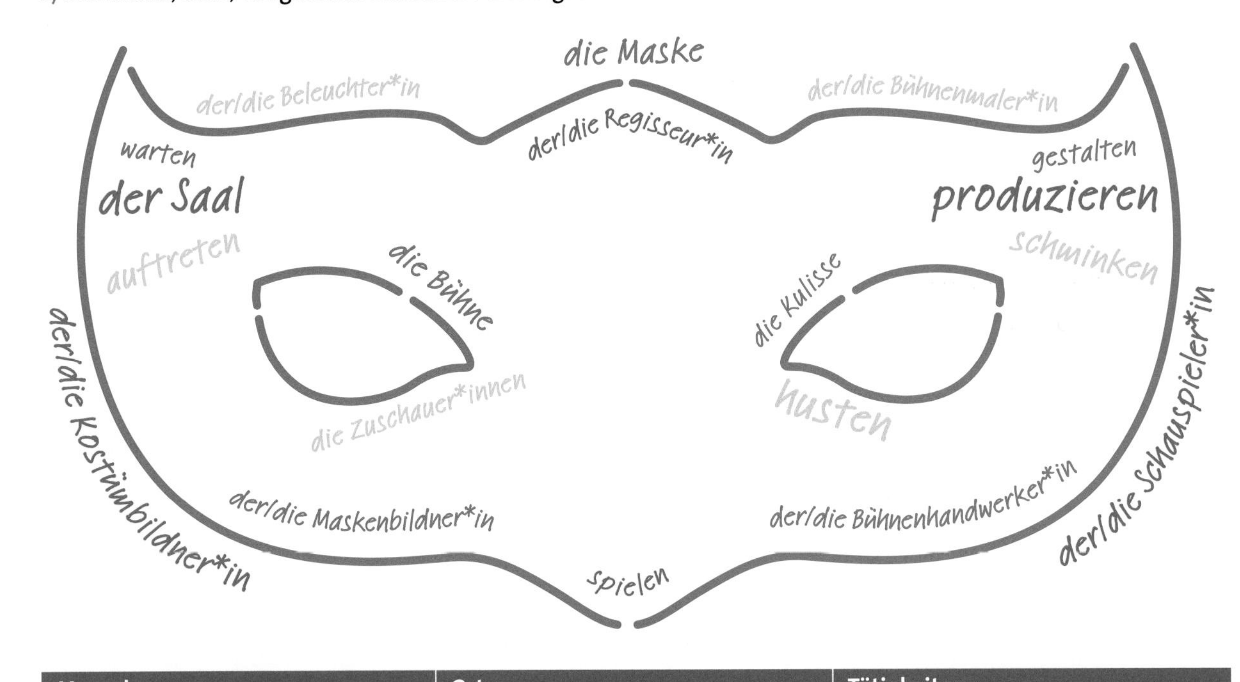

Menschen	Orte	Tätigkeiten
der/die Regisseur*in		

b) **Ergänzen Sie weitere Theaterwörter von S. 24–25 in der Wortwolke.**

c) **Was passiert im Theater? Die Angaben in a) helfen.**

*Die Schauspieler*innen warten in den Kulissen auf ihren Auftritt. Die Maskenbildnerin ...*

2 Einen Blick hinter die Kulissen werfen

a) **Lesen Sie die Anzeigen und ordnen Sie passende Überschriften zu.**

1 Besichtigen Sie unsere Bäckerei!
2 Die bunte Welt des Theaters
3 Ein Tag mit unserem Koch Matthias
4 30 Jahre Kino am Markt

a ◯ Was passiert hinter dem Vorhang? Wer startet den Film? Und wie werden eigentlich unsere leckeren Snacks zubereitet? Kommen Sie vorbei und werfen Sie einen Blick hinter die Kulissen ...

b ◯ Am Sonntag öffnen wir wieder unsere Türen. Kommen Sie vorbei und werfen Sie einen Blick hinter die Kulissen! Weißbrot oder Vollkornbrot? Croissants oder Kuchen? Unsere Bäckerinnen und Bäcker zeigen Ihnen ihre Arbeit.

b) ***Einen Blick hinter die Kulissen werfen*. Was bedeutet die Redewendung? Lesen Sie die Anzeigentexte noch einmal. Kreuzen Sie an.**

1 ◯ etwas genauer kennenlernen
2 ◯ ein Praktikum im Theater machen

3 Alles muss genau passen!

a) **Hören Sie die Interviews auf S. 25 noch einmal und kreuzen Sie an.**

		richtig	falsch
1	Frau Ruiz ist Bühnenmalerin im Stadttheater.	◯	ⓧ
2	Das perfekte Schminken und Frisieren der Schauspielerinnen und Schauspieler wird vor der Aufführung oft geprobt.	◯	◯
3	Zu den Aufgaben von Frau Roth-Hinrichs zählt das Reparieren von Kostümen.	◯	◯
4	Frau Roth-Hinrichs entwirft alle Kostüme selbst. Für die Recherche besucht sie andere Theater und Museen.	◯	◯
5	Als Kostümbildnerin muss sich Frau Roth-Hinrichs mit Modegeschichte auskennen.	◯	◯
6	Herr Burke arbeitet gemeinsam mit den Kostümbildner*innen in einer Werkstatt.	◯	◯
7	Er baut auch kleine Bühnenmodelle.	◯	◯
8	Die Bühnenmaler*innen entscheiden, wie das Bühnenbild aussehen soll.	◯	◯

b) **Korrigieren Sie die falschen Aussagen.** *1 Frau Ruiz ist...*

c) **Maskenbildner*in (M), Kostümbildner*in (K) oder Bühnenmaler*in (B). Wer sagt was? Lesen Sie die Aussagen und ergänzen Sie.**

1 ____ : „Vor jeder Aufführung frisiere ich die Schauspielerinnen und Schauspieler."

2 ____ : „Ich repariere viele Kleidungsstücke für die Produktionen."

3 ____ : „Ich kontrolliere vor jeder Aufführung das Bühnenbild."

4 ____ : „Ich bereite die Kulissen nach den Ideen der Regisseurinnen und Regisseure vor."

5 ____ : „Heute recherchiere ich die Mode aus dem frühen 20. Jahrhundert."

6 ____ : „Jeden Tag schminke ich die Schauspielerinnen und Schauspieler."

d) **Schreiben Sie die Sätze im Passiv Präsens wie im Beispiel.**

1 Vor jeder Aufführung werden die Schauspielerinnen und Schauspieler frisiert.

4 Goethes Faust in moderner Sprache

1.21

a) **Hören Sie das Zitat aus Goethes *Faust* und lesen Sie mit. Verbinden Sie dann die Zeilen in moderner Sprache.**

1 Lasst uns auch so ein Schauspiel geben!
2 Greift nur hinein ins volle Menschenleben! → e
3 Ein jeder lebt's, nicht vielen ist's bekannt,
4 Und wo ihr's packt, da ist's interessant.
5 In bunten Bildern wenig Klarheit,
6 Viel Irrtum und ein Fünkchen Wahrheit.
7 So wird der beste Trank gebraut,
8 Der alle Welt erquickt und auferbaut.

a Jeder lebt, aber viele denken nicht darüber nach.
b Wir wollen auch ein Theaterstück spielen!
c viele Fehler und etwas Wahrheit haben.
d Bunte Bilder können unklar sein,
e Ideen holen wir uns aus dem Leben!
f So entsteht das beste Getränk,
g Wir suchen uns etwas Interessantes aus.
h das den Menschen Freude macht.

1.22

b) **Hören Sie das Zitat in moderner Sprache und kontrollieren Sie.**

5 Vorbereitung ist alles

1.23

a) Über welches Thema spricht Katinka? Hören Sie den Podcast und kreuzen Sie an.

1 ◯ über ihren ersten Auftritt   2 ◯ über ihre Arbeit am Theater   3 ☒ über Tipps gegen Lampenfieber

b) Welche Tipps gibt Katinka? Hören Sie noch einmal und ergänzen Sie.

vor	während	nach
– gute Vorbereitung	– tief einatmen und ...	– ... [illegible]
– ... Freund hilfen	ganz tief ein	[illegible]

6 *Bei uns ist alles Teamarbeit!*

a) Lesen Sie das Interview auf S. 26 noch einmal und ergänzen Sie das Berufsporträt.

Name: Beate Seidel	Tätigkeiten:	Tagesablauf:
Studium: Drama	– Organisation der ...	9:00 Uhr – erste Besprechung ...
Beruf: Chefdramaturgin		...

b) ***Ohne Interesse an Literatur geht es nicht!*** **Formulieren Sie die Aussagen einfacher.**

1 Ohne Interesse an Literatur geht es nicht.

Man muss sich für Literatur interessieren.

2 Ohne eine gute Vorbereitung des Spielplans funktioniert nichts.

Man muss den Spielplan ...

3 Ohne die Proben mit Kostüm gibt es bei den Aufführungen Probleme.

4 Ohne eine gute Veranstaltungsorganisation geht es auch nicht.

5 Ohne eine sehr gute Terminplanung läuft hier nichts.

6 Ohne eine enge Zusammenarbeit mit den Bühnenhandwerkern kann man kein Stück aufführen.

7 *Wir freuen uns auf die neue Spielzeit!*

a) **Verben mit Präpositionen. Akkusativ oder Dativ? Vergleichen Sie mit S. 24–26 und ergänzen Sie.**

1 warten auf + noch ______ **4** gehören zu + ______

2 beteiligt sein an + ______ **5** verantwortlich sein für + ______

3 sich freuen auf + ______ **6** zusammenarbeiten mit + ______

b) **Schreiben Sie Sätze wie im Beispiel.**

1 Ich – warten auf – der Zug
2 Der Kurs – sich freuen auf – die Sommerferien
3 Jochen – beteiligt sein an – die Planung für eine Gartenparty
4 Jeder Mensch – verantwortlich sein für – der Schutz der Natur
5 Wir – zusammenarbeiten mit – das Team
6 Katzen – gehören zu – die beliebtesten Haustiere

1 Ich warte auf den Zug.

1.24 c) **Hören Sie die Sätze und kontrollieren Sie.**

8 Was ziehst du ins Theater an?

a) **Ordnen Sie die Kleidungsstücke zu.**

die graue Jogginghose • die rote Jeans • das weiße Hemd • das blaue Jackett • das rote Kleid •
das gelbe T-Shirt • das schwarze Kleid • das grüne Hemd • die dunkle Hose

a 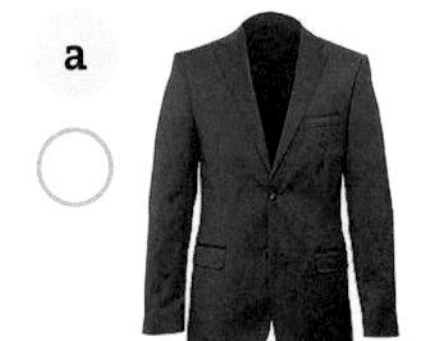

b 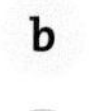  

c 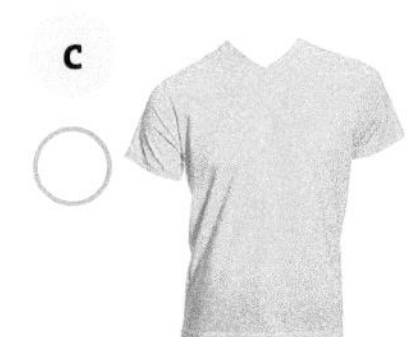

d 

e 

f 

g 

h 

i 

Dilay telefoniert mit Simon

1.25 b) **Was ziehen Dilay (D) und Simon (S) an? Hören Sie das Telefongespräch und ergänzen Sie in a).**

c) **Was ziehen Sie ins Theater an und was nicht? Begründen Sie.**

Ich finde, man sollte nicht in einer Jogginghose ins Theater gehen, weil ...

9 Flüssig sprechen. **Hören Sie und sprechen Sie nach.**

1.26

1 in die Vorstellung zu gehen – heute Abend in die Vorstellung zu gehen – Hast du vor, heute Abend in die Vorstellung zu gehen?
2 in einem Film mitzuspielen – irgendwann in einem Film mitzuspielen – Planst du, irgendwann in einem Film mitzuspielen?
3 in einer Tanzgruppe mitzumachen – jede Woche in einer Tanzgruppe mitzumachen – Hast du Lust, jede Woche in einer Tanzgruppe mitzumachen?

10 *Planst du, ins Theater zu gehen?* **Ergänzen Sie die Sätze mit dem Infinitiv mit *zu*.**

1 Ich freue mich sehr, die neue Regisseurin kennenzulernen. (die neue Regisseurin kennenlernen)
2 Kannst du dir vorstellen, eine Hauptrolle zu spielen? (eine Hauptrolle spielen)
3 Simon hat vor, sich die Aufführung anzusehen. (sich die Aufführung ansehen)
4 Uns ist es wichtig, Kritische Themen zu behandeln. (kritische Themen behandeln)
5 Dilay macht es Spaß, jeden Tag zu proben. (jeden Tag proben)
6 Leider hat Simon keine Zeit, die Vorstellung zu besuchen. (die Vorstellung besuchen)

11 Das stört, oder?

a) **Was ist hier denn los? Sehen Sie sich das Bild an und beschreiben Sie, was die Kursteilnehmer*innen im Unterricht machen.**

1 *Der Kursteilnehmer im grauen Pullover schläft.*
2 Die Kursteilnehmerin im rosa Hemd esst.
3 Der Man im gelbes Hemd ist auf ihren Handy.
4 Der Professor sprecht.
5 Die Frau mit braunes Haar ist spat.

b) *Nicht ..., sondern ...* **Fünf Regeln für den Unterricht. Ergänzen Sie wie im Beispiel.**

1 *Sie sollten im Unterricht nicht schlafen*, sondern aufpassen.
2 Sie sollte – im Unterricht nicht Spät kommen, sondern pünktlich.
3 Er sollen im Unterricht nicht am Handy sein, sondern zu Hause.
4 Sie sollen essen nicht in Klasse, sondern in der Pause.
5 ______, sondern ins Buch sehen.

12 Endlich Sommerferien!

a) **Ferienaktivitäten. Ordnen Sie die Nachrichten den Fotos zu. Nicht alle Fotos passen.**

a 
b 
c 
d 
e 
f 

1 *Tschick läuft heute um 19:30 im Kino. Kommst du mit?*

...

2 *Ich treffe mich um drei mit Stefan und Felix zum Fußballspielen im Park. Kommst du auch?*

...

3 *Das Wetter ist heute echt super! Lina und ich wollen nach dem Mittagessen eine Radtour machen. Bist du dabei?*

...

4 *Lust auf Eis? Ich treffe mich gleich mit Max im Café Glück.*

...

Hast du Lust, heute um 19:30 Uhr im Kino Tschick zu sehen?

Hast du Zeit, ...

b) ***Hast du Lust/Zeit ...?*** **Schreiben Sie die Textnachrichten aus a) wie im Beispiel.**

c) ***Klar!/Leider ...*** **Beantworten Sie die Textnachrichten aus a).**

Ich kann leider nicht. Muss noch arbeiten. Morgen Abend?

13 *Das ist der Opa von meiner Mutter*

1.02

a) **Videokaraoke. Sehen Sie sich das Video an und antworten Sie.**

b) **Sehen Sie sich das Video noch einmal an und beantworten Sie die Fragen.**

1 Warum kann Miray nicht zur Vorstellung gehen?
2 Von welchen Familienmitgliedern erzählt Miray?
3 Wie viele Geschwister hat Mirays Oma?
4 Was erzählt Miray über ihren Vater?

c) ***Mein Urgroßvater ist ...*** **Schreiben Sie kurze Definitionen.**

1 Urgroßvater: *Mein Urgroßvater ist der Opa von ...*
2 Großtante: ....
3 Großonkel: ....
4 Cousin: ....

14 Die Familienfeier. **Hören Sie und sprechen Sie nach. Achten Sie auf die Betonung.**

1.27

1 Während wir ein Familienfoto gemacht haben, hat es geregnet.
2 Mein Vater hat mit Oma geredet, während alle anderen Kuchen gegessen haben.
3 Während noch gefeiert wurde, hat meine Mutter meine kleine Schwester nach Hause gebracht.
4 Die Gäste haben begeistert zugehört, während meine Cousins Klavier gespielt und gesungen haben.

15 Das mache ich gleichzeitig!

a) **Was passt zusammen? Verbinden Sie.**

1 Ich höre einen Podcast.
2 Sie putzt die ganze Wohnung.
3 Er liegt noch im Bett.
4 Sie bügelt Hemden und Blusen.
5 Ich unterhalte mich mit meinem Bruder.
6 Er singt ein Lied.

a Sein Freund geht zur Arbeit.
b Wir frühstücken gemeinsam.
c Ich koche mein Lieblingsessen.
d Ihre Schwester liegt auf dem Sofa.
e Er steht unter der Dusche.
f Sie sieht fern.

b) **Verbinden Sie die Sätze aus a) mit *während* wie im Beispiel.**

1 Ich höre einen Podcast, während ich mein Lieblingsessen koche.

Während ich mein Lieblingsessen koche, höre ich einen Podcast.

16 *Stellen Sie das Sofa weiter nach rechts*

a) **Auf der Bühne. *Neben, zwischen, auf, an, ...* Beschreiben Sie wie im Beispiel.**

b) **Was ist anders? Lesen Sie die Regieanweisung. Vergleichen Sie mit dem Bühnenbild in a) und markieren Sie.**

Bühne: Theos WG-Zimmer:
Tür: linke Wand, Mitte; Bett steht links, Kleiderschrank rechts neben Tür; Kommode steht zwischen Schrank und Bücherregal; Poster hängt über Kommode; Zeitung liegt auf Sofa; Schreibtisch steht an rechter Wand vor Fenster; Stuhl steht vor Schreibtisch; Teppich liegt zwischen Sofa und Schreibtisch.
Handlung: Theo kommt ins Zimmer, nimmt die Zeitung und setzt sich auf Sofa ...

c) ***Stellen, hängen, legen ...* Welche Anweisungen gibt der Regisseur den Bühnenhandwerkern?**

Stellen Sie die Kommode zwischen den Schrank und das Bücherregal.

1.28 d) **Hören Sie und kontrollieren Sie Ihre Angaben in c).**

Fit für Einheit 3?

1 Mit Sprache handeln

über Theaterberufe sprechen

Eine Maskenbildnerin schminkt und frisiert die Schauspieler*innen.
Ein Beleuchter sorgt bei Proben und Vorstellungen für das richtige Licht.
Eine Kostümbildnerin entwirft Kostüme für Theaterstücke.
Bühnenmaler*innen und Bühnenhandwerker*innen planen das Bühnenbild.

sagen, wozu man (keine) Lust/Zeit hat

Hast du Lust, mit mir ins Kino zu gehen? — Ja, sehr gerne.
Hast du heute Mittag Zeit, im Park Fußball zu spielen? — Ich kann leider nicht.
Kannst du dir vorstellen, selbst Theater zu spielen? — Nein, eher nicht.

Bedeutungen aushandeln

Irgendwo da draußen und Walachei, das ist dasselbe. — Versteh' ich nicht.
Das ist eine Region in Rumänien.
In der *Pampa*? Gibt es die wirklich? — Ja, das ist eine Landschaft in Südamerika.

2 Wörter, Wendungen und Strukturen

Infinitiv mit *zu*

Vergiss bitte nicht, die Tickets zu buchen. — Kein Problem!
Denk dran, das schwarze Hemd zu bügeln. — Das habe ich schon gemacht.
Ich habe leider keine Zeit, die Vorstellung zu besuchen. — Schade!

Nebensätze mit *während*

Während ich mein Lieblingsessen koche, höre ich einen Podcast.
Er bügelt Hemden und Blusen, während er fernsieht.

3 Aussprache

Satzakzent und Satzmelodie: Während ich telefoniere, räume ich auf. Du räumst auf, während du telefonierst?

Ja, ich räume auf, während ich telefoniere.

Interaktive Übungen

Paula Fröhlich, Mechanikerin, bei einer Übung der Freiwilligen Feuerwehr: „Ich will in meiner Freizeit etwas Sinnvolles tun, darum mache ich mit. Helfen macht Spaß!"

Das Ehrenamt lebt!

Engagierte Bürgerinnen und Bürger im Rathaus geehrt

Zum Internationalen Tag des Ehrenamtes am 5. Dezember erhielten wieder vier Bürgerinnen und Bürger im Rathaus von Unterrödingen einen Preis für ihr Engagement. Geehrt wurden in diesem Jahr Paula Fröhlich, die seit ihrer Kindheit Mitglied bei der Freiwilligen Feuerwehr ist, Friedrich Baur, der seit mehr als 25 Jahren beim Naturschutzbund (NABU) aktiv ist, Marc Kling, der in seiner Tierarztpraxis einmal pro Woche Hunde von wohnungslosen Menschen kostenlos behandelt, und Tekla Pawlak, die seit fünfzehn Jahren ältere Menschen besucht und ihnen ihre Zeit schenkt.
Bürgermeister Matthias Sigl lobte die vier Frauen und Männer für ihr Engagement. „Sie haben ein Ehrenamt übernommen und setzen sich schon seit vielen Jahren in ihrer Freizeit und ohne Bezahlung für andere Menschen ein. Ohne ihren Einsatz würde vieles in unserer Gesellschaft nicht funktionieren", sagte er in seiner Rede vor mehr als dreihundert Gästen.
Zum Schluss zitierte er noch das Sprichwort: „Viele kleine Leute an vielen kleinen Orten, die viele kleine Schritte tun, können die Welt verändern." Und meinte: „Genau das tun Sie und die vielen anderen freiwilligen Helferinnen und Helfer in unserer Stadt. Deshalb ist es mir eine große Freude, heute Danke zu sagen."

von Maria Merkle

„Für mich waren der Schutz und die Pflege des Waldes schon immer wichtig. Wenn wir z. B. nicht regelmäßig Müll sammeln würden, wäre unser Wald ziemlich vermüllt. Mir macht es einfach Spaß, gemeinsam mit anderen aktiv zu sein."

Friedrich Baur, Rentner, beim Müllsammeln im Wald

Tekla Pawlak, Verkäuferin, im Gespräch mit einer Seniorin im „Seniorenheim am Wald"

„Ich wollte für andere da sein, deshalb habe ich mich bei einem Besuchsdienst gemeldet. Ich besuche ältere Menschen und unterhalte mich mit ihnen. Sie geben mir das Gefühl, dass sie mich brauchen. Das ist ein gutes Gefühl."

„Der Hund ist oft der einzige Freund von wohnungslosen Menschen. Durch meine Arbeit kann ich nicht nur den Hunden, sondern auch ihren Besitzerinnen und Besitzern helfen. Das macht mir große Freude. Ich würde gern noch mehr tun. Aber das geht leider nicht."

Marc Kling, Tierarzt, mit einem Patienten in seiner Praxis

1 Ehrenamtliche Tätigkeiten

1.03 a) Sehen Sie sich das Video an. Wo sind die Personen freiwillig tätig und warum? Sammeln und vergleichen Sie.

b) Wo kann man noch mitmachen? Ergänzen Sie Ihr Ergebnis aus a). Die Fotos helfen.

Viele engagieren sich für die Umwelt.

2 *Das Ehrenamt lebt!*

a) Was war am 5. Dezember in Unterrödingen? Lesen Sie den Zeitungsartikel und berichten Sie.

b) Warum engagieren sich Paula Fröhlich, Friedrich Baur, Tekla Pawlak und Marc Kling? Wählen Sie eine Person aus und berichten Sie.

c) *Viele kleine Leute an vielen kleinen Orten, ...* Erklären Sie das Sprichwort.

3 Die Rede des Bürgermeisters

1.29 a) Hören Sie die Rede. Welche Informationen sind neu? Notieren und vergleichen Sie.

b) Eine Rede halten. Partner/in A liest den Satzanfang vor, Partner/in B beendet den Satz. Achten Sie auf die Intonation.

4 *Was würdest du gern machen?*

a) Wählen Sie ein Ehrenamt. Fragen und antworten Sie. Die Redemittel helfen.

b) Wo haben Sie sich schon freiwillig engagiert? Wo würden Sie (nicht) gern mitarbeiten? Warum? Diskutieren Sie.

Ich habe schon ...

Ich würde (nicht) gern ...

1 Wir lieben Sport!

a) **Sportarten, Training, Lieblingsmannschaften. Sammeln Sie Fragen für ein Partnerinterview.**

b) **Machen Sie Interviews. Notieren und berichten Sie. Die Redemittel helfen.**

Hast du eine Lieblingsmannschaft?

Ja, ich bin Bayern-Fan. Ich trage im Stadion immer meinen Fanschal.

2 Fußball und Fußballvereine

a) **Wählen Sie Text A oder B. Notieren Sie die drei wichtigsten Informationen und berichten Sie.**

A

Fußball und Ehrenamt

Der Fußball kam 1873 aus England nach Deutschland. Fünfzehn Jahre später wurde der erste deutsche Fußballverein in Berlin gegründet und seit 1903 spielen die Fußballclubs jedes Jahr um die Meisterschaft.
Heute gibt es ca. 24.500 Fußballvereine mit mehr als sieben Millionen Mitgliedern und ungefähr 145.000 Mannschaften. Jedes Wochenende finden ca. 80.000 Spiele statt.
1,7 Millionen Menschen engagieren sich ehrenamtlich im Amateurfußball. Ohne sie würde es den Fußball nicht geben. Ohne sie könnte kein Spiel stattfinden und kein Verein funktionieren. Die Ehrenamtlichen kümmern sich um die Organisation der Spiele, bereiten die Fußballplätze vor, fahren die Spieler*innen zu den Spielen und arbeiten als Trainer*innen oder Schiedsrichter*innen. Sie engagieren sich, weil es ihnen Spaß macht, und weil sie gern mit anderen Menschen zusammenarbeiten. Sie sind die wahren Heldinnen und Helden im Fußball. Deshalb sagen die Profi-Clubs seit 1999 jährlich am 5. Dezember „Danke ans Ehrenamt".

Fußballmannschaft vor einem Spiel

B

www.fc-unterroedingen.example.de

Home | Verein aktuell | Mannschaften | Tickets | Kontakt

FC Unterrödingen 1923 – 2023: 100 Jahre FCU

Herzlich willkommen beim FC Unterrödingen – Wir lieben Fußball!

Der FC Unterrödingen wurde 1923 gegründet. Unsere sportliche Heimat ist das Schwarzwaldstadion mit Platz für 4.000 Fans. Heute spielen bei uns etwa 250 Kinder und Jugendliche aus der ganzen Welt in 14 Mannschaften – von den Bambinis (6 Jahre) bis zu den A-Junior*innen (17–18 Jahre) sowie Senioren (über 40 Jahre). Sie werden von über 20 ehrenamtlichen Trainer*innen trainiert. Mehr als 600 Mitglieder nehmen am Vereinsleben aktiv teil. Uns geht es um die Freude am Fußballspielen, die Gemeinschaft und um Freundschaften.

FC Unterrödingen sucht Sie!

Wir suchen ehrenamtliche Trainer*innen für den Kinder- und Jugendfußball. Helfen Sie uns, die Spielerinnen und Spieler sportlich und menschlich weiterzuentwickeln. Gerne nehmen wir auch engagierte Trainer*innen ohne Lizenz. Wir unterstützen Sie bei der Trainerausbildung und bieten auch regelmäßig Fortbildungen an. Wenn Sie Lust haben, bei uns mitzumachen, kommen Sie einfach vorbei. Wir freuen uns auf Sie!

b) **Sportvereine und Clubs an Ihrem Kursort. Was ist gleich, was ist anders? Vergleichen Sie.**

Bei uns spielen Jugendliche an den Schulen Fußball und nicht in Vereinen.

In China ist Tischtennis sehr beliebt.

3 Sonja Schneider, Fußballtrainerin

a) **Lesen Sie den Steckbrief und stellen Sie Sonja Schneider vor.**

Steckbrief
Name: Sonja Schneider
Alter: 32 Jahre
Beruf: Lehrerin

Trainerin beim FC Unterrödingen
Mannschaft: C-Juniorinnen (12–14 Jahre)
Größter Erfolg: 1. Platz beim Juniorinnen-Cup

1.30

b) **Hören Sie das Radiointerview mit Sonja Schneider und sammeln Sie Informationen zu den Punkten *Karriere als Fußballerin, Beruf, Aufgaben als Trainerin* und *Wünsche*. Vergleichen Sie.**

4 Wenn ich Zeit hätte, würde ich ...

a) **Sprechen Sie schnell.**

Aber ich bin nicht fit!

Wenn ich fitter wäre,
Wenn ich die Trainerlizenz hätte,
Wenn ich in Unterrödingen wohnen würde,
Wenn ich abends nicht arbeiten müsste,
Wenn ich besser Fußball spielen könnte,

(dann)

könnte ich die Mannschaft trainieren.
würde ich mich beim FC Unterrödingen engagieren.
wäre ich glücklich.
würde ich den Verein unterstützen.

b) **Wünsche und Bedingungen. Sammeln Sie Sätze mit Konjunktiv II im Präsens auf S. 38–40 und markieren Sie wie im Beispiel.**

Im nächsten Jahr würden wir wieder gern den Juniorinnen-Cup gewinnen.

Wenn ich nicht als Trainerin arbeiten könnte, würde mir etwas fehlen.

Ich würde wirklich gern zum Training gehen. Aber ...

4, 18

c) **Lesen Sie die Sätze in b) und ergänzen Sie die Regel.**

Regel: Den Konjunktiv II bildet man meistens mit ______ + ______

Minimemo
sein → wäre
haben → hätte

5 *Was würden Sie tun, wenn ...?*

Stellen Sie Ihrer Partnerin / Ihrem Partner vier Fragen und antworten Sie wie im Beispiel. Berichten Sie im Kurs.

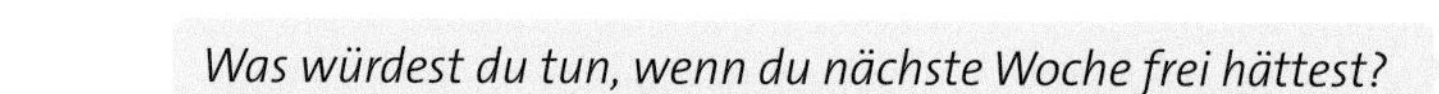

Was würdest du tun, wenn du nächste Woche frei hättest? — *Dann würde ich ...*

Was würdest du machen, wenn es morgen sehr heiß/kalt wäre? — *Ich würde ...*

6 *Wir werden Meister!*

Stellen Sie Ihren/einen (Sport-)Verein vor. ODER **Was würden Sie tun, wenn Ihre (Lieblings-)Mannschaft (nicht) Meister werden würde?**

Ich würde mit meinen Freunden durch die Stadt fahren und ... Dann ...

Autokorso – Der 1. FC Unterrödingen ist Meister!

1 Bürgerinitiativen

a) **Typische Bürgerinitiativen. Lesen Sie die Landeskunde-Box. Sammeln und berichten Sie.**

Fahrraddemo für mehr Radwege in Berlin

In unserer Stadt demonstrieren viele gegen den Bau einer Autobahn durch die Stadt.

Strategie

Texte knacken

1. Hypothesen vor dem Lesen: Überschriften und Bilder helfen
2. Hypothesen beim Lesen überprüfen, neue Informationen sammeln
3. Text nach dem Lesen zusammenfassen

b) ***Wald und Wiesen*** **... Hypothesen vor dem Lesen. Was könnte das Thema des Zeitungsartikels sein? Sehen Sie sich das Foto an und lesen Sie die Überschrift in c). Sammeln Sie Vermutungen.**

Wahrscheinlich geht es um ... | *Ich nehme an, dass ...*

c) **Lesen Sie den Zeitungsartikel und überprüfen Sie Ihre Hypothesen aus b).**

Wald und Wiesen in Gefahr?

Bürgerinitiative lehnt Pläne der Stadt ab

Blick auf den Kirchberg am Stadtrand von Unterrödingen

Seit Monaten wird über das geplante Neubaugebiet am Kirchberg gestritten. Die Bürgerinitiative „Rettet den Kirchberg" kämpft gegen die Pläne der Stadt, am östlichen Rand von Unterrödingen 200 neue Mietwohnungen zu bauen. Sie hat mehr als 2.500 Unterschriften gegen das Neubaugebiet gesammelt. „Das zeigt", so Carmen Lang von der BI, „dass die Mehrheit der Bürgerinnen und Bürger das Projekt ablehnt. Der Kirchberg ist ein wichtiges Erholungsgebiet für alle. Man darf den Wald und die Wiesen dort nicht zerstören. Wir sind der Auffassung, dass Naturschutz wichtiger ist als Wohnungsbau. Wir sind außerdem überzeugt, dass man mehr Wohnungen in der Innenstadt bauen könnte."

Bürgermeister Sigl findet die Argumente der Bürgerinitiative nicht richtig und sagte: „In den letzten Jahren wurde in Unterrödingen viel zu wenig gebaut. Es gibt nicht genug Wohnungen für die Menschen, die nach Unterrödingen ziehen wollen. Deshalb sind die Mieten hier auch so hoch." Er fügte noch hinzu: „Ich sehe in dem Projekt eine Chance für unsere Stadt, das Wohnungsproblem zu lösen. Darum hat es meine volle Unterstützung."

Bürgermeister Sigl lädt alle Bürgerinnen und Bürger der Stadt zu einer Diskussion über das Neubauprojekt am kommenden Mittwoch um 18:00 Uhr ins Rathaus ein.

von Wolfgang Würz

d) **Lesen Sie den Artikel noch einmal. Sammeln Sie die Gründe für bzw. gegen das Projekt. Kommentieren Sie.**

Die Mieten sind hoch.
Das spricht für das Bauprojekt.

Gegen das Projekt spricht,
dass man Wald zerstören würde.

2 Ein Infoabend im Rathaus

1.31

a) Argumente für und gegen das Projekt. Hören Sie die Diskussionsrunde und sammeln Sie.

Argumente für das Neubaugebiet	Argumente gegen das Neubaugebiet
....	*Naturschutz ist wichtiger als ...*
....	....

b) Hören Sie die Diskussion in a) noch einmal und markieren Sie die Redemittel.

c) Eine Diskussion leiten. Ordnen Sie die Redemittel zu.

a Begrüßung: ____ **b** Vorstellung des Themas: ____ **c** Hinweise zum Ablauf der Diskussion: ____

d Fragen und Nachfragen: ____ **e** das Wort weitergeben: ____ **f** Sich bedanken und verabschieden: ____

1 Herr/Frau ..., möchten Sie (noch) etwas sagen?
2 Danke Herr/Frau ..., jetzt hat Herr/Frau ... das Wort.
3 Heute geht es um ...
4 Ich schlage vor, dass jede Rednerin und jeder Redner nicht länger als ... spricht.
5 Vielen Dank für Ihre Teilnahme!
6 Guten Abend liebe Bürgerinnen und Bürger!
7 Ich öffne jetzt die Diskussion für alle.
8 Habe ich Sie richtig verstanden, dass ...?
9 Als erste/r Redner/in spricht ..., dann spricht ...
10 Möchte noch jemand etwas sagen?

3 *Ich bin für/gegen das Projekt, deshalb ...*

a) Sprechen Sie schnell.

Ich bin für/gegen das Projekt, Wir müssen die Natur schützen, Wir brauchen mehr Wohnungen,	deshalb darum deswegen	habe ich Unterschriften gesammelt. setze ich mich für/gegen die Pläne ein. habe ich für/gegen die Pläne demonstriert. gehe ich zum Infoabend im Rathaus.

2.1

b) Gründe nennen mit *deshalb, darum* und *deswegen*. Lesen Sie die Regel, vergleichen Sie mit den Sätzen in a) und kreuzen Sie an.

Regel: Sätze mit *deshalb, darum* und *deswegen* sind immer ◯ Hauptsätze. ◯ Nebensätze.

4 Bürgerinitiative gegen Neubaugebiet

a) Wortakzent in Komposita. Markieren Sie.

die Bürgerinitiative – das Neubaugebiet – der Naturschutz – das Wohnungsproblem –
das Ehrenamt – die Trainerlizenz – der Fußballverein – das Erholungsgebiet – der Informationsabend

1.32

b) Hören Sie und kontrollieren Sie in a). Sprechen Sie laut nach und achten Sie auf den Wortakzent.

5 Tempo 30 in Städten, dienstags immer vegan oder ...?

Wählen Sie ein Thema und sammeln Sie Pro- und Kontra-Argumente. Gruppe 1 leitet die Diskussion, Gruppe 2 ist für und Gruppe 3 ist gegen die Initiative. Die Redemittel aus 2b) und 2c) helfen.

Deshalb bin ich für/gegen ...

1 Das Ehrenamt lebt!

a) **Lesen Sie den Magazinartikel und die Aussagen der Ehrenamtlichen auf S. 38–39 und ergänzen Sie.**

übernehmen • machen • geben • ~~erhalten~~ • einsetzen • sein

1 einen Preis *erhalten* ____________
2 ein Ehrenamt ____________
3 sich für andere ____________
4 jemandem das Gefühl ____________
5 für andere da ____________
6 jemandem eine Freude ____________

b) **Sagen Sie es anders! Formulieren Sie die Sätze wie im Beispiel um. Der Magazinartikel und die Aussagen auf S. 38–39 helfen.**

ehrenamtlich
geehrt werden
~~ohne Bezahlung~~
der Einsatz
vermüllt
sich engagieren

1 Marc Kling behandelt kostenlos Tiere von wohnungslosen Menschen.
2 Die Hilfe der Ehrenamtlichen ist wichtig für die Gesellschaft.
3 In diesem Jahr haben vier Bürgerinnen und Bürger für ihr Engagement einen Preis erhalten.
4 Ehrenamtliche Helferinnen und Helfer setzen sich für andere ein.
5 Tekla Pawlak arbeitet freiwillig beim Besuchsdienst für ältere Menschen.
6 Friedrich Baur sammelt regelmäßig Müll, weil der Wald verschmutzt ist.

1 Marc Kling behandelt ohne Bezahlung Tiere von wohnungslosen Menschen.

2 Wir sind aktiv!

a) **Ordnen Sie den Personen Tätigkeiten zu.**

1 Tekla Pawlak – Besuchsdienst für ältere Menschen
2 Friedrich Baur – aktiv im Naturschutzbund

a ◯
- *gemeinsame Aktionen*
- *Umwelt schützen*
- *Natur genießen*

b ◯
- *Hunde pflegen*
- *wohnungslosen Menschen helfen*
- *medizinischen Rat geben*

c ◯
- *gemeinsame Gespräche*
- *Spiele spielen*
- *Hilfe im Alltag*

1.33

b) **Hören Sie das Interview und kontrollieren Sie in a).**

c) **Hören Sie noch einmal. Was ist richtig? Kreuzen Sie an. Es gibt mehrere Möglichkeiten.**

1 Friedrich Baur engagiert sich beim NABU, weil ...
a ◯ ihm der Schutz der Natur wichtig ist.
b ◯ seine ganze Familie beim NABU hilft.
c ◯ er gerne mit anderen aktiv ist.

2 Die Umweltaktionen begeistern ihn, weil ...
a ◯ sie im Team viel Spaß machen.
b ◯ immer mehr Menschen mitmachen.
c ◯ viele Menschen sich beim NABU anmelden.

3 Tekla Pawlak ...
a ◯ hilft älteren Menschen im Haushalt.
b ◯ verbringt Zeit mit älteren Menschen.
c ◯ geht mit älteren Menschen spazieren.

4 Tekla Pawlak engagiert sich, weil ...
a ◯ sie gerne ein Lächeln schenkt.
b ◯ sie immer viel Zeit hat.
c ◯ sie nicht möchte, dass die Menschen allein sind.

3 Wir wollen helfen!

a) **Worum geht es? Überfliegen Sie den Zeitungsartikel und kreuzen Sie an.**

1 ◯ Ein Tag beim NABU **2** ◯ Jeder kann Gutes tun! **3** ◯ Nachbarschaftshilfe gesucht

Miteinander Füreinander

Viele Menschen engagieren sich in Unterrödingen ehrenamtlich. Auch in diesem Jahr wurden wieder vier Bürgerinnen und Bürger für ihr Engagement mit einem Preis geehrt.
5 Immer mehr Menschen möchten in ihrer Freizeit helfen und etwas Gutes tun. Und dafür gibt es gute Gründe. Es tut einfach gut, zu helfen und gemeinsam aktiv zu werden. Und für jeden gibt es etwas, das er oder sie tun kann. Außer-10 dem unterstützt das Ehrenamt unsere Gesellschaft, denn vieles wäre ohne die Helferinnen und Helfer gar nicht möglich. „Wir freuen uns immer wieder über Menschen, die uns beim Schutz der Natur unterstützen und an unseren 15 Aktionen teilnehmen!", sagt Friedrich Baur, Mitglied im Naturschutzbund (NABU). „Gemeinsam können wir so viel schaffen und etwas für unsere Umwelt tun." Und auch in vielen anderen Organisationen werden immer wieder Freiwillige 20 gesucht.
Viele Menschen engagieren sich auch in ihrer Nachbarschaft. Sie gehen für ältere Menschen einkaufen oder begleiten sie zum Arzt. Andere helfen in einer Suppenküche aus. Dort kochen 25 sie z. B. Essen für wohnungslose Menschen und arme Familien. Es gibt so viele Möglichkeiten, anderen zu helfen. Werde auch du aktiv!

von Ina Turan

b) **Lesen Sie den Artikel noch einmal, sammeln Sie Informationen zu den Fragen und notieren Sie.**

1 Was sind gute Gründe für ein Ehrenamt?
2 Was sagt Friedrich Baur?
3 Wie kann man sich in der Nachbarschaft engagieren?
4 Was macht man in einer Suppenküche?

1 Es tut gut zu helfen ... .

4 *Wollt ihr auch aktiv werden?*

1.34

a) **Was ist richtig? Hören Sie das Gespräch und kreuzen Sie an.**

1 (X) Max engagiert sich bei „Welcome Home". Die Organisation unterstützt ausländische Studierende.
2 ◯ Mia hilft ehrenamtlich in einer Suppenküche.
3 ◯ Nida möchte auch gerne ein Ehrenamt übernehmen, weiß aber noch nicht, welches.
4 ◯ Max sucht neue Mentorinnen und Mentoren für die Arbeit bei „Welcome Home".
5 ◯ Nida interessiert sich nicht für „Welcome Home".

b) **Was sagen Max, Mia und Nida? Hören Sie noch einmal und kreuzen Sie an.**

1 ◯ Seid ihr schon ehrenamtlich aktiv?
2 ◯ Wo würdet ihr euch gern engagieren?
3 ◯ Nein, das wäre nichts für mich!
4 ◯ Würdest du dich gern engagieren?
5 ◯ Was muss man da genau machen?
6 ◯ Ich hätte Lust, als Mentorin mitzumachen!

5 Fußball in Zahlen

a) **Lesen Sie die Texte A und B auf S. 40 noch einmal und sammeln Sie Informationen.**

1 1873 **2** 20 **3** 600 **4** 1923 **5** 145.000 **6** 24.500 **7** 1,7 Millionen **8** 250

1 1873 kam der Fußball ... .

b) **Was ist richtig? Lesen Sie die Texte noch einmal und kreuzen Sie an.**

1 Seit 1903 ...
- **a** ◯ gibt es in Deutschland Fußballvereine.
- **b** ◯ gibt es jedes Jahr Meisterschaftsspiele.
- **c** ◯ gibt es den FC Unterrödingen.

2 Mehr als sieben Millionen Menschen ...
- **a** ◯ sind Mitglied in einem Fußballverein.
- **b** ◯ engagieren sich ehrenamtlich in einem Fußballverein.
- **c** ◯ gehen jedes Wochenende ins Stadion.

3 Der FC Unterrödingen ...
- **a** ◯ ist ein Club für Fußballfans.
- **b** ◯ ist 100 Jahre alt.
- **c** ◯ ist nur für Kinder und Jugendliche.

4 Der Verein sucht ...
- **a** ◯ neue Mitglieder.
- **b** ◯ neue Mitspieler*innen für die A-Junioren.
- **c** ◯ ehrenamtliche Trainer*innen – auch ohne Lizenz.

6 Fußball ist ein wunderbares Hobby!

a) **Wortfeld Fußball. Sammeln Sie auf S. 40–41 und erstellen Sie eine Mindmap.**

b) **Lesen Sie die aktuellen Vereinsnachrichten und ergänzen Sie.**

Fußballspieler • Verein • Mannschaft • Trainerlizenz • Profifußballerin • Trainerin • Fußballkarriere

www.fc-unterroedingen.example.de

Home | Verein aktuell | Mannschaften | Tickets | Kontakt

FC Unterrödingen 1923 – 2023: 100 Jahre FCU

Wir gratulieren unserer __________ [1] Sonja Schneider und ihrer __________ [2], den C-Juniorinnen, zum Juniorinnen-Cup! Die Liebe zum Fußball liegt bei Sonja Schneider in der Familie. Ihr Vater war __________ [3] und später auch Trainer. Sonjas __________ [4] begann in der Kindheit. Schon als Dreijährige liebte sie Ballspiele und mit sechs Jahren spielte sie das erste Mal in einem __________ [5] Fußball. Nach ihrer siebenjährigen Karriere als __________ [6] studierte Sonja Mathe und Biologie. Heute unterrichtet sie an einem Gymnasium. Ihre __________ [7] hat Sonja in unserem Verein bekommen und besucht regelmäßig Fortbildungen. Unsere C-Juniorinnen trainiert sie seit vier Jahren mit großem Engagement.

c) **Vergleichen Sie mit dem Hörtext auf S. 257. Welche Informationen sind neu? Markieren Sie in b).**

7 Fußball ist ein wunderbares Hobby!

1.04

a) **Videokaraoke. Sehen Sie sich das Video an und antworten Sie.**

b) **Sehen Sie sich das Video noch einmal an und ergänzen Sie den Steckbrief.**

Steckbrief

Name:	*Miray Yıldız*	Mannschaft:	________
Aktuelle Tätigkeit:	________	Erfolge:	________
Spielerin beim:	*FCU*		________

c) **Beantworten Sie die Fragen.**

1 Was erzählt Miray über ihre Entwicklung in der neuen Mannschaft?
2 Was erzählt sie über das Training, die Spiele und die Schule?
3 Was möchte sie nach der Schule machen?

8 Ich würde gern ...

a) **Selbsttest Konjunktiv II. Ergänzen Sie die Verben wie im Beispiel.**

1 Wenn ich ein Jahr Urlaub *hätte* (haben), *würde* ich eine Weltreise *machen* (machen).
2 Wenn es nicht ________ ________ (regnen), ________ ich mit dem Fahrrad zur Arbeit ________ (fahren).
3 Wenn wir regelmäßig ________ ________ (lernen), ________ wir die B1-Prüfung ________ (bestehen).
4 Wenn er morgen nicht ________ ________ (arbeiten müssen), ________ er nach München zu einem Fußballspiel ________ (fahren können).
5 Wenn du schöner ________ ________ (schreiben), ________ ich deinen Text besser ________ (lesen können).
6 Wenn ich nicht zur Arbeit ________ ________ (pendeln müssen), ________ ich morgens länger ________ (schlafen können).
7 Wenn das Wetter besser ________ (sein), ________ wir am Wochenende einen Ausflug ________ (machen).

b) **Was würden die Personen gerne tun? Ordnen Sie zu.**

a Meisterschaft gewinnen **b** Clubmitglied werden **c** Handball spielen **d** Mannschaft unterstützen

1 
Tabea, diesen Monat

2 
Lucia, nach der Schule

3 
die C-Junioren, nächstes Jahr

4 
wir, bei jedem Spiel

c) **Schreiben Sie die Wünsche aus b) wie im Beispiel.**

Tabea würde gern ...

9 Einen Verein vorstellen

1.35

a) **Was ist das Thema? Hören Sie den Podcast von Rabea. Ergänzen Sie.**

Es geht um ...

b) **Was sagt Rabea? Hören Sie den Podcast noch einmal. Kreuzen Sie an.**

1 ◯ Mein Lieblingsverein heißt ... / Ich bin großer Fan von ...

2 ◯ Der Verein wurde ... gegründet.

3 ◯ Der Verein spielt in ... / im ... Stadion.

4 ◯ Die Mannschaft hat schon viele/... Meisterschaften gewonnen.

5 ◯ Ich schaue die Spiele gerne live im Stadion / im Fernsehen an.

6 ◯ Die Vereinsfarbe ist ...

7 ◯ Mein Lieblingsspieler / Meine Lieblingsspielerin heißt ...

8 ◯ Der Trainer / Die Trainerin heißt ...

Mein Lieblingsverein

Name:
VFL Wolfsburg
(Frauenmannschaft)
Ort: Wolfsburg, AOK Stadion
Gründung: 1. Juli 2003
Liga: 1. Bundesliga
Größte Erfolge:
- 6 x Deutsche Meisterschaft
- 2 x Champions League

c) **Lesen Sie den Steckbrief und stellen Sie die Mannschaft vor. Die Aussagen in b) und der Hörtext auf S. 259 helfen.**

Die Frauenmannschaft des VFL Wolfsburg wurde am ...

10 Eine Meisterschaft feiern

a) **Andrej (A), Lena (L) oder Nesriin (N)? Wie feiern die Personen? Ordnen Sie die Kommentare den Bildern zu.**

A ◯

B ◯

C ◯

Andrej_08

Ich bin ein großer Fan und habe schon lange Karten für das Spiel morgen. Wenn wir die Meisterschaft gewinnen, würde ich mit meinen Freunden erstmal ein Bier trinken gehen und die ganze Nacht feiern. Ich freue mich schon total auf morgen!

Lena_Fußball

Natürlich werden wir Meister! Der VFL Wolfsburg ist meine Lieblingsmannschaft. Ich bin live im Stadion dabei. Gemeinsam schaffen wir das! Nach dem Spiel würde ich gern mit allen Fans im Stadion feiern.

Nesriin

Ich kann morgen leider nicht live im Stadion dabei sein. ☹ Aber ich sehe mir das Spiel natürlich im Fernsehen an und drücke die Daumen! Wenn wir Meister werden, fahren wir nach dem Spiel durch die Stadt und feiern! Das wird toll!

Schreibe einen Kommentar ...

b) **Und wie feiern Sie einen Erfolg? Schreiben Sie einen Kommentar.**

11 *Wald und Wiesen in Gefahr?*

a) **Wo steht das? Lesen Sie den Zeitungsartikel auf S. 42 noch einmal und ergänzen Sie die Zeilennummern.**

a Die Bürgerinitiative ist gegen die Pläne der Stadt. (2–4)

b Viele neue Mietwohnungen sollen in Unterrödingen gebaut werden. (______)

c Der Naturschutz ist für die Initiative wichtig. (______)

d Die Bürgerinnen und Bürger wollen den Wald und die Wiesen schützen. (______)

e In den letzten Jahren wurde nicht genug gebaut. (______)

f Gemeinsam soll über die neuen Wohnungen am Kirchberg diskutiert werden. (______)

b) **Für (+) oder gegen (–) das Neubaugebiet? Lesen Sie die Kommentare und markieren Sie.**

1 (–) **Marina E.:** Unser schönes Erholungsgebiet! Denkt doch an die Natur. Ich glaube, dass das neue Projekt zu viel Natur zerstört.

2 ( ) **Arthur W.:** Ich finde Ihr Argument falsch. Ich bin der Auffassung, dass die Natur erhalten bleibt. Wir haben doch Platz!

3 ( ) **Samet Y.:** Im Gegensatz zu Frau E. denke ich, dass neue Mietwohnungen wichtiger sind als die Natur. Ich liebe unser Erholungsgebiet auch, aber meiner Meinung nach geht es einfach nicht anders.

4 ( ) **Steffi B.:** Das sehe ich auch so. Wir brauchen neue Wohnungen. Immer mehr Menschen kommen nach Unterrödingen. Das ist toll! Und deshalb brauchen wir auch mehr Wohnungen.

5 ( ) **Lidija S.:** Ich bin ganz anderer Meinung. Wir haben 2.500 Unterschriften gesammelt. Wir wollen unseren Wald und die schönen Wiesen erhalten!

6 ( ) **Stefan M.:** Das wichtigste Argument ist doch der Naturschutz! Ohne die Natur können wir auch nicht leben.

Weitere Kommentare hier

c) **Welche Redemittel aus Aufgabe 2b) auf S. 43 finden Sie in den Kommentaren? Markieren Sie in b).**

12 Wald und Wiesen oder neue Wohnungen? **Hören Sie die Diskussionsrunde aus 2a) auf S. 43 noch einmal. Wer sagt was? Ordnen Sie zu.**

1 „Ich unterstütze das Projekt am Kirchberg. Ich glaube nicht, dass es genug freie Flächen für Wohnungen in Unterrödingen gibt."
2 „Es gibt zu wenige Wohnungen und die Mieten sind sehr hoch."
3 „Wir brauchen mehr Wohnungen, aber es gibt noch andere Flächen in Unterrödingen."
4 „Wiesen und Wälder am Kirchberg bieten Erholung pur."
5 „Die Bewohner*innen am Kirchberg bekommen große Probleme mit dem Straßenverkehr und Autolärm."
6 „Die Mieten für Wohnungen in der Innenstadt sind nicht mehr bezahlbar."
7 „Unterrödingen wächst. Jedes Jahr ziehen viele Menschen in unsere Stadt."
8 „Naturschutz ist wichtiger als Wohnungsbau! Mit einem Neubaugebiet am Kirchberg verlieren wir ein Stück Natur."

Frau Lang	Herr Sommer	Andere Bürger*innen
	1	

13 *Darum, deshalb, deswegen*

a) **Wer macht was? Ergänzen Sie die Namen.**

Paul Grünert

Nora Lang

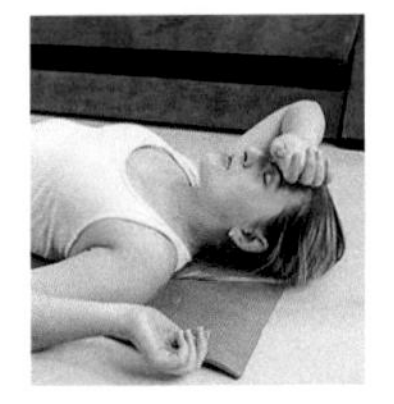
Miray Yıldız

Tekla Pawlak

Sonja Schneider

Friedrich Baur

1 ______________ trainiert eine Fußballmannschaft, weil sie Fußball liebt.
2 ______________ ist sehr müde, weil sie zu viel trainiert hat.
3 ______________ ist traurig, weil seine Mannschaft verloren hat.
4 ______________ sammelt gemeinsam mit anderen Müll, weil er die Umwelt schützen will.
5 ______________ hat sich bei einem Besuchsdienst angemeldet, weil sie helfen möchte.
6 ______________ ist genervt, weil die Diskussion schon sieben Stunden dauert.

b) **Verwenden Sie *darum, deshalb, deswegen* und formulieren Sie die Sätze aus a) um.**

1 Sonja liebt Fußball, darum trainiert ...

14 Ein Infoabend über Mietwohnungen. **Hören Sie und sprechen Sie nach. Achten Sie auf den Wortakzent.**

1.36

1 der Besuchsdienst – der Besuch – der Dienst
2 der Fußballplatz – der Fußball – der Platz
3 das Vereinsleben – der Verein – das Leben
4 die Trainerausbildung – der Trainer – die Ausbildung
5 die Mietwohnung – die Miete – die Wohnung
6 der Infoabend – die Info – der Abend

15 Mehr Parkhäuser für die Innenstadt?

1.37

a) **Wer ist dafür (+)? Wer ist dagegen (–)? Hören Sie die Gespräche und markieren Sie.**

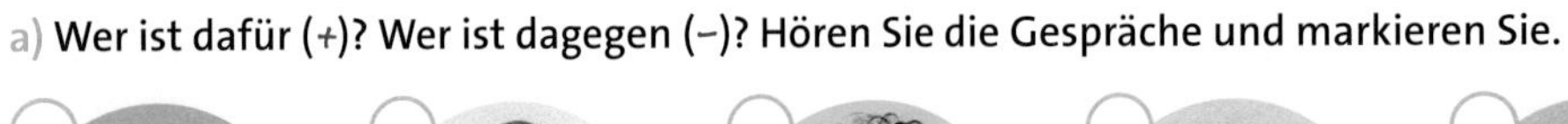

– Prakash

Tim

Nina

Robert

Antonio

Svetlana

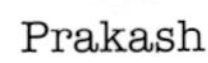

b) **Hören Sie noch einmal und sammeln Sie Argumente.**

Argumente für Parkhäuser	Argumente gegen Parkhäuser
Straßen werden ...	

c) **Hören Sie Gespräch 2 noch einmal. Welche Redemittel hören Sie? Markieren Sie.**

1.38

1 Das ist richtig.
2 Ich bin total gegen das Projekt.
3 Ich sehe das etwas anders.
4 Meiner Meinung nach ist das viel zu teuer.
5 Dein Argument überzeugt mich.
6 Wenn wir z. B. mehr U-Bahnen hätten, dann ...
7 Das sehe ich auch so.
8 Das stimmt so nicht.

Fit für Einheit 4?

1 Mit Sprache handeln

über Engagement und Ehrenamt sprechen

Sind Sie ehrenamtlich tätig?
Ich arbeite seit drei Jahren ehrenamtlich in ... / als ...

Warum engagieren Sie sich?
Ich helfe gern. / Ich will für andere da sein.

einen (Sport-)Verein vorstellen

Hast du eine Lieblingsmannschaft?
Ja, ... ist mein Lieblingsverein.

Wann wurde der Verein gegründet?
Der Verein wurde ... gegründet.

Wie viele Mitglieder hat der Verein?
Der Verein hat circa ...

eine Diskussion führen

eine Diskussion leiten

Unsere Diskussion heute hat das Thema ...
Herr/Frau ..., möchten Sie etwas zu ... sagen?
Wer möchte noch etwas fragen/sagen/...?
Die einen sind für ..., die anderen sind gegen ...
Ich schlage vor, dass jede/r Redner*in ...
Vielen Dank für Ihre Teilnahme.

Meinungen und Argumente formulieren

Ich denke/meine/glaube/finde, dass ...
Ich bin (nicht) der Auffassung/Meinung, dass ...
Meiner Meinung nach ...
Das wichtigste Argument für/gegen ... ist ...

Meinungen und Argumenten zustimmen

Das stimmt. / Das ist richtig.
Das sehe ich auch so.
Das Argument von ... ist richtig. / überzeugt mich.
Da haben Sie recht.

eine andere Meinung haben

Das Argument von ... überzeugt mich nicht, weil ...
Im Gegensatz zu Herrn/Frau ... denke/meine ich ...
Da bin ich anderer Meinung.
Ich sehe das etwas anders.

2 Wörter, Wendungen und Strukturen

Konjunktiv II im Präsens

Was würdest du tun, wenn du mehr Zeit hättest?
Dann würde ich im Tierheim arbeiten.

Was würdest du machen, wenn du reich wärst?
Ich würde sehr viel Geld spenden.

Gründe nennen mit *deshalb, darum* und *deswegen*

Ich bin anderer Meinung, darum setze ich mich für das Projekt ein.
Wir brauchen mehr Platz, deshalb ziehen wir in eine neue Wohnung.
Sie möchte die Natur schützen, deswegen hat sie gegen die Pläne demonstriert.

3 Aussprache

Wortakzent in Komposita: die Bürgerinitiative, das Neubaugebiet, der Fußballverein

Interaktive Übungen

1 *Ja, nein* oder *das kommt darauf an* – Kennenlernen im Kurs

a) **Sammeln Sie Aussagen und hängen Sie Schilder auf wie im Bild.**

Ich gehe gerne ins Theater.

Ich engagiere mich im Tierheim.

b) **Eine Person zieht eine Aussage und liest sie laut vor. Die anderen entscheiden *ja, nein* oder *das kommt darauf an* und stellen sich schnell unter das Schild. Dann kommt die nächste Aussage.**

Im Tierheim? Das kann ich mir echt nicht vorstellen!

---

2 Alles gleichzeitig! **Arbeiten Sie in zwei Gruppen. Schreiben Sie 20 Tätigkeiten auf 20 Karten. Tauschen Sie die Karten aus. Finden Sie die Tätigkeiten, die man gleichzeitig tun kann und hängen Sie die Paare auf. Die Gruppe mit den meisten richtigen Paaren gewinnt.**

Ich kann mich duschen, während ich telefoniere.

Nein, das geht nicht.

Doch, das geht.

---

3 *Wenn ich könnte, wie ich wollte, (dann) hätte ich ...*

a) **Sprechen Sie schnell.**

Wenn ich könnte, wie ich wollte, Wenn wir könnten, wie wir wollten,	(dann) hätte ich (dann) hätten wir	mehr Platz in der Wohnung. zwei Hunde und eine Katze. morgen frei. immer Croissants zum Frühstück.
	(dann) würde ich (dann) würden wir	in die Berge fahren. Fußball im Fernsehen schauen. einen Marathon laufen. heute Abend nicht kochen.

b) **Und Sie? Berichten Sie, was Sie hätten oder machen würden.**

Wenn ich am Wochenende Zeit hätte, würde ich dich zum Essen einladen.

Ich würde heute Abend nicht kochen. Ich würde mich schick anziehen und dann ...

4 Der Tag war perfekt! **Verbinden Sie die Sätze mit *darum, deshalb, deswegen* und schreiben Sie weiter.**

1 Ich musste nicht zum Deutschkurs. Ich konnte ausschlafen und ...
2 Ich hatte Lust, Sport zu machen. Ich bin in den Stadtpark gefahren und ...
3 Meine Familie war nicht zu Hause. Ich konnte in Ruhe frühstücken und ...
4 Mein/e Freund/in hatte auch frei. Wir haben uns zum ... verabredet und ...

1 Ich musste nicht zum Deutschkurs. Deshalb konnte ich endlich mal ausschlafen.

5 Was sage ich, wenn ... ?

a) **Ordnen Sie die Bitten den Bildern zu.**

a Könnte ich bitte mal vorbei?
b Kannst du mir bitte helfen?
c Hätten Sie auch einen Flyer für mich?
d Wissen Sie vielleicht, wo der Kopierraum ist?

Dankeschön!

Super, vielen Dank!

b) **Spielen Sie die Situationen nach und sagen Sie Danke. Achten Sie auf Aussprache und Blickkontakt. Die Körpersprache hilft auch.**

6 *Ich finde es wichtig, ... zu ...*

a) **Markieren Sie fünf Dinge, die für Sie (ziemlich/sehr/besonders) wichtig sind.**

1 gesund sein
2 gute Freunde haben
3 ein schnelles Auto fahren
4 viel Freizeit haben
5 ein eigenes Haus haben
6 das neuste Smartphone haben
7 gut aussehen
8 teure Kleidung tragen
9 eine feste Arbeit haben
10 eigenes Geld verdienen
11 in viele Länder reisen
12 einen Partner / eine Partnerin haben

b) **Tauschen Sie sich mit Ihrem Partner / Ihrer Partnerin aus.**

Ich finde es ziemlich wichtig, immer gut auszusehen.

Für mich ist es nicht so wichtig, immer gut auszusehen.

c) **Vergleichen Sie, was für Sie wichtig, wichtiger als und was am wichtigsten ist.**

Es ist wichtig, eigenes Geld zu verdienen.

Stimmt, das finde ich wichtiger, als viel Freizeit zu haben.

Wintergarten

Deinen Briefumschlag
mit den zwei gelben und roten Marken
habe ich eingepflanzt
in den Blumentopf

Ich will ihn
täglich begießen
dann wachsen mir
deine Briefe

Schöne
und traurige Briefe
und Briefe
die nach dir riechen

Ich hätte das
früher tun sollen
nicht erst
so spät im Jahr

Erich Fried (1921–1988)

1 Ein Garten im Winter. **Beschreiben Sie das Foto.**

Die Wintersonne scheint in den Garten. Es ist ...

2 Die Stimmung ist ...

Wie wirkt das Gedicht auf Sie? Hören Sie und beschreiben Sie die Stimmung. Die Redemittel helfen.

1.39

3 Wintergarten

a) Worum geht es in dem Gedicht? Beschreiben Sie.

b) Welche Gefühle hat das lyrische Ich? Woran erkennt man das? Berichten und vergleichen Sie.

c) Realität und Poesie. Lesen Sie noch einmal und nennen Sie Beispiele.

4 *Nicht erst so spät ...* Was hätten Sie früher getan? Sammeln Sie.

5 Der Titel und das Gedicht. Erklären Sie den Zusammenhang.

6 Was möchte das lyrische Ich? Interpretieren Sie.

1 Studium oder Ausbildung?

a) **Bei der Berufswahl. Was ist Ihnen wichtig? Berichten und begründen Sie.**

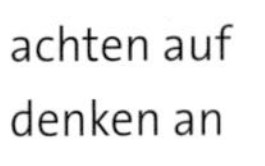

achten auf denken an (sich) informieren über	die Ausbildung / die Tätigkeiten / den Arbeitsort / die Prüfung / die Arbeitszeiten / das Studium /…
fragen nach träumen von	der Ausbildung / den Tätigkeiten / dem Arbeitsort / der Prüfung / den Arbeitszeiten / dem Studium / …

Ich frage nach den Tätigkeiten, weil ich …

Ich möchte studieren, deshalb …

b) **Nico hat einen Termin bei der Arbeitsagentur. Wie kann er sich vorbereiten? Wie sollte er sich im Beratungsgespräch verhalten? Sammeln Sie Vorschläge wie im Beispiel und berichten Sie.**

Er könnte sich auf der Webseite der Arbeitsagentur über interessante Berufe informieren.

Nico sollte im Beratungsgespräch möglichst viele Fragen stellen.

Nico sollte höflich und freundlich sein. Er sollte eine Vorstellung davon geben, welche Job er möchte. Er sollte flexibel sein.

1.05

c) **Sehen Sie sich die Szene in der Arbeitsagentur an. Hat Nico sich gut vorbereitet? Hat er sich richtig verhalten? Vergleichen Sie mit Ihren Vorschlägen in b).**

Nein, er war abgelenkt. Er wusste nicht welchen Job er wollte. Schauspieler?

d) ***Ein-* oder *kein-*? Lesen Sie die Zusammenfassung, streichen Sie durch und vergleichen Sie.**

Nico hat einen/keinen A2-Kurs besucht, aber er hat eine/keine A2-Prüfung gemacht. Jetzt besucht er einen/keinen B1-Kurs. Die Beraterin sagt, dass er einen/keinen Nachweis über die Deutschkenntnisse braucht und eine/keine Sprachprüfung machen muss, wenn er eine/keine Ausbildung machen möchte. Nico kann in Deutschland eine/keine Schauspielschule besuchen, aber dann muss er eine/keine Aufnahmeprüfung machen. Es ist leider ziemlich wahrscheinlich, dass er nach der Ausbildung eine/keine Stelle als Schauspieler findet, meint die Beraterin.

Nico (Florian Wünsche) im Gespräch mit der Berufsberaterin der Arbeitsagentur

e) **Wählen Sie *Maske* oder *Moped*, lesen Sie Nicos Notizen und beschreiben Sie die Ausbildung. Die Fragen helfen.**

Welche Voraussetzungen gibt es?
Wie lange dauert die Ausbildung?
Wo findet die Ausbildung statt?
Was lernt man in der Ausbildung?
Wo kann man arbeiten?

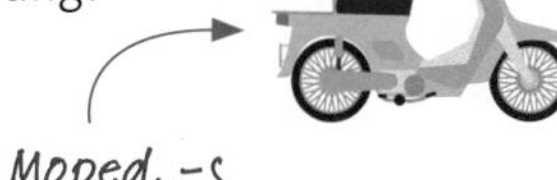

das Moped, -s

f) **Könnten Sie Schauspieler*in werden? Probieren Sie es aus! Lesen Sie die Fragen mit Emotionen vor. Die anderen kommentieren.**

1 Wo warst du denn so lange?
2 Kannst du mir das bitte erklären?
3 Du willst wirklich Schauspieler werden?
4 Seit wann interessierst du dich für Theater?

wütend

überrascht

traurig

glücklich

g) **Traumberuf Schauspieler*in. Wer ist Florian Wünsche? Lesen Sie seinen Lebenslauf. Fragen und antworten Sie wie im Beispiel.**

Wann hat Florian Wünsche Abitur gemacht?

2011. Weißt du, wo er Abitur gemacht hat?

Ja. Hier steht, dass er am …

1.05

h) ***Hilfst du mir?*** **Nico geht zu seinen Freunden Max und Tarek ins Marek. Sehen Sie sich die Szene im Restaurant an. Ersetzen Sie *ihm* und *ihnen* wie im Beispiel und berichten Sie.**

~~Tarek~~ • die Gäste • Nico • die sozialen Institutionen

1. Max muss ihnen die Getränke servieren.
2. Max erklärt ihm, was mit den Kisten passiert.
3. Max und Tarek spenden ihnen die Lebensmittel.
4. Nico hilft ihm mit den schweren Kisten.

Nico hilft Tarek mit den schweren Kisten.

i) **Max sagt, Max meint. Formulieren Sie die Erklärung in drei Sätzen und vergleichen Sie.**

Wir liefern die Lebensmittel, die am Wochenende übrig geblieben sind, an soziale Institutionen, die sie gebrauchen können.

Am Wochenende bleiben Lebensmittel übrig. ....

Wir ....

....

Strategie

Aus einem langen Satz mehrere kurze Sätze machen.

j) **Was passiert in Ihrem Land mit Lebensmitteln, die übrig geblieben sind? Berichten Sie.**

2 Stress, Stress, Stress ...

1.06

a) **Was passiert in der WG in der Wagnergasse? Sehen Sie sich das Video an und berichten Sie.**

		die Küche putzt,	hat		Stress.
	Sebastian	die Stühle runter stellt,	putzt	Sebastian	die Küche.
Während	Lisa	den Terminplaner sucht,	sucht	Lisa	den Terminplaner.
	Nina	telefoniert,	kommt	Nina	in die Küche.
		in die Küche kommt,	stellt		die Stühle runter.

b) **Das bisschen Haushalt ... Was hat Sebastian womit gemacht? Berichten Sie wie im Beispiel. Die Wortschatzkarten helfen.**

Er hat den Boden mit dem Wischer gewischt.

3 Zukunftspläne

a) **Die erste Szene. Bringen Sie die Fotos in eine Reihenfolge. Vergleichen Sie.**

Ich glaube, die Szene beginnt mit ...

Ja, vielleicht. Es könnte aber auch sein, dass ...

b) **Lesen Sie die Regieanweisungen und kontrollieren Sie Ihr Ergebnis in a).**

c) **Vergleichen Sie die Regienaweisungen aus b) mit den Fotos in a). Was ist anders?**

1.07

d) **Nico (N) oder Selma (S)? Wer hat welche Pläne für die Zukunft? Sehen Sie sich die erste Szene an, ordnen Sie zu und berichten Sie.**

◯ die Sprachprüfung machen ◯ einen Job suchen ◯ studieren ◯ eine Ausbildung machen

Nico muss zuerst ...

Selma braucht vor allen Dingen ...

e) **Welcher Plan hat Sie überrascht? Berichten und begründen Sie.**

f) **Selma braucht einen Job! Was würden Sie in Selmas Situation tun? Kommentieren Sie.**

In Selmas Situation würde ich ... Wenn ich Selma wäre, würde ich ... An ihrer/Selmas Stelle würde ich ... Ich würde ...	auf jeden Fall vor allen Dingen auf keinen Fall	im Marek nach einem Job fragen. tun, was meine Eltern sagen. zur Studienberatung gehen. zuerst einen Studienplatz suchen. Jobanzeigen im Internet lesen.

1.07

g) **Nico und Pepe. Sehen Sie sich die zweite Szene an, ergänzen Sie *irgendwas, irgendwie, irgendwo, irgendwann* und vergleichen Sie.**

Nico trifft seinen Bruder Pepe ____________[1] im Park. Es ist ____________[2] am Abend. ____________[3] ist Pepe ziemlich traurig. Zwischen den beiden Brüdern muss ____________[4] passiert sein.

h) ***Darum, deshalb, deswegen*. Was ist warum passiert? Wählen Sie Rolle A oder B und berichten Sie wie im Beispiel.**

Nico hat sich mit seinen Eltern gestritten.

Deshalb ist er ...

Goethe-Zertifikat B1: Hören

Der Prüfungsteil Hören hat vier Teile mit 30 Aufgaben und dauert circa 40 Minuten. Für jede Aufgabe gibt es nur eine richtige Lösung. Zum Bestehen der Prüfung müssen Sie mindestens 18 Aufgaben richtig lösen. Wörterbücher und Mobiltelefone sind nicht erlaubt.

1.40

Hören Teil 1: **Sie hören fünf kurze Texte. Sie hören jeden zweimal und lösen pro Text zwei Aufgaben. Die erste Aufgabe bezieht sich auf das Thema des Textes. In der zweiten Aufgabe wird nach einer Detailinformation gefragt. Bevor Sie die Aufgaben lösen, lesen und hören Sie in der Prüfung ein Beispiel.**

Sie hören nun einen kurzen Text. Sie hören ihn zweimal. Wählen Sie bei jeder Aufgabe die richtige Lösung.

1 Das Wetter wird in Wien schlechter. **Richtig** **Falsch**

2 Vorausgesagt wird ...
- **a** kühles Wetter.
- **b** viel Sonnenschein.
- **c** regnerisches Wetter.

1.41

Hören Teil 2: **Sie hören als Zuschauer*in im Publikum z. B. einen Vortrag oder eine Information vor einer Führung. Dazu lösen Sie fünf Aufgaben.**

Sie hören nun einen Text. Sie hören den Text einmal. Wählen Sie die richtige Lösung a, b oder c.

Sie nehmen an einer Führung durch das Burgtheater in Wien teil.

11 Das Burgtheater ist ...
- **a** das älteste Theater in Europa.
- **b** die größte Bühne in Deutschland, Österreich und der Schweiz.
- **c** das wichtigste Theater in Europa.

1.42

Hören Teil 3: **Sie hören ein informelles Gespräch zwischen zwei Personen. Es gibt sieben Aufgaben.**

Sie hören nun ein Gespräch. Sie hören das Gespräch einmal. Wählen Sie: Ist die Aussage Richtig oder Falsch?

Sie sind in einem Zug und hören, wie sich eine Frau und ein Mann unterhalten.

16 Anton hat am Wochenende Fußball gespielt. **Richtig** **Falsch**

1.43

Hören Teil 4: **Sie hören eine Diskussion im Radio. Sie hören die Diskussion zweimal. Es gibt acht Aufgaben. Ordnen Sie die Aussagen zu: Wer sagt was?**

Der Moderator der Radiosendung „Diskussion am Samstag" diskutiert mit Carola Bauer und Frank Wagner zum Thema „Theater als Schulfach für alle - sinnvoll oder nicht?".

	Moderator	Carola Bauer	Frank Wagner
23 Theater wird an Schulen schon länger gespielt.	a	b	c

Tipps zum Prüfungsteil Hören auf einen Blick

DAS REISEMAGAZIN

Traumreisen ins Grüne von Simone Ram

Der Sommer steht vor der Tür und somit auch die Urlaubszeit! Warum aber in die Ferne reisen, wenn das Gute so nah liegt? Viele Menschen fliegen jedes Jahr weit weg, um auf anderen Kontinenten Natur pur zu erleben, obwohl es traumhaft schöne Landschaften vor der eigenen Haustür gibt. Die 23 Biosphärenreservate in Deutschland, Österreich und der Schweiz bieten Urlauber*innen, die die Natur lieben, ein perfektes Reiseziel.

Die Landschaften in den Biosphärenreservaten sind ganz unterschiedlich: Mal flach wie am Wattenmeer oder im Spreewald, mal hügelig wie in der Rhön oder im Wienerwald und mal bergig wie im Berchtesgadener Land, im Entlebuch oder im Salzburger Lungau.

Hier kann man zu jeder Jahreszeit Natur pur genießen. Es macht einfach Spaß, diese abwechslungsreichen Landschaften mit ihren bunten Blumenwiesen, dichten Wäldern und klaren Seen zu entdecken und dort wilde Tiere zu beobachten und seltene Pflanzen zu fotografieren.

Aber nicht nur Natur-, sondern auch Kulturliebhaber*innen kommen hier auf ihre Kosten. Denn zu den Highlights in den Biosphärenreservaten gehören viele historische Städte mit ihren alten Kirchen, Burgen und Schlössern. Neben zahlreichen Konzerten laden Theateraufführungen und Stadtfeste das ganze Jahr zum Besuch ein.

Und das Beste: Man kann bequem klima- und umweltfreundlich mit Bus oder Bahn anreisen. So schont man die Umwelt und reduziert seinen ökologischen Fußabdruck.

Mein Fazit: Die Biosphärenreservate sind immer eine Reise wert!

im Watt eine Wanderung machen

im Entlebuch wilde Tiere beobachten

Hörtipp aus der Redaktion
Simone Ram berichtet in ihrem Podcast über ein Wochenende im Spreewald: www.dasreisemagazin.example.com

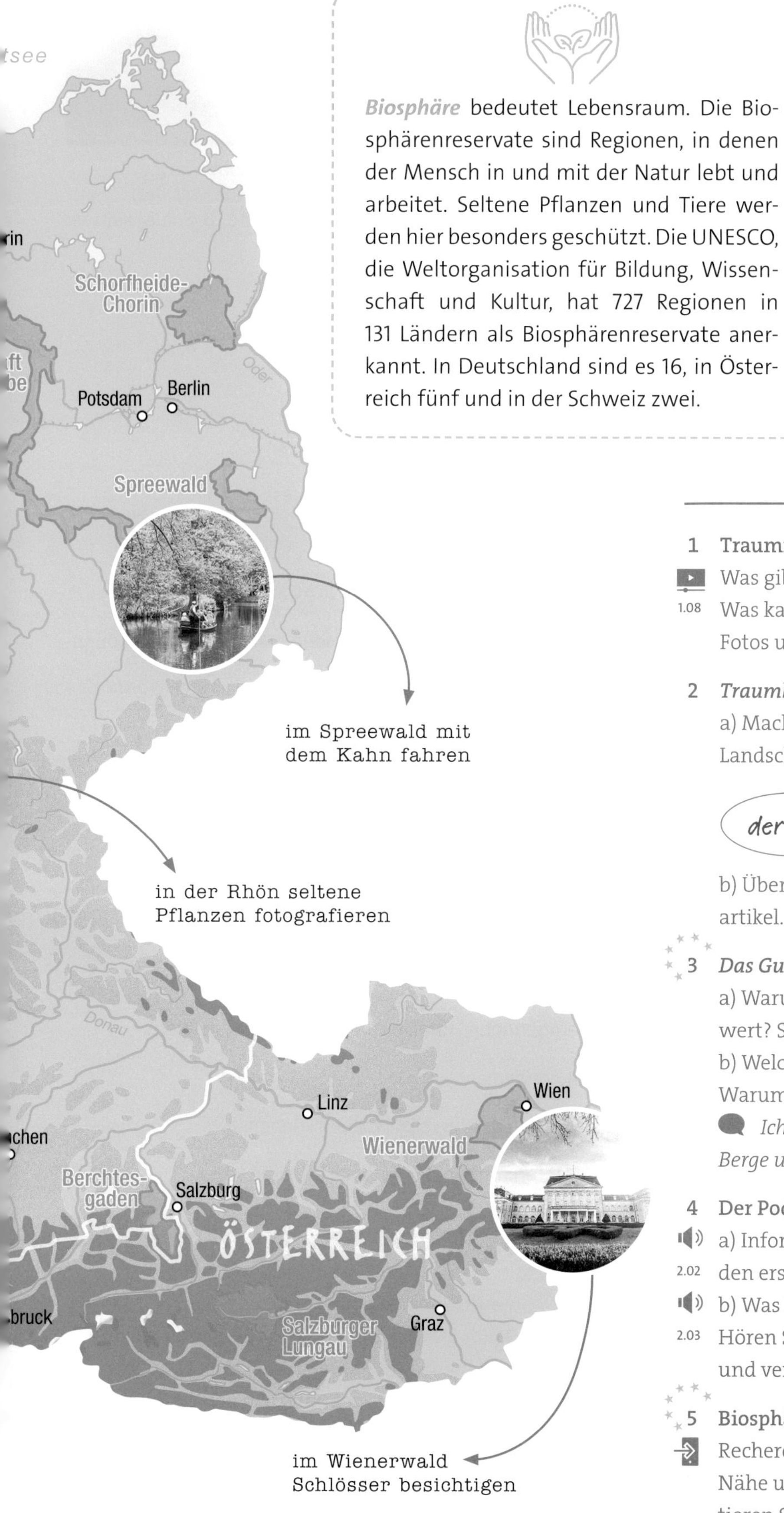

Biosphäre bedeutet Lebensraum. Die Biosphärenreservate sind Regionen, in denen der Mensch in und mit der Natur lebt und arbeitet. Seltene Pflanzen und Tiere werden hier besonders geschützt. Die UNESCO, die Weltorganisation für Bildung, Wissenschaft und Kultur, hat 727 Regionen in 131 Ländern als Biosphärenreservate anerkannt. In Deutschland sind es 16, in Österreich fünf und in der Schweiz zwei.

HIER LERNEN SIE:
- einen Reisebericht verstehen
- eine Landschaft beschreiben
- über Reisen sprechen
- einen Text zusammenfassen
- Unterkünfte bewerten

1 Traumreisen ins Grüne

1.08 Was gibt es in den Biosphärenreservaten? Was kann man dort machen? Sehen Sie sich die Fotos und das Video an. Berichten Sie.

2 *Traumhaft schöne Landschaften*

a) Machen Sie ein Wörternetz zum Thema Landschaft und Natur.

der Wald — Landschaft + Natur

b) Überfliegen Sie die Karte und den Magazinartikel. Ergänzen Sie das Wörternetz in a).

3 *Das Gute liegt so nah!*

a) Warum sind Biosphärenreservate eine Reise wert? Sammeln Sie Gründe und vergleichen Sie.

b) Welche Landschaften gefallen Ihnen (nicht)? Warum?

Ich mag vor allem Landschaften, in denen es Berge und Wälder gibt, weil ...

4 Der Podcast von Simone Ram

2.02 a) Informationen über den Spreewald. Hören Sie den ersten Teil des Podcasts und sammeln Sie.

2.03 b) Was hat Simone Ram in Lübbenau gemacht? Hören Sie den zweiten Teil des Podcasts, notieren und vergleichen Sie.

5 Biosphärenreservate international

Recherchieren Sie ein Biosphärenreservat in Ihrer Nähe und beschreiben Sie die Landschaft. Präsentieren Sie. Die Redemittel helfen.

1 Reiselust

a) Unterkünfte auf Reisen. Wo würden Sie (nicht) gern übernachten? Warum? Diskutieren Sie.

1 
Baumhaus – Gastgeberin ist Maria
2 Gäste, 1 Schlafzimmer

2 
Couchsurfing – Host ist Nico
1 Gast, 1 Couch

3 
Almhütte ohne Strom – Gastgeberin ist Johanna
2–6 Personen

4 
Hausboot – Gastgeber ist Jan
6 Gäste, 3 Schlafzimmer

In einem Baumhaus schlafen? Das wäre nichts für mich. Da gibt es nachts bestimmt viele Mücken.

Ein Baumhaus? Das wäre doch mal ganz was Anderes!

die Mücke, -n

2.04

b) Was erwarten Gäste von ihrer Unterkunft? Hören Sie den Radiobeitrag und kreuzen Sie an.

1 ◯ bequemes Bett
2 ◯ ruhiges Zimmer
3 ◯ Sauberkeit
4 ◯ Telefon im Zimmer
5 ◯ WLAN
6 ◯ Steckdosen
7 ◯ freundliches Personal
8 ◯ Minibar mit Getränken
9 ◯ Frühstücksbuffet
10 ◯ Schreibtisch mit Stuhl
11 ◯ Wellness-Bereich
12 ◯ preiswerte Zimmer
13 ◯ Nichtraucherzimmer
14 ◯ mehrsprachige Informationen
15 ◯ gute Lage der Unterkunft

c) Was erwarten Sie von Ihrer Unterkunft, wenn Sie beruflich oder privat unterwegs sind? Was stört Sie? Die Redemittel helfen.

Auf Geschäftsreisen ist ... besonders wichtig.

Mich stört, wenn ...

2 Nach Wien und in den Wienerwald

Welche Anzeige passt zu welchen Personen? Lesen Sie und ordnen Sie zu.

1 ◯ Meike und Lars möchten ihren Hochzeitstag in einem schönen Hotel in ruhiger Atmosphäre feiern.
2 ◯ Herr und Frau Olsson möchten im Urlaub Natur pur erleben.
3 ◯ Yuna, Akira und Makoto suchen eine Unterkunft in Wien, in der sie selbst kochen können.
4 ◯ Frau Demir ist beruflich oft in Wien und sucht eine Unterkunft, in der sie auch arbeiten kann.

a Romantikhotel Schlosspark

Das **Romantikhotel Schlosspark** ist die erste Adresse für Paare, die Urlaub ohne Kinder machen möchten. Unser Wellnesshotel nur für Erwachsene mitten im Wienerwald bietet einen wunderschönen Ausblick und ist der richtige Ort, um zu entspannen und zu genießen.

b Berghotel Haydn

Sie suchen einen ganz besonderen Familienurlaub? Dann kommen Sie ins **Berghotel Haydn** im Wienerwald. Für große und kleine Outdoor-Fans, die lange Wanderungen in der Natur oder den Wintersport lieben, ist es genau die richtige Wahl. Hier fühlt sich die ganze Familie wohl.

c

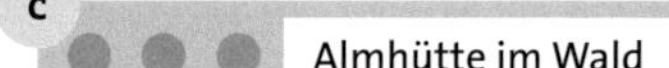

Almhütte im Wald

Die 100 Jahre alte **Hütte**, die letztes Jahr renoviert wurde, liegt mitten in einem Wald am Arlberg. Hier können zwei bis maximal drei Personen Urlaub wie früher machen – ohne Strom und ohne fließendes Wasser.

d

Pension Gruber

Die **Pension Gruber** befindet sich vor den Toren Wiens. In nur 25 Minuten sind Sie mit der U-Bahn in der Innenstadt. Egal, ob Sie allein reisen, als Paar oder als Familie – unsere Pension ist die richtige Unterkunft für einen entspannten Urlaub.

e

Privatzimmer bei Familie Pichler

Das **Einzelzimmer** mit Frühstück befindet sich nur wenige Minuten von der U-Bahn-Station Kagran. Es hat einen Flachbild-TV, schnelles WLAN, einen Schreibtisch und ein Badezimmer. Morgens servieren wir Ihnen ein kontinentales Frühstück.

f

Ferienwohnung im Herzen von Wien

Sie suchen eine **Ferienwohnung** für 2–4 Personen direkt im Zentrum? Die sonnige 2-Zimmer-Wohnung, die alle Gäste begeistert, hat einen großen Wohnraum mit Küche und Schlafsofa sowie ein Schlafzimmer.

3 *Das Hotel, das ...*

a) **Sprechen Sie schnell.**

	das Familie Gruber gehört,	ist sehr ruhig.
	das mir Freunde empfohlen haben,	ist familienfreundlich.
Das Hotel,	in dem ich letztes Jahr übernachtet habe,	bietet einen schönen Ausblick.
	von dem man die Innenstadt gut erreichen kann,	wurde letztes Jahr renoviert.
	für das meine Freunde sich interessieren,	hat einen großen Swimmingpool.

7.3

b) **Sammeln Sie Relativsätze auf S. 60–63 und markieren Sie wie im Beispiel. Ergänzen Sie die Regel.**

Die Biosphärenreservate bieten Urlauber*innen, die die Natur lieben, ein perfektes Reiseziel.

Regel: Relativsätze stehen _______________ dem Bezugswort. Sie können auch mitten im Satz stehen.

4 Kein Handyempfang in der Hütte

Sprachschatten. Wählen Sie Rolle A oder B und beschreiben Sie wie im Beispiel.

Ich habe in der Hütte Urlaub gemacht. In der Hütte gibt es keinen Handyempfang.
In der Hütte, in der du Urlaub gemacht hast, gibt es keinen Handyempfang?
Genau. In der Hütte, in der ich Urlaub gemacht habe, gibt es keinen Handyempfang.

5 Reiseunterkünfte

Schreiben Sie eine Couchsurfing-Anzeige und bieten Sie eine Schlafmöglichkeit in Ihrer Wohnung an. Schreiben Sie etwas über sich, warum Sie ein Fan von Couchsurfing sind und was Ihre Gäste benutzen können. ODER **Bewerten Sie ein Hotel, einen Campingplatz, ... Was war (nicht) gut? Beschreiben Sie Lage, Sauberkeit, Zimmer, WLAN, Frühstück, ... Die Beispiele auf S. 71 helfen.**

Strategie

Bewertungen schreiben
- Nennen Sie konkrete Beispiele.
- Bleiben Sie höflich.
- Lesen Sie Ihre Bewertung vor der Veröffentlichung noch einmal durch.

1 Aktivurlaub liegt im Trend

a) *Wie verreist du am liebsten?* Fragen Sie und notieren Sie die Antworten Ihres Partners / Ihrer Partnerin. Hängen Sie sein/ihr Urlaubsprofil im Kursraum auf und kommentieren Sie.

b) Sehen Sie sich die Fotos in c) an und lesen Sie die Überschriften. Worum geht es in den drei Blogeinträgen? Sammeln Sie Vermutungen.

Ich vermute, dass ...　　*Wahrscheinlich geht es um ...*

c) Wählen Sie einen Blogeintrag aus. Markieren Sie die drei für Sie wichtigsten Informationen und vergleichen Sie.

Sibel unterwegs

Nachhaltig Reisen!

Ich bin Marketing-Managerin in Karlsruhe. Früher habe ich meistens Urlaub im Süden am Mittelmeer gemacht. Obwohl ich die Sonne, den Strand und das Meer immer noch liebe, verreise ich jetzt umweltfreundlicher. Ich verzichte bei meinen Reisen so gut es geht auf Flüge und fahre lieber mit der Bahn. Das ist besser für die Umwelt, denn beim Fliegen entsteht viel mehr CO_2, das für die Klimaerwärmung verantwortlich ist. Um meinen ökologischen Fußabdruck zu reduzieren, suche ich mir jetzt Urlaubsziele in meiner Nähe. So war ich im Sommer zwei Wochen in Frankreich im Biosphärenreservat Dordogne-Tal. Die Zugfahrt war zwar lang, aber entspannt! Dort habe ich auch kein Auto gebraucht. Ich konnte mit dem Rad oder zu Fuß tolle Entdeckungstouren machen. Im Dordogne-Tal habe ich in kleinen Öko-Hotels übernachtet, in denen es vor allem regionale und saisonale Lebensmittel gibt.

Urlaub und Arbeit passen nicht zusammen? Doch!

Ulrich bei der Heuernte

Ich bin Fluglotse. Das ist ein sehr stressiger Job. Im Urlaub wollte ich darum immer faul am Pool oder Strand liegen und entspannen. Aber ich habe mich oft gar nicht so gut erholt. Dieses Jahr habe ich dann etwas ganz anderes gemacht. Ich habe im Juli drei Wochen lang als freiwilliger Helfer ohne Bezahlung bei einem Bergbauern in Österreich gearbeitet. Unterkunft und Essen waren natürlich umsonst. Morgens bin ich jeden Tag vor Sonnenaufgang zu den Kühen in den Stall gegangen. Um fünf Uhr haben wir dann alle gemeinsam gefrühstückt und danach habe ich bei der Heuernte geholfen. Das war ziemlich anstrengend, aber die Arbeit in der Natur hat mir richtig gut getan. Feierabend hatte ich erst nach Sonnenuntergang. Ich konnte mich in den drei Wochen vom Stress in meinem Beruf sehr gut erholen, obwohl ich abends immer total müde war. Nächstes Jahr komme ich wieder!

Alexa im Workcamp

Arbeiten und Feiern!

Ich bin Studentin an einer Universität in Athen und wollte in den Sommerferien Land und Leute in Deutschland besser kennenlernen und gleichzeitig für einen guten Zweck arbeiten. Ich habe mich zu einem internationalen Workcamp im Biosphärenreservat Schwarzwald angemeldet. Wir waren eine Gruppe von 18 jungen Freiwilligen aus elf verschiedenen Ländern und haben uns auf Deutsch und Englisch unterhalten. Das ging sehr gut. Wir haben zwischen 25 und 30 Stunden pro Woche gearbeitet. Unsere Aufgabe war es, Bäume im Wald zu pflanzen. Das hat richtig Spaß gemacht! Allerdings wurde ich dauernd von Mücken gestochen, obwohl ich ein Mückenspray benutzt habe. Nichts hat geholfen!
In der Freizeit haben wir viel gemacht. Wir sind baden gegangen, sind gewandert und zum Sightseeing nach Freiburg und Basel gefahren. Abends haben wir auch manchmal Party gemacht. Es war eine tolle Erfahrung, mit so vielen Menschen aus verschiedenen Kulturen zusammen zu leben und zu arbeiten. Ich habe in der Zeit viel über den Naturschutz gelernt und neue Freunde gefunden. Ich kann allen empfehlen, sich bei einem Workcamp anzumelden.

d) Fassen Sie den Blogeintrag mit Hilfe der markierten Informationen zusammen und berichten Sie.

2 Obwohl ...

a) **Sibel (S), Ulrich (U) oder Alexa (A)? Zu wem passen die Aussagen? Ergänzen Sie.**

1 ◯ Obwohl ich das Meer liebe, mache ich nicht mehr so oft Strandurlaub.

2 ◯ Ich hatte viele Mückenstiche, obwohl ich jeden Tag ein Spray benutzt habe.

3 ◯ Obwohl ich einen anstrengenden Job habe, habe ich im Urlaub gearbeitet.

4 ◯ Wir haben uns alle gut verstanden, obwohl einige nicht sehr gut Deutsch sprechen konnten.

2.05

b) **Hören Sie und lesen Sie die Sätze in a) mit. Achten Sie auf *obwohl* und sprechen Sie nach.**

c) **Gegensätze nennen. Sprechen Sie schnell.**

Obwohl	ich wenig Zeit habe,	jogge/schwimme ich jeden Morgen.
	ich viel zu tun habe,	besuche ich regelmäßig meine Familie.
	mein Alltag anstrengend ist,	nehme ich mir Zeit für Freunde.
	der Tag nur 24 Stunden hat,	arbeite ich ab und zu auch am Abend.

2.4

d) **Markieren Sie die Nebensätze in a) und ergänzen Sie die Regel.**

Regel: Der Nebensatz mit *obwohl* kann ____________ oder ____________ dem Hauptsatz stehen.

3 Was machen Sie, obwohl ...?

Üben Sie die Minidialoge wie im Beispiel.

Es regnet.
Ich gehe spazieren.

Obwohl es regnet, gehst du spazieren?

Ja, klar. Ich nehme meinen Regenschirm mit.

4 Entdeckungstouren

2.06

Mehrere Konsonanten hintereinander. Hören Sie, lesen Sie mit und sprechen Sie nach.

1 anstrengend **2** Arbeitsstress **3** nachhaltig **4** Urlaubsziele **5** nächstes **6** Geschäftsreise **7** Entdeckungstouren **8** Fußabdruck **9** umweltfreundlich **10** Frankreich

5 Nachhaltig Urlaub machen

Welchen Urlaub aus 1c) können Sie sich (nicht) vorstellen? Diskutieren Sie und begründen Sie Ihre Entscheidung. Die Redemittel helfen.

Wir haben uns für einen Urlaub bei einem Bergbauern entschieden, weil wir noch nie auf einem Bauernhof waren. Obwohl Walentina nicht gern früh aufsteht, kommt sie auch mit.

6 Urlaub mal anders

Berichten Sie in einem Blogeintrag über einen Kurzurlaub, eine Städtereise, ... Was hat Sie begeistert, überrascht oder geärgert? ODER Schreiben Sie einen Kommentar zu einem Blogeintrag in 1c) und fragen Sie nach weiteren Informationen, die Sie interessieren.

1 Das Gute liegt so nah!

a) **Verbinden Sie die Nomen und Verben. Es gibt mehrere Möglichkeiten. Vergleichen Sie mit dem Magazinartikel auf S. 60.**

1 in die Ferne	**a** entdecken
2 abwechslungsreiche Landschaften	**b** reduzieren
3 wilde Tiere	**c** reisen
4 seltene Pflanzen	**d** fotografieren
5 die Umwelt	**e** einladen
6 den ökologischen Fußabdruck	**f** schonen
7 zum Besuch	**g** beobachten

b) **In welcher Zeile finden Sie die Informationen? Lesen Sie den Magazinartikel auf S. 60 noch einmal und ergänzen Sie.**

1 Die Reisezeit beginnt bald. *Zeile 1*

2 Es gibt viele schöne Ausflugsziele, die nicht so weit weg sind. ______

3 Die Biosphärenreservate in Deutschland, Österreich und der Schweiz sind sehr vielfältig. ______

4 Man kann in den Biosphärenreservaten immer Urlaub machen und die Natur genießen. ______

5 Für Menschen, die sich für Geschichte und Kunst interessieren, gibt es in den Biosphärenreservaten viel zu sehen. ______

6 Ein Vorteil ist, dass man nicht mit dem Auto in die Biosphärenreservate fahren muss. ______

7 In den Biosphärenreservaten übernehmen die Menschen Verantwortung für die Natur. ______

c) **Wie kann man das anders sagen? Lesen Sie den Dialog und ordnen Sie die Wendungen zu.**

◯ Natur pur	◯ zu jeder Jahreszeit	◯ eine Reise wert sein
(1) vor der Tür stehen	◯ auf seine Kosten kommen	◯ vor der eigenen Haustür

- Dein Urlaub beginnt doch nächste Woche [1], oder?
- Ja, ich freue mich schon.
- Fliegst du wieder nach Spanien?
- Nein, dieses Jahr plane ich, Urlaub hier in der Nähe [2] zu machen. Ich fahre mal wieder in den Spreewald.
- Obwohl ich schon seit mehreren Jahren in Berlin wohne, war ich noch nie da.
- Der Spreewald ist ein spannendes Ausflugsziel [3]. Es lohnt sich auf jeden Fall, ihn mal zu besuchen. Dort gibt es noch viel Natur [4].
- Aber ist das Wetter im Oktober nicht schon zu kalt und nass?
- Ich finde, man kann bei jedem Wetter [5] in den Spreewald fahren. Man kann dort viel Spaß haben [6], egal, ob man Natur- oder Kulturliebhaber ist.

d) **Schreiben Sie den Dialog mit den Wendungen aus c).**

A: Dein Urlaub steht doch vor der Tür, oder?

B: Ja, ich freue ...

2 Abwechslungsreiche Landschaften

a) **Ordnen Sie die Fotos den Aussagen zu. Für eine Aussage gibt es kein Foto.**

a 
b 
c 
d 
e 

1 ◯ Viele Tourist*innen lieben die Wälder im Biosphärenreservat Schwarzwald.
2 ◯ Ein Muss bei einem Urlaub an der Nordsee ist eine Wattwanderung.
3 ◯ Das Biosphärenreservat Bliesgau ist eine hügelige Landschaft im Saarland, in der man schöne Tagestouren machen kann.
4 ◯ In der Rhön gibt es viele alte Burgen, die man zu jeder Jahreszeit besichtigen kann.
5 ◯ Das Biosphärenreservat Flusslandschaft Elbe ist ein Naturparadies für Vogelliebhaber*innen.
6 ◯ Vom Watzmann im Berchtesgadener Land hat man eine herrliche Aussicht auf die Alpen.

b) **Welches Wort passt nicht? Streichen Sie durch.**

1 die Landschaft – der Kontinent – die Region – die Natur – das Gebiet
2 der Baum – das Feld – die Blume – das Insekt – die Wiese
3 der Hafen – der Fluss – das Meer – der See – der Kanal
4 die Kirche – die Burg – das Schloss – der Dom – die Sehenswürdigkeit

3 Biosphärenreservate

a) **Adjektivendungen bestimmen. Unterstreichen Sie die Adjektive im Magazinartikel auf S. 60 und machen Sie eine Tabelle wie im Beispiel.**

	Zahl		Geschlecht			Fall			Artikel		
	Sg.	Pl.	m	n	f	Nom.	Akk.	Dat.	best.	unbest.	ohne
schöne Landschaften		X			X		X				X

b) **Adjektivendungen wiederholen. Ergänzen Sie die Endungen.**

Der Wienerwald wurde 2005 von der UNESCO als Biosphärenreservat anerkannt. Er ist eine Region für eine nachhaltig*e* [1] Entwicklung. Das bedeutet, dass die Natur – also die Tiere und Pflanzen – geschützt werden. Rund 855.000 Menschen sind in diesem vielfältig___ [2] Lebensraum westlich und südwestlich von Wien zu Hause. Es ist das einzig___ [3] Biosphärenreservat in Europa, das so nah an einer groß___ [4] Metropole liegt. Der Wienerwald ist ein ideal___ [5] Naherholungsgebiet, das man mit den öffentlich___ [6] Verkehrsmitteln leicht erreichen kann. Zu den beliebt___ [7] Ausflugszielen im Wienerwald gehört die elegant___ [8] Stadt Baden bei Wien. Die historisch___ [9] Altstadt mit ihren alt___ [10] Häusern, wie z. B. das Beethovenhaus, lädt Besucher*innen zu lang___ [11] Spaziergängen ein. Vor allem im Sommer gibt es dort für Liebhaber*innen der Klassik, des Jazz oder Pop viele Konzerte mit bekannt___ [12] Künstler*innen aus der ganz___ [13] Welt.

c) **Ein Biosphärenreservat in meiner Nähe. Schreiben Sie einen Paralleltext.**

... wurde ... von der UNESCO als Biosphärenreservat anerkannt.

4 Ein Wochenende im Spreewald

a) **Hören Sie den Podcast aus Aufgabe 4a) und b) auf S. 61 noch einmal. Was ist richtig? Kreuzen Sie an.**

1 ◯ Simone Ram ist Podcasterin von Beruf.
2 ◯ Naturliebhaber*innen kommen im Spreewald auf ihre Kosten.
3 ◯ Simone macht regelmäßig Urlaub im Spreewald.
4 ◯ Sie hat mitten in Lübbenau übernachtet.
5 ◯ Das Restaurant Wotschofska gibt es schon sehr lange.
6 ◯ Die Podcasterin meint, dass die Kirche St. Nikolai zu den Highlights von Lübbenau gehört.
7 ◯ Sie ist mit einem Touristenkahn durch die Spree-Kanäle gefahren.
8 ◯ Am zweiten Tag im Spreewald hat sie Natur pur erlebt.

Ich liebe Spreewald-Gurken!

b) **Korrigieren Sie die falschen Aussagen.**

5 Endlich Urlaub!

a) **Welche Überschrift passt? Lesen Sie den Artikel und kreuzen Sie an.**

1 ◯ Hotel oder Camping? 2 ◯ Urlaub mit Kindern 3 ◯ Reisen mit der ganzen Familie

Im Alltag zwischen Beruf, Schule, Haushalt und Terminen bleibt oft nicht genug Zeit für die Familie. Auch an den Wochenenden gibt es viel zu tun. Deshalb ist der gemeinsame Urlaub für viele Familien besonders wichtig. Familien müssen sich aber nicht nur für ein Urlaubsziel entscheiden, sondern auch überlegen, wie sie im Urlaub wohnen möchten.

Camping liegt im Trend. Aber ist ein Urlaub auf einem Campingplatz mit Kindern eine gute Idee? Oder wäre ein klassischer Hotelurlaub besser? Hotels gibt es in allen Preisklassen und an den unterschiedlichsten Orten. Man kann ein Hotel am Meer, genauso wie in den Bergen oder im Zentrum einer Großstadt buchen. Viele Hotels haben spezielle Angebote für Familien mit Kindern. Wer es also bequem mag und im Urlaub nicht kochen, aufräumen und putzen will, übernachtet am besten in einem Hotel. Hier kann man morgens das Frühstücksbuffett mit der Familie genießen und geht nach dem Frühstück zurück in sein Zimmer, das schon saubergemacht wurde. Zur Ausstattung der meisten Hotels gehören heute ein Flachbildfernseher, kostenloses WLAN und eine Minibar mit Getränken. Für die aktive Erholung bieten viele Ferien- und Familienhotels ihren Gästen auch Pools und Fitnessräume. Es ist also leicht, sich in einem Hotel vom Alltagsstress zu erholen.

Für Familien, die flexibel sein möchten, ist ein Urlaub im Wohnmobil genau das Richtige. Man kann unterwegs spontan entscheiden, ob man an einem Ort länger bleiben möchte. Und man hat alles dabei, was man braucht. Egal, ob im Zelt oder Camper, auf Campingplätzen kommt man schnell mit anderen Reisenden in Kontakt und die Kinder haben viel Spaß. Auch aus finanzieller Sicht ist ein Campingurlaub sehr interessant. Hotelübernachtungen können für eine Familie sehr schnell teuer werden. Camper zahlen nur für den Campingplatz. Und wer selbst kocht, gibt sehr viel weniger Geld für Essen aus.
Ob Urlaub in einem Hotel oder auf einem Campingplatz - beide Urlaubsarten haben Vor- und Nachteile. Wer es bequem möchte, sollte seinen Urlaub lieber in einem Hotel verbringen. Möchte man allerdings einen preiswerten Urlaub machen, ist Camping eine gute Wahl. Und die meisten Kinder lieben es!

b) **Was steht im Text? Lesen Sie die Aussagen und kreuzen Sie an.**

1 ◯ Viele Familien verbringen vor allem an Wochenenden Zeit miteinander.
2 ◯ Der Vorteil von Hotels ist, dass es oft ein Kinderprogramm gibt.
3 ◯ Anders als beim Camping muss man im Hotel nach dem Frühstück nicht aufräumen.
4 ◯ Viele Hotels sind nicht kinderfreundlich.
5 ◯ Für Sportbegeisterte sind Hotels keine gute Wahl.
6 ◯ Eine Übernachtung auf dem Campingplatz ist preiswert.
7 ◯ Sieben Tage Campingurlaub sind günstiger als eine Hotelübernachtung.
8 ◯ Familien mit Kindern können sowohl im Hotel als auch auf einem Campingplatz übernachten.

c) **Campingplatz oder Hotel? Sammeln Sie Argumente pro und kontra.**

Pro Camping: Eine Übernachtung auf dem Campingplatz ist oft preiswerter als im Hotel. ....

6 Mit dem Hausboot unterwegs

1.09

a) **Videokaraoke. Sehen Sie sich das Video an und antworten Sie.**

b) **Was hat Adrian mit seiner Familie im Urlaub gemacht? Sehen Sie sich die Fotos an und kreuzen Sie an.**

a ◯

b ◯

c ◯

d ◯

e ◯

f ◯

c) **Wer? Wo? Was? Beschreiben Sie Adrians Urlaub. Die Fotos in b) helfen.**

Adrian war mit seiner Familie ... .

7 Urlaubserinnerungen

a) **Lesen Sie und verbinden Sie.**

1 Das ist der Strand,
2 Das sind die E-Bikes,
3 Das ist das Frühstücksbuffet,
4 Das ist das Restaurant,
5 Das sind die Hotelgäste,
6 Das sind die Souvenirs,

a das uns Freunde empfohlen haben.
b die wir mitgebracht haben.
c mit denen wir Radtouren gemacht haben.
d mit denen wir uns gut unterhalten haben.
e an dem wir oft spazieren gegangen sind.
f das uns so gut geschmeckt hat.

b) **Nominativ (N), Akkusativ (A) oder Dativ (D)? Ergänzen Sie.**

1 (N) Die Alpenhütte, *die* letztes Jahr renoviert wurde, ist im Sommer fast immer ausgebucht.
2 ◯ Die Urlauber, ______ in der Hütte übernachten, sind begeistert von der Lage.
3 ◯ Die Freunde, mit ______ wir in der Hütte waren, sind schon gestern abgereist.
4 ◯ Der Bergführer, ______ wir im Tal kennengelernt haben, hat uns zum Gipfel geführt.
5 ◯ Das Restaurant, ______ auf dem Berggipfel ist, bietet einen tollen Ausblick.
6 ◯ Der Regen, ______ uns auf dem Weg zur Hütte überrascht hat, war nicht angenehm.
7 ◯ Der Ferienort, von ______ man die Autobahn schnell erreichen kann, ist bei Tourist*innen beliebt.

c) **Ergänzen Sie die Relativpronomen in b).**

denen • dem • ~~die~~ • das • der • die • den

8 Die Schorfheide

a) **Wo liegt das Biosphärenreservat Schorfheide-Chorin? Suchen Sie auf der Karte auf S. 60–61 und beschreiben Sie.**

1 Die Schorfheide ist seit 1990 Biosphärenreservat. In der Schorfheide gibt es viele Seen.
2 Das Hotel *Haus Chorin* ist bei Radfahrer*innen sehr beliebt. Das Hotel *Haus Chorin* wurde 2017 renoviert.
3 Der Wildpark Schorfheide ist bei Kindern beliebt. Im Park kann man wilde Tiere sehen.
4 Man kann frische Produkte im Bioladen *Wildblume* kaufen. Die Produkte kommen aus der Region.
5 Die Bewohner*innen arbeiten im Einklang mit der Natur. Die Bewohner*innen wohnen oft in Dörfern.
6 Der Choriner Musiksommer ist schnell ausverkauft. Für den Musiksommer interessieren sich viele Klassikfans.

b) **Verbinden Sie die Sätze wie im Beispiel.**

1 Die Schorfheide, in der es viele Seen gibt, ...

9 Couchsurfing in Basel

a) **Was dürfen die Gäste von Niklas benutzen? Lesen Sie die Anzeige und kreuzen Sie an.**

1 ◯ Messer, Gabel, Löffel 2 ◯ das Sofa 3 ◯ die Kamera 4 ◯ das Internet

www.meine-couch.example.com

Niklas, 29
Krankenpfleger
Basel, Schweiz
2-Zi-Wohnung
Deutsch, Griechisch

Über mich

In meiner Freizeit gehe ich gerne mit meinem Hund spazieren. In der Region Basel gibt es tolle Berge. Unterwegs mache ich oft Fotos von der Landschaft und natürlich auch von meinem Hund.
Ich mag Menschen und ihre Geschichten. Deshalb habe ich mich vor drei Jahren bei meine-couch angemeldet. Couchsurfing bedeutet für mich vor allen Dingen teilen und lernen. Ich biete einen Schlafplatz und möchte Leute aus der ganzen Welt kennenlernen. Im Wohnzimmer kannst du es dir auf meiner großen Couch gemütlich machen. Bettwäsche kann ich dir leihen. In der Küche kannst du alles benutzen, auch den Herd und den Kühlschrank ☺. Wenn du Lust hast, können wir gerne gemeinsam kochen. [mehr]

b) **Sie möchten bei Niklas übernachten. Schreiben Sie eine E-Mail. Die Fragen helfen.**

1 Wie viele Nächte möchten Sie übernachten?
2 Wann reisen Sie an? Wann reisen Sie wieder ab?
3 Was ist der Grund für Ihren Besuch in Basel?
4 Welche Aktivitäten haben Sie geplant?
5 Warum möchten Sie bei Niklas übernachten?
6 Haben Sie noch Fragen an Niklas?

10 Urlaub in der Pension Gruber

a) **Georg (G) oder Jennifer (J)? Lesen Sie die Bewertungen und ordnen Sie die Aussagen zu.**

Georg • reist als Paar • 3 Tage

★★★★★

Mein Freund und ich haben uns für die Pension entschieden, weil sie günstig ist und man die Innenstadt gut mit der U-Bahn erreicht. Weil wir kein Auto haben, war uns das sehr wichtig. Leider gibt es keinen Supermarkt in der Nähe. Ohne Auto ist der Weg einfach zu weit. Abends konnten wir uns nur wenig entspannen, weil die anderen Gäste so laut waren.

Jennifer • reist als Familie • 1 Woche

★★★★★

Wir waren schon oft hier. Familie Gruber hat uns wie immer sehr freundlich begrüßt. Die Zimmer sind sauber und das Frühstück ist sehr lecker. Wir finden hier genug Ruhe zum Entspannen. Wenn wir Wien erkunden möchten, sind wir in wenigen Minuten in der Innenstadt. Aber am liebsten genießen wir die Natur rund um die Pension – für uns perfekt!

1 (J) Mich stört, wenn die Zimmer dreckig sind.
2 ( ) Der Preis spielt für mich eine große Rolle.
3 ( ) Für mich ist freundliches Personal wichtig.
4 ( ) Ich erwarte, dass die anderen Gäste leise sind.
5 ( ) Wir kommen gerne wieder.
6 ( ) Es sollte auf jeden Fall Einkaufsmöglichkeiten in der Nähe geben.

2.07

b) **Yumi erzählt Claudia von ihrem Urlaub in der Pension Gruber. Was war positiv, was war negativ? Hören Sie das Telefonat und notieren Sie wie im Beispiel.**

positiv	negativ
– *freundliches Personal*	

c) **Schreiben Sie eine Bewertung der Pension Gruber. Die Angaben in a) und b) helfen.**

11 Anders reisen. **Sie hören nun ein Gespräch. Dazu lösen Sie sieben Aufgaben. Wählen Sie: Sind die Aussagen richtig oder falsch? Kreuzen Sie an.**

2.08

Sie sitzen in einem Bus und hören, wie sich ein Mann und eine Frau über eine Urlaubsreise unterhalten.

		richtig	falsch
1	Paul und Talia sind Kolleg*innen.	○	○
2	Talia und ihr Freund wollten eigentlich in Spanien Urlaub machen.	○	○
3	Talia hat sich auf die Wanderung gut vorbereitet.	○	○
4	Viele wandern jedes Jahr von Oberstdorf nach Bozen.	○	○
5	Talia hat die Wanderung nach Bozen in acht Tagen geschafft.	○	○
6	Es war fast immer ziemlich warm.	○	○
7	Es war kein Problem für Talia, dass sie im Urlaub offline war.	○	○

12 *Obwohl ...*

a) **Was passt? Verbinden Sie die Sätze.**

1 Obwohl ich das Meer liebe,
2 Obwohl ich nicht gern zelte,
3 Obwohl es auf dem Campingplatz ziemlich laut war,
4 Obwohl es im Urlaub oft geregnet hat,
5 Obwohl ich auf der Fahrt nach Hause im Stau stand,

a habe ich mich sehr gut erholt.
b habe ich nachts sehr gut geschlafen.
c bin ich entspannt zu Hause angekommen.
d bin ich in die Berge gefahren.
e habe ich auf einem Campingplatz gewohnt.

b) **Verbinden Sie die Sätze mit *obwohl*.**

1 Nur 11 % der Deutschen wollen zu Hause bleiben. Urlaub kann teuer sein.
2 Campingurlaube sind preiswert. Die Deutschen übernachten lieber in Hotels oder Ferienwohnungen.
3 Viele Deutsche möchten im Ausland Urlaub machen. Die meisten verbringen den Urlaub im Inland.
4 14 % der Deutschen wollen weit wegfliegen. Fernreisen sind nicht so gut für die Umwelt.

1 Nur 11 % der Deutschen wollen zuhause bleiben, obwohl ...

13 Selbsttest. Urlaub auf Rügen. **Lesen Sie die E-Mail und ergänzen Sie *obwohl*, *deshalb*, *weil* oder *denn*.**

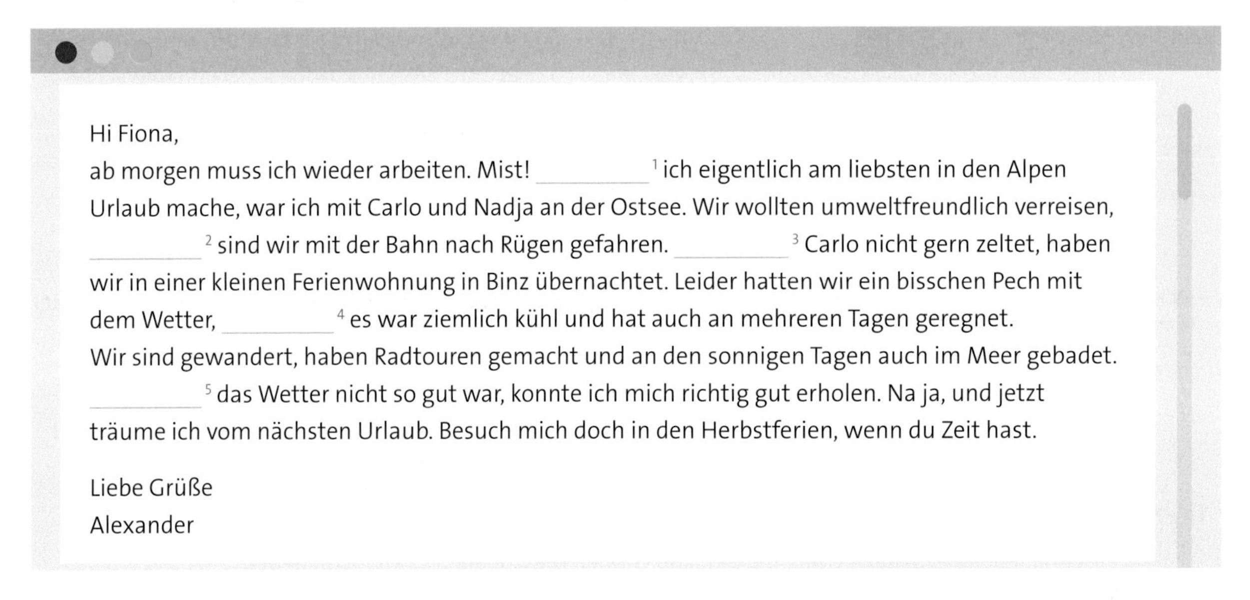

Hi Fiona,
ab morgen muss ich wieder arbeiten. Mist! ________[1] ich eigentlich am liebsten in den Alpen Urlaub mache, war ich mit Carlo und Nadja an der Ostsee. Wir wollten umweltfreundlich verreisen, ________[2] sind wir mit der Bahn nach Rügen gefahren. ________[3] Carlo nicht gern zeltet, haben wir in einer kleinen Ferienwohnung in Binz übernachtet. Leider hatten wir ein bisschen Pech mit dem Wetter, ________[4] es war ziemlich kühl und hat auch an mehreren Tagen geregnet.
Wir sind gewandert, haben Radtouren gemacht und an den sonnigen Tagen auch im Meer gebadet. ________[5] das Wetter nicht so gut war, konnte ich mich richtig gut erholen. Na ja, und jetzt träume ich vom nächsten Urlaub. Besuch mich doch in den Herbstferien, wenn du Zeit hast.

Liebe Grüße
Alexander

14 *Eigentlich lebe ich sehr umweltfreundlich*

2.09
a) **Mehrere Konsonanten in einem Wort. Hören Sie und sprechen Sie nach.**

1 str – stress – der Arbeitsstress
2 str – streng – anstrengend
3 fr – frank – Frankreich
4 fr – freu – freundlich – umweltfreundlich
5 dr – druck – abdruck – der Fußabdruck
6 bs – Urlaubs – das Urlaubsziel

2.10
b) **Hören Sie und sprechen Sie die Sätze nach.**

1 Der tägliche Arbeitsstress ist sehr anstrengend.
2 Unser nächstes Urlaubsziel ist Frankreich.
3 Eigentlich lebe ich sehr umweltfreundlich.
4 Jeder ist verantwortlich für seinen ökologischen Fußabdruck.

15 Endlich Urlaub! **Schreiben Sie einen Ich-Text.**

Reiseziel: Wohin? Warum?
Anreise: Wie? Mit wem?
Übernachtungen: Wie? Wo?
Zeit: Wann?
Dauer: Wie lange?
Aktivitäten: Was?

Fit für Einheit 5?

1 Mit Sprache handeln

über Urlaub und Reisen sprechen
Der Sommer steht vor der Tür und wir planen einen Urlaub im Grünen / am Meer / in den Bergen.
Wir haben historische Städte mit alten Kirchen, Burgen und Schlössern besichtigt.
Wir sind klimafreundlich mit der Bahn angereist.
Der Urlaub war sehr erholsam.
Das Biosphärenreservat ... ist eine Reise wert. Hier kann man Natur pur erleben.
Wir haben unseren Urlaub in fast unberührter Natur verbracht und waren viel draußen.
Wir haben in einem (teuren) Hotel / in einer (großen) Ferienwohnung / (preiswerten) Pension übernachtet.

eine Landschaft beschreiben
... liegt im Westen / Osten / an der Küste / in der Nähe / ... von ...
Die Landschaft ist (ziemlich/sehr) flach/hügelig/bergig.
Es gibt (hohe) Berge / (breite) Flüsse / (tiefe) Seen / (dichte) Wälder.
Die Landschaft ist sehr abwechslungsreich.
Die Berge sind ... / Die Flusslandschaft ist traumhaft schön / ein Naturparadies.
Das Biosphärenreservat ... ist ein Lebensraum für (viele) seltene Tiere und Pflanzen.
Hier leben viele wilde Tiere/Vögel/Insekten/...
In den Wäldern / Auf den Wiesen/Feldern wachsen seltene Pflanzen.

Unterkünfte bewerten
Das Hotel / Die Pension / Die Ferienwohnung ist familienfreundlich / sehr ruhig / sauber.
... bietet ein großes Frühstücksbuffet / einen großen Wellness-Bereich / einen schönen Ausblick.

2 Wörter, Wendungen und Strukturen

Wortfeld Natur
bunte Blumenwiesen, dichte Wälder, klare Seen, wilde Tiere

Personen und Sachen mit eingeschobenen Relativsätzen genauer beschreiben
Der Hotelgast, den wir gestern Abend kennengelernt haben, ist heute schon abgereist.
Das Hotel, das mir Freunde empfohlen haben, bietet einen schönen Ausblick.
Die Ferienwohnung, von der man die Innenstadt gut erreichen kann, liegt sehr ruhig.
Das Biosphärenreservat Wienerwald bietet den Reisenden, die Kultur lieben, viel Abwechslung.
Unsere Freunde, mit denen wir im Urlaub waren, hatten auf der Rückreise eine Panne.

Gegensätze mit *obwohl* nennen
Obwohl ich wenig Zeit hatte, habe ich drei Wochen Urlaub gemacht.
Wir waren jeden Tag viel draußen, obwohl es oft geregnet hat.
Obwohl ich ein Mückenspray benutzt habe, wurde ich dauernd von Mücken gestochen.

3 Aussprache

Konsonantenhäufungen: Arbeitsstress, Fußabdruck, umweltfreundlich

Interaktive Übungen

HIER LERNEN SIE:

- über Auswanderung und Leben im Ausland sprechen
- zwischen Sprachen vermitteln
- sagen, wo oder was Heimat ist
- etwas mit Beispielen klarer machen

Lebenslinien

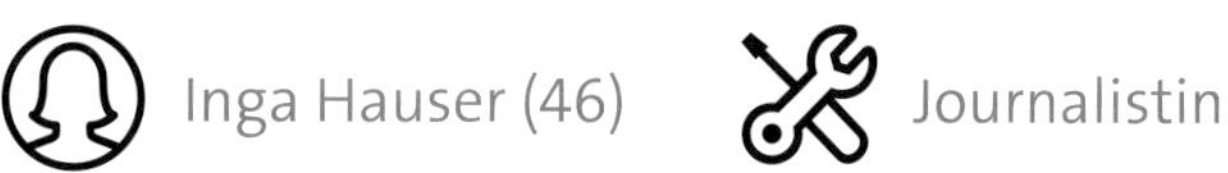
Inga Hauser (46) Journalistin

Freiburg Familiengeschichten

Immer mehr Menschen interessieren sich für ihre Familiengeschichte. Die Journalistin Inga Hauser aus Freiburg auch.

„Mein Interesse wurde geweckt, als ich vor einigen Jahren eine Kiste mit alten Fotografien und Briefen aus Brasilien auf unserem Dachboden gefunden habe. Ich wollte natürlich wissen, von wem die Briefe waren", erzählt Inga. „Meine Eltern wussten nichts von der Kiste und konnten die Handschrift auch nicht lesen."

Deshalb lernte sie die alte deutsche Schrift. Und so erfuhr Inga, dass Gustav, ein Bruder von ihrem Urgroßvater, zu Beginn des 20. Jahrhunderts von Freiburg nach Brasilien auswanderte, weil er sich in Übersee eine neue Existenz aufbauen wollte.

In den Briefen stand auch, dass Gustav verheiratet war und vier Kinder hatte. Jetzt wollte Inga natürlich herausfinden, ob es noch Verwandte in Brasilien gibt. Und tatsächlich fand sie die Familie und besuchte sie schon wenig später.

Seit eine Zeitung einen Artikel über Ingas erfolgreiche Spurensuche veröffentlichte, wird sie oft um Hilfe gebeten. Die Leute bringen ihr Briefe und Postkarten, die sie auf dem Dachboden oder auf dem Flohmarkt gefunden haben, und Inga macht sich an die Arbeit ...

» *In meinem Beruf gehören Recherchen zum Alltag. Privat interessiere ich mich besonders für Lebenslinien von Menschen, die ihre Heimat im 19. und frühen 20. Jahrhundert für immer verlassen haben.* «

1 Spurensuche

a) Überfliegen Sie die Seite und sammeln Sie Informationen zu den Personen. Welche Verbindung könnte es zwischen ihnen geben?

Das Foto von dem Mann ist schon alt.

Die Frau könnte ...

Ich glaube, die beiden sind ..., weil ...

b) Lesen Sie den Magazinartikel, vergleichen Sie mit Ihren Vermutungen aus a) und berichten Sie.

2 Ingas Hobby

Lesen Sie den Magazinartikel noch einmal und beschreiben Sie.

3 Wer war ...?

Gustav Hauser oder Martha Hauser. Wählen Sie eine Person aus, lesen Sie die Angaben auf der Karteikarte und stellen Sie die Person vor.

4 Der erste Brief aus Brasilien

a) Worüber schreibt Gustav seiner Familie (nicht)? Was meinen Sie? Sammeln Sie.

Er schreibt über neue Freunde.

Er berichtet wahrscheinlich nicht über ...

b) Lesen Sie den Brief und vergleichen Sie mit Ihren Ergebnissen aus a).

5 Inga Hauser im Interview

2.11

a) Wie hat Inga Gustavs Familie in Brasilien gefunden? Hören und notieren Sie.

b) *Zuerst ..., dann ...* Ordnen Sie die Informationen aus a) und vergleichen Sie.

6 Lebenslinien

Welche Personen, die ausgewandert sind, kennen Sie? Berichten Sie.

Mir fällt meine Urgroßmutter ein. Sie ist ...

Albert Einstein ist doch auch ausgewandert.

Auswanderermuseum BallinStadt Hamburg

a) **Lesen Sie den Wochenendtipp. Sammeln Sie Informationen zu den Themen 1–4 und berichten Sie.**

1 Verkehrsmittel für Überseereisen früher und heute
2 Gründe für Reisen nach Übersee früher und heute
3 Unterwegs nach Brasilien früher und heute
4 „Hafen der Träume"

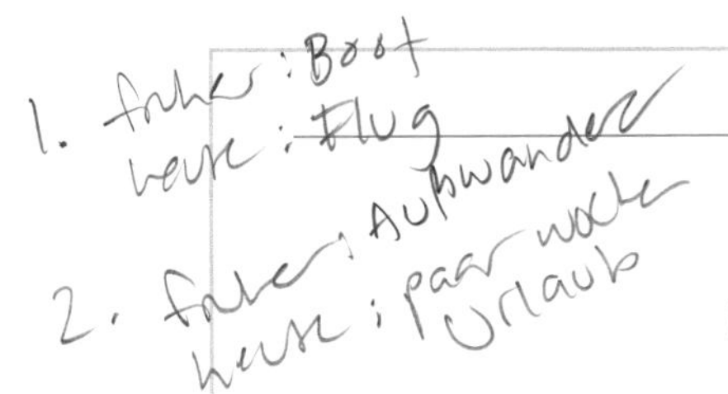

WOCHENENDTIPP

„HAFEN DER TRÄUME"

Eine Ausstellung im Auswanderermuseum

Ein Direktflug von Frankfurt am Main nach São Paulo in Brasilien dauert heute ca. zwölf Stunden. Während des langen Fluges über den Atlantik werden den Passagieren Mahlzeiten angeboten, sie können sich Filme ansehen oder Musik hören. Das Angebot ist groß. Viele wollen ein paar Wochen Urlaub machen oder reisen zu einem Geschäftstermin und haben das Rückflugticket schon in der Tasche.

Der Hamburger Hafen im Winter.
Postkarte aus dem frühen 20. Jahrhundert

Vor 150 Jahren sah das noch ganz anders aus! Wegen der großen Armut verließen viele ihre Heimat. Wer z. B. nach Brasilien reisen wollte, musste mit dem Schiff ab Hamburg oder Bremerhaven fahren. Eine Rückfahrkarte hatte damals fast niemand. Die meisten Männer, Frauen und Kinder an Bord der großen Schiffe waren Auswanderer, die ihre Heimat für immer verließen. Wegen der hohen Preise für die Überfahrt konnten sich viele nur einen einfachen Schlafplatz unten im Schiffsbauch leisten. Dort war es dunkel, laut, eng und die Luft war schlecht. So ist es kein Wunder, dass es oft Streit unter den Reisenden gab. Trotz der großen Gefahren durch Sturm und Krankheit haben sich damals sehr viele Menschen aus ganz Europa auf den Weg in eine neue Heimat gemacht, die sie noch gar nicht kannten.
Die interaktive Ausstellung „Hafen der Träume" im Auswanderermuseum BallinStadt Hamburg nimmt die Besucher*innen mit auf eine spannende Zeitreise in die Welt der großen Auswanderung nach Übersee im 19. und frühen 20. Jahrhundert.
Unsere Bewertung: Absolut sehenswert!

b) **Adresse, Öffnungszeiten, Eintrittspreise, Ausstellungen, ... Recherchieren Sie auf der Webseite des Auswanderermuseums BallinStadt in Hamburg und berichten Sie.**

2 *Während, wegen, trotz ...*

a) **Markieren Sie Sätze mit den Präpositionen *während*, *wegen* und *trotz* + Genitiv im Wochenendtipp in 1a). Ordnen Sie passende Aussagen zu und vergleichen Sie.**

2.3
13.2

b) **Was machen Sie *während der kurzen Pause, trotz des schlechten Wetters, wegen des langen Staus, ...* Schreiben Sie Ihre Antworten auf Kärtchen.**

Minimemo
Adjektivendung nach bestimmten und unbestimmten Artikeln im Genitiv Singular und Plural immer *-en*.

Wegen der langen Staus fahre ich mit dem Rad zur Arbeit.

c) **Wie gut kennen Sie die anderen im Kurs? Mischen Sie die Karten, ziehen Sie abwechselnd eine Karte und lesen Sie sie vor. Die anderen raten.**

Die Karte ist bestimmt von Dong Ha, weil er oft mit dem Rad kommt.

3 Aussprache *-tz*, *-ts* und *-s*

a) Hören Sie und lesen Sie mit. Achten Sie auf *-tz*, *-ts* und *-s*.

Setz dich trotz des warmen Wetters nicht ins Gras.
Trotz der Dunkelheit frisst die Katze nachts nichts anderes als mittags.

b) Hören Sie noch einmal und sprechen Sie immer schneller nach.

4 Viel mehr als nur ein Ort!

a) *Heimat* ist ... Beschreiben Sie Gustavos Sketchnote.

2.17 b) Hören Sie Gustavos Beschreibung und vergleichen Sie mit seiner Sketchnote in a). Was fehlt? Ergänzen und berichten Sie.

5 *Heimat*

a) Was ist Heimat? Wo ist Heimat? Hören Sie das Lied der *Munich Supercrew*, sammeln Sie und berichten Sie.

b) Hören Sie das Lied noch einmal, lesen Sie auf S. 264–265 mit und vergleichen Sie mit Ihren Angaben in a).

c) Lesen Sie die erste Strophe und erklären Sie sie in einer gemeinsamen Sprache.

Munich Supercrew

6 *Das, was ... Da, wo ...*

7.4

a) Etwas mit Beispielen klarer machen. Wählen Sie zwei Zitate aus dem Lied aus, die Ihnen am besten gefallen, und nennen Sie Beispiele. Die Redemittel helfen.

Heimat ist *da*, *wo* mir nichts fehlt. Heimat ist *das*, *was* mir Mut macht.

Heimat ist da, wo mir nichts fehlt.
Wie bei meiner Familie.

Heimat ist das, was mir Mut macht.
Das kann beispielsweise ein Lächeln sein.

b) *Musik ist das, was* ... Wählen Sie Rolle A oder B. Partner*in A liest einen Satzanfang, Partner*in B beendet den Satz. Die Angaben helfen. Wenn Sie fertig sind, tauschen Sie die Rollen.

7 Meine Heimat

a) Machen Sie eine Sketchnote zum Thema *Meine Heimat*. ODER Schreiben Sie eine neue Strophe für das Lied *Heimat*. Nehmen Sie Ihre Beschreibung der Sketchnote / die Strophe mit dem Smartphone auf.

b) Präsentieren Sie Ihre Sketchnote / Ihre Strophe. Die anderen kommentieren und fragen nach.

... ist interessant! Wie meinst du das?

1 Unglaublich?!

2.19

a) **Was ist richtig? Hören Sie die Radiosendung und kreuzen Sie an.**

1 ◯ Es geht um eine Quizsendung im Radio.
2 ◯ Das Publikum im Saal und zu Hause war begeistert.
3 ◯ Die Fernsehmoderatorin fragte nach dem Datum.
4 ◯ Olaf Möller konnte zu jedem Datum den Wochentag nennen.

b) **Korrigieren Sie die falschen Aussagen.**

c) **Hören Sie noch einmal, achten Sie auf das Datum und ergänzen Sie die Wochentage.**

1 18.07.1954: ______
2 27.03.1826: ______
3 04.04.1912: ______
4 01.01.2020: ______

2 Spurensuche

a) **Komposita. Bestimmen Sie wie im Beispiel.**

1 ______ Spurensuche
2 *der* Dachboden
3 ______ Lebenslinie
4 ______ Handschrift
5 ______ Postkarte
6 ______ Familiengeschichte

die Spurensuche → *die Spur*, *die Suche* → *suchen*

der Dachboden → *das Dach*, *der Boden*

b) **Ingas Hobby. Ergänzen Sie die Komposita aus a) und vergleichen Sie mit dem Magazinartikel auf S. 75.**

Seit Inga Hauser eine Kiste mit alten Briefen und ______[1] aus Brasilien auf ihrem ______[2] fand, interessiert sie sich für die *Lebenslinien*[3] von Menschen, die ihre Heimat vor langer Zeit für immer verließen. Heute bringen ihr die Leute Dokumente in alter deutscher ______[4], die sie nicht selbst lesen können. Und wenn eine ______[5] sie neugierig macht, beginnt ihre ______[6].

3 Das Radiointerview

a) **Verben im Präteritum. Ergänzen Sie wie im Beispiel. Die Liste der unregelmäßigen Verben auf S. 244–247 hilft.**

1 ◯ sein ______
2 ⊗ wissen *wusste*
3 ◯ leben ______
4 ◯ heißen ______
5 ◯ finden ______
6 ◯ arbeiten ______
7 ◯ schreiben ______
8 ◯ gehen ______
9 ◯ denken ______
10 ◯ kommen ______
11 ◯ austauschen ______
12 ◯ können ______
13 ◯ sitzen ______
14 ◯ unterhalten ______

b) **Welche Verben benutzt Inga im Präteritum? Hören Sie das Interview aus Aufgabe 4a) auf S. 75 noch einmal und kreuzen Sie in a) an.**

Ich wusste ja, ...

4 Auswanderung im 19. und frühen 20. Jahrhundert

a) **Wo steht das? Lesen Sie den Informationstext, formulieren Sie passende Fragen und notieren Sie die Zeilennummer(n) wie im Beispiel.**

Zwischen 1816 und 1914 wanderten rund 5,5 Millionen Deutsche in die USA aus. Die meisten von ihnen waren auf der Suche nach einer besseren Zukunft für sich und ihre Familien. In der zweiten Hälfte des 19. Jahrhunderts waren für 90 Prozent von ihnen die Vereinigten Staaten von Amerika vor Kanada, Brasilien, Argentinien und Australien das beliebteste Ziel. In dieser Zeit bildeten die deutschen Auswan-
5 derer auch die größte Einwanderergruppe in den Vereinigten Staaten. Bald gründeten sie dort erste „deutsche Gemeinden", in denen man oft den gleichen Dialekt sprach und die Häuser so wie in der alten Heimat baute. Viele Orte wie das kleine Dorf Heidelberg in Minnesota oder die Kleinstadt Hamburg in Iowa erinnern bis heute mit ihren Namen an diese Zeit.

1 Was *war das beliebteste Ziel?* ______ *Zeilen 3–4*
2 Wann ______ ______
3 Warum ______ ______
4 Wer ______ ______
5 Wie viele ______ ______
6 Wo ______ ______
7 Wie ______ ______

b) **Nicht nur Ortsnamen wanderten aus Deutschland aus. Lesen Sie die Angaben und ergänzen Sie die Wörter auf Deutsch und in Ihrer Sprache.**

Portugiesisch (Brasilien)	**Deutsch**	**meine Sprache**
motor diesel	*der Dieselmotor*	
strudel		
Englisch		
rucksack		
kindergarten		

c) **Kennen Sie weitere deutsche Wörter, die in andere Sprachen ausgewandert sind? Ergänzen Sie.**

5 Von Gustav zu Gustavo

2.20

a) **Zwei Kursteilnehmer*innen unterhalten sich über Gustav und Gustavo. Hören Sie das Gespräch und ergänzen Sie die Namen.**

1. Generation:		
2. Generation:		
3. Generation:		
4. Generation:	*Rafael*	
5. Generation:		*Sohn*

die Enkelin
der Vater
die Urgroßmutter
der Onkel
der Großvater
~~der Sohn~~
die Großtante
der Urgroßvater

b) ***Urgroßvater, …*** **Wer ist wer? Ergänzen Sie passende Familienbezeichnungen wie im Beispiel. Kontrollieren Sie dann mit dem Hörtext aus a) auf S. 265.**

6 *Frag sie doch mal, ob ...*

1.10

a) **Videokaraoke. Sehen Sie sich das Video an und antworten Sie.**

b) **Worum geht es? Wählen Sie aus.**

1 ◯ Sprachprobleme
2 ◯ Termine an der Uni
3 ◯ Reisen in Deutschland
4 ◯ Studium im Ausland

c) **Typisch Sprachmittlung! Sehen Sie sich das Video noch einmal an. Was ist richtig? Kreuzen Sie an.**

1 ◯ Man muss jedes einzelne Wort übersetzen.
2 ◯ Es reicht oft aus, wenn man den Inhalt kurz zusammenfasst.
3 ◯ Es ist unhöflich, Fragen zu stellen, wenn die andere Person die Sprache nicht versteht.

7 Auswanderung aus Deutschland heute

a) **Lesen Sie die Ergebnisse einer Umfrage aus dem Jahr 2022 und ergänzen Sie die Gründe in der Grafik.**

Bye, bye Deutschland!

Laut einer Umfrage aus dem Frühjahr 2022 können sich zwei von drei Deutschen einen Neubeginn im Ausland gar nicht vorstellen. Andererseits verließen seit 2016 über eine Million deutsche Staatsbürger ihr Land. Besonders interessant ist, dass Abenteuerlust am wenigsten als Grund angegeben wurde. Die meisten Menschen wanderten wegen einer besseren Arbeitsstelle aus. Auf Platz zwei und drei der Gründe folgen Klima und Familie. Fast ein Viertel der Befragten gab an, dass sie wegen der Bildung ins Ausland gingen, zum Beispiel, um dort zu studieren oder eine Ausbildung zu machen.

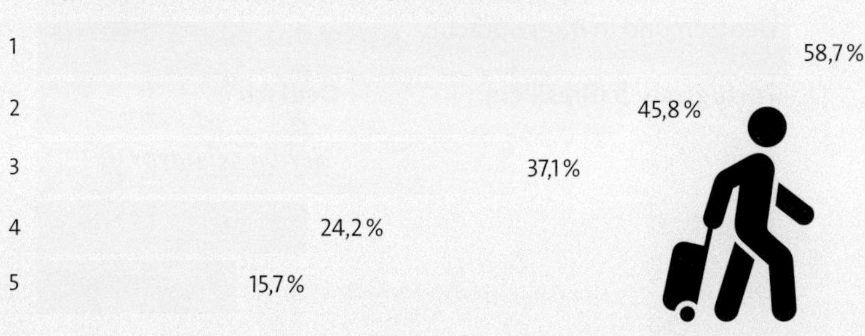

Wer jetzt denkt, dass die meisten Deutschen eine neue Heimat in Übersee suchen, liegt falsch. Zu den beliebtesten Zielen gehören die Schweiz und Österreich!

Aber auch die Zahl der Menschen, die nach ein paar Jahren im Ausland wieder nach Deutschland zurückkehren ist hoch - trotz der guten Arbeits- oder Studienbedingungen oder des besseren Wetters im Ausland. Interessant ist, dass die Familie auch bei dieser Entscheidung eine große Rolle spielt.

b) **Hören Sie den ersten Teil der Radioreportage aus Aufgabe 3a) auf S. 76 noch einmal, vergleichen Sie mit dem Magazinartikel in a) und markieren Sie neue Informationen im Magazinartikel.**

8 Ich verlasse mich auf Sie!

a) **Verben mit Präpositionen. Analysieren Sie die Aussagen und ergänzen Sie Dativ (D) oder Akkusativ (A).**

1 ◯ Bitte achten Sie auf die Hausordnung.
2 ◯ Wir freuen uns auf euch!
3 ◯ Morgen rechnen wir mit Kälte und Regen.
4 ◯ Viele träumen von einem eigenen Haus.
5 ◯ Bitte wenden Sie sich an Herrn Kazem.
6 ◯ Ich erinnere mich noch gut an meine Oma.
7 ◯ Wir ärgern uns oft über den Lärm.
8 ◯ Ich verlasse mich auf Sie.
9 ◯ Er kümmert sich um die Kunden.
10 ◯ Wir kennen uns mit Autos aus.
11 ◯ Ich beschwere mich bei der Vermieterin!
12 ◯ Sie informieren sich über die Kurse.
13 ◯ Ich bin mit der Lösung einverstanden.
14 ◯ Er arbeitet mit unserem Team zusammen.

b) ***Auf wen* oder *worauf?* Lesen Sie die Aussagen 1–14 noch einmal. Schreiben Sie die Nachfragen und kurze Antworten wie im Beispiel.**

1 *Worauf soll ich achten? – Auf die Hausordnung.*
2 *Auf wen freut ihr euch? – Auf euch.*

Lerntipp
Verben immer mit Präposition und Kasus lernen: *achten auf* + Akkusativ.

2.21
c) **Sprachschatten. Hören Sie die Dialoge, kontrollieren Sie Ihre Angaben in b) und sprechen Sie mit.**

9 Wie soll ich das erklären?

a) **Ergänzen Sie Oberbegriffe und mindestens zwei weitere Beispiele.**

1 *das Obst* : der Apfel, die Birne, die Orange, *die Kirsche, die Erdbeere*
2 ______ : der Wind, das Gewitter, die Hitze, ______
3 ______ : die Hose, der Rock, das Kleid, ______
4 ______ : lila, rot, gelb, ______

b) ***Nicht ..., sondern ...* Wie heißt das Gegenteil? Ergänzen Sie wie im Beispiel.**

1 Hamburg liegt nicht nördlich, sondern *südlich* von Kiel.
2 Ein Käsekuchen ist nicht salzig, sondern ______.
3 Wenn es regnet, ist es draußen nicht trocken, sondern ______.
4 Meine neue Bluse ist nicht hässlich, sondern ______.
5 Ein Krimi ist nicht langweilig, sondern ______.

Das ist nicht weiß, sondern schwarz.

hübsch – spannend – ~~südlich~~ – nass – süß

10 Strategietraining

a) **Lesen Sie die Beispiele und ergänzen Sie *Gegenteil* (G), *Umschreibung* (U) oder *Oberbegriff* (O).**

Was ist Ärger?
a) ◯ Eine starke Emotion.
b) ◯ Ärger ist auf keinen Fall Freude.
c) ◯ Wenn ich auf dich sauer bin, ärgere ich mich über dich.

b) **Schreiben Sie zu jeder Frage mindestens zwei Antworten mit den Strategien aus a).**

1 Was ist Winter? 2 Was ist ein Hund? 3 Was bedeutet hübsch? 4 Was bedeutet rot?

11 Im Auswanderermuseum

2.22

a) **Zu welchen Räumen passen die Bilder? Hören Sie den Audioguide und ergänzen Sie die Raumnummern.**

a ◯

b ◯

c ◯
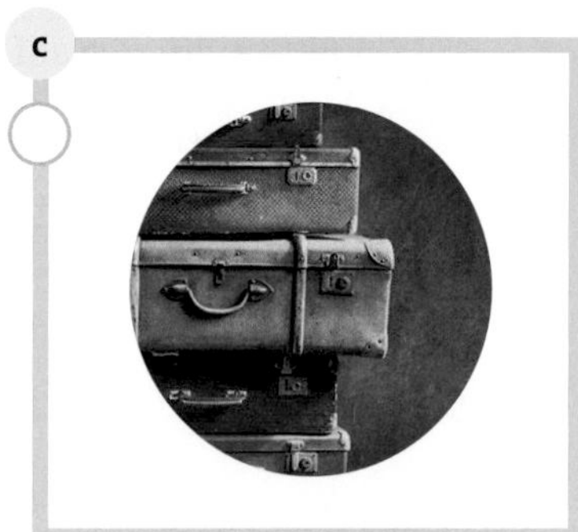

b) **Welche Aussagen sind richtig? Hören Sie den Audioguide noch einmal und kreuzen Sie an.**

1 ◯ Die Passagiere warten ruhig auf die lange Reise über den Atlantik, obwohl sie aufgeregt sind.
2 ◯ Viele werden unterwegs krank, weil es sehr eng und das Essen schlecht ist.
3 ◯ Obwohl die ersten Vögel schon über das Schiff fliegen, ist es bis zum Hafen noch weit.
4 ◯ Während sie auf die Ankunft warten, überprüfen die Passagiere ihre Papiere und ihr Gepäck.
5 ◯ Die Passagiere werden kontrolliert und untersucht, während sie im Hafen sind.
6 ◯ Weil die Auswanderer die fremde Sprache gut verstehen, haben sie keine Probleme.

c) **Korrigieren Sie die falschen Aussagen.**

d) **14 Nomen aus dem Audioguide. Ergänzen Sie die Verben im Infinitiv wie im Beispiel.**

1 der Traum *träumen*	5 die Hoffnung ______	9 der Auswanderer ______	
2 die Reise ______	6 die Ankunft ______	10 der Streit	(sich) ______
3 die Sprache ______	7 die Kontrolle ______	11 der Abschied	(sich) ______
4 die Fahrt ______	8 die Untersuchung ______	12 die Aufregung	(sich) ______

12 Im Museumsshop

a) **Lesen Sie die Buchtitel und markieren Sie Artikel und Nomen im Genitiv wie im Beispiel.**

1 Tier- und Pflanzenwelt des ______ Regenwalds
2 Ursachen und Folgen des ______ Wetters um 1900
3 Am Ende einer ______ Reise
4 Die Spur der ______ Briefe aus Amerika

Der Regenwald

b) **Ergänzen Sie die bestimmten und unbestimmten Artikel im Genitiv und kontrollieren Sie mit der Grammatiktabelle auf S. 237.**

1 der Regenwald *des/eines* Regenwalds
2 das Wetter ______ Wetters
3 die Reise ______ Reise
4 die Briefe (Pl.) ______ Briefe

2.23

c) **Hören Sie, sprechen Sie nach und ergänzen Sie die Buchtitel in a). Überprüfen Sie dann die Adjektivendungen mit dem Minimemo auf S. 78.**

13 Gehen oder bleiben?

a) **Wir ziehen nach Spanien! Vergleichen Sie die Texte A und B. Ergänzen Sie wie im Beispiel.**

A Immer mehr Deutsche im Rentenalter wandern trotz der fremden Sprache nach Spanien aus. Viele entscheiden sich wegen des besseren Wetters für das Land. Während der kalten Wintermonate ist es am Mittelmeer viel wärmer als in Deutschland.

B Immer mehr Deutsche im Rentenalter wandern nach Spanien aus, obwohl sie die fremde Sprache nicht sprechen. Viele entscheiden sich für das Land, weil das Wetter besser ist. Während es in Deutschland im Winter kalt ist, ist es am Mittelmeer viel wärmer.

1 ______ + Genitiv ______ *Nebensatz mit obwohl*

2 *wegen* + Genitiv ______

3 ______ + Genitiv ______

b) **Analysieren Sie die beiden Texte aus a) und kreuzen Sie die richtige Aussage an.**

1 ◯ Ein Text mit vielen Präpositionen mit Genitiv ist kürzer als ein Text mit vielen Nebensätzen.

2 ◯ Text A könnte ein Nachrichtentext sein, weil er formeller als Text B klingt.

3 ◯ Beide Texte sind informell.

c) **Wir bleiben lieber in Deutschland! Ergänzen Sie *trotz*, *wegen* oder *während*.**

1 ______ des besseren Wetters in Spanien leben viele Rentner*innen lieber in Deutschland.

2 Viele wollen ihre Heimat ______ der Familie, die in der Nähe lebt, auf keinen Fall verlassen.

3 ______ der kalten Wintermonate machen sie in warmen Ländern Urlaub.

d) **Formulieren Sie die Aussagen aus c) mit Nebensätzen mit *weil*, *obwohl* und *während* um.**

1 *Obwohl* ______, leben viele Rentner*innen lieber in Deutschland.

2 Viele wollen ihre Heimat auf keinen Fall verlassen, *weil* ______

3 Sie machen in warmen Ländern Urlaub, *während* ______

14 Koffergeschichten

a) **Was könnte in den Koffern von Herrn Meier (M) und Herrn Schmidt (S) sein? Sehen Sie sich das Bild an und ergänzen Sie.**

1 ◯ Rechnungen
2 ◯ Hoffnungen
3 (*S*) Träume
4 ◯ Geld
5 ◯ Liebe
6 ◯ Freundschaften
7 ◯ Streit
8 ◯ Glück
9 ◯ Angst
10 ◯ Erfolg
11 ◯ Verantwortung
12 ◯ Probleme

Herr Meier (li.) und Herr Schmidt (re.)

b) **Wohin sind Herr Meier und Herr Schmidt unterwegs? Was meinen Sie? Notieren Sie.**

2.24

c) ***Herr Meier wundert sich ...* Hören Sie die Koffergeschichte und vergleichen Sie mit Ihren Angaben in a) und b).**

15 Meine Heimat

a) **Mit allen Sinnen. Erstellen Sie eine Mindmap wie im Beispiel.**

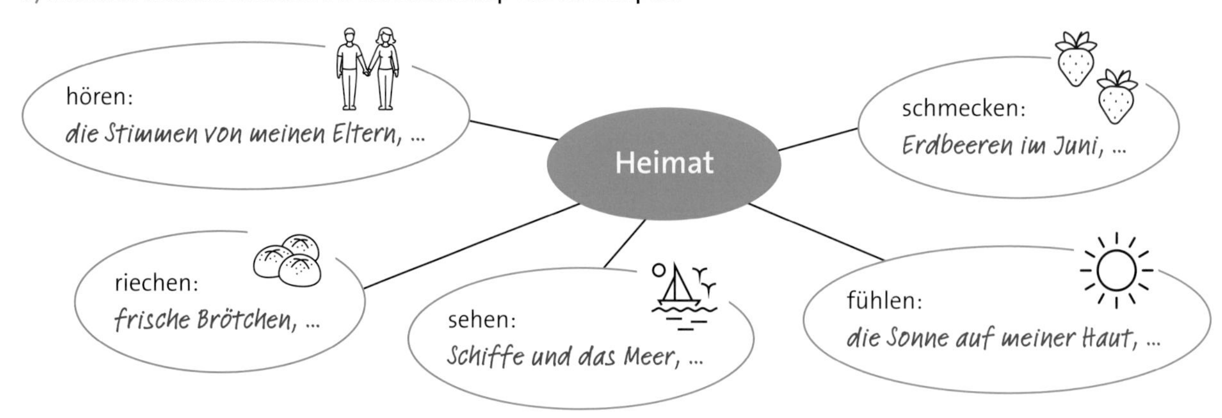

b) **Wählen Sie einen Satzanfang. Schreiben Sie mit den Angaben aus Ihrer Mindmap einen Ich-Text.**

Zum Thema / Zu Heimat fallen mir ... ein. • Wenn ich an Heimat denke, denke ich an ...
... gehören für mich zu Heimat. • Meine Heimat, das sind ...

Wenn ich an Heimat denke, denke ich an die Stimmen von meinen Eltern, frische Brötchen, Erdbeeren im Juni, Schiffe und das Meer und die Sonne auf meiner Haut.

16 *Heimat ist die Musik in meinen Ohren.* Etwas mit Beispielen klarer machen.

Erklären Sie die Zitate aus dem Lied aus Aufgabe 5a) auf S. 79.

Beispielweise, wenn ...

1 Heimat ist da, wo mein Herz singt. *Beispielsweise* ____________________

2 Heimat ist da, wo mein Herz lacht. *Zum Beispiel* ____________________

3 Sie ist da, wo mein Herz schlägt. *Das kann* ____________________

17 Das bin ich

a) **Ein Gericht, eine Aktivität, ein Getränk, ... Ergänzen Sie.**

Was ich am liebsten esse? Würstchen mit Kartoffelsalat!

1 ____________ ist das, was ich am liebsten esse.

2 ____________ ist das, was mir am meisten Spaß macht.

3 ____________ ist das, was ich jeden Morgen unbedingt brauche.

4 ____________ und ____________ sind das, was ich am besten kann.

5 ____________ und ____________ sind das, was ich gar nicht mag.

b) ***Glück ist da, wo ...*** **Ergänzen Sie wie im Beispiel. Die Angaben helfen.**

sich gut kennen • sich entspannen • sich mögen • sich vertrauen • sich wohlfühlen • sich zuhören • sich unterstützen • ~~sich lieben~~ • sich gut unterhalten

1 Glück ist da, *wo man sich liebt.*

2 Hoffnung ist da, ____________________

3 Liebe ist da, ____________________

4 Freundschaft ist da, ____________________

5 Ruhe ist da, ____________________

Fit für Einheit 6?

1 Mit Sprache handeln

über Auswanderung und Leben im Ausland sprechen

Gustav wanderte zu Beginn des 20. Jahrhunderts von Freiburg nach Brasilien aus.
Wegen der großen Armut verließen damals viele Menschen ihre Heimat.
Trotz der großen Gefahren haben sie sich auf den Weg in eine neue Heimat gemacht.
Sie wollten sich in Übersee eine neue Existenz aufbauen.
Die lange Fahrt über den Atlantik war anstrengend.

zwischen Sprachen vermitteln

Kannst du das bitte übersetzen?
Habe ich richtig verstanden, dass ...
Meint er/sie ...?
Sag ihm/ihr bitte, dass ...
Kannst du ihn/sie mal fragen, ob/wie/wo/...?

Klar. Er/Sie meint, dass ...
Ja/Nein/Fast. ... ist ein/eine ...
Er/Sie hat gesagt, dass ... / gefragt, ob/wie/...

etwas mit Beispielen klarer machen

Ein Käfer? Was ist das? – Das ist ein Auto. Auf Deutsch heißt es Käfer.
Wie heißt eine Treppe, die man tragen kann, auf Deutsch? – Du meinst eine Leiter!
Wer ist der Mann mit dem Musikinstrument? – Der Mann mit dem Akkordeon? Das ist mein Onkel.
Was bedeutet warm? – Naja, nicht kalt. Im April haben wir hier noch 20 Grad.

2 Wörter, Wendungen und Strukturen

Auswanderung

nach ... auswandern, sich auf den Weg nach ... machen, die Heimat verlassen, (sich) eine neue Existenz aufbauen, die Familie vermissen, ein attraktives Stellenangebot im Ausland haben

***wo-* und *da-* plus Präposition**

Worum muss man sich kümmern, wenn man auswandern möchte? – Um eine Wohnung, Schulen für die Kinder, ...
An wen kann man sich mit Fragen wenden? – An Personen mit Erfahrung.
Worauf sollte man denn noch achten? – Auf die Regeln im Zielland.
Auf wen kann man sich am besten verlassen? – Auf alle, die sich schon gut auskennen.

***trotz, wegen, während* mit Genitiv**

Wir sind trotz des schlechten Wetters im Wald spazieren gegangen.
Ich habe während der langen Fahrt meine Lieblingsmusik gehört.
Wegen der großen Armut verlassen noch heute viele Menschen ihre Heimat.

***wo* und *was* als Relativpronomen**

Heimat ist da, wo ich mich wohl fühle. / wo Freunde sind. / wo man meine Sprache spricht. / ...
Heimat ist das, was mich glücklich macht. / was uns verbindet. / was mich an ... erinnert. / ...

3 Aussprache

***-tz, -ts* und *-s*:** Setz dich trotz des warmen Wetters nicht ins Gras.
Trotz der Dunkelheit frisst die Katze nachts nichts anderes als mittags.

Interaktive Übungen

Exportschlager Weihnachtsmarkt

Autos? Ja, klar! Maschinen? Auch. Aber wussten Sie, dass Weihnachtsmärkte zu den deutschen Exportschlagern gehören?

Die bunten Märkte vor dem 25. Dezember haben in Deutschland Tradition. Schon vor 600 Jahren konnte man hier Fleisch und Stoffe für den Winter kaufen und zum Naschen gab es Nüsse, Mandeln und Rosinen. Heute ist die Vielfalt wichtig. Deshalb stehen Stände mit Spielzeug und Weihnachtsdekoration neben Ständen mit Bratwurst, Glühwein oder Tee.

Vorfreude und Spaß

Manche Leute freuen sich schon das ganze Jahr auf „ihren" Weihnachtsmarkt, auf dem es den allerbesten Glühwein und die schönsten Weihnachtslieder gibt. Vom kleinen Markt auf dem Dorf bis zu dem berühmten Nürnberger Christkindlesmarkt oder dem beliebten Dresdner Striezelmarkt – die Magie von Weihnachten wirkt immer und überall. Familien, Freundinnen oder Kollegen treffen sich auf dem Markt und für alle gehört der Duft von gebrannten Mandeln und Räuchermännchen, der Klang von Glöckchen und „O Tannenbaum" oder „Jingle Bells" absolut dazu. Oft kann man auch noch mehr entdecken, zum Beispiel riesige Weihnachtspyramiden oder die aktuelle Weihnachtsmarkttasse, die jedes Jahr ein neues Design hat. Aber das Wichtigste ist der Weihnachtsbaum mit seinen Kerzen, den man an den dunklen Wintertagen schon von weitem sehen kann.

Weihnachtsmarkt Made in Germany

Die besondere Atmosphäre der deutschen Weihnachtsmärkte ist in vielen Ländern Europas, aber auch in den USA oder in Asien sehr beliebt. Man findet die Märkte zum Beispiel in Rom, Chengdu oder Chicago. Überall werden typische Produkte wie Lebkuchen, Bratwürstchen, Pyramiden oder Holzfigürchen für den Weihnachtsbaum angeboten. Und vielleicht machen die Weihnachtsmärkte im Ausland die Menschen neugierig auf das Original? Die 2.500 Weihnachtsmärkte in Deutschland freuen sich „alle Jahre wieder" über Besucherinnen und Besucher aus dem Ausland!

Mit Freunden auf dem Weihnachtsmarkt

Gebrannte Mandeln – lecker!

Striezelmarkt in Dresden

Weihnachtsmarkttassen mit Glühwein

Mandeln, Nüsse und Rosinen

HIER LERNEN SIE:

- über Weihnachten sprechen
- eine Reihenfolge aushandeln
- um Bestätigung bitten
- Aussagen verstärken und abschwächen
- einen Kommentar schreiben

Weihnachtsmarkt in Chengdu, China

Christmas Market in Manchester, Großbritannien

Die große Weihnachtspyramide in Heidelberg

1 **Wenn ich an Weihnachten denke, fällt mir zuerst ... ein.** Sammeln Sie in einer Mindmap.

Ich denke zuerst an den Weihnachtsmann.

Und Weihnachtsfilme im Fernsehen!

2 **Was gibt's auf dem Weihnachtsmarkt?**

a) Beschreiben Sie die Fotos und kommentieren Sie.

Es gibt viele bunte Stände.

Es ist ziemlich kalt.

Deshalb trinken die Leute ...

b) Ergänzen Sie die Mindmap in 1.

3 ***Exportschlager Weihnachtsmarkt***

a) (Seit) Wann findet er statt? Was gibt es? Wer geht hin? Wo gibt es ihn und warum? Lesen Sie den Magazinartikel. Notieren und berichten Sie.

b) Ordnen Sie die Fotos passenden Textstellen zu.

Den Weihnachtsbaum auf dem Striezelmarkt sieht man ...

4 ***Der Exportschlager.*** Erklären Sie den Begriff. Sammeln Sie andere Exportschlager aus D-A-CH und anderen Ländern.

Der VW Käfer wurde in die ganze Welt exportiert.

5 **So schmeckt der Weihnachtsmarkt!**

Wählen Sie eine Spezialität und beschreiben Sie. Ihr Partner / Ihre Partnerin kommentiert.

... ist eine ..., die man aus ... macht.

Das hört sich sehr ... an.

Das würde ich gerne / auf keinen Fall probieren.

6 **Weihnachtsmarkt – da will ich hin!**

2.25 a) Warum wir (nicht) gern auf den Weihnachtsmarkt gehen. Hören Sie das Interview. Sammeln Sie Argumente pro und kontra und berichten Sie.

b) Was mögen Sie (nicht so) gern? Berichten und begründen Sie.

Die Stimmung ist ..., das finde ich ...

Da geh ich (doch nicht) hin!

Zweimal werden wir noch wach

1 Weihnachtsvorbereitungen bei Familie Hartmann

a) Lesen Sie das Gedicht und den Kommentar. Kennen Sie die Situation auch? Berichten Sie.

Advent, Advent,
ein Lichtlein brennt.
Erst eins, dann zwei,
dann drei, dann vier,
dann steht das
Christkind vor der Tür.
Autor unbekannt

der Adventskranz

Im Gedicht geht es um die vier Wochen vor Weihnachten, die Adventszeit. Jeden Sonntag vor Weihnachten wird eine Kerze auf dem Adventskranz angezündet. Viel Zeit, um das große Fest am 24., 25. und 26. Dezember vorzubereiten – oder?

2.26

b) Was müssen Elke und Sarah noch machen? Sehen Sie sich die Fotos an. Hören Sie den Dialog und kreuzen Sie an.

Sie müssen noch ...

Elke hat schon ...

Mutter und Tochter: Elke (48) und Sarah (23) Hartmann aus Hamburg

1 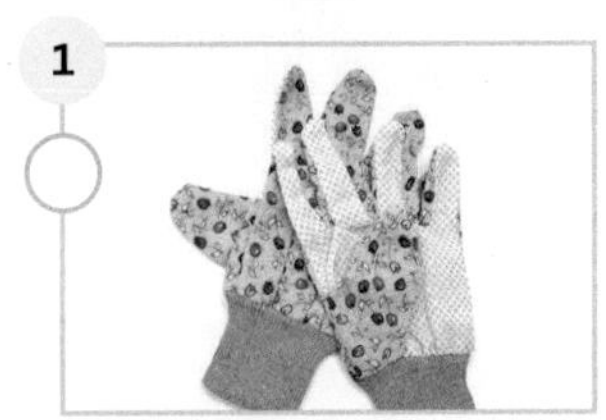
Geschenke besorgen

2 
Plätzchen backen

3 
Dekoration aussuchen

4 
Kartoffelsalat machen

5 
Essen bestellen

6 
Baum schmücken

7 
Lebensmittel einkaufen

8 
Sterne basteln

2.27

c) Womit fangen wir an und was machen wir dann? Hören Sie den zweiten Teil des Dialogs. Ergänzen Sie die Textgrafik und berichten Sie.

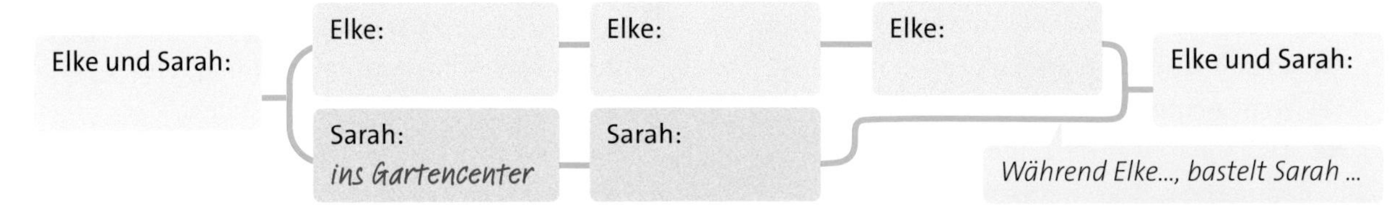

2 *Bevor ich die Plätzchen backe, koche ich die Kartoffeln*

1.2

a) Was machen Sie, bevor ...? Sprechen Sie wie im Beispiel.

Bevor wir den Film sehen, machen wir den Abwasch, oder?

In Ordnung, wir machen erst den Abwasch und sehen dann den Film.

den Film sehen / den Abwasch machen

b) Eine Reihenfolge aushandeln und um Bestätigung bitten. Welche Redemittel benutzen Elke und Sarah? Hören Sie den Dialog aus 1c) noch einmal und markieren Sie.

Es gibt noch so viel zu tun!

Wählen Sie eine Situation. Handeln Sie die Reihenfolge aus. Die Redemittel aus 2b) helfen.

Was meinst du? Wir backen zuerst die Pizza und dann den Kuchen, oder?

4 Unter dem Baum – Weihnachtsgeschenke in Deutschland

a) **Wann gibt es bei Ihnen Geschenke? Wer bekommt Geschenke? Was verschenken Sie oft? Vergleichen Sie.**

b) **Lesen Sie den Zeitungsartikel. Ergänzen Sie die Informationen in der Grafik.**

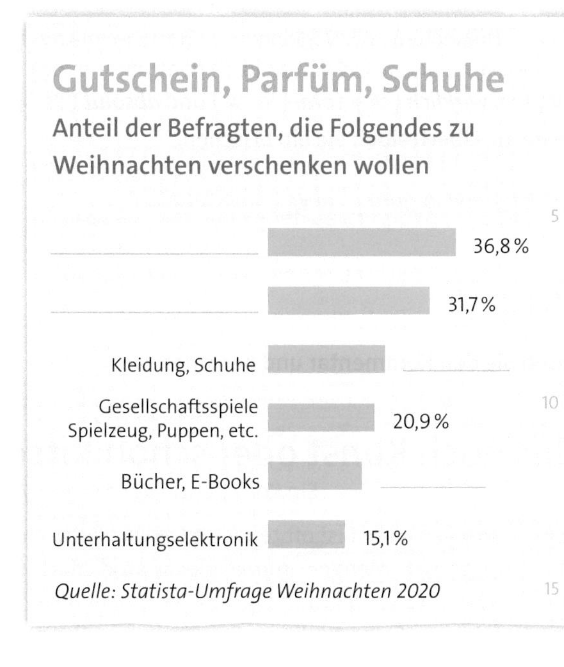

Quelle: Statista-Umfrage Weihnachten 2020

Kurz vor Weihnachten sind die Geschäfte immer voll. Ohne Geschenke ist das Fest kaum vorstellbar. Am Abend des 24. Dezember singen viele Familien Weihnachtslieder, bevor sie die Geschenke auspacken, die schon unter dem Baum warten. Gutscheine sind mit 36,8 % die beliebtesten Weihnachtsgeschenke. Kinder schenken sie gern den Eltern. Männer schenken ihren Frauen oder Freundinnen oft ein Parfüm oder etwas zum Anziehen. Es ist also kein Wunder, dass Kosmetik und Parfüm mit 31,7 % und Pullis oder T-Shirts mit 23,0 % wirklich beliebte Geschenke sind. Spielzeug und Spiele (20,9 %), aber auch Bücher (18,4 %) liegen relativ oft für die Kinder oder die beste Freundin unter dem Baum. Söhne, Väter oder Freunde freuen sich über Unterhaltungselektronik. Der Trend geht hin zu Geschenken, die die Beschenkten sich wirklich gewünscht haben.

c) **Vergleichen und kommentieren Sie die Geschenketrends zu Weihnachten.**

Mich wundern die vielen Gutscheine. Die gibt es bei uns nicht.

Ich schenke meiner Frau auch immer ...

5 Fragenrallye

a) **Wer wem was? Schreiben Sie Fragen. Sie haben zwei Minuten Zeit.**

		Dativ	Akkusativ
Schenkt/Bringt/Gibt	Elke/die Oma/Sarah	der Freundin/ihr den Kindern/ihnen	ein Buch? / ein Hemd? / eine Pflanze? / eine Tasse? /
Schenken/Bringen/ Geben	Elke und Sarah / die Kinder	dem Opa/ihm den Eltern/ihnen	einen Gutschein? / Plätzchen? / Socken?

b) **Fragen und antworten Sie wie im Beispiel. Vergleichen Sie und ergänzen Sie die Regel.**

Schenkt Sarah den Kindern ein Buch?

Ja, sie schenkt es den Kindern / ihnen.

Regel: Wenn das Nomen im ______ durch ein Pronomen ersetzt wird, dann steht das Akkusativpronomen vor dem ______.

Was feiern Sie gerne?

Ein Freund / Eine Freundin will mehr über ein Familienfest wissen, das Sie feiern. Berichten Sie ihm/ihr in einer E-Mail. Die Fragen helfen.

1 *Exportschlager Weihnachtsmarkt*

a) **Da fehlt doch etwas! Lesen Sie den Magazinartikel auf S. 88 noch einmal und ergänzen Sie die Adjektive.**

1 die ________ Märkte

2 der ________ Glühwein

3 die ________ Weihnachtslieder

4 der berühmte Christkindlesmarkt

5 die ________ Weihnachtspyramiden

6 die ________ Atmosphäre

b) **Was ist richtig? Kreuzen Sie an und kontrollieren Sie mit dem Magazinartikel auf S. 88.**

1 (X) Der Weihnachtsmarkt kommt aus Deutschland.

2 ( ) Früher gab es auf den Weihnachtsmärkten Nüsse, Mandeln und Rosinen.

3 ( ) Vor 600 Jahren wurden auf den Weihnachtsmärkten nur Lebensmittel verkauft.

4 ( ) Weihnachtsmärkte gibt es nur in Großstädten.

5 ( ) Gebrannte Mandeln und Räuchermännchen gehören zum Weihnachtsmarkt einfach dazu.

6 ( ) Auf deutschen Weihnachtsmärkten gibt es jedes Jahr die gleichen Tassen.

7 ( ) Weihnachtsmärkte gibt es vor allem in Nordeuropa.

c) **Korrigieren Sie die falschen Aussagen.**

2 Spezialitäten auf dem Weihnachtsmarkt

a) **Wie heißen die Speisen und Getränke, die man auf dem Weihnachtsmarkt kaufen kann? Ordnen Sie zu.**

a ( ) b ( ) c ( )

d ( ) e ( ) f ( )

1 der Glühwein
2 die Waffeln
3 die heiße Schokolade
4 die Kartoffelpuffer
5 der Eierpunsch
6 die gebrannten Mandeln

b) **Ordnen Sie die Zutaten den Speisen und Getränken aus a) zu.**

________	________	________
Kartoffeln, Zwiebeln, Eier, Mehl, Pfeffer, Salz	heiße Milch, Kakao, Zucker, Schlagsahne	warmen Rotwein, Gewürze, Orangenschale, etwas Zucker
________	________	________
Mandeln, Zucker, Wasser, Zimt	Butter, Zucker, Eier, Mehl, Milch	Eier, Zucker, Schlagsahne, Rum, Zimt

3 *Weihnachtsmarkt – da will ich hin!*

a) **Welche Aussagen sind ähnlich? Verbinden Sie wie im Beispiel.**

1 *Die Lieder gehören einfach dazu, aber wir können nur den Anfang mitsingen.*

2 *Es ist dunkel, ein bisschen kalt, es riecht nach Waffeln und wir stehen zusammen – einfach gemütlich!*

3 *Jedes Jahr steigen die Preise. Das nervt!*

4 *Ein Abend mit Freunden, winterliche Temperaturen, der leckere Duft – typisch Weihnachtsmarkt!*

5 *Es war wieder total voll, die Besucher kamen wieder von überall hierher ...*

6 *Wir singen immer nur die erste Strophe, dann fehlt uns leider der Text.*

7 *Der Weihnachtsmarkt hier gefällt einfach zu vielen Leuten.*

8 *Blöd ist nur, dass alles immer teurer wird.*

b) **Sagen Sie es anders! Ergänzen Sie den Paralleltext mit den passenden Formulierungen.**

ein teurer Spaß • ziemlich viel • gut schmecken • fast jeden Abend • sehr gemütlich

Wir waren dieses Jahr schon total oft auf dem Weihnachtsmarkt. Es gab natürlich leckeres Essen, Glühwein und Eierpunsch. Das geht ganz schön ins Geld!	Der Weihnachtsmarkt ist super. Wir waren dieses Jahr ____________ dort. Wie immer ____________ die weihnachtlichen Speisen und Getränke ____________. Leider ist das ____________!

4 Auf dem Weihnachtsmarkt

a) **Was kann man wo kaufen? Sammeln Sie in der Einheit und ergänzen Sie.**

Heiße Getränke	Leckeres Essen	Süßes zum Naschen	Weihnachtsdekoration
...	...	...	die Räuchermännchen

2.30 b) **Hören Sie das Telefonat zwischen Jona und Melli. Wo treffen sich die beiden? Markieren Sie im Lageplan.**

c) **Hören Sie noch einmal und tragen Sie die Route von Jona und Melli im Lageplan ein.**

5 Weihnachtsvorbereitungen bei Familie Hartmann

2.31 a) **Ein Gedicht nachsprechen. Hören Sie das Gedicht von S. 90. Sprechen Sie nach und achten Sie auf die Betonung.**

2.32 b) **Oma Hildes Butterplätzchen. Hören Sie das Telefonat zwischen Elke und ihrer Mutter Hilde und ergänzen Sie die fehlenden Angaben im Rezept.**

Für den Teig:

- *500 Gramm Mehl*
- ______________________
- *350 Gramm* ______________
- ____ *Eier*
- *drei* ______________
- ____ *Zitrone*

c) *Zuerst* ... **Hören Sie das Telefonat noch einmal und ordnen Sie.**

a (3) Die Eier und die weiche Butter werden verrührt.
b ( ) Das Mehl und der Zucker werden zu den anderen Zutaten gegeben.
c ( ) Die Butter wird aus dem Kühlschrank geholt.
d ( ) Der Teig wird für mindestens eine Stunde in den Kühlschrank gestellt.
e ( ) Die Sahne und der Zitronensaft werden zu den Eiern und der Butter gegeben.
f ( ) Der Zucker und das Mehl werden in eine Schüssel gegeben.
g ( ) Jetzt werden alle Zutaten mit den Händen zu einem Teig geknetet.

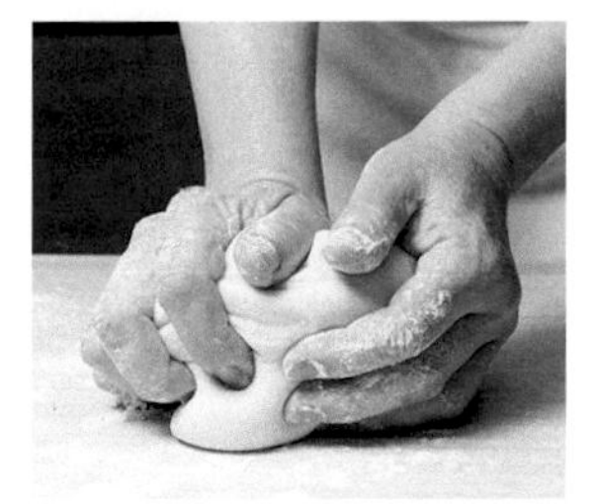

den Teig kneten

d) **Welches Verb passt? Markieren Sie.**

1 den Teig putzen – kochen – kneten
2 das Mehl in eine Schüssel gießen – geben – legen
3 die Butter aus dem Kühlschrank holen – legen – stellen
4 die Plätzchen kochen – backen – braten

6 Die letzten Vorbereitungen am Heiligen Abend. **Was machen Leon und Dilara gleichzeitig? Beschreiben Sie wie im Beispiel.**

1

den Teig rühren, den Backofen anmachen

2

die Geschenke einpacken, den Baum schmücken

3

telefonieren, die Einkaufsliste schreiben

4

duschen, joggen

Während Leon den Teig rührt, macht Dilara ...

7 Weihnachtssterne basteln: So geht's!

2.33

a) **Hören Sie die Bastelanleitung und bringen Sie die Bilder in die richtige Reihenfolge.**

a Ecke auf Ecke legen
b wie ein Plus
c Seite auf Seite kleben
d bis zur Hälfte einschneiden
e Fertig!
f gerade Seiten falten
g wie ein Stern
h der erste Teil ist fertig

das Papier der Klebestift die Schere

b) **Basteln Sie den Stern mit Hilfe der Anleitung und bringen Sie ihn in den Kurs mit.**

8 Meine erste eigene Wohnung

a) **Lesen Sie Davids Blogeintrag und ergänzen Sie die Zeilennummern.**

1 Das Geburtstagsgeschenk kam nicht pünktlich an. (___)
2 David konnte nicht einkaufen gehen. (___)
3 Es war nicht einfach, ein Backrezept zu finden. (___)
4 Der erste Kuchen war zu lange im Ofen. (___)

Was mir letzten Sonntag passiert ist, glaubt mir keiner!

Meine Eltern haben mich das erste Mal in meiner ersten eigenen Wohnung besucht. Meine Mutter hatte an diesem Tag Geburtstag. Ich habe ihr ein Buch bestellt, das sie schon lange lesen wollte, aber es kam nicht pünktlich an. Am Samstagnachmittag wollte ich meiner Mutter noch schnell einen
5 Geburtstagskuchen kaufen. Als ich gerade losgehen wollte, rief meine Schwester an, weil sie noch einen Tipp für ein Geschenk brauchte. Wir haben viel zu lange telefoniert – leider waren danach die Geschäfte nicht mehr offen, toll! Also musste ich ein Rezept im Internet suchen und selber backen. Backt ihr gern? Ich esse den Kuchen eigentlich lieber. Nach einer Stunde habe ich mich dann endlich für ein Rezept entschieden und zum Glück hatte ich auch alle Zutaten zu Hause. Während der Kuchen
10 im Ofen war, habe ich angefangen die Wohnung zu putzen. Das war keine gute Idee! Als ich in die Küche kam, hat es total komisch gerochen – der Kuchen war schon ganz schwarz ...
Also musste ich noch einmal anfangen. Zum Glück hat es dieses Mal funktioniert. Kennt ihr auch solche Situationen, in denen alles schief geht? Was macht ihr dann?

b) **Was macht David beim nächsten Mal anders? Schreiben Sie Sätze mit *bevor* wie im Beispiel.**

1 David bestellt ein Geschenk. – Er überprüft, ob es pünktlich ankommt.
2 David telefoniert lange. – Er kauft für seinen Besuch ein.
3 David backt einen Kuchen. – Er putzt seine Wohnung.
4 David bereitet alles vor. – Er bekommt Besuch.

1 Bevor David ein Geschenk bestellt, überprüft er, ob ...

9 Selbsttest. ***Bevor*** **oder** ***während*****? Ergänzen Sie.**

1 Ich darf deine Nachrichten nicht beantworten, ____________ ich in einer Besprechung sitze.

2 ____________ sie das Restaurant verlassen, müssen sie ihre Rechnung bezahlen.

3 Sie holt die Butter aus dem Kühlschrank, ____________ sie sie zu den anderen Zutaten gibt.

4 ____________ er morgen seine Prüfung schreibt, muss er noch viel lernen.

5 ____________ wir essen können, müssen wir den Tisch decken.

6 ____________ ich Auto fahre, kann ich Musik hören.

7 Wir müssen Geld bei der Bank holen, ____________ wir auf den Weihnachtsmarkt gehen.

8 ____________ wir in Südtirol Urlaub gemacht haben, sind wir viel gewandert.

10 *Und was machen wir zuerst?*

1.11

a) **Videokaraoke. Sehen Sie sich das Video an und antworten Sie.**

b) **Was sagt Petra? Sehen Sie sich das Video noch einmal an und kreuzen Sie an.**

1 ◯ Was machen wir zuerst?

2 ◯ Wir müssen uns dringend um die Einladung kümmern!

3 ◯ Hast du eine andere Idee?

4 ◯ Kannst du das machen?

5 ◯ Schreiben wir die Einladung zusammen?

6 ◯ Und wenn alles fertig ist, kaufen wir ein paar Tage vorher die Getränke ein, ja?

c) **Was muss für die Feier organisiert werden? Was machen Sie und was macht Petra? Ergänzen Sie die Checkliste.**

- Einladungen schreiben (Petra und ich)
- ...

11 Ich kaufe meiner Schwester ein Geschenk

a) **Selbsttest. Ergänzen Sie die Akkusativpronomen.**

1 Hast du die Butter gekauft? – Ja, ich habe ______ gekauft.

2 Wo ist mein schwarzes Kleid? – Tut mir leid, ich habe ______ nicht gesehen.

3 Hast du die gebrannten Mandeln gesehen? – Tut mir leid, ich habe ______ schon gegessen.

4 Hast du den Weihnachtsbaum schon gekauft? – Nein, wir müssen ______ noch besorgen.

b) **Wer? Wem? Was? Schreiben Sie wie im Beispiel.**

1 Ich – kaufen – meine Schwester – ein Geschenk
2 Melli – basteln – ihre Freundin – ein Stern
3 Er – backen – seine Eltern – leckere Waffeln
4 Leon – leihen – Dilara – ein Kochbuch
5 Die Kinder – schenken – ihre Eltern – eine Schneekugel
6 Leon und Dilara – zeigen – ihre Familie – viele Urlaubsfotos

1 Ich kaufe meiner Schwester ein Geschenk.
Ich kaufe es meiner Schwester.
Ich kaufe es ihr.

12 *Die Atmosphäre ist einfach total schön!*

2.34

a) **Aussagen verstärken und abschwächen. Hören Sie und achten Sie auf die Emotionen.**

1 Das neue Design der Weihnachtsmarkttasse finde ich relativ langweilig. (☆)
2 Das Weihnachtsessen ist dieses Jahr wirklich fantastisch – einfach lecker! (★)
3 Ich liebe den Weihnachtsmarkt. Die Atmosphäre ist total schön! (★★)
4 Diese kleinen Engelchen sind doch absolut hässlich, oder? (★★★)

b) **Hören Sie noch einmal und sprechen Sie nach.**

13 *Einmal im Jahr ist Kitsch ganz okay*

2.35

a) **Hören Sie und lesen Sie die Kommentare zur Weihnachtsdekoration.**

1 kitschig – total kitschig – Weihnachtssterne sind total kitschig!
2 schön – echt schön – Stofftaschen mit Wintermotiv sind echt schön.
3 teuer – zu teuer – Räuchermännchen sind zu teuer.

b) **Formulieren Sie eigene Beispiele wie in a) mit den Angaben aus der Wortwolke.**

bunt
echt schön
die Räuchermännchen
die Engelchen zu kitschig
total kitschig süße Flügelchen
die Stofftasche mit Wintermotiv
niedliche Gesichter zu teuer
absolut hässlich total süß
die Weihnachtssterne
die Kugeln

c) **Ergänzen Sie die Kommentare. Die Wortwolke hilft.**

1 Die einen finden Räuchermännchen total schön, *die anderen* ... ____
2 Im Gegensatz zu Weihnachtssternen, finde ich ____
3 Kugeln gehören zwar zu einem Weihnachtsbaum, aber ____
4 Einerseits liebe ich Weihnachtsdekoration, andererseits ____

14 *Alle Jahre wieder!*

a) **Was ist das Thema? Überfliegen Sie Mirkos Kommentar und kreuzen Sie an.**

1 ◯ Essen an Weihnachten 2 ◯ Geschenke und Traditionen 3 ◯ Kunst oder Kitsch

Alle Jahre wieder!

Am Heiligen Abend kam meine Oma zu Besuch und brachte mir wie jedes Jahr ein ganz besonderes Geschenk mit: eine Schneekugel. Ich habe jetzt schon ziemlich viele!
Kennt ihr Schneekugeln? Sie sind auch als Souvenir sehr beliebt. Ich habe Schneekugeln mit Engelchen, Schneemännern, Weihnachtsmännern und dem Brandenburger Tor ...
Jede ist anders, aber alle sind total kitschig! Außerdem sind sie echt schwer und gehen relativ schnell kaputt, weil sie aus Plastik sind.
Andere finden Schneekugeln total romantisch. Sie sehen gerne zu, wie der Schnee in der Kugel fällt. Schneekugeln sind ein Produkt, das in Mengen produziert wird, aber für mich ist eine schon zu viel. Nur weil meine Oma die Kugeln so sehr mag, stelle ich meine Sammlung immer auf, wenn sie mich am Heiligen Abend besucht.
Einmal im Jahr finde ich Kitsch ganz okay, ganz besonders, wenn ich anderen eine Freude machen kann!

b) **Lesen Sie den Kommentar noch einmal. Wo finden Sie die Angaben? Notieren Sie.**

Einen Kommentar schreiben	Informationen
die eigene Meinung vom Autor zum Thema	
Argumente für die Meinung vom Autor und Beispiele	
Gegenargumente	
das stärkste Argument steht hinten	
die eigene Meinung wird am Ende noch einmal verdeutlicht	*Einmal im Jahr finde ich Kitsch ...*

15 2.36

Vorm Café. **Was hören Sie? Hören Sie die Minidialoge und markieren Sie.**

1 Hast du mein Ladekabel gesehen? – Ja, das liegt auf dem / aufm Tisch im Wohnzimmer.
2 Treffen wir uns um drei vor dem / vorm Café? – Ja, das passt.
3 Hast du Lust, durch den / durchn Park zu spazieren und ein Eis zu essen? – Tolle Idee!
4 Ist es noch weit? – Wir müssen noch über den / übern Berg. Dann sind wir da.

16 2.37

Das Würmchen aufm Türmchen. **Hören Sie und sprechen Sie nach.**

1 das Haus – die Häuser – das Häuschen
2 der Baum – die Bäume – das Bäumchen
3 der Turm – die Türme – das Türmchen
4 der Mann – die Männer – das Männchen
5 die Wurst – die Würste – das Würstchen
6 der Sturm – die Stürme – das Stürmchen

17 2.38

Rupfi – eine besondere Geschichte

a) **Hören Sie den Radiobeitrag. Was ist richtig? Kreuzen Sie an.**

1 ◯ Rupfi ist das neue Design auf der Weihnachtsmarkttasse.
2 ◯ Nicht alle Menschen mögen Rupfi.
3 ◯ Rupfi hat ein eigenes Social Media-Profil.
4 ◯ Die Stadt Erfurt möchte nur noch Bäume wie Rupfi auf den Weihnachtsmarkt stellen.
5 ◯ Es gibt sogar T-Shirts mit einem Foto von Rupfi.
6 ◯ Es gibt Postkarten mit Rupfimotiv.

b) **Hören Sie noch einmal und ergänzen Sie den Steckbrief.**

Name: *Rupfi* Höhe: ______ Alter: ______

Nadeln: ______

Lebensgeschichte: ______

______

Warum war der Baum bei den einen beliebt und bei den anderen unbeliebt?

______

______

c) **Ein Baum, viele Meinungen. Wie finden Sie Rupfi? Begründen Sie Ihre Meinung.**

Mir gefällt Rupfi ...

Name: Annie

Your grade for classroom participation (preparation, participation, homework; as well as your progress in these) right now would be: B+

Ihre Mitarbeit im Unterricht könnte noch etwas besser.

Fit für Einheit 7?

1 Mit Sprache handeln

über Weihnachten sprechen

Was müssen wir noch vorbereiten? – Wir müssen einkaufen, Plätzchen backen und den Baum schmücken.

Was gefällt dir am Weihnachtsmarkt? – Ich liebe die gemütliche Atmosphäre.

Was gibt es dieses Jahr zum Essen? – Am Heiligen Abend essen wir Würstchen mit Kartoffelsalat.

eine Reihenfolge aushandeln und um Bestätigung bitten

Wann kümmern wir uns um die Einladungen? – Das sollten wir als erstes machen.

Was machen wir zuerst? – Wir bestellen zuerst das Essen für den Abend.

Dann gehst du einkaufen, während ich den Baum schmücke, okay? – Nein, wir sollten den Baum lieber zusammen schmücken, bevor ich einkaufen gehe.

Ich bereite zuerst den Teig für die Plätzchen vor, ja? – Ja, das kannst du gern machen. Während du den Teig vorbereitest, koche ich die Kartoffeln.

Der Plan ist gut, oder? – Ja, so machen wir es.

2 Wörter, Wendungen und Strukturen

Weihnachten

Süßes naschen, Kerzen anzünden, Sterne basteln, den Baum schmücken, Geschenke besorgen, Lieder singen

Dativ- und Akkusativergänzungen

Zeigst du uns die Urlaubsfotos? – Ja, natürlich zeige ich sie euch.

Hat sie ihrer Freundin den neuen Krimi geliehen? – Ja, sie hat ihn ihr geliehen.

Aussagen verstärken und abschwächen

Der neue Krimi hat mir ganz gut gefallen.

Deine neue Frisur sieht total klasse aus.

Diesen Pullover finde ich wirklich schön.

Das Bäumchen in der Kugel ist absolut hässlich.

Gegensätze ausdrücken

Die einen finden es gut, die anderen mögen es nicht.

Einerseits gehört es zum Fest dazu, andererseits gefällt es mir einfach nicht.

Im Gegensatz zu Kitsch liebe ich Kunst total.

Das Lied wurde zwar schon oft gespielt, aber es ist einfach ein echter Klassiker.

3 Aussprache

***-chen* und *-lein*:** Saß ein Würmchen mit 'nem Schirmchen unterm Ärmchen auf 'nem Türmchen.
Saß ein Würmlein mit 'nem Schirmlein unterm Ärmlein auf 'nem Türmlein.

Interaktive Übungen

Wörter Spiele Training

1 Hast du Lust, ... Notieren Sie sechs Fragen. Gehen Sie durch den Kursraum, fragen und antworten Sie. Versuchen Sie, nicht auf Ihren Zettel zu sehen.

Hast du Lust, ...?

Hast du morgen Nachmittag/ am Dienstag/ ... Zeit, ...?

Findest du es wichtig/richtig, ...?

Macht es dir Spaß, ...?

2 Das ist ein Beispiel für ...!

a) **Analysieren Sie die unterstrichenen Formen und ordnen Sie sie den Begriffen zu. Vergleichen Sie.**

1 Obwohl ich keine Lust hatte, bin ich auf die Party gegangen.
2 In der Hütte, in der wir übernachtet haben, gab es ein tolles Frühstück.
3 Wegen des schlechten Wetters konnten wir heute nicht wandern gehen.
4 Könntest du bitte das Fenster aufmachen? Hier ist schlechte Luft!
5 Ich habe heute keine Lust, Hausaufgaben zu machen.
6 Wir waschen noch schnell das Geschirr ab, bevor wir einkaufen gehen. Was meinst du?
7 Das Café wurde 1999 eröffnet.
8 Wusstest du, dass Rügen die größte Insel Deutschlands ist?
9 Zeig mir doch mal dein neues T-Shirt. – Ja, ich zeige es dir gleich.
10 Ist es noch weit? – Nein, du musst nur noch ein Stückchen laufen.

a Passiv Präteritum
b Akkusativpronomen vor Dativ
c Relativsatz
d Superlativ
e Gegensätze ausdrücken
f Konjunktiv II mit Modalverb
g Infinitiv mit *zu*
h eine Reihenfolge aushandeln
i Diminutiv
j etwas begründen

b) **Übungen selber machen. Wählen Sie drei Grammatikbegriffe und schreiben Sie drei neue Sätze. Ihr Partner/Ihre Partnerin analysiert wie in a).**

3 *Trotz* oder *wegen* ... passiert ziemlich viel

a) **Formulieren Sie fünf Sätze. Es gibt viele Möglichkeiten. Vergleichen Sie.**

		trinke ich sechs Tassen Kaffee.
	der großen Hitze	schlafe ich schnell ein.
	des Feiertags	fahre ich mit dem Bus.
Wegen	der ständigen Staus	sind alle Geschäfte geschlossen.
Trotz	des Verbots	spielen die Kinder auf der Wiese.
	des heftigen Regens	gehe ich jeden Tag gern zur Arbeit.
	der vielen Probleme	frühstücken wir auf dem Balkon.
		arbeite ich in der Bürgerinitiative mit.

Trotz des Verbots spielen die Kinder auf der Wiese.

b) **Sagen Sie es anders! Formulieren Sie Ihre Sätze aus a) mit *weil* und *obwohl* wie im Beispiel.**

Weil es viele Probleme gibt, arbeite ich ...

4 Diese Grammatik ist ein Gedicht!

a) **Schreiben Sie ein Gedicht mit zehn Zeilen. Die erste Zeile ist die Überschrift. Verwenden Sie die Wortarten.**

1	Artikel + Nomen	**Die Blätter**
2	Adjektiv und Adjektiv	Rot und gelb,
3	Partizip II, Partizip II	gewachsen, gefallen,
4	Wiederholung 1	die Blätter,
5	Pronomen + Verb	sie riechen,
6	Pronomen + Verb	sie rascheln,
7	Pronomen + Verb + Adjektiv	sie liegen still,
8	Wiederholung 1	die Blätter,
9	Wiederholung 3	gewachsen, gefallen
10	Wiederholung 2	rot und gelb.

b) **Tragen Sie Ihr Gedicht vor. Achten Sie auf die Betonung ODER Eine besondere Schrift, Bilder ... Gestalten Sie Ihr Gedicht, drucken Sie es aus und machen Sie eine Ausstellung.**

5 *Der Bratapfel*

2.39

a) **Worum geht es im Gedicht? Hören Sie und berichten Sie.**

1. Kinder, kommt und ratet,
was im Ofen bratet*! *brät
Hört, wie's knallt und zischt.
Bald wird er aufgetischt,
der Zipfel, der Zapfel,
der Kipfel, der Kapfel,
der gelbrote Apfel.

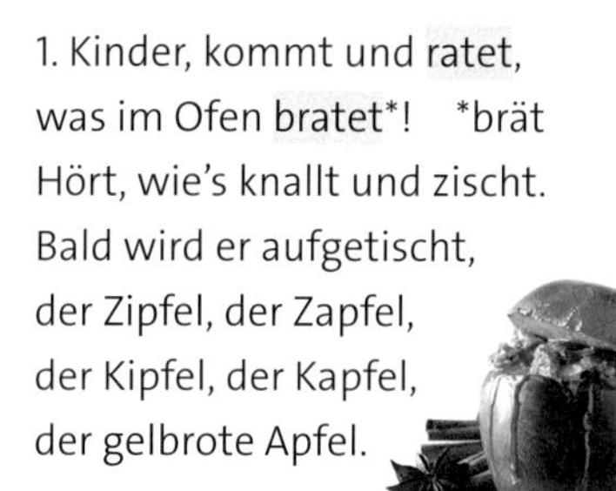

2. Kinder, lauft schneller,
holt einen Teller,
holt eine Gabel!
Sperrt auf den Schnabel
für den Zipfel, den Zapfel,
den Kipfel, den Kapfel,
den goldbraunen Apfel!

3. Sie pusten und prusten,
sie gucken und schlucken,
sie schnalzen und schmecken,
sie lecken und schlecken
den Zipfel, den Zapfel,
den Kipfel, den Kapfel,
den knusprigen Apfel.

(Bayrisches Volksgut)

b) **Markieren Sie die Reimwörter. Sprechen Sie sie laut und achten Sie auf den Reim.**

c) ***Knallt und zischt, schlecken und ...* Laute nachmachen, mit Lauten malen. Lesen Sie das Gedicht laut, übertreiben Sie ein bisschen und kommentieren Sie die Wirkung der Laute.**

Man kann hören, dass der Apfel ...

Stimmt, und die Kinder ...

d) **Bellen, klingeln, ... Welche Lautmalereien kennen Sie auf Deutsch oder in Ihren Sprachen? Vergleichen Sie.**

Wenn man eine leere Dose über den Boden rollt, sagt man auf ... sie ...

Wenn Gläser klirren, nennt man das auf ...

Auf ... macht eine Kuh ...

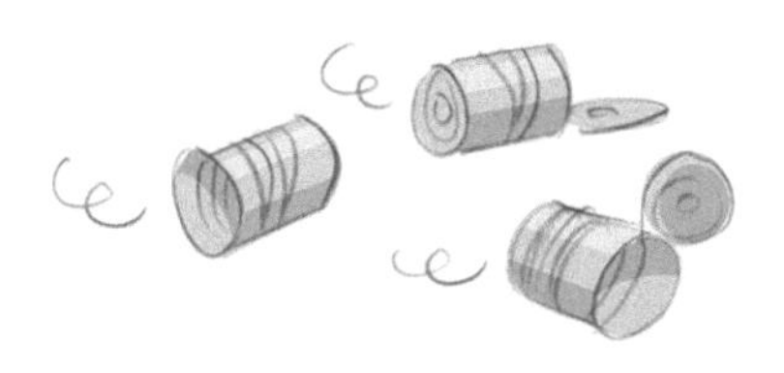

Dosen scheppern über den Boden

Gläser klirren

eine Kuh macht muuuuh

e) **Recherchieren Sie ein Bratapfelrezept und berichten Sie, wie man einen Bratapfel macht.**

Tisch und Stuhl

Keto von Waberer (* 1942)

Der Stuhl verliebte sich sofort in den Tisch, als man ihn zum ersten Mal, Beine nach oben, Lehne nach unten, hinaufhob, um den Küchenboden zu putzen. Der Stuhl war neu in der Küche. Er konnte an seinem Sitz das glatte Holz der Tischplatte spüren. Er war dem Tisch sehr nahe. „Wie stark Sie sind, Herr Tisch", sagte er, aber der Tisch gab ihm keine Antwort. Man hob den Stuhl wieder herunter und setzte die kleine Ilse darauf. Man stellte einen Teller mit Blaubeeren in Milch vor sie auf den Tisch. „Sehen Sie, wir brauchen einander", sagte der Stuhl ganz glücklich. Ilse drückte die Blaubeeren mit den Fingern auf die Tischplatte und machte eine blaue Straße bis zur Milchpfütze. Die Milch lief über die Tischkante hinunter auf den Stuhl und dann auf den Boden. „Wir stehen das gemeinsam durch", sagte der Stuhl. Ilse wurde weggetragen, der Tisch mit dem Lappen gewischt und der Stuhl wieder auf den Tisch gehoben.
„Wir gehören zusammen", sagte der Stuhl.
„Sie sind nicht der einzige Stuhl in meinem Leben", sagte der Tisch.
Aber das war dem Stuhl egal.

1 Ein Tisch, Stühle und ... Beschreiben Sie das Foto.

2 Tisch und Stuhl

a) Worum geht es? Lesen Sie die Kurzgeschichte und berichten Sie.

b) Wer mit wem? Analysieren Sie die Kurzgeschichte. Die Fragen helfen.

c) Erzähler*in, Tisch, Stuhl, ... Inszenieren Sie die Kurzgeschichte.

3 Wie geht die Geschichte weiter?

4 *Sofa und Kissen, Stift und Heft* oder ...

a) Wählen Sie zwei Gegenstände und schreiben Sie eine Parallelgeschichte.

b) Präsentieren Sie Ihre Geschichte mit einem passenden Foto.

5 Lebenslinien

a) Keto von Waberer. Recherchieren Sie und erstellen Sie ein Porträt.

b) Stellen Sie die Autorin vor.

Nicos Weg

1 Es gibt Neuigkeiten

2.41

a) Ein Lieferservice für das Marek. Pepe telefoniert mit Herrn Schulte, einem Investor. Es geht um viel Geld! Welche Bedingungen nennt Herr Schulte? Hören Sie und kreuzen Sie an.

- ◯ Das Marek muss den Lieferservice schon in vier Wochen anbieten.
- ◯ Pepe Gonzales muss Geschäftspartner von Max und Tarek sein.
- ◯ Der Investor will für sein Geld 15 % vom Lieferservice.
- ◯ Herr Schulte wird Geschäftspartner und bekommt 50 % vom Gewinn des Marek.
- ◯ Pepe, Max und Tarek können den Vertrag schon vorbereiten.

Lieferservice mit dem Rad

b) Sind die Bedingungen von Herrn Schulte o.k.? Was meinen Sie? Diskutieren Sie.

Ich weiß zwar nicht, wie viel Geld das Marek für den Lieferservice braucht, aber ...

Das geht gar nicht! Ich würde mit so einem Projekt auf jeden Fall zur Bank gehen!

1.12

c) Wie reagieren Max und Tarek auf Pepes Neuigkeiten? Sehen Sie sich das Video an und berichten Sie.

d) Sehen Sie sich das Video noch einmal an, wählen Sie Rolle A oder B und lesen Sie die Satzanfänge vor. Ihr Partner / Ihre Partnerin beendet die Sätze. Wechseln Sie sich ab.

Pepe kommt ins Marek, ...

... während Max ...

e) *Wir brauchen mehr Zeit!* Was müssten Max, Tarek und Pepe in den vier Wochen schaffen? Sehen Sie sich Tareks Liste an und berichten Sie wie im Beispiel.

- Projektplanung
- Ausbau der Küche (3–4 Wo.)
- neues Personal: Einstellung/Einarbeitung (mind. 2 Wo.)
- Erstellung der App (Pepe)
- Bearbeitung des Businessplans (Pepe)

Sie müssten das Projekt planen.

Genau. Und die Küche ...

Das schaffen sie ...

2.42

f) *Einfach so?* Hören Sie, achten Sie auf die Betonung und sprechen Sie nach.

1. Einfach so?
2. Wozu soll das denn gut sein?
3. Das schaffen wir nie im Leben!
4. ..., wenn es gut läuft.
5. Das geht auch nicht so einfach.
6. Die Arbeit ist ja auch noch da!
7. Auf gar keinen Fall!
8. Das ist viel zu viel!
9. Mir ist die ganze Sache sowieso viel zu riskant!

Pepe, Tarek und Max diskutieren vor dem Marek.

g) *Deal oder kein Deal?* Wählen Sie ein Projekt aus. Diskutieren Sie die Bedingungen mit zwei Partner*innen. Die Redemittel aus f) helfen.

h) Berichten Sie über das Projekt, die Bedingungen und Ihre Entscheidung aus g). Die anderen kommentieren und fragen nach.

2 Heimat

a) **Was wissen Sie schon über Inge und Selma? Ergänzen Sie weitere Informationen und vergleichen Sie.**

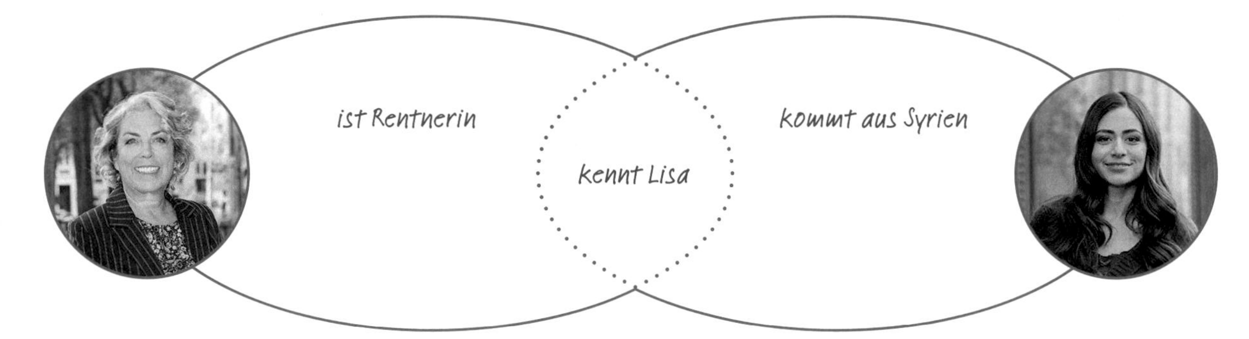

1.13

b) **Unterrichtsbesuch. Sehen Sie sich das Video an und ergänzen Sie weitere Informationen in a).**

c) ***Das kleine Mädchen bin ich.* Lesen Sie Inges Beschreibung und zeigen Sie sie auf dem Foto.**

Die Braut in Weiß ist meine Tante Hedwig. Das war an ihrem Hochzeitstag. Rechts neben ihr steht ihr Mann, mein Onkel Hans. Ich glaube, sie haben im Sommer 1962 geheiratet. Da war der Krieg zum Glück schon lange vorbei und es war wieder Frieden! Jedenfalls war es warm und ich hatte ein neues Kleid und weiße Kniestrümpfe an. Das war etwas ganz Besonderes! Rechts neben mir steht meine Cousine Helene und neben Helene, das ist meine Mutter. Ich meine, sie sieht sehr hübsch und jung aus!

d) **Lesen Sie die Beschreibung in c) noch einmal. Wählen Sie ein markiertes Wort aus und beschreiben Sie es, ohne das Wort zu nennen. Die anderen raten.**

e) **Ein Schüler von Lisa hat sich Notizen gemacht und die Familiengeschichte von Inge aufgeschrieben. Lesen Sie, markieren Sie neue Informationen und vergleichen Sie.**

Inges Familie hatte ein Lebensmittelgeschäft in Kolberg. Das ist eine Hafenstadt an der Ostsee, die bis zum Ende des Zweiten Weltkriegs deutsch war. Heute gehört die Stadt zu Polen und heißt Kołobrzeg. Inges Eltern und Großeltern mussten ihre Heimatstadt an der Ostsee 1945 verlassen. Die Flucht war schlimm und auch die ersten Jahre nach der Flucht waren sehr schwer, denn nach dem Krieg gab es über 12 Millionen deutsche Flüchtlinge, die ein neues Zuhause suchten. Aber überall waren Häuser, Straßen und Brücken zerstört, viele Menschen hatten keine Wohnung und oft auch nicht genug zum Essen. Trotz der schwierigen Situation haben Inges Eltern es aber geschafft. Nach ein paar Jahren haben sie Arbeit in einem Lebensmittelgeschäft gefunden. Zum Glück hatten sie wegen der Sprache keine Probleme. Inge weiß das alles aber nur aus Erzählungen, denn sie wurde erst viel später geboren.

f) ***Wir versuchen jetzt, hier ein neues Leben zu beginnen.* Fassen Sie die Angaben zu Selmas Familiengeschichte wie in e) zusammen.**

g) **Vergleichen Sie die Familiengeschichten von Inge und Selma.**

Selma und ihre Eltern mussten Deutsch lernen.

Das musste Inges Familie nicht, weil …

3 Im Fahrradladen

a) **Kennen Sie diesen Mann? Berichten und vergleichen Sie. Das Porträt hilft.**

1. Wie heißt er?
2. Woher kommt er?
3. Was macht er beruflich?
4. Woher kennt er Inge?
5. Wie würde Inge ihn beschreiben?

Ich kenne ihn aus Nicos Weg A2. Er heißt ... und ...

▶ 1.14

b) **Sehen Sie sich die Szene vor Yaras Fahrradladen an. Wer ist Otto? Sammeln Sie Vermutungen.**

c) **Ein Fahrrad, drei Meinungen. Sehen Sie sich die Szene noch einmal an und ergänzen Sie.**

Stabil ist es nicht. Schrott! ...

d) **Wie finden Sie das Fahrrad? Verstärken Sie Ihre Aussagen mit *wirklich* (★), *total* (★★) und *absolut* (★★★). Übertreiben Sie ein bisschen.**

Das ist doch absolut cool!

Meinst du das Ernst? Ich finde es total ...

1.14

e) **Nicos Bewerbung. Sehen Sie sich die nächste Szene an. Für welche Ausbildung möchte Nico sich doch noch bewerben? Berichten Sie.**

f) **Motivationsschreiben. Welche Tipps passen zu Pepes Ratschlägen? Kreuzen Sie an.**

1. ◯ Stellen Sie sich in der Einleitung persönlich vor und nennen Sie den Grund für Ihre Bewerbung.
2. ◯ Begründen Sie im Hauptteil, warum Sie der/die Richtige für den Ausbildungsplatz sind. Nennen Sie Beispiele für Ihre Fähigkeiten und Erfahrungen.
3. ◯ Im Schlussteil können Sie noch kurz über Ihre Hobbys berichten. Im letzten Satz können Sie angeben, dass sie sich über eine Einladung zu einem Vorstellungsgespräch freuen würden.

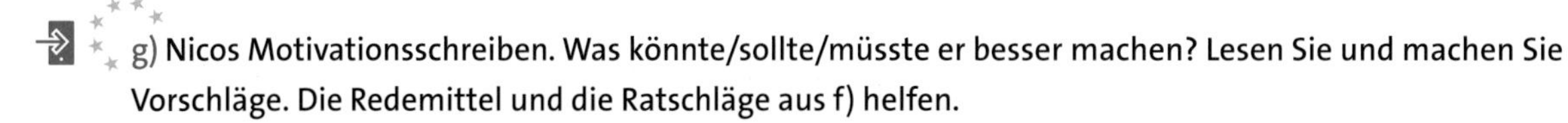

g) **Nicos Motivationsschreiben. Was könnte/sollte/müsste er besser machen? Lesen Sie und machen Sie Vorschläge. Die Redemittel und die Ratschläge aus f) helfen.**

Sehr geehrte Damen und Herren,
ich komme aus Spanien und möchte unbedingt Schauspieler werden! Deshalb bewerbe ich mich hiermit um einen Ausbildungsplatz an Ihrer Schauspielschule.
Auf Ihrer Webseite habe ich gesehen, dass Sie schon viele berühmte Schauspieler und Schauspielerinnen ausgebildet haben. Das finde ich toll! Ich interessiere mich für modernes Theater.
Mit freundlichen Grüßen
Nico Gonzales

Die Serie „Nicos Weg" in voller Länge mit interaktiven Übungen und zahlreichen weiteren Materialien gibt es kostenlos bei der Deutschen Welle: **dw.com/nico**

Goethe-Zertifikat B1: Schreiben

Der Prüfungsteil Schreiben hat drei Teile und dauert 60 Minuten. Sie schreiben zwei E-Mails und einen Diskussionsbeitrag. Sie können wählen, mit welcher Aufgabe Sie beginnen. Sie können maximal 100 Punkte erreichen und brauchen mindestens 60 Punkte, um die Prüfung zu bestehen. Wörterbücher und Mobiltelefone sind nicht erlaubt.

Schreiben Teil 1: **Hier sollen Sie eine kurze informelle E-Mail an eine Freundin oder einen Freund schreiben. Sie haben 20 Minuten Zeit und können maximal 40 Punkte bekommen.**

Sie sind umgezogen und haben mit Freunden am letzten Samstag den Einzug in eine neue Wohnung gefeiert. Ein Freund / Eine Freundin von Ihnen konnte nicht zu Ihrer Feier kommen, weil er/sie krank war.

- Beschreiben Sie: Wie war die Feier?
- Begründen Sie: Welches Geschenk zum Einzug hat Ihnen besonders gut gefallen und warum?
- Machen Sie einen Vorschlag für ein Treffen.

Schreiben Sie eine E-Mail (ca. 80 Wörter).
Schreiben Sie etwas zu allen drei Punkten.
Achten Sie auf den Textaufbau (Anrede, Einleitung, Reihenfolge der Inhaltspunkte, Schluss).

Schreiben Teil 2: **Hier sollen Sie einen Beitrag für ein Internet-Gästebuch oder -Forum schreiben. Sie sollen Ihre persönliche Meinung zu einem Thema äußern. Sie haben 25 Minuten Zeit und können maximal 40 Punkte bekommen.**

Sie haben im Fernsehen eine Dokumentarsendung zum Thema „Biosphärenreservate in Deutschland“ gesehen. Im Online-Gästebuch der Sendung lesen Sie folgenden Kommentar:

www.biosphären-reservate.example.de

Susanne [17.10., 21:55 Uhr]

Diese Dokumentation war sehr interessant. Sie hat gezeigt, wie die Menschen in den Biosphärenreservaten im Einklang mit der Natur leben und arbeiten. Ich halte den Naturschutz für sehr wichtig, denn wir alle brauchen diese unterschiedlichen Landschaften zur Erholung. Meiner Meinung nach müssen Tiere und Pflanzen in Zukunft noch besser geschützt werden. Wir brauchen noch mehr Schutzgebiete!

Schreiben Sie nun Ihre Meinung zum Thema (ca. 80 Wörter).

Schreiben Teil 3: **In diesem Prüfungsteil sollen Sie eine kurze E-Mail schreiben. Sie kennen die Person, an die Sie schreiben, aber Sie Siezen sie. Sie haben 15 Minuten Zeit, die E-Mail zu schreiben. Sie können maximal 20 Punkte bekommen.**

Ihre Deutschlehrerin, Frau Pasemann, hat Sie am Samstag zu einem Besuch auf dem Weihnachtsmarkt eingeladen. Zu dem Termin können Sie aber nicht kommen.

Schreiben Sie an Frau Pasemann. Entschuldigen Sie sich höflich und berichten Sie, warum Sie nicht kommen können.
Schreiben Sie eine E-Mail (circa 40 Wörter).
Vergessen Sie nicht die Anrede und den Gruß am Schluss.

Tipps zum Prüfungsteil Schreiben auf einen Blick

HIER LERNEN SIE:

- die Geschichte einer Stadt skizzieren
- Erinnerungsorte vorstellen
- Wörterbucheinträge verstehen
- einen biografischen Text zusammenfassen

○ Das Kurhaus im Kurpark

○ Wegen ihrer Atmosphäre besonders beliebt – die Festspiele in der Stiftsruine

○ Bad Hersfeld

○ Kein echter Mönch – der Stadtführer „Bruder Heiko“

○ Der Lullusbrunnen vor dem Rathaus

○ Das Duden-Denkmal an der Stiftsruine

○ Cafés und Geschäfte auf dem Linggplatz

Unterwegs in ... Bad Hersfeld

Weder groß noch klein und fast in der Mitte von Deutschland – das ist Bad Hersfeld, eine mittelgroße Stadt in Hessen mit etwas über 30.000 Einwohnerinnen und Einwohnern und einer langen, erfolgreichen Geschichte.

Sie beginnt mit dem Mönch Sturmius, der 736 in *Haerulfisfelt* die ersten Häuser baute. 769 gründete der Bischof Lullus hier ein Kloster. Das Kloster ist zwar heute eine Ruine, aber es ist die größte romanische Kirchenruine der Welt. Sie wird Stiftsruine genannt und ist auch wegen ihres Glockenturms mit der Lullusglocke bekannt. Die Glocke aus dem 11. Jahrhundert ist die älteste Glocke Deutschlands. In der Stiftsruine finden seit 1951 jedes Jahr von Juni bis August die Festspiele statt (www.bad-hersfelder-festspiele.de), die wegen ihrer Atmosphäre bei den Besucherinnen und Besuchern sehr beliebt sind. Shakespeare und moderne Stücke gehören zum Programm. *Der Club der toten Dichter* und das Musical *Goethe!* waren sehr erfolgreich.
Nach Bad Hersfeld kommt man aber auch wegen seiner Gesundheit. Das „Bad" im Namen sagt es: Es gibt Wasser, das gut für den Magen und den Darm, die Leber und die Galle ist. Seit 1963 kann man hier eine Kur zur Erholung machen, das Wasser im Kurhaus trinken und Spaziergänge im Kurpark machen, um wieder fit zu werden.
Und wer kein Wasser trinken möchte, kommt einfach zum Lullusfest. Mit dem Fest erinnert die Stadt seit 852 an den Todestag ihres Gründers am 16. Oktober 786. Man ahnt es schon: Das Lullusfest ist das älteste Heimatfest Deutschlands. Als einziges Fest beginnt es immer montags mit dem Anzünden des Lullusfeuers, das bei den „Herschfellern" das „Fierche" heißt. Den Ruf „enner, zwoon, dräi – Bruder Lolls" hört man nicht nur in der Festwoche, sondern immer dann, wenn sich Menschen aus Bad Hersfeld irgendwo in der Welt treffen. Auf www.lullusfest.de kann man das Fest miterleben.
Tradition, Kultur und Gesundheit – eine mittelgroße Stadt kann viel bieten! Und vielleicht steht mit dem Duden sogar ein Stückchen Bad Hersfeld in Ihrem Bücherregal? Doch das ist eine andere Geschichte ...

1 Der erste Eindruck

Die Stadt Bad Hersfeld. Was gibt es hier, was kann man hier machen? Sehen Sie sich die Fotos an, berichten und kommentieren Sie. Die Redemittel helfen.

2 Geschichte und Gegenwart

a) Lesen Sie den Magazinartikel. Sammeln Sie Informationen zu den Jahreszahlen, erstellen Sie eine Zeitleiste von 736 bis heute und vergleichen Sie.
b) Das Lullusfest heute. Wie wird das Fest gefeiert? Recherchieren und berichten Sie.
c) Welche Heimatfeste mit Tradition kennen Sie? Warum und wie werden sie gefeiert? Berichten Sie.

3 Erinnerungsorte

a) Lesen Sie die Definition. Nennen Sie Beispiele für persönliche Erinnerungen und für Erinnerungsorte.
b) Sammeln Sie Erinnerungsorte in Bad Hersfeld und vergleichen Sie.

... ist ein Erinnerungsort.
An wen oder woran erinnert ...?
... erinnert an ...

4 *Herschfeller Platt* – Dialekt verstehen

Sammeln Sie Ausdrücke im Text und übersetzen Sie sie.

5 Die Stadtführung

3.02 a) Hören Sie die Begrüßung des Stadtführers „Bruder Heiko". Nummerieren Sie die Stationen seiner Führung durch die Stadt und vergleichen Sie.
b) Bad Hersfeld an einem Tag. Was würden Sie (nicht) gerne machen? Machen Sie einen Plan und berichten Sie.

Die Welt der Sprache in einer Ausstellung

a) Was kann man hier machen? Lesen Sie den Ausstellungstipp und berichten Sie.

Aktiv Sprache erleben

Erlebnisreich und humorvoll – Sprache entdecken im *wortreich*

Theater, Gesang und Tanz bei den Festspielen oder Konrad Duden und sein Wörterbuch – in Bad Hersfeld begegnet man Sprache und Kommunikation auf Schritt und Tritt. Das *wortreich* ist eine weitere Besonderheit der Stadt. Besucherinnen und Besucher der Ausstellung machen hier in elf Stationen eine spannende Reise durch die Welt der Kommunikation und zahlreiche Mitmach-Aktionen laden zum Entdecken und Ausprobieren von Sprache(n) ein. Besonders das Theaterkaraoke, bei dem man sich verkleidet und verschiedene Rollen spielt, löst immer große Heiterkeit aus. „Wegen des Mund-Nasenschutzes war es nicht leicht zu erkennen, ob der andere lächelt oder böse guckt. Die Möglichkeit, mit den Augen zu kommunizieren, ist mir hier erst so richtig klar geworden.", sagt Elena Haddad, die die aktionsreiche Ausstellung besucht hat. Und sie hat nicht nur die Wirkung, sondern auch die Schönheit der Sprache(n) kennengelernt: „Auf Deutsch sagt man *Ich habe Schmetterlinge im Bauch*, wenn man verliebt ist. Das finde ich wundervoll."
Mehr Informationen unter www.wortreich-badhersfeld.de.

b) Traurig, glücklich, sorgenvoll, ... Mit den Augen kommunizieren.
Nehmen Sie einen Mund-Nasenschutz und probieren Sie es aus. Die anderen raten.

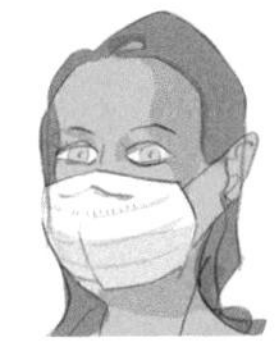

Frau mit FFP2-Maske

c) Das finde ich interessant. Recherchieren Sie Stationen und Themen von Ausstellungen auf der wortreich-Webseite. Berichten Sie, was Sie erleben und ausprobieren möchten.

d) *Das wortreich*. Erklären Sie den Namen.

2 Ohne Kinder und mit viel Humor

12.4

a) Sammeln Sie Adjektive mit *-reich*, *-los* und *-voll* auf S. 111–114. Erklären Sie die Adjektive und machen Sie ein Lernplakat.

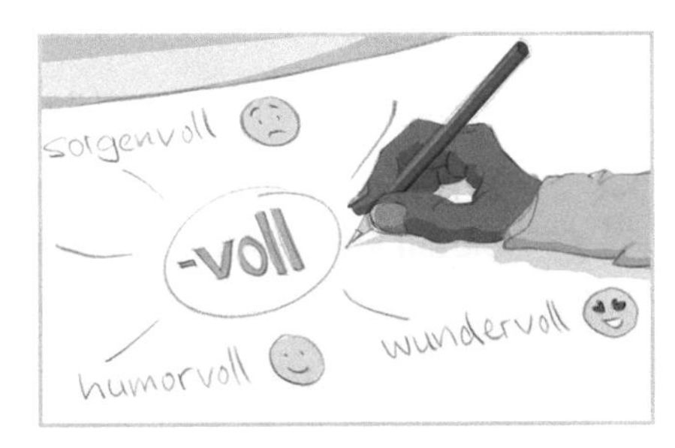

b) Sagen Sie es anders. *... ist eine Wiese mit vielen Blumen.*

Mit Bildern sprechen

Schmetterlinge im Bauch haben. Wie drücken Sie Verliebtheit in Ihren Sprachen aus? Vergleichen Sie.

4 Elena *meint* oder *Elena* meint?

3.05

a) Hören Sie und markieren Sie den Kontrastakzent in jedem Satz. Ordnen Sie dann die Erklärung zu.

1	Elena meint, man kann mit den Augen sprechen.	a	Das geht, das funktioniert gut.
2	Elena meint, man kann mit den Augen sprechen.	b	Mit den Augen, nicht nur mit dem Mund.
3	Elena meint, man kann mit den Augen sprechen.	c	Das ist Elenas Meinung, nicht Amandas.
4	Elena meint, man kann mit den Augen sprechen.	d	Das meint sie.
5	Elena meint, man kann mit den Augen sprechen.	e	Nicht nur sehen, sondern auch kommunizieren.

b) Sprechen Sie den Satz aus a) zweimal mit einem anderen Kontrastakzent. Ihr Partner / Ihre Partnerin erklärt die Bedeutung.

c) ... *geht mit ... ins Musical.* Formulieren Sie einen Satz, in dem zwei Personen etwas gemeinsam machen. Schreiben Sie Erklärungen wie in a). Tauschen Sie die Sätze und lesen Sie laut mit Kontrastakzent. Ihr Partner / Ihre Partnerin ordnet zu.

12.3

5 Freundlichkeit ist gut für die Gesundheit!

a) Sammeln Sie Nomen mit *-heit* und *-keit* auf S.111–114, analysieren Sie und vergleichen Sie mit der Regel.

Regel: 1. Nomen mit *-heit* und *-keit* haben immer den Artikel *die*.
2. In Nomen mit *-heit* und *-keit* steckt immer ein Adjektiv.

3.06

b) Das *h* in *Gesundheit*. Hören Sie und sprechen Sie nach. Übertreiben Sie ein bisschen.

Gesundheit • Krankheit • Schönheit • Vergangenheit • Klugheit

3.07

c) *-ig* vor *-keit* wie *-ich* oder *-ig*? Hören Sie und lesen Sie mit. Sprechen Sie nach.

Arbeitslosigkeit ist keine Kleinigkeit. Mit dieser Tätigkeit trainieren Sie Ihre Teamfähigkeit.

6 Das Museum hat angerufen

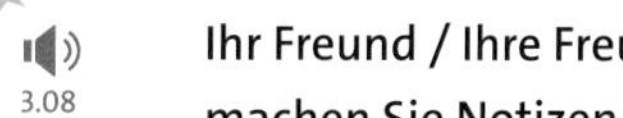
3.08

Ihr Freund / Ihre Freundin hat online eine Führung gebucht, aber es gibt ein Problem. Hören Sie die Nachricht und machen Sie Notizen. Fassen Sie die Informationen auf Deutsch oder in Ihrer Sprache zusammen.

7 Mit Sprache spielen – Unser *Wortreich*

a) Anagramme. Aus einer *Ampel* wird durch Schütteln eine *Palme* und ... Finden Sie das Wort? Welche Wörter stecken in *Leben, Tor, Ferien*? Kombinieren Sie die Buchstaben und vergleichen Sie.

b) Konkrete Poesie. Was wird hier dargestellt? Sehen Sie sich die Beispiele an und berichten Sie.

oben
rauf runter
rauf runter
rauf runter
unten unten

c) Recherchieren Sie weitere Beispiele und erklären Sie, was Konkrete Poesie ist.

8 Vorhang auf!

3.09

a) Wer ist hier genervt? Hören Sie den Dialog und lesen Sie mit. Achten Sie auf die Betonung.

b) Üben Sie den Dialog aus a) zu zweit. Achten Sie auf Betonung, Mimik und Gestik. Spielen Sie den Dialog vor.

9 Eine Sprach-Ausstellung zum Mitmachen

a) Wählen Sie Texte, Wendungen und Wörter. Gestalten Sie Beispiele zur Konkreten Poesie.

b) Stellen Sie Ihre Ergebnisse im Kursraum aus. Vergleichen und kommentieren Sie.

Findest du? Passt das wirklich?

Wie hättest du es denn gemacht?

Das ist wundervoll! So kann man ... gut darstellen.

1 Bad Hersfeld

a) **Sammeln Sie auf S. 110–111 Stichpunkte zu den Themen.**

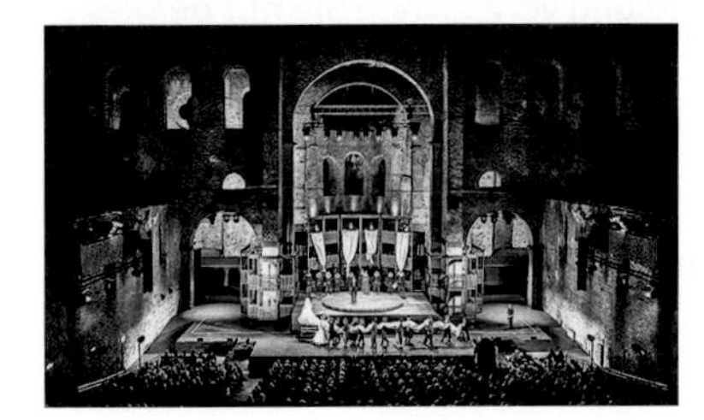

1 Kultur

2 Tradition

3 Gesundheit

1 Kultur: die Festspiele, ...

b) **Lesen Sie den Magazinartikel auf S. 111 noch einmal. Ergänzen Sie die Informationen.**

1 Bad Hersfeld liegt im Bundesland ______________________.

2 Der Mönch Sturmius baute im Jahr ________ die ersten Häuser.

3 Jedes Jahr finden die ______________________ und das ______________________ statt.

4 Das Bad im Namen der Stadt steht für ______________________.

5 *Enner, zwoon, dräi – Bruder Lolls* rufen die Leute nicht nur in der ______________________.

c) **Verbinden Sie die Zahlen und Informationen. Vergleichen Sie mit dem Magazinartikel auf S. 111.**

1 Im Jahr 769
2 Im 11. Jahrhundert
3 Seit 1951
4 Seit 1963
5 Am 16. Oktober 786

a finden die Festspiele statt.
b ist der Todestag des Bischofs Lullus.
c wurde das Kloster gegründet.
d wurde die älteste Glocke Deutschlands gegossen.
e kann man hier eine Kur zur Erholung machen.

2 Jedes Jahr feiern wir! **Lesen Sie die Fragen. Recherchieren Sie auf der Internetseite www.lullusfest.de und notieren Sie Informationen.**

1 Wann findet das nächste Lullusfest statt?
2 Was passiert am Lollsmontag um 12:00 Uhr?
3 Was kann man auf dem Fest sehen und erleben?

3 Eine Tour durch Bad Hersfeld

3.10

a) **Hören Sie die Stadtführung mit Schwester Anke. Was sehen sich die Besucherinnen und Besucher an? Nummerieren Sie die acht Stationen auf der Karte.**

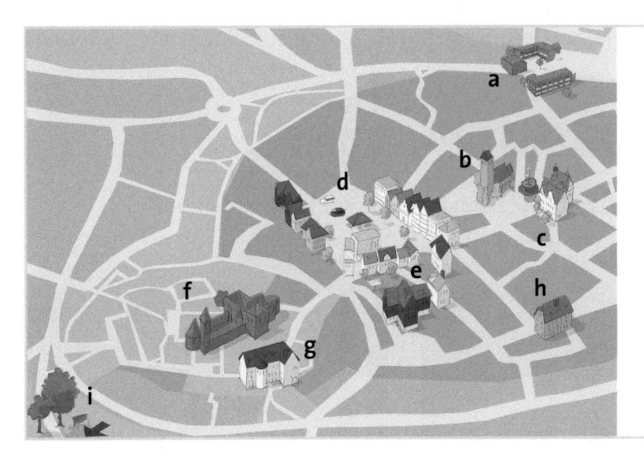

Stadtplan Bad Hersfeld

a ◯ wortreich
b ◯ Stadtkirche
c ◯ Rathaus mit Lullusbrunnen
d ◯ Marktplatz
e ◯ Linggplatz
f ◯ Stiftruine
g ◯ Stadtmuseum
h ◯ Konrad-Duden-Museum
i ◯ Kurpark

b) **Hören Sie die Stadtführung noch einmal und notieren Sie die Tour. Die Textbausteine helfen.**

Die Stadtführung	beginnen	**a** zum Duden-Museum
Dann	gehen	**b** in den schönen Kurpark
Zuerst	ansehen	**c** die Stadtkirche
Zum Schluss	anschauen	**d** zum Linggplatz
Danach	besichtigen	**e** zum Stadtmuseum
	Pause machen	**f** im Stadtzentrum am Rathaus mit dem Lullusbrunnen
		g zum *wortreich*
		h zur Stiftsruine

Die Stadtführung beginnt ... Zuerst gehen die Besucherinnen und Besucher ...

c) **Ergänzen Sie die Nomen-Verb-Verbindungen. Vergleichen Sie dann mit dem Magazinartikel auf S. 111.**

1 ein Haus ______

2 zum Programm ______

3 gut für den Magen ______

4 im Kurpark ______

5 ein Feuer ______

6 an den Todestag ______

7 eine Kur ______

8 im Bücherregal ______

4 Im Wörterbuch

a) **Was ist was? Ordnen Sie zu.**

1 der Duden

2 etwas nachschlagen

3 die Auflage

4 der Verlag

a ◯ eine Firma, die Bücher druckt und verkauft

b ◯ die Version des Buches aus dem Jahr ...

c ◯ das bekannteste deutsche Wörterbuch

d ◯ ein Wort im Wörterbuch suchen

b) **In welchen Wörterbucheinträgen finden Sie die Angaben?**

1
Pilot(in *f*) *m*,
-en, -en pilot.

2
'statt|fin|den, starkes Verb (es findet statt, es hat stattgefunden, stattzufinden): *Die Aufführung findet heute in der Aula statt.*

3
be|liebt (Adj.) 1. *häufig verwendet, [weit] verbreitet:* eine beliebte Redewendung; 2. *sympathisch, gern gesehen:* eine beliebte Lehrerin

4
Au|to, n (-s, -s), (*kurz für* Automobil; Fahrzeug); Auto fahren, ich bin Auto gefahren

a die Wortart: *4* ______

b die Bedeutung: ______

c die Herkunft: ______

d der Plural: ______

e die Aussprache: ______

f der Genitiv: ______

Com|pu|ter [...'pju:...], der; -s. - <engl.> (elektronische Rechenanlage; Rechner)

(Pfeile: c, e, f, h, b)

g die weibliche Form: ______

h der Artikel: ______

5 Konrad Duden und seine Geschichte. **Welches Wort passt? Ergänzen Sie die Biografie. Kontrollieren Sie mit der Biografie auf S. 113.**

Konrad Alexander Friedrich Duden (1829–1911) ______________ [1] Latein, Griechisch, Geschichte und Deutsch an der Universität in Bonn. Er ______________ [2] als Hauslehrer und machte 1854 sein Examen. Dann ______________ [3] er Lehrer am Gymnasium in Soest in Westfalen. (...) 1876 ______________ [4] er ans Gymnasium in Hersfeld. Er ______________ [5] 1880 sein *Vollständiges Orthographisches Wörterbuch der deutschen Sprache*. Seit 1915 trägt es den Namen seines Autors: Duden. Der Vater der deutschen Rechtschreibung ______________ [6] 1911.

1	2	3	4	5	6
a studierte	**a** führte	**a** war	**a** tauschte	**a** sprach	**a** lebte
b übte	**b** ging	**b** ist	**b** wechselte	**b** veröffentlichte	**b** endete
c hörte	**c** arbeitete	**c** sein	**c** lief	**c** kaufte	**c** starb

6 Damals wie heute

a) **Ausbildung, Beruf und Freizeit. Lesen Sie die Biografie von Yeliz Simsek und notieren Sie wichtige Informationen zu den drei Themen.**

Yeliz Simsek, Schauspielerin

Yeliz Simsek ist eine bekannte deutsche Schauspielerin. Sie wurde am 8. November 1990 in Köln geboren. Nach der Schule begann sie ein Studium, das sie kurze Zeit später abbrach, um Schauspielerin zu werden. Von 2011 bis 2013 besuchte sie die *Film Acting School Cologne*. Danach spielte sie in Theaterstücken, Kurzfilmen und Fernsehshows mit. 2013 hatte sie eine Rolle im Kinofilm *Der letzte Mensch*. 2014 folgte der Film *Macho Man*. Yeliz Simsek ist auch aus mehreren Folgen der beliebten Krimi-Serie *Tatort* bekannt. 2017 spielte sie in *Nicos Weg*, einer Produktion der Deutschen Welle, die Rolle der Selma. Wegen ihrer Rolle wurde sie auch bei Deutschlernenden weltweit bekannt. Neben ihren Muttersprachen Deutsch und Türkisch spricht sie auch Englisch. Ihre Hobbys sind Hip Hop Musik und Boxen. Bis heute wohnt sie in ihrer Heimatstadt Köln.

b) **Wichtige Stationen im Leben von Yeliz Simsek. Ordnen Sie zu.**

Kindheit — Erwachsenenalter

(*e*) 1990 ——— 2010 ( ) ( ) ( ) ( ) ( ) 2020

a studierte kurz	**b** spielte in zwei Filmen mit	**c** lebt heute in Köln	**d** besuchte eine Schauspielschule in Köln	**e** wurde geboren	**f** spielte Selma in *Nicos Weg*

c) **Schreiben Sie die Biografie von Yeliz Simsek mit Hilfe der Redemittel um.**

ist ... von Beruf • lebt seit ihrer Kindheit in ... • brach ... ab • ging von ... bis ... • spielte schon in/im ... • ist bekannt aus ... • in ihrer Freizeit ...

7 Wegen seiner Klugheit und seines Humors

a) **Wiederholung. Ergänzen Sie die Genitivformen.**

1 der Turm: die Glocke *des* Turm*s*

2 das Kloster: die Gründung ______ Kloster__

3 die Kirche: die Ruine ______ Kirche

4 die Traditionen: die Bedeutung ______ Traditionen

b) **Wie heißen die Possessivartikel im Nominativ? Lesen Sie die E-Mail, markieren Sie wie im Beispiel und ergänzen Sie die Tabelle.**

Hey Adrian,

wie war dein Wochenende? Wie geht es Mark? Ist seine Erkältung besser geworden?
Mein Wochenende war großartig! Ich habe einen Freund in Bad Hersfeld besucht. Er lebt mit einer Frau in einer WG. Ihre Wohnung liegt in der Stadtmitte und ist sehr gemütlich. Ich habe mich sofort wohl gefühlt. Seine Mitbewohnerin arbeitet im Duden-Museum, deshalb haben wir günstige Tickets bekommen. Unser Selfie vor dem Museum ist echt lustig, oder?
Ich muss euch endlich mal besuchen! Eure Stadt ist bestimmt auch cool.

Viele Grüße

Dein Jonas

ich	du	er/es/sie	wir	ihr	sie/Sie
______	*dein/deine*	______	______	______	______

c) **Markieren Sie die Possessivartikel im Genitiv wie im Beispiel.**

1 Die Stiftsruine in Bad Hersfeld ist wegen ihres Glockenturms bekannt.

2 Die Festspiele sind wegen ihrer Atmosphäre bei den Besucherinnen und Besuchern beliebt.

3 Nach Bad Hersfeld kommt man auch wegen seiner Gesundheit.

4 Seit 1915 trägt der Duden den Namen seines Autors.

d) **Worauf bezieht sich der Possessivartikel? Markieren Sie wie in c).**

8 Selbsttest. **Ergänzen Sie die Possessivartikel im Genitiv.**

1 Duden war wegen ______ Klugheit, ______ Humors und ______ Freundlichkeit sehr beliebt.

2 Ein großes Problem ______ Schüler war aber, dass jeder Lehrer Wörter unterschiedlich schrieb.

3 Der Inhalt ______ Buchs änderte sich im Laufe der Zeit, aber es ist bis heute ein Bestseller.

4 Seit 1915 trägt es den Namen ______ Autors: Duden.

5 Die Konrad-Duden-Schule trägt den Namen ______ Direktors.

6 Die Stadt erinnert an das Leben ______ berühmten Schuldirektors.

12 Planlos?! **Lesen Sie und ergänzen Sie passende Adjektive mit *-voll*, *-reich* und *-los*.**

liebevoll • hilfreich • planlos • humorvoll • pausenlos • problemlos

1 Ich brauche das Wörterbuch oft. Es ist ________________ beim Lernen.

2 Er hat zwar ein paar Fehler gemacht, aber die Prüfung ________________ geschafft.

3 Tui lacht sehr viel mit ihrem Freund. Er ist sehr ________________.

4 Meine Freundin redet ________________ über ihre Katze. Das nervt!

5 Die Eltern von Theo und Elisabeth kümmern sich sehr ________________ um ihre Kinder.

6 Ich weiß nicht, was ich nächstes Wochenende machen soll. Ich bin total ________________.

13 Klugheit ist keine Kleinigkeit

a) **Welche Adjektive sind in den Nomen? Schreiben Sie wie im Beispiel.**

1 die Gesundheit
2 die Möglichkeit
3 die Klugheit
4 die Sicherheit
5 die Krankheit
6 die Schönheit
7 die Mehrsprachigkeit
8 die Zufriedenheit

1 die Gesundheit – gesund, 2 die Möglichkeit – ...

3.13

b) **Hören Sie zur Kontrolle und sprechen Sie nach.**

14 *Hast du Tomaten auf den Augen?*
2.01

a) **Videokaraoke. Sehen Sie sich das Video an und antworten Sie.**

b) **Sehen Sie sich das Video noch einmal an. Was ist gemeint? Kreuzen Sie an.**

1 *Den Kopf in den Sand stecken* bedeutet, ...
a ◯ dass man Angst vor einer Situation hat.
b ◯ dass man gern am Strand ist.

2 *Tomaten auf den Augen haben* heißt, ...
a ◯ dass man überall die Farbe Rot sieht.
b ◯ dass man etwas nicht gesehen hat.

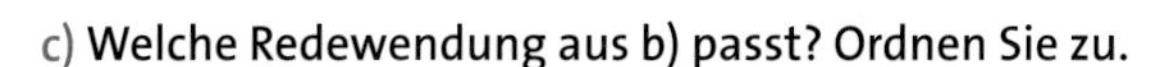

c) **Welche Redewendung aus b) passt? Ordnen Sie zu.**

a ◯

b ◯

Fit für Einheit 8?

1 Mit Sprache handeln

die Geschichte einer Stadt skizzieren

Die Stadt liegt in ...
Im Jahr ... wurde die Stadt von ... gegründet.
Jedes Jahr findet/finden ... statt.
... kann man hier besichtigen/ansehen.
... ist doch nichts / (schon) etwas Besonderes.
... ist eine mittelgroße/... Stadt mit Tradition.

Erinnerungsorte vorstellen

Wenn ich ... sehe/höre/..., muss ich an ... denken.
... erinnert (mich) an ...
Ich fühle mich ..., wenn ...
... ist für mich/... ein wichtiger Erinnerungsort, weil ...

Wörterbucheinträge verstehen

Wie heißt der Genitiv Singular von ...?
Wie heißt der Plural von ...?
Im Wort ... ist die erste/zweite/... Silbe betont.
Wo kann man das Wort ... trennen?

einen biografischen Text zusammenfassen

... lebte von ... bis ...
... wurde in ... geboren.
... lebte/studierte/arbeitete/... in ...
... war (nicht) verheiratet und hatte .../keine Kinder.

2 Wörter, Wendungen und Strukturen

Erinnerungsorte

das Kloster, die Ruine, die Tradition, das Denkmal, der Kurpark, die Dudenstraße, der Friedhof, der Duden

Possessivartikel im Genitiv

Bad Hersfeld ist wegen seines Lullusfests bekannt.
Duden war wegen seiner Klugheit, seines Humors und seiner Freundlichkeit sehr beliebt.

nicht nur..., sondern auch ...

Felix hat nicht nur Hunger, sondern auch Durst.

weder ... noch ...

Ein Baby kann weder laufen noch sprechen.

Adjektive mit *-reich, -los* und *-voll*

Ein Wörterbuch ist sehr hilfreich beim Lernen.
Ich habe die Prüfung problemlos geschafft.
Tui macht oft Witze. Sie ist sehr humorvoll.

Nomen mit *-heit,* und *-keit*

die Gesundheit – gesund
die Freundlichkeit – freundlich

3 Aussprache

Kontrastakzent: Elena meint, man kann mit den Augen sprechen. Elena meint, man kann mit den Augen sprechen.
Elena meint, man kann mit den Augen sprechen.
-ig* vor *-keit: Arbeitslosigkeit ist keine Kleinigkeit. Mit dieser Tätigkeit trainieren Sie Ihre Teamfähigkeit.

Interaktive Übungen

1 Jobs und Stellenangebote

a) **Wo haben Sie schon gearbeitet? Wie und wo haben Sie die Stelle(n) gefunden? Berichten Sie.**

In den letzten Semesterferien habe ich ein Praktikum bei ... gemacht.
Die Anzeige habe ich auf einer Karriereseite gesehen.

b) **Wählen Sie eine Stellenanzeige und notieren Sie Informationen.**

- Unternehmen: Wo, was?
- Qualifikationen / Kenntnisse
- Aufgaben
- Leistungen der Firma

Landeskunde

Die Abkürzung m/w/d in Stellenanzeigen bedeutet *männlich, weiblich, divers*. Die Angabe *divers* bedeutet ein anderes Geschlecht.

Die **Alfred Rug-Gruppe** ist ein großes Medienunternehmen mit weltweit mehr als 9.000 Angestellten. Unsere Mitarbeiter*innen sind der Schlüssel zu unserem Erfolg.

Wir suchen unbefristet in Vollzeit:
IT-Systemadministrator/in (m/w/d)
für unser IT-Team in Frankfurt a. M.

Das erwartet dich:
- Betreuung und Pflege der IT-Systeme
- Mitarbeit bei der Entwicklung von IT-Lösungen
- Planung von IT-Projekten
- Dokumentation der IT-Infrastruktur

Was du mitbringen solltest:
- Studium der Informatik
- Mind. 3 Jahre Berufserfahrung
- Kommunikations- und Teamfähigkeit
- Flexibilität
- Gute Deutsch- und Englischkenntnisse

Was wir für dich tun:
- Moderner Arbeitsplatz in einem tollen Team
- Flexible Arbeitszeiten
- Vielfältige Trainings- und Weiterbildungsangebote
- Deutschkurse für internationale Mitarbeiter*innen
- JobTicket RheinMain

Bring deine Erfahrungen und Talente bei uns ein!
Wir freuen uns auf deine Bewerbung an
Jens Schulz:
bewerbung@rug-gruppe.example.de

Franz Kägi stellt seit mehr als 100 Jahren Schokolade in höchster Qualität für die ganze Welt her. Fast 5.000 Beschäftigte arbeiten im In- und Ausland mit großer Begeisterung für die Marke Kägi.

Für unser Marketing-Team in Basel suchen wir eine/n **Junior Produktmanager/in (m/w/d)** in Vollzeit.

Ihre Aufgaben:
- Planung und Entwicklung neuer Marketingaktivitäten
- Weiterentwicklung unserer Schokoladenmarken
- Beobachtung und Analyse von Markttrends

Ihre Qualifikationen:
- Master in Wirtschaftswissenschaften
- Kreativität und hohe Flexibilität
- Spaß an der Arbeit in interkulturellen Teams
- Sehr gute Englischkenntnisse

Wir bieten Ihnen:
- Spannende Aufgaben mit viel Verantwortung
- Flexible Arbeitszeiten mit Homeoffice
- Attraktives Gehalt
- Kostenloses Fitnessstudio

Haben wir Ihr Interesse geweckt?
Francesca Colombo (+41) 0172 9980752
freut sich über Ihre Online-Bewerbung.

c) **Berichten Sie Ihrem Partner / Ihrer Partnerin über die Stellenanzeige. Die Notizen helfen.**

Das Unternehmen ... sucht ...

Zu den Aufgaben gehören ...

Für die Stelle braucht man ...

... bietet ...

... erwartet von den Bewerberinnen und Bewerbern, dass ...

2 Wir bieten ...

Welche Leistungen der Unternehmen in 1b) finden Sie interessant? Welche vermissen Sie? Diskutieren Sie.

3 Das Bewerbungsgespräch

a) Was möchten Unternehmen wissen? Wofür interessieren sich Bewerber*innen? Sammeln Sie.

Fragen von Unternehmen	Fragen von Bewerber*innen
Warum haben Sie sich für die Stelle beworben?	*Muss man am Wochenende arbeiten?*

3.16

b) Welche Fragen stellen Frau Colombo und Dora Fischer? Hören Sie und markieren Sie in der App.

c) Begrüßung, Vorstellung, ... Ordnen Sie Ihre Fragen aus a) den Teilen 1–4 eines Bewerbungsgesprächs in b) zu.

d) Hören Sie das Bewerbungsgespräch noch einmal.
Notieren Sie Informationen über Dora Fischer und vergleichen Sie.

- Studium: Was? Wo? Wie lange?
- berufliche Erfahrungen: Was? Wo? Wie lange?
- Qualifikationen: Welche?

Dora Fischer und Frau Colombo im Bewerbungsgespräch

4 *Dora hatte ...*

a) Dora Fischers Jobsuche. Ordnen Sie zu und vergleichen Sie.

Nachdem Dora ihren Abschluss gemacht hatte, ... — *..., hat sie eine Stelle gesucht.*

b) ***Zuerst – danach.*** Sammeln Sie Sätze im Plusquamperfekt auf S. 124 und markieren Sie die Verben wie im Beispiel. Lesen Sie die Regel und kreuzen Sie an.

Nachdem ich die Anzeige gelesen hatte, habe ich mich dort beworben.
Ich hatte im Studium bei Stadler gearbeitet. Deshalb habe ich eine Bewerbung geschrieben.

1.2, 20

Regel: Handlungen in der Vergangenheit: Das Plusquamperfekt sagt, was zuerst war. Man bildet es mit *haben* oder *sein* im ◯ Präsens / ◯ Präteritum und mit dem Partizip II.

c) Wie geht es weiter? Schreiben Sie wie im Beispiel. Falten Sie den Zettel und geben Sie ihn weiter. Lesen Sie vor.

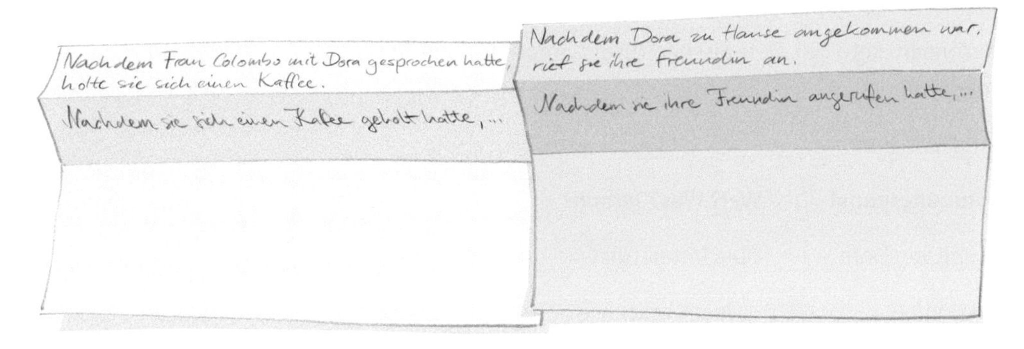

5 Für ein Bewerbungsgespräch trainieren

Machen Sie ein Bewerbungsvideo. Stellen Sie sich vor (Ausbildung, Erfahrungen, ...). Die Redemittel helfen. Zeigen Sie das Video, die anderen kommentieren. **ODER** Bringen Sie eine Stellenanzeige auf Deutsch oder in Ihren Sprachen mit und sagen Sie, warum Sie für die Stelle qualifiziert sind.

Ich habe mich schon immer für ... interessiert.

Deshalb habe ich nach der Schule ... studiert.

Erste Erfahrungen hatte ich ... gesammelt, dann ...

1 Besprechungen

a) Sehen Sie sich das Bild an und beschreiben Sie die Situation. Kennen Sie das auch? Berichten Sie.

Das ist wahrscheinlich eine Besprechung in ...

Vielleicht geht es um ...

Ich glaube, die Frau im grauen Hosenanzug ...

b) Was denken die Mitarbeiter*innen in a)? Schreiben Sie vier oder fünf Denkblasen. Vergleichen Sie.

Mist! Ich habe die Dokumente auf meinem Schreibtisch vergessen.

2 Eine Teamsitzung

3.17

a) Worüber wird gesprochen? Hören Sie die Teamsitzung in der Marketingabteilung von Reto Egli. Berichten Sie.

b) Hören Sie noch einmal und ergänzen Sie das Ergebnisprotokoll.

Ergebnisprotokoll Teamsitzung Marketing

Ort: Raum 302 **Datum:** 15.10.23 **Uhrzeit:** 10:30 – ___ Uhr

Sitzungsleitung: Reto Egli **Protokoll:** Marlon Müller

Teilnehmer*innen: Reto Egli, Dora Fischer, Yusuf Cömert, Natalie Pena, Julia Capolino, Marlon Müller

Abwesend: *Clara Graber*

Nr. Tagesordnungspunkt	Wer? Was? Termin?
1 Begrüßung von Dora	Dora unterstützt ___
2 Plakataktion	– Team beschließt ___
	– Yusuf ___
3 Influencerin Jana	– Natalie ___
	– ___
4 Weihnachtsfeier	___

Strategie

1. Notieren Sie Ort, Datum, Uhrzeit, Teilnehmer*innen und wer abwesend ist.
2. Notieren Sie die wichtigsten Ergebnisse: Wer soll was bis wann machen? Schreiben Sie so wenig wie möglich, aber so viel wie nötig.
3. Wenn Sie etwas nicht verstanden haben, fragen Sie nach.
4. Ergebnisprotokolle werden meistens im Präsens geschrieben.
5. Zum Schluss ergänzen Sie das Datum und schicken es an die Teilnehmer*innen.

c) Clara Graber ist wieder da. Informieren Sie sie über die Teamsitzung. ODER Berichten Sie einem Freund / einer Freundin in Ihrer Sprache über die Teamsitzung.

Weniger ärgern!

1 Ärger im Alltag und Beruf

a) Sehen Sie sich die Fotos an. Worüber ärgern sich die Personen?

1 

2 

3 

4 

b) Ärger ausdrücken. Haben Sie die Situationen in a) auch schon erlebt? Wie haben Sie reagiert? Berichten Sie.

Ich rege mich manchmal auf, wenn ...

Ich werde richtig sauer, wenn ...

2 *Das kann doch nicht wahr sein!*

3.18

a) Ärger ausdrücken und auf Ärger reagieren. Hören Sie die Minidialoge. Lesen Sie in der App mit, achten Sie auf die Intonation und sprechen Sie nach.

b) Spielen Sie die Dialoge aus 1a). Die Redemittel aus a) helfen.

Können Sie nicht aufpassen?!

Oh, das tut mir leid. Das wollte ich nicht.

3 Konflikte im Job

a) Lesen Sie den Ratgebertext und ordnen Sie jedem Abschnitt eine passende Beschreibung zu.

1 Probleme besprechen **2** Lösungen finden **3** Kontakt aufnehmen

Streit und Ärger gehören zum Arbeitsleben. Es kommt immer wieder zu Missverständnissen und Konflikten. Das Problem: Ungelöste Konflikte können auf Dauer krank machen.

5 ◯ Wenn Sie einen Konflikt bemerkt haben, sollten Sie ihn ansprechen und sagen, was Sie stört und was Sie sich wünschen. Erfahrungen zeigen: Reden hilft! Wenn Sie sich also über eine Kollegin oder einen Kollegen ärgern, sollten Sie zuerst 10 überlegen, was Sie ihr oder ihm sagen möchten. Führen Sie das Gespräch dann unter vier Augen.

◯ Im Gespräch ist es wichtig, keine Vorwürfe zu machen. Beschreiben Sie das Problem und welche Folgen es für Sie hat. Benutzen Sie Ich-Botschaften 15 und nicht Du-Botschaften. Sagen Sie also nicht: „Du kommst immer zu spät.“ Sagen Sie: „Ich musste eine Viertelstunde auf dich warten und habe mich geärgert, weil ich sehr viel zu tun habe.“ Nicht: „Du redest in Meetings immer viel zu viel.“ 20 Sondern: „Ich würde mir wünschen, dass ...“ Nicht: „Dein Schreibtisch ist immer so unordentlich.“ Sondern: „Es stört mich sehr, wenn ...“

◯ Hören Sie im Gespräch aufmerksam zu, fragen Sie nach, wenn etwas unklar ist und versuchen Sie, 25 das Problem zu lösen.

b) Markieren Sie die Ich-Botschaften im Ratgebertext.

4 *Entweder ignorieren oder lösen ...*

3, 6.1

Alternativen ausdrücken. Üben Sie mit der App wie im Beispiel.

Was machst du in den Ferien?

Ich mache entweder ein Praktikum oder ich jobbe. Und du?

5 Vier-Augen-Gespräche führen

Wählen Sie ein Konfliktthema aus. Bereiten Sie einen Dialog mit Ich-Botschaften vor. Spielen Sie ihn mit Ihrem Partner / Ihrer Partnerin. ODER Beschreiben Sie einen Konflikt, den Sie hatten, und wie Sie ihn gelöst haben.

1 Unsere Arbeitswelt

a) **Ordnen Sie passende Wörter aus den Porträts und dem Magazinartikel auf S. 124–125 zu.**

1 Personen in der Arbeitswelt: *der/die Arbeitnehmer*in, ...* ______

2 Arbeitsorte: ______

3 Qualifikationen: ______

4 In diesen Bereichen kann man arbeiten: *das Handwerk, ...* ______

5 Wichtige Faktoren: *offene Kommunikation, ...* ______

b) **Ergänzen Sie weitere Wörter in a). Die Fotos helfen.**

c) **Nomen-Verb-Verbindungen. Ordnen Sie zu und kontrollieren Sie auf S. 124–125. Manchmal gibt es mehrere Möglichkeiten.**

1 ein Jobangebot ______

2 zur Arbeit ______

3 eine Ausbildung / ein Studium ______

4 Erwartungen ______

5 Berufserfahrungen ______

6 einen (un)befristeten Arbeitsvertrag ______

7 Überstunden ______

8 junge Talente/Fachkräfte ______

gewinnen
gehen
machen
sammeln
auswählen
haben
machen
anbieten
abschließen
unterschreiben

2 Selbsttest. **Ergänzen Sie die Präpositionen und vergleichen Sie mit den Porträts und dem Magazinartikel auf S. 124–125.**

Parvati Singh

Christoph Trauner

Merle Sutter

Jan Frankowski

1 Parvati Singh hat sich *für* eine Stelle ______ Volkswagen DIGITAL:LAB entschieden.

2 Jeden Tag geht Christoph Trauner zu Fuß ______ Arbeit.

3 Viele Unternehmen müssen ______ die vielen jungen Talente kämpfen.

4 Merle Sutter hat sich ______ eine Stelle ______ ihrem Traumunternehmen beworben.

5 Die Arbeit ______ einem internationalen Unternehmen gefällt Jan Frankowski sehr.

6 ______ einigen Branchen fehlen viele Fachkräfte, z. B. ______ Handwerk.

3 Der Kampf um Talente. **Lesen Sie den Magazinartikel auf S. 125 noch einmal und kreuzen Sie an.**

		richtig	falsch	nicht im Text
1	Raimund Nagl berichtet von einer steigenden Anzahl an Fachkräften in vielen Unternehmen.	◯	⊗	◯
2	Für sein Unternehmen sucht Raimund Nagl nach jungen Talenten.	◯	◯	◯
3	Im Handwerk und in der Pflege bewerben sich im Schnitt 4,9 Prozent weniger Menschen als vor fünf Jahren.	◯	◯	◯
4	Berufseinsteiger*innen kämpfen heute mit vielen anderen Talenten um einen Job.	◯	◯	◯
5	Es gibt nicht genug gut ausgebildete Erzieher*innen.	◯	◯	◯
6	Ein hohes Einkommen steht für viele an erster Stelle.	◯	◯	◯
7	Soziale Netzwerke können Unternehmen bei der aktiven Ansprache junger Bewerber*innen unterstützen.	◯	◯	◯

4 Die Generation Z ist immer online

a) ... *oder* ...? **Was ist Ihnen bei der Arbeit wichtiger? Kreuzen Sie an.**

1 ◯ eine gute Stimmung im Team **oder** ◯ ein hohes Gehalt
2 ◯ dauernd erreichbar sein **oder** ◯ eine gute Gesundheit
3 ◯ eine erfolgreiche Karriere **oder** ◯ viel Zeit mit der Familie und Freunden
4 ◯ interessante Arbeitsinhalte **oder** ◯ ein teures Auto

b) **Hören Sie das Interview mit Prof. Mao aus Aufgabe 4a) und b) auf S. 125 noch einmal. Was ist der Generation Z wichtiger? Markieren Sie in a).**

5 *Bildung ist alles*

a) **Lesen Sie den Instagram-Beitrag des Vereins *Bildung ist alles*. Was ist das Thema? Kreuzen Sie an.**

1 ◯ ein Praktikumsbericht 2 ◯ ein neues Bildungsprojekt 3 ◯ ein Stellenangebot

„Ich liebe meinen Job! Jeden Tag stehe ich mit einem guten Gefühl auf und freue mich, dass ich mit meinen Projekten etwas wirklich Gutes tun kann."
Almina Renninger (29), Mitarbeiterin im Bereich Jugendprojekte.

Hast du auch Lust, dabei zu sein? Dann bewirb dich jetzt für einen Job mit Zukunft!
Dich erwartet ein junges und engagiertes Team! Uns ist der direkte Austausch sehr wichtig, deshalb arbeiten wir alle im Büro und nicht im Homeoffice. Wir treffen uns immer in den Mittagspausen. Du hast Lust auf spannende Themen in deinen Projekten? Dann bist du bei uns genau richtig! Zu deinen Aufgaben gehört die Betreuung von Projekten in den Bereichen gesunde Ernährung und Nachhaltigkeit. Die abwechslungsreichen Inhalte unserer Projekte begeistern dich bestimmt genauso wie unsere flexiblen Arbeitszeiten. Wir achten auf eine gute Balance zwischen Job und Freizeit, denn: Pausen und Zeit mit der Familie sind einfach wichtig! Wir bieten dir einen befristeten Arbeitsvertrag für zwei Jahre und hoffen, dass du danach einen unbefristeten Vertrag bekommen kannst.

b) **Ein interessantes Stellenangebot für die Generation Z? Lesen Sie den Beitrag noch einmal und sammeln Sie Argumente pro (+) und kontra (-).**

6 Ich suche einen neuen Job! **Lesen Sie die Situationen und die Anzeigen. Wählen Sie: Welche Anzeige passt zu welcher Situation? Für eine Situation gibt es keine passende Anzeige (0).**

1 Leon hat gerade sein Abitur gemacht. Im nächsten Jahr möchte er vielleicht eine Ausbildung zum Altenpfleger beginnen, ist sich aber nicht sicher. Er hat noch keine Pläne für die nächsten Monate.

2 Lana hat vor ein paar Wochen ihren Master in Informatik abgeschlossen. Jetzt sucht sie nach einer interessanten Stelle in einem tollen Team.

3 Tobi hat schon als Kind gern und viel fotografiert. Letzten Monat hat er erfolgreich die Schule abgeschlossen. Jetzt sucht er nach einem Ausbildungsplatz in einer Agentur oder in einem Fotostudio.

4 Mona hat Bäckerin gelernt. Ihre Ausbildung hat sie in einem großen Betrieb gemacht. Jetzt sucht sie nach einer kleinen, traditionellen Bäckerei, in der sie neue Erfahrungen sammeln kann.

a ◯

Aus Liebe zum Handwerk –
kleiner Familienbetrieb sucht Fachkräfte (m/w/d)

Brötchen, Brot und Kuchen sind deine Leidenschaft.
Du hast eine abgeschlossene Berufsausbildung.
Du bringst Begeisterung für deinen Beruf mit.

Dann melde dich bei uns:
Familie Hauk – 0162/2089465

b ◯

Menschen Zeit schenken & Erfahrungen sammeln
Praktikant (m/w/d) gesucht!

Für unsere neue Einrichtung haben wir ab Mai wieder einen Praktikumsplatz für sechs Monate zu vergeben – bewirb dich jetzt!

Kontakt: hauspflegeglueck@example.com

c ◯

Gutes Design heißt **SANA**

Wachsende Design-Agentur in Münster sucht
Programmierer (m/w/d) mit Berufserfahrung

– Zahlen und Daten sind IHRE Leidenschaft?
– SIE sind auf der Suche nach einer neuen Herausforderung?

Wir bieten IHNEN eine kreative Arbeitsatmosphäre, ein familiäres Team, flexible Arbeitszeiten und ...

Erfahren Sie mehr unter www.SANA-Agentur.example.de und bewerben Sie sich **JETZT**!

7 Stellenanzeigen vergleichen

a) **Aus Nomen Verben machen. Ergänzen Sie. Kontrollieren Sie mit dem Wörterbuch.**

1 die Bewerbung – (sich) *bewerben*
2 die Weiterentwicklung – (sich) ______
3 die Betreuung – ______
4 die Planung – ______
5 das Training – ______
6 das Studium – ______
7 die Analyse – ______
8 das Programm – ______

b) **Lesen Sie die Stellenanzeigen auf S. 126 noch einmal und sammeln Sie Informationen.**

	Stelle	Banche	Voraussetzung(en)	Arbeitsinhalte	Vorteile
Alfred Rug-Gruppe		*Medien*			
Franz Kägi					

8 Ein Praktikum in Trier

a) **Ergänzen Sie die Verbformen im Plusquamperfekt.**

Perfekt	Plusquamperfekt
ich habe mich entschieden	*ich hatte mich entschieden*
ihr seid angekommen	*ihr wart ...*
er hat unterschrieben	
es ist passiert	
du bist geblieben	
sie ist umgezogen	
wir haben geheiratet	
sie sind weggefahren	

b) **Plusquamperfekt. Welche Aussagen sind richtig? Vergleichen Sie mit den Beispielsätzen und kreuzen Sie an.**

> Nachdem ich mich für ein Praktikum in Trier entschieden hatte, suchte ich nach einer Wohnung.
> Er unterschrieb seinen Arbeitsvertrag, nachdem er die Zusage bekommen hatte.

1 ◯ Das Plusquamperfekt wird immer mit *sein* gebildet.
2 ◯ Plusquamperfekt: Präteritum von *haben/sein* + Partizip II.
3 ◯ Das Plusquamperfekt beschreibt Handlungen, die jetzt passieren.
4 ◯ Man benutzt das Plusquamperfekt nur zusammen mit einem anderen Satz in der Vergangenheit.
5 ◯ Das Plusquamperfekt beschreibt eine Handlung, die vor einer anderen Handlung passiert ist.

9 Von der Jobsuche bis zum Bewerbungsgespräch

a) **Was passiert zuerst (1), was danach (2)? Ergänzen Sie.**

1 ◯ Dora erzählt Finn von der Jobmesse am Wochenende. (1) Dora und Finn treffen sich in der Mensa.
2 ◯ Alicia träumt schon von einem Besuch in Basel. ◯ Dora zeigt Alicia die Stellenanzeige von Franz Kägi.
3 ◯ Dora zeigt Alicia ihre Bewerbung. ◯ Alicia gibt Dora Tipps für ihre Bewerbung.
4 ◯ Dora sagt den Termin zu. ◯ Frau Colombo lädt Dora zu einem Bewerbungsgespräch nach Basel ein.
5 ◯ Dora meldet sich am Empfang der Firma. ◯ Frau Colombo wird benachrichtigt, dass Dora am Empfang wartet.

3.19
b) **Hören Sie und kontrollieren Sie Ihre Angaben in a).**

c) ***Nachdem* ... Formulieren Sie die Sätze aus a) um und markieren Sie wie im Beispiel.**

1 Nachdem Dora und Finn sich in der Mensa getroffen hatten, erzählte ...

10 Vor dem Bewerbungsgespräch

a) **Welche drei Tipps finden Sie am besten? Kreuzen Sie an.**

Dr. Vera Laßner

Starke Nervosität oder Angst vor einem Vorstellungsgespräch – wer kennt das nicht? In dieser Situation fragen sich viele: Schaffe ich das?
Natürlich schaffen Sie das! Mit ein paar einfachen Tipps und Tricks können Sie sich gut vorbereiten und gehen mit einem sicheren Gefühl in das Gespräch.

Hier sind meine Tipps für Sie:

1 ◯ Informieren Sie sich vor dem Gespräch über das Unternehmen.
2 ◯ Entspannungsübungen können Ihnen helfen, ruhig zu bleiben.
3 ◯ Üben Sie das Bewerbungsgespräch vorher ein paar Mal mit einem Freund oder einer Freundin.
4 ◯ Planen Sie genug Zeit für die Anreise ein, um pünktlich zu Ihrem Termin zu kommen.
5 ◯ Überlegen Sie sich Fragen, die Sie im Gespräch stellen möchten.
6 ◯ Begegnen Sie Ihren Gesprächspartner*innen mit einem netten Lächeln.
7 ◯ Ziehen Sie ein Outfit an, in dem Sie sich wohlfühlen.
8 ◯ Überlegen Sie, wie Sie sich im Gespräch vorstellen möchten.

3.20

b) **Welche Tipps gibt Alicia? Hören Sie das Telefonat zwischen Dora und Alicia und markieren Sie in a).**

11 Das Bewerbungsgespräch

a) **Hören Sie das Bewerbungsgespräch aus Aufgabe 3b) auf S. 127 noch einmal und beantworten Sie die Fragen.**

1 Was verbindet Dora Fischer mit der Marke Franz Kägi?
2 Welche persönlichen Stärken nennt Dora?
3 Welche Berufserfahrungen bringt Dora mit?
4 Was erfährt Dora über das Marketingteam der Firma?
5 Wie geht es nach Doras Bewerbungsgespräch weiter?

b) **Nach dem Gespräch. Lesen Sie die E-Mail. Worum geht es? Ergänzen Sie die Betreffzeile.**

1 Kurze Rückfrage **2** Zusage für ein zweites Gespräch **3** Vielen Dank für das Gespräch vom 23.09.

Betreff:

Sehr geehrte Frau Colombo,

ich möchte mich bei Ihnen für das tolle Gespräch in Ihrem Unternehmen bedanken. Ich habe mich bei Ihnen sehr wohl gefühlt und kann mir eine Zukunft bei Franz Kägi gut vorstellen. An der Entwicklung neuer Marketingkonzepte würde ich sehr gerne mitarbeiten.

Über eine Einladung zu einem zweiten Gespräch würde ich mich deshalb sehr freuen.

Mit freundlichen Grüßen
Dora Fischer

12 Gute Vorbereitung ist alles

2.02

a) **Videokaraoke. Sehen Sie sich das Video an und antworten Sie.**

b) **Sehen Sie sich das Video noch einmal an und beenden Sie die Sätze.**

1. Nach ihrem Master möchte Emma ...
2. Sie hat sich bei ...
3. Die Anzeige hat sie ...
4. Sie hat das Gespräch ...
5. Das Bewerbungsgespräch war ...

c) **Was ist Emma besonders wichtig? Sehen Sie noch einmal und kreuzen Sie an.**

1 ◯ Möglichkeit zur Arbeit im Homeoffice
2 ◯ ein Jobticket
3 ◯ ein eigenes Büro
4 ◯ flexible Arbeitszeiten
5 ◯ ein nettes Team
6 ◯ ein gutes Gehalt

13 Eine Teamsitzung bei Franz Kägi

a) **Was ist richtig? Hören Sie das Teamgespräch aus Aufgabe 2a) auf S. 128 noch einmal und kreuzen Sie an. Es gibt mehrere Möglichkeiten.**

1 Das Ergebnisprotokoll ...
- a ◯ schreibt immer eine andere Person.
- b ◯ ist heute Marlons Aufgabe.
- c ◯ soll Julia heute schreiben.

2 Dora Fischer ...
- a ◯ kontaktiert Influencerin Jana.
- b ◯ unterstützt Yusuf bei der Marketingplanung.
- c ◯ leitet das Team.

3 Die Plakate für die neue vegane Schokolade ...
- a ◯ werden im November aufgehängt.
- b ◯ gefallen dem Team nicht.
- c ◯ gibt es an Flughäfen und Bahnhöfen.

4 Das Team wartet noch auf ...
- a ◯ den Vertrag von Influencerin Jana.
- b ◯ eine Liste für die Plakataktion.
- c ◯ Clara Graber.

b) **Worum kümmern sich Yusuf und Natalie? Hören Sie noch einmal und notieren Sie wie im Beispiel.**

Yusuf	Natalie
1 mit Team Plakate auswählen	*1 Jana kontaktieren*
2 ...	

14 Wer schreibt heute das Protokoll? **Welches Verb passt nicht? Streichen Sie durch.**

1 ein Protokoll	schreiben – schneiden – unterschreiben – ergänzen
2 ein Gespräch	machen – hören – führen – vorbereiten
3 ein Projekt	entwickeln – planen – einladen – beenden
4 einen Konflikt	lösen – bemerken – bezahlen – ansprechen
5 einen Termin	vereinbaren – haben – notieren – lernen
6 ein Plakat	aufhängen – drucken – entwerfen – programmieren
7 eine Teamsitzung	besuchen – stattfinden – absagen – leiten
8 Ergebnisse	notieren – zusammenfassen – gefallen – diskutieren

15 Ich bin echt sauer!

a) **Was passt zusammen? Verbinden Sie.**

1 das Missverständnis
2 die Meinung
3 der Konflikt
4 der Ärger

a Man ist unzufrieden mit einer Situation und ist sauer.
b Man versteht eine andere Person falsch.
c Die Meinungen sind verschieden. Man beginnt zu streiten.
d Man hat eine bestimmte Auffassung von einer Sache.

3.21

b) **Echt ärgerlich! Hören Sie und achten Sie auf die Emotionen.**

1 Gleich nach dem Urlaub geht der Stress wieder los. Das nervt!
2 Ich bin total sauer. Mein Chef hört mir nie zu.
3 Kannst du nicht aufpassen? Ich habe gerade die Küche sauber gemacht ...
4 Das kann doch nicht wahr sein! Heute funktioniert wirklich nichts!

c) **Hören Sie noch einmal und sprechen Sie nach.**

16 *Entweder ... oder ...* **Ergänzen Sie die Sätze.**

essen gehen • ein Kleid anziehen • länger arbeiten • ~~den Dom besichtigen~~ • um Hilfe bitten • etwas kochen • einen Hosenanzug anziehen • ins Museum gehen

1 Wir haben jetzt zwei Möglichkeiten. *Entweder wir besichtigen den Dom oder ...*
2 Wenn du zu viel zu tun hast, kannst du ______
3 Ich habe Hunger. Du auch? ______
4 Zum Bewerbungsgespräch ______ Dora ______ an.

17 Konflikte ansprechen und lösen

a) **Welche Tipps stehen auch im Ratgebertext in Aufgabe 3a) auf S. 129? Kreuzen Sie an.**

1 ◯ Ignorieren Sie Konflikte, um eine gute Stimmung im Team zu behalten.
2 ◯ Sprechen Sie Konflikte direkt an.
3 ◯ Überlegen Sie sich vorher, was Sie der Person sagen möchten.
4 ◯ Machen Sie Vorwürfe, damit die andere Person Ihren Ärger versteht.
5 ◯ Ich-Botschaften können Ihnen bei der Lösung des Konflikts helfen.

3.22

b) **Ein Konflikt im Büro. Hören Sie das Gespräch und markieren Sie die Redemittel.**

1 Hast du mal kurz Zeit? Ich habe ein Problem mit ...
2 So schlimm ist das doch nicht.
3 Ach, das ist doch kein Problem.
4 Es nervt mich total, dass/wenn ...
5 Ich bin (wirklich/echt) sauer, weil ...
6 Das tut mir (echt) leid.
7 Vielleicht hast du recht.
8 Verzeihung. Das wollte ich nicht.

Fit für Einheit 9?

1 Mit Sprache handeln

über Erwartungen an eine Arbeitsstelle sprechen

Für mich sind eine offene Kommunikation im Team und nette Kolleg*innen sehr wichtig.
Ich erwarte flexible Arbeitszeiten, damit ich Beruf und Familie problemlos verbinden kann.
Die Höhe des Einkommens spielt für mich eine wichtige Rolle.

Stellenanzeigen verstehen

Das Unternehmen ... sucht ...
Für die Stelle braucht man ...
Zu den Aufgaben gehören ...
... erwartet von den Bewerber*innen, dass ...

ein Vorstellungsgespräch führen

Begrüßung und Small Talk
Wie geht es Ihnen?
Möchten Sie etwas trinken?

Kennenlernen und Selbstpräsentation
Nachdem ich meinen Abschluss gemacht hatte, habe ich ...
Ich habe (erste) Erfahrungen im Bereich ... gesammelt.
Ich habe bereits als ... gearbeitet.
Ich bin (sehr) kreativ/flexibel/...

Fragen des Unternehmens
Welche Kenntnisse bringen Sie für den Job mit?
Warum haben Sie sich bei uns beworben?

Fragen der Bewerberin / des Bewerbers
Wie groß ist das Team, in dem ich arbeiten würde?
Warum ist die Stelle frei?

Konflikte lösen: Ich-Botschaften

(–) *Du* kommst schon wieder zu spät, das nervt!
(–) *Du* redest immer so viel.
(+) *Ich* warte schon ... auf dich. Mich stört, dass ...
(+) *Ich* würde mir wünschen, dass du weniger ...

2 Wörter, Wendungen und Strukturen

ein Protokoll schreiben

Ort, Datum, Sitzungsleitung, Teilnehmer*innen, abwesend, Tagesordnungspunkt, Termin

Plusquamperfekt

Nachdem er seinen Abschluss gemacht hatte, hat er sich einen Job in einer Firma gesucht.
Natalie ging direkt ins Hotel, nachdem sie in Berlin angekommen war.

Alternativen ausdrücken

Was machst du heute Abend?
Ich gehe entweder ins Kino oder ich bleibe zuhause.
Was kochst du am Wochenende?
Ich koche entweder eine Suppe oder Nudeln.

3 Aussprache

Mit Emotionen sprechen: Ärger ausdrücken und auf Ärger reagieren

Das finde ich unmöglich!
Das kann doch nicht wahr sein!
Entschuldigung. Das wollte ich nicht.
Wir bitten um Ihr Verständnis.

Interaktive Übungen

Einfach machen!

Das Leben geht weiter

Die erste eigene Wohnung mieten, eine Ausbildung machen, abends noch für die Berufsschule lernen, mit Freundinnen ins Fitnessstudio oder zum Shoppen in die Stadt und am Wochenende ausgehen. Wie für viele 19-Jährige war das auch für Alma Siebert ganz normaler Alltag. Bis zum 27. August vor sechs Jahren. An diesem Mittwoch wollte sie sich vor der Arbeit nur noch schnell einen Kaffee holen.

Als Alma am 2. September im Krankenhaus aufwachte, konnte sie ihre Beine nicht mehr bewegen. Eine Ärztin sprach vorsichtig von einem schweren Verkehrsunfall. Alma erfuhr, dass sie ab jetzt einen Rollstuhl brauchte. Das war ein großer Schock und es dauerte lange, bis sie die neue Situation akzeptieren konnte.

Für Alma war Aufgeben aber keine Alternative. Heute arbeitet die Hörakustikerin in dem Betrieb, in dem sie ihre Ausbildung gemacht hat. Sie ist in eine barrierefreie Wohnung umgezogen, sodass sie ihren Alltag problemlos alleine bewältigen kann.

Alma Siebert: „Mein großes Vorbild ist Annika Zeyen. Mit ihrem Handbike hat sie bei den Paralympischen Spielen in Tokio eine Gold- und eine Silbermedaille gewonnen!"

Ihre Familie und ihre Freunde haben sie immer unterstützt. „Ohne den Sport", so sagt sie, „hätte ich das alles nicht geschafft. Ich trainiere fast täglich mit meinem Handbike. Das gehört für mich dazu!"

Lea Reinert

AKTION MENSCH

Was ist Inklusion?

Wenn alle Menschen dabei sein können, ist es normal verschieden zu sein. Und alle haben etwas davon: Wenn es zum Beispiel weniger Treppen gibt, können Menschen mit Kinderwagen, ältere Menschen und Menschen mit Behinderung viel besser dabei sein. In einer inklusiven Welt sind alle Menschen offen für andere Ideen. Wenn du etwas nicht kennst, ist das nicht besser oder schlechter. Es ist normal! Jeder Mensch soll so akzeptiert werden, wie er oder sie ist.

Das Wir gewinnt!

Nur wenn viele Menschen mitmachen, kann Inklusion funktionieren. Jeder kann dabei helfen: Zum Beispiel in der Schule, im Sportverein, im Job, in der Freizeit, in der Familie. Je mehr wir über Inklusion wissen, desto weniger Angst haben wir davor. Keiner sagt dann mehr: Das geht nicht.
Mehr Informationen finden Sie unter aktion-mensch.de.

Beliebte paralympische Disziplinen

Bis an die Grenzen der Kraft: Training mit dem Handbike

1 **Wir lieben Sport!**
Wählen Sie eine Sportart aus. Stellen Sie sie mit typischen Bewegungen ohne Worte vor. Die anderen raten.

2 ***Aufgeben ist keine Alternative!***
a) In welcher Situation hätten Sie am liebsten aufgegeben und haben es dann doch geschafft? Berichten Sie.
Ich hatte in der Schule Probleme in Mathe. Aber dann habe ich geübt und geübt und den Test geschafft!
b) In welchem Moment hat Alma nicht aufgegeben? Überfliegen Sie die ersten beiden Abschnitte im Magazinartikel und beschreiben Sie die Situation.
c) Lesen Sie weiter und vergleichen Sie Almas altes und neues Leben.

3 **Paralympische Spiele**
a) Wählen Sie eine Person aus, lesen Sie den Steckbrief und stellen Sie die Person vor.
b) Recherchieren Sie eine Sportlerin oder einen Sportler. Schreiben Sie einen Steckbrief und präsentieren Sie.

4 **Mein Vorbild**
a) Was ist ein Vorbild? Lesen Sie die Definition und diskutieren Sie.
b) Wer ist Ihr Vorbild und warum? Berichten Sie.

5 ***Was ist Inklusion?***
a) Lesen Sie und vergleichen Sie mit den Abbildungen. Welche zeigt Inklusion? Begründen Sie.
b) *Das Wir gewinnt!* Sammeln Sie Beispiele aus Ihrem Alltag.

So geht's

1 Von Beruf Hörakustikerin

3.24

a) **Hören Sie den Radiobeitrag mit Alma und ergänzen Sie die Zahlen.**

1 ______ Stunden arbeitet sie täglich.

2 ______ Mio. Menschen leben in Deutschland.

3 Ab ______ nimmt die Schwerhörigkeit zu.

4 ______ hat Alma ihre Ausbildung beendet.

5 ______ % der Bevölkerung sind schwerhörig.

6 Im Team arbeiten ______ Kolleg*innen.

b) **Worüber spricht Alma im Interview? Kreuzen Sie an und vergleichen Sie.**

1 ◯ die Ausbildung zum/zur Hörakustiker/in

2 ◯ berufliche Tätigkeiten

3 ◯ Weiterbildungsmöglichkeiten

4 ◯ Ursachen für Hörprobleme

5 ◯ Gründe für ihre Berufswahl

6 ◯ Schwerhörigkeit bei Jugendlichen

Bei der Arbeit: Alma Siebert macht einen Hörtest mit einer Kundin.

2 Ein Hörtest

3.25

a) **Verstehen Sie das? Setzen Sie Ihre Kopfhörer auf, hören Sie und machen Sie den Test.**

b) **Hören Sie noch einmal und sammeln Sie Gründe für Probleme beim Hören.**

Die Durchsage auf dem Bahnhof konnte man (fast/gar) nicht verstehen, weil ...

Ich hatte (keine) Probleme mit ..., weil/obwohl ...

3 Hörprobleme früh erkennen

a) **Kennen Sie das von sich oder anderen auch? Lesen Sie die Checkliste und kommentieren Sie.**

1 In Gesprächen, in denen mehrere Personen gleichzeitig sprechen, muss man oft nachfragen.

2 Man bemerkt irgendwann, dass man leise Geräusche wie das Ticken einer Uhr nicht mehr hört.

3 Tiefe Männerstimmen hört man viel besser als hohe Frauen- oder Kinderstimmen.

4 Im Bus oder auf dem Bahnhof versteht man die Durchsagen nicht.

5 Andere sagen, dass man viel zu laut fernsieht oder Radio hört.

6 Man hat oft das Gefühl, dass andere undeutlich sprechen.

Ich habe auch manchmal das Gefühl, dass andere undeutlich sprechen.

11.1

b) ***Man* oder *ich*? Ergänzen und vergleichen Sie.**

1 Aussagen mit ______ sind nicht so persönlich wie Aussagen mit ______.

2 Mit ______ können eine oder mehrere Personen gemeint sein.

3 In Aussagen mit ______ steht das konjugierte Verb immer in der 3. Person Singular.

4 Viele nutzen das unpersönliche ______, wenn sie über eigene Probleme sprechen.

4 Das sagt man so!

Unpersönliche Aussagen. Nennen Sie Beispiele aus anderen Sprachen und vergleichen Sie.

Auf Englisch benutze ich oft „you“, wenn ich „man“ meine. Ich sage dann zum Beispiel: Maybe it rains tomorrow. You never know.

5 Hören

a) 60 Sekunden Stille. Was haben Sie gehört? Berichten und vergleichen Sie.

b) Das Ohr. Sehen Sie sich die Grafik an. Welche Begriffe können Sie zuordnen?

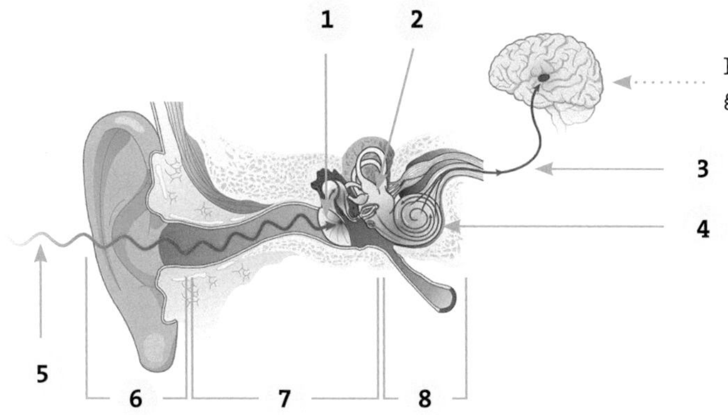

Das Gehirn ist natürlich viel größer als in dieser Grafik.

Wir Schnecken sind übrigens gehörlos!

___ das Außenohr ___ das Innenohr ___ das Trommelfell ___ die Hörschnecke

_7_ das Mittelohr ___ die Schallwelle ___ das Signal _2_ die Gehörknöchelchen

2.03

c) *Wie wir hören.* Sehen Sie sich die Präsentation an, kontrollieren Sie Ihre Angaben in b) und ergänzen Sie.

d) *Die Schallwellen werden von der Luft transportiert.* Bringen Sie die Angaben aus dem Vortrag in die richtige Reihenfolge und vergleichen Sie. Die Grafik in b) hilft.

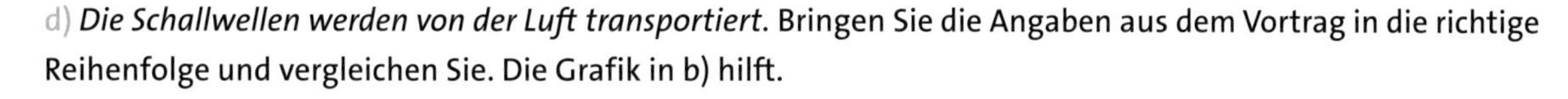

6 Hören Sie gut zu!

3.26

Auf welcher Silbe werden die Wörter betont? Hören Sie, sprechen Sie nach und markieren Sie wie im Beispiel in 5b).

7 Experimente mit Schallwellen

a) Führen Sie das erste Experiment durch. Was passiert und warum? Berichten und erklären Sie.

Experiment 1: Person A hält sich das rechte oder linke Ohr zu. Person B steht in circa zwei Meter Entfernung hinter Person A, sodass sie nicht von ihr gesehen wird und klatscht in die Hände. Kann Person A hören, ob Person B links, rechts oder in der Mitte hinter ihr steht?

b) War Ihre Erklärung aus a) richtig? Lesen und vergleichen Sie.

c) Wählen Sie ein Experiment und probieren Sie es aus. Was passiert und warum? Beschreiben Sie den Vorgang und das Ergebnis wie in a) und b).

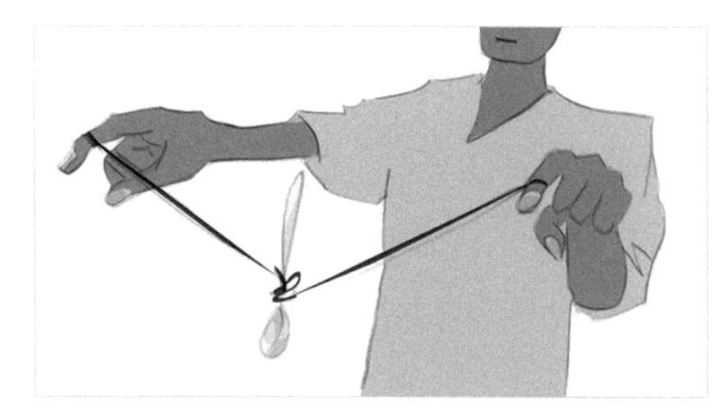

1 Endlich wieder ein ganz normaler Alltag!

a) **Nomen-Verb-Verbindungen. Ein Nomen passt nicht zum Verb. Streichen Sie es durch.**

1	am Wochenende / abends / mit Freund*innen / in die Berufsschule	ausgehen
2	mit dem Bus / nach Hause / ins Fitnessstudio / zum Shoppen in die Stadt	gehen
3	eine Wohnung / ein Auto / ein Treppenhaus / einen Garagenplatz	mieten
4	am Esstisch / im Rollstuhl / im Wartezimmer / im Herbst	sitzen
5	einen Unfall / Bewerbungen / eine Versicherung / Angst	haben

b) **Lesen Sie die Aussagen von Alma Siebert und ergänzen Sie passende Verben aus a).**

1 Zum Glück __________ ich eine gute Versicherung und viele nette Menschen, die mich unterstützen.

2 In dem Haus, in dem ich jetzt lebe, kann man sogar eine barrierefreie Garage __________.

3 Ich bin ein sportlicher Typ und __________ nicht gerne lange am Schreibtisch.

4 Ich fahre jetzt Handbike und __________ wieder mit meinen Freundinnen zum Training.

5 Es dauerte fast ein Jahr, bis ich nach dem Unfall endlich wieder __________ konnte.

c) **Vergleichen Sie die Aussagen in b) mit dem Magazintext auf S. 138 und markieren Sie neue Informationen wie im Beispiel.**

2 *Ich gebe nicht auf!*

3.27

a) **Alma Siebert hat sich immer wieder selbst motiviert. Das können Sie auch! Hören Sie, lesen Sie mit und sprechen Sie nach.**

1 Ich bin toll!
2 Ich mache so lange weiter, bis ich das kann.
3 Ich höre erst auf, wenn ich das geschafft habe.
4 Ich gebe nicht auf!
5 Ich kann das!
6 Ich schaffe das!

b) **Hören Sie noch einmal und markieren Sie den Satzakzent in a).**

3 Vorbilder

3.28

a) **Typisch Vorbild! Hören Sie den Dialog zwischen Vater und Tochter und notieren Sie Adjektive, die den Charakter eines Vorbilds beschreiben.**

1 __________ **2** __________ **3** __________

b) **Das ist ein Vorbild! Hören Sie den Dialog noch einmal und kreuzen Sie richtige Aussagen an.**

1 Vorbilder sind z. B. Personen, die ...
- **a** ◯ in ihrem Leben etwas erreicht haben.
- **b** ◯ alles besser können als alle anderen.
- **c** ◯ keine Angst vor Problemen haben.

2 Wegen ihres Charakters oder ihrer persönlichen Leistungen sind sie ...
- **a** ◯ ziemlich anstrengende Personen.
- **b** ◯ ein positives Beispiel für andere.
- **c** ◯ auf jeden Fall berühmt.

3 Persönliche Vorbilder ändern sich ...
- **a** ◯ nie.
- **b** ◯ immer wieder.
- **c** ◯ ganz besonders in der Kindheit.

4 Wichtig ist, dass man ...
- **a** ◯ seine Vorbilder persönlich kennt.
- **b** ◯ echte Vorbilder hat.
- **c** ◯ oft über seine Vorbilder spricht.

4 Paralympische Spiele

a) Zahlen und Fakten. Lesen Sie den Informationstext und machen Sie sich kurze Notizen.

1 Paralympics: 1960, 400 TN,

Paralympics - Olympische Spiele für Sportler*innen mit Behinderung
Die Paralympics sind heute die größte und wichtigste internationale Sportveranstaltung für Sportler*innen mit einer Körper- oder Sehbehinderung. Zu den ersten internationalen Paralympischen Sommerspielen im Jahr 1960 reisten 400 Teilnehmer*innen aus 23 Ländern an. An insgesamt sechs Tagen kämpften sie im Olympiastadion in Rom in acht Disziplinen um die Gold-, Silber- und Bronzemedaillen. Seit den Olympischen Sommerspielen 1988 in Seoul und den Winterspielen 1992 im französischen Albertville finden die Paralympics regelmäßig nicht nur kurz nach den Olympischen Spielen, sondern auch immer am selben Ort wie die Olympischen Spiele statt. Die XVI. Paralympischen Sommerspiele konnten wegen der Corona-Pandemie nicht wie geplant 2020, sondern erst 2021 in Tokio stattfinden. Circa 4.500 Sportler*innen aus 160 Ländern und 23 Sportarten nahmen teil.

b) *Größer, wichtiger, mehr.* Paralympics 1960 und 2021 im Vergleich. Lesen Sie und ergänzen Sie die Adjektive. Ihre Notizen in a) helfen.

Die Paralympics sind heute ganz sicher ________ [1] und ________ [2] als alle anderen internationalen Sportveranstaltungen für Sportler*innen mit einer Körper- oder Sehbehinderung. Im Vergleich zu den ersten Paralympischen Spielen 1960 waren 2021 in Tokio nicht nur viel ________ [3] Sportler*innen aus viel ________ [4] Ländern, sondern auch deutlich ________ [5] Sportarten dabei.

c) Perspektivwechsel. Schreiben Sie einen Vergleich der ersten Paralympics in Rom mit den Paralympics in Tokio. Der Text in b) hilft.

Im Vergleich zu den Paralympischen Spielen 2021 ...

5 (Nicht nur) Paralympische Sportarten

a) Sehen Sie sich die Bilder an und ordnen Sie die Sportarten zu.

a (4) b ( ) c ( ) d ( )
e ( ) f ( ) g ( ) h ( ) i ( ) j ( )

1 Sitzvolleyball • **2** Tanzen • **3** Handbike • **4** Eishockey • **5** Rollstuhlbasketball • **6** Fußball • **7** Monoski • **8** Tischtennis • **9** Marathon • **10** Reiten

b) *Fahren* oder *spielen?* Ergänzen Sie passende Sportarten aus a).

... fahren	... spielen
Monoski,	

6 Von Kopf bis Fuß

a) **Ordnen Sie die Körperteile zu und ergänzen Sie die Pluralformen.**

a _1_ der Kopf, *die Köpfe* ____
b ___ der Rücken, ____
c ___ die Hand, ____
d ___ der Arm, ____
e ___ das Bein, ____
f ___ die Schulter, ____
g ___ das Knie, ____
h ___ der Fuß, ____

1 2 3 4 5 6 7 8

b) **Mit allen Sinnen. *Fühlen, schmecken, ...* Ergänzen Sie passende Verben.**

1 mit den Augen ____
2 mit den Ohren ____
3 mit der Nase ____
4 mit der Zunge ____
5 mit der Haut ____

7 Unfallstatistik

a) **Wo passieren vermutlich die meisten Unfälle? Kreuzen Sie an.**

1 ◯ im Straßenverkehr 2 ◯ beim Sport 3 ◯ zu Hause

3.29

b) **Hören Sie den Kommentar zur Unfallstatistik und vergleichen Sie mit Ihrer Vermutung in a).**

c) **Häufige Unfallursachen. Hören Sie noch einmal und kreuzen Sie richtige Aussagen an.**

1 ◯ Viele Menschen glauben, dass die meisten Unfälle auf den Straßen passieren.
2 ◯ Tatsächlich passieren viele Haushaltsunfälle zum Beispiel beim Kochen.
3 ◯ Beim Fensterputzen oder bei Renovierungsarbeiten sind Leitern sicher.
4 ◯ Seifen, also Wasch- und Putzmittel, sind eigentlich ungefährlich.
5 ◯ Jedes Jahr entstehen durch heißes Öl oder Wasser schwere Verletzungen.
6 ◯ Im Notfall sollte man sofort Hilfe holen und z. B. die 112 anrufen.

d) **Korrigieren Sie die falschen Aussagen.**

8 Risikosport Fußball? **Lesen Sie den Text und markieren Sie wie im Beispiel.**

Laut Statistik passieren die meisten Sportunfälle __[1] Fußballspielen. Aber __[2] liegt das eigentlich? Ist Fußball wirklich __[3] als andere Sportarten? Das kann man so natürlich nicht sagen. Je mehr Menschen Fußball spielen, desto mehr __[4] sich auch beim Training oder __[5] eines Spiels verletzen. Besonders groß ist die Verletzungsgefahr allerdings bei den Spieler*innen, __[6] nicht regelmäßig trainieren. Die meisten von ihnen kommen __[7] mit Verstauchungen an Füßen oder Händen oder mit Schmerzen im Knie oder Rücken zum Arzt. __[8] raten Sportärzt*innen, lieber vorsichtig zu sein.

	a	b	c
1	beim	zum	mit
2	wodurch	wovon	woran
3	gefährlich	gefährlicher	am gefährlichsten
4	müssen	dürfen	können
5	während	trotz	wegen
6	denen	die	deren
7	entweder	sondern	weder
8	Weil	Denn	Deshalb

9 *Aktion Mensch*

a) **Was heißt das? Vergleichen Sie mit dem Magazinartikel auf S. 138 und verbinden Sie.**

1 Alle Menschen können dabei sein.
2 Alle haben etwas davon.
3 Wir haben weniger Angst davor.
4 Jeder kann dabei helfen.

a Das ist ein Vorteil für alle.
b Alle können Inklusion unterstützen.
c Jeder kann mitmachen.
d Wir können etwas leichter akzeptieren.

b) **Wer ist vermutlich für Inklusion? Lesen Sie die Antworten aus einer Umfrage und kreuzen Sie an.**

1 ◯ „Menschen mit Behinderung können in der Gesellschaft viel leisten."
2 ◯ „Ich glaube, dass wir uns alle besser kennenlernen müssen!"
3 ◯ „Ohne meine Brille geht nichts! Irgendwie ist das auch eine Behinderung."
4 ◯ „Ich weiß nicht. Das ist alles viel zu kompliziert und auch viel zu teuer."

3.30

c) **Hören Sie die Umfrage und vergleichen Sie mit Ihren Vermutungen in b).**

d) **Gute Gründe für mehr Inklusion. Hören Sie die Umfrage noch einmal und beenden Sie die Aussagen.**

1 Barrierefreie Arbeitsplätze ____________________

2 Im Schwimmverein gibt es eine Gruppe, ____________________

3 Weniger Treppen und mehr Rampen ____________________

4 Ein Spielplatz für alle Kinder ____________________

10 *Barrierefrei und gut erreichbar*

a) ***Um ... zu ...* Ergänzen Sie wie im Beispiel.**

1 *Um barrierefrei zu sein*, muss es im Rathaus einen Aufzug geben. (barrierefrei sein)

2 ____________________, müssen die Tasten im Aufzug niedriger sein. (gut erreichbar sein)

3 ____________________, müssen alle Eingänge und Türen breiter sein. (bürgerfreundlicher sein)

4 ____________________, muss man das Rathaus umbauen. (für alle offen sein)

b) ***..., damit ...* Formulieren Sie die Sätze aus a) wie im Beispiel um.**

1 Im Rathaus muss es einen Aufzug geben, *damit es barrierefrei ist.*

2 Die Tasten im Aufzug müssen niedriger sein, ____________________

3 Alle Eingänge und Türen müssen breiter sein, ____________________

4 Das Rathaus muss umgebaut werden, ____________________

c) ***Konsequenz* oder *Ziel?* Vergleichen Sie die Aussagen mit *sodass* mit a) und b) und ergänzen Sie.**

1 Seit zwei Wochen gibt es einen Aufzug, sodass das Rathaus barrierefrei ist.
2 Die Tasten im Aufzug sind niedrig genug, sodass sie jetzt gut erreichbar sind.
3 Alle Eingänge und Türen sind jetzt breiter, sodass sie bürgerfreundlicher sind.
4 Das Rathaus wurde umgebaut, sodass es jetzt für alle offen ist.

Mit ... *um ... zu* und *damit* drückt man ein __________[1] oder einen Zweck aus. Aussagen mit *sodass* drücken eine __________[2] aus.

11 *Damit* oder *sodass?*

a) **Ziel (Z) oder Konsequenz (K)? Lesen Sie die Sätze und ergänzen Sie wie im Beispiel.**

1 (Z) Ich besuche einen Deutschkurs, __________ ich die B1-Prüfung machen kann.

2 ( ) So ein Mist! Das Sofa stand im Regen, __________ es ganz nass geworden ist.

3 ( ) Ich hatte bei der Hitze seit Stunden nichts getrunken, __________ ich Kopfschmerzen bekam.

4 ( ) Ich brauche deine Hilfe, __________ ich mein neues Regal aufbauen kann.

5 ( ) Die Baustelle vor unserem Haus ist sehr laut, __________ ich mich nicht konzentrieren kann.

b) **Ergänzen Sie *damit* und *sodass* in a).**

12 *Je ..., desto ...*

a) **Ordnen Sie jedem Adjektiv ein Gegenteil zu.**

angenehm • wach • viel • gut • früh

1 spät – __________

2 schlimm – __________

3 wenig – __________

4 müde – __________

5 schlecht – __________

b) **Handlungen und Folgen. Ergänzen Sie Adjektive 1–5 aus a) im Komparativ.**

Ich muss jeden Morgen um halb sieben aufstehen. Je *später* [0] ich abends ins Bett gehe, desto __________ [1] kann ich schlafen. Je __________ [2] ich schlafe, desto __________ [3] bin ich am nächsten Tag. Je __________ [4] ich bin, desto __________ [5] ist meine Laune. Je __________ [6] meine Laune ist, desto __________ [7] ist mein Tag. Und je __________ [8] mein Tag ist, desto ...

c) **Wie geht der nächste Tag weiter? Beschreiben Sie wie in b).**

Je früher ich abends ins Bett gehe, ...

13 *Ohne ...*

a) **Achten Sie auf das Nomen im Adjektiv. Ergänzen Sie wie im Beispiel.**

1 Arbeitsfreie Tage sind Tage __________

2 Arbeitslose Menschen sind Menschen *ohne Arbeit.*

3 Autofreie Stadtzentren sind Stadtzentren __________

4 Wohnungslose Personen sind Personen __________

Stressfreie ZONE

b) ***-frei* oder *-los*? Lesen Sie die Minidialoge und ergänzen Sie passende Adjektive.**

1 Nimmst du auch ein Bier? – Eigentlich gerne, aber ich muss noch Auto fahren.
– Kein Problem. Ich bringe dir ein Kinderbier mit, das ist ganz sicher __________.

2 Das Café Glück ist mein Lieblingscafé. Der Kaffee ist nicht teuer und das WLAN ist sogar __________!
– Ach! Ich habe noch nie in einem Café für WLAN bezahlt!

3 Na, hast du Stress? – Ehrlich gesagt habe ich mir das Praktikum anders vorgestellt. __________ ist der Beruf jedenfalls nicht!

4 Na, hast du die Adresse ohne Probleme gefunden? – Ja, mit deiner Beschreibung ging das völlig __________. Danke!

3.31 c) **Hören Sie die Minidialoge aus b), lesen Sie mit und überprüfen Sie Ihre Angaben.**

14 Aus der Schülerzeitung der Friedberg-Sekundarschule in Göttingen

a) **Überfliegen Sie die Beiträge zum Projekttag und ordnen Sie passende Fotos zu. Für einen Beitrag gibt es kein Foto.**

Anders?! – Na klar geht das auch anders!

A B C D

1 ◯ Ohne das Sprachprogramm auf ihrem Tablet hätte ich Julia wahrscheinlich gar nicht verstanden, denn sie kann selbst nur mit Mimik und mit den Händen kommunizieren. Die Sprache verstehe ich zwar nicht, aber ich finde sie cool. Und sie spricht mit ihren Händen nicht nur Deutsch! Julia hat mir gezeigt, wie man das Wort Freund auf Französisch zeigt. Klasse!
Svenja, 12

2 ◯ Tobi wollte nicht über seine Probleme im Alltag mit uns sprechen. Irgendwie verstehe ich das. Dass Rolltreppen und Rollstühle nicht zusammenpassen, war uns ja auch schon vor dem Projekttag klar. Ich wusste aber nicht, dass man auch mit dem Rollstuhl so gut tanzen kann. Krass!
Lisa, 16

3 ◯ Ich war in der Projektgruppe *Leichte Sprache*. Sprache ist manchmal schwierig. Viele Menschen verstehen die Texte in der Zeitung nicht. Für diese Menschen gibt es leichte Sprache. Das wusste ich nicht. Jedenfalls haben wir gelernt, worauf man bei leichter Sprache achten muss. Zum Beispiel auf kurze Sätze, die nur eine Aussage haben ;-). Das war wirklich sehr interessant!
Max, 14

4 ◯ Auf dem Projekttag habe ich Leo getroffen. Er ist 28 Jahre alt, 1,46 Meter groß und arbeitet in einem Reisebüro. Leo hat im Alltag oft Probleme. Zum Beispiel sagte er: „Denk doch mal an mich! Du würdest am Geldautomaten auch nicht einfach jemanden um Hilfe bitten, den du nicht kennst, oder?" Stimmt. Das sollte man wirklich nicht machen. Und Leo ist sicher nicht das Problem!
Tom, 17

b) **Für mehr Inklusion. Lesen Sie die neuen Workshop-Angebote der Friedberg-Sekundarschule und ordnen Sie sie den Blogbeiträgen aus a) zu. Für einen Beitrag gibt es kein passendes Angebot.**

◯ **Mach es einfach!**
Wir schreiben Texte für Menschen mit Verständnisschwierigkeiten und lernen die deutsche Sprache besser kennen.
Mo + Mi, 14–15 Uhr

◯ **Mehr Miteinander**
Lust auf Jazz und Modern Dance? Dann komm mit zum Verein *ALLE-inklusiv*. Der Tanzkurs findet jeden Donnerstag um 17 Uhr statt.

◯ **Mit allen Sinnen**
Mit den Augen hören und mit den Ohren sehen – das geht! Mach mit und trainiere deine Sinne.
Mi, 15–16:30 Uhr

◯ **Lautlos reden**
Das wird spannend! Schüler*innen der Lucia-Schule am Stadtring zeigen uns jeden Dienstag von 14–16 Uhr die Sprache ihrer Hände.

15 *Brauchen Sie Hilfe?*
3.32

a) **In welchen Dialogen nehmen die Personen die Hilfe an? Hören Sie und kreuzen Sie an.**

Situation 1 ◯ Situation 2 ◯ Situation 3 ◯ Situation 4 ◯

b) **Hören Sie noch einmal und ordnen Sie die Situationen aus a) den Orten zu.**

a Situation ...: im Supermarkt
b Situation ...: an der Bushaltestelle
c Situation ...: in der Fußgängerzone
d Situation ...: im Bahnhof am Gleis

16 Leichte Sprache

a) **Formulieren Sie die Regeln für leichte Sprache mit *man* um wie im Beispiel.**

1 Es werden nur kurze Sätze verwendet.
2 In einem Satz wird nur eine Aussage ausgedrückt.
3 Sätze im Passiv werden aktiv formuliert.
4 Auf den Konjunktiv wird verzichtet.
5 Statt Genitiv wird in den meisten Fällen *von* + Person/Sache benutzt.

1 Man verwendet nur kurze Sätze. 2 Man drückt ...

b) **Zu welchen Regeln aus a) passen diese Sätze in leichter Sprache? Ordnen Sie zu.**

		leichte Sprache	Regel(n)
a	Ich wünschte, ich hätte mehr Zeit.	Ich habe wenig Zeit.	
b	Weil es regnet, bleibe ich zu Hause.	Es regnet. Ich bleibe zu Hause.	
c	Das ist Majas neues Rad.	Das ist das neue Rad von Maja.	
d	Das Brot wird im Ofen gebacken.	Ich backe das Brot im Ofen.	

17 Bleiben Sie gesund!

a) ***Von wem* (Person) oder *wovon* (Sache)? Lesen Sie die Sätze und fragen Sie wie im Beispiel nach.**

1 Kopfhörer werden getragen. *Von wem?*
2 Viele bekommen Probleme mit dem Gehör. *Wovon?*
3 Dann wird ein Hörtest gemacht. ______
4 Aber nicht jeder Hörtest wird bezahlt. ______
5 Immer mehr Jugendliche haben Hörprobleme. ______

b) **Ergänzen Sie passende Antworten in a) und formulieren Sie die Aussagen in einem Satz wie im Beispiel.**

z. B. von einem Hörakustiker • von zu lauter Musik auf ihren Kopfhörern • von zu viel Lärm • von der Krankenversicherung • von Bauarbeiter*innen

*1 Kopfhörer werden von Bauarbeiter*innen getragen. 2 Viele bekommen von ...*

18 Experimente mit Schallwellen

2.04

a) **Videokaraoke. Sehen Sie sich das Video an und antworten Sie.**

b) ***Ein Glas, etwas Reis und ...* Was braucht man für das Experiment? Sehen Sie sich das Video noch einmal an und wählen Sie aus.**

◯ ein Messer ◯ eine Gabel ◯ einen Teller aus Glas
◯ eine Schere ◯ einen Deckel aus Metall ◯ einen Löffel
◯ ein Stück Papier ◯ einen Luftballon ◯ ein Stück Stoff
◯ einen Topf aus Metall ◯ einen Klebestift ◯ ein Band

Fit für Einheit 10?

1 Mit Sprache handeln

über Inklusion sprechen
Wenn alle Menschen dabei sein können, ist es normal, verschieden zu sein.
In einer inklusiven Welt sind alle Menschen offen für andere Ideen.
Wir brauchen mehr Aufzüge in öffentlichen Gebäuden, damit Senior*innen, Menschen im Rollstuhl und Eltern mit Kinderwagen alle Etagen problemlos erreichen können.
Je mehr wir über Inklusion wissen, desto weniger Angst haben wir davor.

Hilfe anbieten, annehmen oder ablehnen

Brauchen Sie Hilfe?	Ja, bitte/gern.	Nein, danke, das ist nicht nötig.
(Wie) Kann ich Ihnen helfen?	Könnten Sie (vielleicht) ...	Danke, das schaffe ich ohne Hilfe.
Darf ich das für Sie machen?	Ja, das wäre nett.	Lieber nicht. Es geht auch so.

Vorgänge beschreiben
Man braucht einen Luftballon, ein Glas, eine Schere, etwas Reis, ...
Du schlägst mit dem Löffel auf den Topf.
So entsteht eine Schallwelle, die von der Luft transportiert wird.

2 Wörter, Wendungen und Strukturen

Inklusion
Menschen mit und ohne Behinderung, den Alltag problemlos bewältigen, dabei sein, mitmachen, akzeptiert werden, barrierefrei sein

Konsequenzen nennen mit *sodass*
Im Haus gibt es einen Aufzug, sodass ältere Menschen dort problemlos wohnen können.
Person B steht hinter Person A, sodass sie nicht von ihr gesehen wird.
Der Luftballon wird von der Schallwelle bewegt, sodass der Reis auf dem Luftballon tanzt.

Handlungen und Folgen nennen mit *je ..., desto ...*
Je länger ich schlafe, desto entspannter bin ich.
Je mehr Menschen Fußball spielen, desto mehr können sich auch beim Training verletzen.
Je schneller wir das ändern, desto mehr Lebensqualität haben wir!

unpersönliche Aussagen mit *man*
Das sagt man so.
Andere sagen, dass man viel zu laut fernsieht oder Radio hört.
Türen öffnen sich automatisch, sodass man auch mit einem Kinderwagen keine Probleme hat.

Adjektive mit *-los* und *-frei*

problemlos, arbeitslos, kinderlos	Kinderlose Paare sind Paare ohne Kinder.
barrierefrei, autofrei, unterrichtsfrei	An unterrichtsfreien Tagen findet kein Unterricht statt.

3 Aussprache

Wortakzent: das Außenohr, das Mittelohr, das Innenohr, die Schallwelle, das Signal

Interaktive Übungen

Wörter Spiele Training

1 Heiterkeit und ... **Sammeln Sie fünf Nomen mit *-keit* und *-heit* in der Wörterliste auf S. 296–309, in denen ein Adjektiv steckt. Notieren Sie wie im Beispiel.**

die Besonderheit – besonders, ...

2 Krankmeldungen und Entschuldigungsbriefe schreiben

a) **Haben Sie schon einmal eine Krankmeldung oder einen Entschuldigungsbrief geschrieben? Warum, für wen und an wen? Sammeln Sie.**

b) **Wer fehlt? Warum? Wann? Wo? Lesen und berichten Sie.**

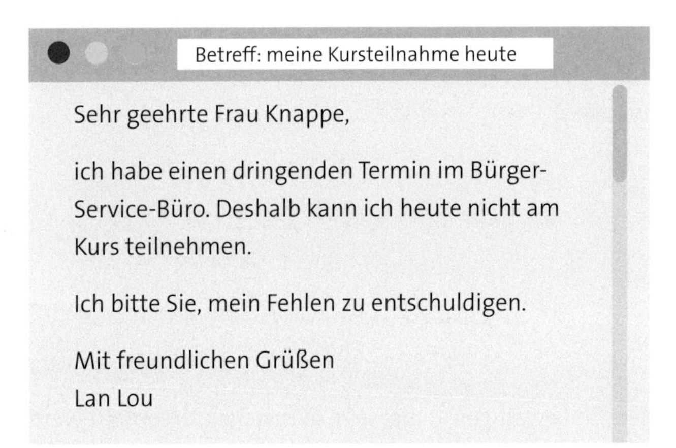
Betreff: meine Kursteilnahme heute

Sehr geehrte Frau Knappe,

ich habe einen dringenden Termin im Bürger-Service-Büro. Deshalb kann ich heute nicht am Kurs teilnehmen.

Ich bitte Sie, mein Fehlen zu entschuldigen.

Mit freundlichen Grüßen
Lan Lou

11.02.2023

Sehr geehrter Herr Markowski,

wegen einer starken Erkältung kann mein Sohn Kai-En bis zum 18.02. nicht am Schwimmunterricht teilnehmen.

Ich bitte Sie, sein Fehlen zu entschuldigen.

Mit freundlichen Grüßen

Lan Lou

c) ***Wegen einer ... / Ich habe ... Deshalb ...* Schreiben Sie eine Krankmeldung oder einen Entschuldigungsbrief. Die Redemittel helfen.**

3 Ein Hobby mit S? **A, B, C ...! Stopp! Nennen Sie den Buchstaben und finden Sie die Wörter und Namen. Wer fertig ist, ruft ‚Fertig!'. Vergleichen Sie die Wörter. Es gibt einen Punkt für jeden richtigen Eintrag.**

Stadt	Land	Beruf	Hobbys	Vorname
Frankfurt		*Friseurin*		*Freya*
	Portugal	*Physiotherapeut*		

4 Elfchen. Ein Gedicht mit elf Wörtern

a) **Wählen Sie ein Thema und schreiben Sie ein Elfchen. Es gibt unterschiedliche Formen.**

Adjektiv	warm		1 Wort	Mode
Artikel + Nomen	die Sonne		2 Wörter	für Fans
Was tut das Nomen?	sie scheint hell	ODER	3 Wörter	ein echtes Muss
Ein Satz mit *Ich*	ich liege unterm Apfelbaum		4 Wörter	leider ist sie teuer
Abschlusswort	Sommer!		1 Wort	schade

b) **Lesen Sie Ihr Elfchen vor. Achten Sie auf die Betonung.**

5 Das Drama vor dem Vorstellungsgespräch

a) **Was ist passiert? Verbinden Sie. Erzählen Sie dann die Geschichte.**

1 Ich stieg sehr entspannt in den Zug ein,
2 Auf einem Zettel hatte ich viele Notizen gemacht,
3 Ich war der Meinung,
4 Der Zug war gerade losgefahren,
5 Meine Mutter war am Apparat. Sie rief mich sofort an,
6 Sie wartete kurz und diktierte mir meine Notizen,
7 Als der Zug am Bahnhof ankam,
8 Im Vorstellungsgespräch konnte ich mich an alle Notizen erinnern,

a als mein Handy klingelte.
b weil ich sie zweimal geschrieben hatte. Glück gehabt!
c dass ich den Zettel zusammen mit dem Bahnticket eingesteckt hatte.
d nachdem sie meinen Zettel auf dem Schreibtisch gefunden hatte!
e hatte ich alles mitgeschrieben.
f nachdem ich mir eine Zeitung gekauft hatte.
g nachdem mein Computer eingeschaltet war.
h als ich das Gespräch vorbereitete.

b) **Markieren Sie das Plusquamperfekt in a).**

6 *Je ..., desto ...* Kettenübung.

Sie sitzen im Kreis. Eine*r beginnt wie im Beispiel. Der/Die nächste ergänzt. Wie viele Sätze schaffen Sie?

Je wärmer/kälter es ist, ...
Je älter/jünger die Geschwister sind, ...
Je dicker/dünner ein Buch ist, ...
Je größer/kleiner die Wohnung ist, ...
Je mehr/weniger Kaffee ich ...
Je länger/kürzer der Test ...

Je länger ich schlafe, ...

... desto fröhlicher ...

7 Würmer-Geschichten

a) **Aus dünnem Papier, aus buntem Stoff, aus weicher Wolle, aus ... Basteln Sie mit Ihrer Partnerin / Ihrem Partner zwei Würmer.**

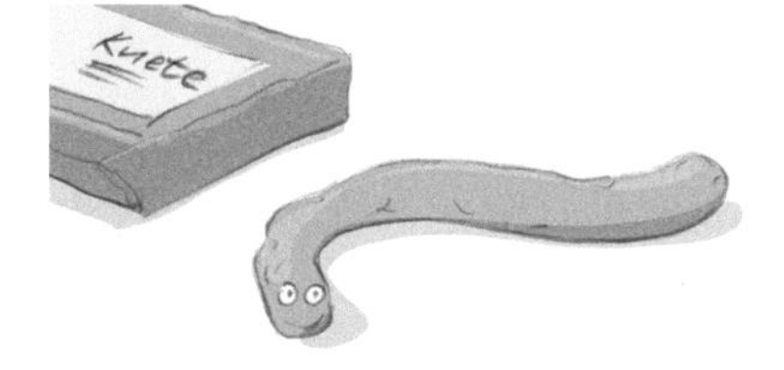

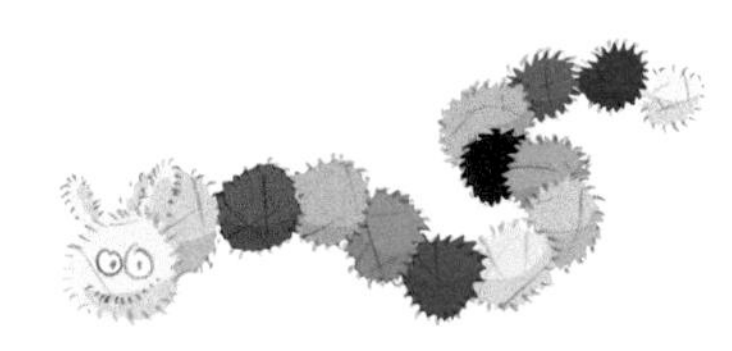

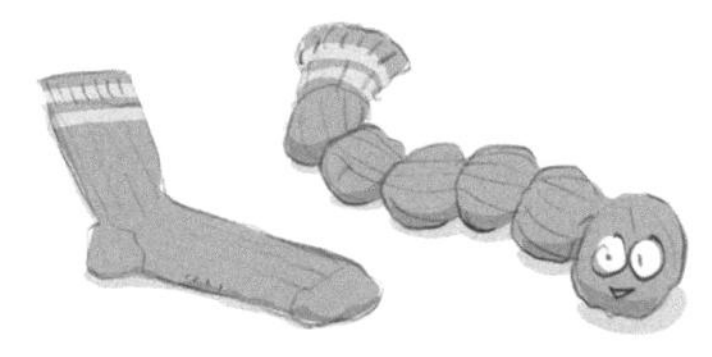

b) **Beschreiben Sie, was Sie für Ihren Wurm gebraucht haben.**

Ich habe eine Schere, eine Socke, ...

c) **Was erleben die Würmer im Urlaub / beim Sport / im Theater / ...? Denken Sie sich eine Geschichte aus. Notieren Sie Stichwörter, zeichnen oder gestalten Sie die Szenen. Machen Sie dann vier bis fünf Fotos.**

d) **Zeigen Sie die Fotos und erzählen Sie Ihre Geschichte.**

Puh, ganz schön heiß heute!

Weg

Lydia Dimitrow (* 1989)

Bis auf das Halstuch hatte sie alles mitgenommen. Es gab keinen Kafka mehr auf dem Nachttisch, keinen abgestandenen Kräutertee in der Küche. Sie hatte alles mitgenommen, bis auf das Halstuch, und vielleicht hing im Schlafzimmer auch noch der schwere Duft 5 ihres Parfüms. Vielleicht war es aber auch nur seine Erinnerung.

Er hatte die Wohnungstür aufgeschlossen und es gleich gewusst. Denn beim Reinkommen kein Jeff Buckley, kein Risotto. Und es war kälter als sonst. Alle Fenster offen, als wäre sie weggeflogen, nicht weggegangen. Das Bad war halbleer. Keine Parfümfläschchen mehr, 10 kein Lockenstab, auch der Duschvorhang fehlte. Der blaue Duschvorhang mit den roten Herzen. Er hatte ihn nie gemocht. Die Schmuckschatulle stand nicht mehr unterm Spiegel. Es gab nur noch einen Kamm, keine Rundbürste mehr, weder klein noch groß, nicht mal mittel, einfach weg, nur Zahnbürste und Aftershave. 15 Ein Shampoo für Männer. Damit die Haare nicht so schnell ausgehen. Im Flur fehlte der rote Ledermantel. Den kleinen Schuhschrank neben dem Schirmständer hatte sie einfach ganz mitgenommen. Sie hatte die Bilder abgehängt. Im Wohnzimmer, im Schlafzimmer. Die Bücher mitgenommen. Die Küche einfach nur kalt. Und leer. 20 Ohne Risotto und Kräutertee. Auch ohne Mikrowelle, aber das fiel ihm erst beim zweiten Mal auf.

Er setzte sich hin und zählte die Videokassetten. Zwölf statt dreißig. Die CDs waren weg. Nur noch Metallica. Er saß da und suchte nach ihr. Aber da war nichts mehr. Nicht einmal die Holzgiraffe aus Kenia, 25 die eigentlich ihm gehörte. Nur noch das Halstuch auf dem Sofa, das schwarze Halstuch, das sie nie gemocht hatte. Schließlich hatte er es ihr geschenkt.

Er hörte, wie die Wohnungstür aufgeschlossen wurde. Er hörte die Schritte, das Zögern, dann öffnete sich die zweite Tür.

30 Er stand nicht auf, er sah nicht auf. Er sagte: »Mama ist weg, Papa.«

1 Weg

a) Wer ist gegangen? Wer erzählt die Geschichte? Lesen Sie Zeilen 1–11 und sammeln Sie Vermutungen.

b) Lesen Sie weiter und vergleichen Sie mit a).

2 Kamm, Zahnbürste ...

a) Was hat die Person nicht mitgenommen? Markieren Sie im Text und vergleichen Sie.

b) Was erfahren Sie über die Person, die gegangen ist? Lesen Sie noch einmal, sammeln und berichten Sie.

c) Was ist vermutlich passiert? Diskutieren Sie.

3 Familienchat

a) Vater, Mutter oder Sohn. Wählen Sie eine Person und schreiben Sie eine Nachricht im Familienchat.

b) Vergleichen Sie die Textnachrichten.

4 Der *Weg* oder *weg*? Interpretieren Sie den Titel.

1 Zusage oder Absage?

a) **Jobanzeigen. Welche könnte für Selma interessant sein? Begründen Sie.**

AUSHILFE IM BÜRO
Sie haben eine freundliche Telefonstimme, organisieren gerne und können auch gut mit Stress umgehen?
Dann sind Sie der/die Richtige!
Wir bieten Ihnen ein nettes Team und flexible Arbeitszeiten.

Telefon:
+49 208 69699918

Architekturbüro SAUER & SÖHNE

Als **Praktikant*in**
... *bist du Teil unseres Teams.*
... *nimmst du an Meetings teil.*
... *besuchst du Baustellen.*
... *zählt deine Meinung.*
Bewerbung mit Lebenslauf und Motivationsschreiben an: prak@sauer.example.de

Zoohandlung

 & 

sucht ab sofort
2 erfahrene Tierpfleger und 1 Verkäufer (m/w/d)
in Teilzeit (20 Std./Wo.)
für Filialen in Köln und Bonn.
Interessiert?
Dann bewerben Sie sich jetzt:
katzundmaus@example.de

2.05

b) **Wo hat Selma sich beworben? Sehen Sie sich die Szene im Park an und vergleichen Sie mit a).**

c) ***Was heißt eigentlich ...?* Erklären Sie mit dem Videotext auf S. 291 oder sehen Sie auf duden.de nach. Notieren Sie passende Bedeutungen und berichten Sie.**

großartig • apropos • schlimm • aufgeregt • rechtzeitig

d) ***Apropos großartig* ... Wählen Sie Rolle A oder B und fragen Sie nach wie im Beispiel.**

Ich gehe gleich noch in den Supermarkt.

Apropos Supermarkt ... Bringst du bitte Tee mit?

e) **Schmetterlinge im Bauch! Woran kann man erkennen, dass jemand verliebt ist? Berichten Sie.**

sich küssen • Hand in Hand gehen • jemandem tief in die Augen sehen • jemandem einen Kuss geben • Händchen halten • lächeln

f) ***Händchen halten* und *sich küssen* international. Beschreiben Sie.**

In Frankreich geben wir uns zur Begrüßung zwei Küsse – aber nicht auf den Mund.

Hand in Hand zu gehen ist bei uns in Pakistan für Männer, die gute Freunde sind, normal.

2.05

g) ***Charmant* oder *frech?* Was denkt Nico? Sehen Sie sich die Szene im Marek an. Ergänzen und vergleichen Sie.**

Im Gegensatz zu den meisten Männern ist Jacques rücksichtsvoll, charmant, humorvoll, romantisch, attraktiv, ...

Wenn das Otto ist, dann ist er im Gegensatz zu den meisten Männern ...

2 Das Projekt

3.34

a) WG-Abend. Hören Sie den Dialog, lesen Sie mit. Beantworten Sie die Fragen und vergleichen Sie.

Sebastian: „Also, ich will auch eins."
Nina: „Weil du so lieb Bitte gesagt hast?"
Sebastian: „Mmh. Die sind aber nicht von dir."
Nina: „Wieso nicht?"
Sebastian: „Weil die so wahnsinnig lecker sind!"
Nina: „Gut. Das war dein Letztes."

1 a) Was möchte Sebastian auch? ◯ Etwas zum Essen. ◯ Etwas zum Lesen.
b) An welchem Wort haben Sie das erkannt? ____________

2 a) Was kritisiert Nina? ◯ Sebastian ist zu höflich. ◯ Er ist unhöflich.
b) Wie könnte Sebastian Nina fragen? ____________

3 a) Wie reagiert Sebastian auf Ninas Kritik? ◯ Er entschuldigt sich. ◯ Er ärgert Nina.
b) Was meint Sebastian wirklich? ____________

2.06

b) Sehen Sie sich die Szene in der WG an und überprüfen Sie Ihre Angaben in a).

c) *Das Thema ist total wichtig!* Erklären Sie das Zitat aus dem Video ohne Wörterbuch.

Wenn wir unseren Planeten weiterhin so ausbeuten, dann brauchen wir 2030 mindestens zwei Erden. Und du kannst deinen Schülern und Schülerinnen auch sagen, dass jeden Tag 130 Tierarten aussterben. Nur mal so. [...] Insekten zählen auch dazu. «

d) Aus Plastik. Sehen Sie sich zwei Minuten im Kursraum um und notieren Sie alle Dinge aus oder mit Plastik. Vergleichen Sie dann Ihre Listen. Wer hat die meisten Gegenstände notiert?

der Stift, das Ladekabel, ...

2.06

e) *Eine Woche ohne Plastik.* Machen Sie mit? Sammeln Sie Argumente pro und kontra und stimmen Sie ab. Vergleichen Sie dann mit der Szene im Unterricht. Wie reagieren Lisas Schüler*innen?

f) *Das ist ein Kreislauf!* Sehen Sie sich die Grafik an. Wer steht am Anfang und am Ende der Kette?

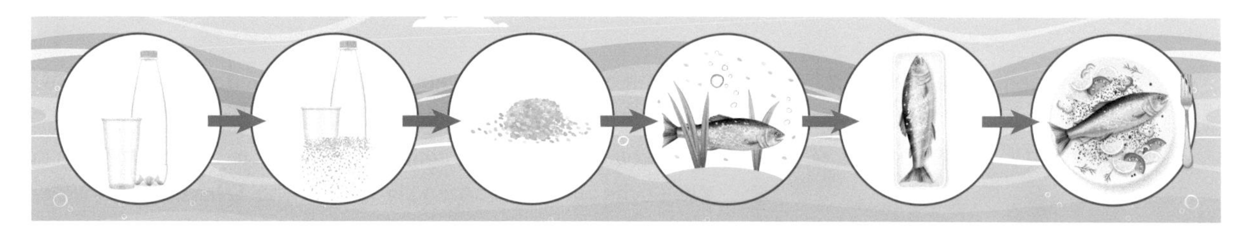

Plastik wegwerfen → im Meer zerfallen → Mikroplastik entstehen → Fische fressen → im Körper bleiben → Fisch essen

g) Beschreiben Sie die Grafik in f) mit den Angaben. ODER Ordnen Sie die Sätze in der App.

h) Umweltschutz und Recycling. *Wieso ...? Weshalb ...? Warum ...?* Fragen und antworten Sie wie im Beispiel. Wechseln Sie sich ab.

Wieso ist Umweltschutz so wichtig?

Weil wir nur eine Erde haben!

3 Habt ihr euch gestritten?

a) **Probleme, Sorgen, Langeweile, ...? Was ist mit Selma los? Sehen Sie sich das Foto an und sammeln Sie.**

Vermutlich ärgert Selma sich über ..., weil ...

Meinst du wirklich? Ich glaube, ...

Das kann ich mir auch/nicht vorstellen, weil ...

2.07

b) **Auf dem Weg zum Praktikum. Sehen Sie sich die Szene an. Vergleichen Sie mit Ihren Vermutungen in a).**

c) ***Die Arbeitsbedingungen sind toll.* Selma spricht über ihr Praktikum. Was meint sie? Erklären Sie die markierten Adjektive. Die Angaben helfen.**

Mein Chef ist streng, aber hilfsbereit und verständnisvoll. Und ich finde es gut, dass ich viele verantwortungsvolle Aufgaben habe.

d) **Aufgaben im Praktikum. Welche halten Sie für verantwortungsvoll? Kreuzen Sie an, vergleichen und begründen Sie. Die Redemittel helfen.**

- ◯ Kaffee kochen
- ◯ Meetings vorbereiten
- ◯ Kunden betreuen
- ◯ Dokumente kopieren
- ◯ Termine absagen
- ◯ Brötchen holen

2.07

e) ***Besser nicht ...* Sebastian wundert sich über Selma. Warum? Sehen Sie sich die erste Szene noch einmal an, verbinden Sie die Sätze und vergleichen Sie.**

1 Selma verhält sich ziemlich komisch, ...
2 Vielleicht soll er Nico nicht grüßen, ...
3 Eigentlich ist Sebastian sich aber sicher, ...
4 Er fragt Selma lieber nicht, was los ist, ...
5 Er will Nico nicht anrufen und nachfragen, ...

a weil Selma sauer auf ihn ist.
b dass sie Nico mag.
c damit er sich keine Sorgen macht.
d sodass Sebastian sich wundert.
e obwohl er neugierig geworden ist.

3.35

f) **Sebastian ruft Nina an. Weiß sie, was los ist? Hören Sie, was Nina sagt und berichten Sie.**

g) **Was sagt Sebastian? Hören Sie noch einmal und lesen Sie mit. Ergänzen Sie dann den Dialog.**

h) **Lesen oder spielen Sie Ihre Telefondialoge mit einem Partner / einer Partnerin vor. Die anderen kommentieren.**

2.07

i) ***Steckt ihr in einer Beziehungskrise?* Sehen Sie sich die Szene in der WG-Küche an und ergänzen Sie *Selma, Nina, Sebastian* oder *Nico*.**

1 ____________ antwortet nicht auf Nicos Anrufe.
2 ____________ findet das nicht so schlimm.
3 ____________ macht sich Sorgen um Selma.
4 ____________ muss herausfinden, was mit Selma los ist.

j) ***Na und?* Was heißt das? Sehen Sie sich die Szene in der WG-Küche noch einmal an. Achten Sie auf Ninas Körpersprache und Mimik. Wählen Sie passende Bedeutungen aus und vergleichen Sie.**

Die Serie „Nicos Weg" in voller Länge mit interaktiven Übungen und zahlreichen weiteren Materialien gibt es kostenlos bei der Deutschen Welle: **dw.com/nico**

Goethe-Zertifikat B1: Sprechen

Der Prüfungsteil Sprechen hat drei Teile und ist eine Paarprüfung. Die Vorbereitungszeit beträgt 15 Minuten. Sie können maximal 100 Punkte erreichen und brauchen 60 Punkte, um die Prüfung zu bestehen. Wörterbücher und Mobiltelefone sind nicht erlaubt.

Sprechen Teil 1: **Hier sollen Sie mit Ihrem Partner / Ihrer Partnerin etwas gemeinsam planen. Sie sollen Vorschläge machen, auf die Vorschläge Ihrer Partnerin / Ihres Partners reagieren, Ihre Meinung äußern und zu einem gemeinsamen Ergebnis kommen. Zeit: circa drei Minuten pro Teilnehmer*in.**

Gemeinsam etwas planen: *Sie haben an Ihrer Universität am Erasmus-Programm teilgenommen und wollen mit einem Freund / einer Freundin eine Party für ehemalige Erasmus-Studierende organisieren.*

Sprechen Sie über die Punkte unten, machen Sie Vorschläge und reagieren Sie auf die Vorschläge Ihres Partners / Ihrer Partnerin. Planen und entscheiden Sie gemeinsam, was Sie tun möchten.

Eine Party für ehemalige Erasmus-Studierende organisieren
- Wann Party? (Tag? Uhrzeit?)
- Wer schreibt Einladungen?
- Wo feiern?
- Was bestellen? (Getränke? Essen? DJ?)

Sprechen Teil 2: **In diesem Prüfungsteil sollen Sie einen kurzen Vortrag zu einem Thema halten. Sie haben für Teil 2 und 3 insgesamt circa 5 Minuten Zeit.**

Ein Thema präsentieren: Sie sollen Ihren Zuhörer*innen ein aktuelles Thema präsentieren. Dazu finden Sie hier fünf Folien. Folgen Sie den Anweisungen links und schreiben Sie Notizen zu jeder Folie.

Stellen Sie Ihr Thema vor. Erklären Sie den Inhalt und die Struktur Ihrer Präsentation.	Barrierefreiheit für alle! **Brauchen wir mehr Barrierefreiheit?** 1
Berichten Sie von Ihrer Situation oder einem Erlebnis im Zusammenhang mit diesem Thema.	Barrierefreiheit für alle! **Meine persönlichen Erfahrungen** 2
Berichten Sie von der Situation in Ihrem Heimatland und geben Sie Beispiele.	Barrierefreiheit für alle! **Die Situation in meinem Heimatland** 3
Nennen Sie die Vor- und Nachteile und sagen Sie dazu Ihre Meinung. Geben Sie auch Beispiele.	Barrierefreiheit für alle! **Vor- und Nachteile & Meine Meinung** 4
Beenden Sie Ihre Präsentation und bedanken Sie sich bei den Zuhörerinnen und Zuhörern.	Barrierefreiheit für alle! **Abschluss & Dank** 5

Sprechen Teil 3: **In diesem Prüfungsteil müssen Sie auf Fragen zu Ihrer Präsentation antworten und ein Feedback sowie eine Frage zur Präsentation Ihres Partners / Ihrer Partnerin formulieren.**

Über ein Thema sprechen
Nach Ihrer Präsentation:
Reagieren Sie auf die Rückmeldung und auf Fragen der Prüfer*innen und Ihres Partners / Ihrer Partnerin.
Nach der Präsentation Ihres Partners / Ihrer Partnerin:
a) Geben Sie eine Rückmeldung zur Präsentation Ihres Partners / Ihrer Partnerin (z. B. wie Ihnen die Präsentation gefallen hat, was für Sie neu oder besonders interessant war).
b) Stellen Sie auch eine Frage zur Präsentation Ihres Partners / Ihrer Partnerin.

Tipps zum Prüfungsteil Sprechen auf einen Blick

Umweltbewusster Kaffeegenuss

a) Worum könnte es im Blogartikel gehen? Lesen Sie die Überschrift und sehen Sie sich die Fotos an. Sammeln Sie Vermutungen.

b) Überfliegen Sie den Blogartikel und ordnen Sie die Fotos den Abschnitten 1–5 zu.

www.wirliebenkaffee.example.de

Umwelttipps | Kaffeerezepte | Kaffeevollautomaten | Kontakt

Umweltbewusster Kaffeegenuss

Ein Beitrag von Jean Noël

Ein gelungener Tag beginnt für mich mit einer frisch gebrühten Tasse Kaffee. Ich kann mir ein Leben ohne Kaffee nicht vorstellen. Doch wie nachhaltig ist der Kaffeekonsum? Wie passen Kaffee und Umweltschutz zusammen? Hier meine Tipps für mehr Nachhaltigkeit.

1 ◯ Trinkt Fairtrade-Kaffee!
Beim Kaffeekauf im Supermarkt solltet ihr auf fair gehandelten Kaffee achten. Warum? Niedrige Kaffeepreise sind ein großes Problem für viele Kleinbauern. Fairtrade-Kaffee ist gerechter, denn die Kaffeebauern bekommen für ihre geernteten Kaffeebohnen einen höheren Preis. Fairtrade schützt also viele Familien vor Armut und garantiert, dass es bei der Ernte keine Kinderarbeit gibt.

2 ◯ Vermeidet Kapselmaschinen!
Der schnelle Kaffee mit Kapseln ist unkompliziert und liegt voll im Trend. Trotzdem solltet ihr ihn vermeiden, denn durch die Kaffeekapseln wird sehr viel Müll produziert. Für jede getrunkene Tasse Kaffee landet eine Kapsel im Müll. Wenn ihr aber auf eure Kapselmaschinen nicht verzichten wollt, solltet ihr die Kapseln richtig entsorgen, damit sie recycelt werden können.

3 ◯ Benutzt Kaffeemaschinen ohne Papierfilter!
Bei der French Press, deren Erfinder ein Franzose war, braucht ihr zum Kaffeekochen weder Papierfilter noch Kapseln. Mit einer French Press ist es gar nicht schwer, guten Kaffee zu kochen. Einfach das gemahlene Kaffeepulver in die Glaskanne geben, mit heißem Wasser aufgießen, kurz warten, herunterdrücken – und fertig. So produziert ihr keinen Müll und der Kaffee schmeckt richtig lecker!

4 ◯ Verwendet Mehrwegbecher!
Unterwegs möchten viele auf ihren Coffee to go nicht mehr verzichten. Sie trinken ihn besonders gern morgens auf dem Weg zur Arbeit, im Zug oder im Auto. Doch dieser Trend ist nicht umweltfreundlich. Die weggeworfenen Einwegbecher verschmutzen Straßen, öffentliche Plätze und Parks. Kauft lieber einen Mehrwegbecher für euren Kaffee zum Mitnehmen. Dann bleibt die Umwelt sauberer!

5 ◯ Nutzt euren Kaffeesatz für eure Pflanzen!
Der Kaffeesatz landet nach dem Kaffeetrinken meistens im Hausmüll. Aber wusstet ihr, dass etwas getrockneter Kaffeesatz ideal für viele Pflanzen im Garten oder in der Wohnung ist? Wenn ihr also Tomaten und Erdbeeren auf dem Balkon pflanzt oder im Garten viele Pflanzen habt, könnt ihr euren Kaffeesatz nutzen, damit sie gut wachsen!

c) Lesen Sie die Tipps noch einmal und markieren Sie die Gründe. Diskutieren Sie wie im Beispiel.

Trinkt Fairtrade-Kaffee! — *Wozu soll das denn gut sein?*

Benutzt Mehrwegbecher! — *Ich halte viel/wenig von ...*

2 Die neuen Trends beim Kaffeekonsum

4.04

a) **In welcher Reihenfolge werden die Themen angesprochen? Hören Sie das Gespräch und nummerieren Sie.**

◯ biologisch angebauter Kaffee / Fairtrade-Kaffee

◯ Geschmack und Aussehen

◯ Abwechslung und neue Kaffeerezepte

◯ Bericht der Kaffeehersteller

◯ Kaffeepreis ist wichtig

b) **Hören Sie noch einmal. Machen Sie sich Notizen zu den drei Trends. Vergleichen und kommentieren Sie.**

Strategien

1 Vor dem Hören
- Lesen Sie die Arbeitsanweisung genau.
- Überlegen Sie, was Sie über das Thema wissen.
- Bilden Sie Hypothesen, worum es gehen könnte.
- Überlegen Sie, was Sie wissen wollen und welche Informationen Ihnen wichtig sind.

2 Während des Hörens
- Sie müssen nicht jedes Wort verstehen. Achten Sie auf bekannte Wörter.
- Versuchen Sie, die Bedeutung unbekannter Wörter aus dem Kontext zu verstehen.
- Machen Sie Notizen auf Deutsch oder in Ihrer Sprache.

3 Nach dem Hören
- Ergänzen Sie Ihre Notizen. Die W-Fragen (Wer? Was? Wann? Wo? Warum? Wie?) helfen.
- Schlagen Sie unbekannte Wörter nach.

3 *Der Duft von gemahlenen Kaffeebohnen*

a) **Autogrammjagd. Wer ist zuerst fertig? Fragen Sie und notieren Sie die Namen.**

b) **Berichten und vergleichen Sie.**

c) **Partizip II als Adjektiv. Sammeln Sie auf S. 160–163 und markieren Sie wie im Beispiel.**

der Duft von gemahlenen Kaffeebohnen ....

d) **Ergänzen Sie die Regel.**

19.2

Regel: Wenn das Partizip II als Adjektiv vor einem ______________ steht, hat es eine Adjektivendung.
Man kann das Partizip II auch genauer beschreiben: *frisch* gebrühter Kaffee.

e) **Lesen Sie die Fragen. Ihr Partner / Ihre Partnerin antwortet wie im Beispiel.**

Worüber freut sich Malik? — *Über seine reparierte Espressomaschine.*

Malik und Evelina

4 Kaffee genießen

4.05

Hören Sie und sprechen Sie nach. Achten Sie auf *g* und *k*.

1 Frisch gemahlene Kaffeebohnen können Glücksgefühle auslösen.
2 Ich genieße meinen Kaffee gerne in einem gemütlichen Café.
3 Mit viel Koffein im Kaffee kann ich mich gut konzentrieren.
4 Kalt gebrühter Kaffee hat mir schon immer gut geschmeckt.

5 Beim Kauf von Kaffee/Tee/Gemüse/ ... achte ich auf ...

Machen Sie Interviews. Die Redemittel helfen. ODER **Wie finden Sie die Tipps in 1b)? Welche finden Sie (nicht) gut? Kennen Sie noch andere? Schreiben Sie einen Kommentar.**

Worauf achtest du, wenn du ...?

1 Mein Lieblingscafé

Wie sieht es aus? Wann und mit wem gehen Sie hin? Was bestellen Sie dort gern? Beschreiben Sie.

... ist mein Lieblingscafé. Man bekommt dort sehr guten Kaffee.

Im ... gibt es gemütliche Sessel und Sofas und viele Pflanzen. Ich treffe mich dort oft mit Freunden und trinke ...

2 Das Café Musil

a) **Lesen Sie den Zeitungsartikel und notieren Sie Informationen zu den Fragen A. Ihr Partner / Ihre Partnerin notiert Informationen zu den Fragen B. Fragen und antworten Sie dann.**

Kärnten aktuell

Fünf Jahre Café Musil
Das Kult-Café in Villach feiert Jubiläum

Villach. Das Café Musil mitten in Villach feierte am Samstag sein fünfjähriges Jubiläum mit vielen Gästen und Freunden. Trotz des regnerischen Wetters waren alle Plätze im Café gleich nach der Eröffnung um 9:00 Uhr besetzt. Zum Dank gab es bei der Jubiläumsfeier einen großen Braunen oder eine Melange gratis.

Steffi Mayr, Kaffeeliebhaberin und Unternehmerin

Hell, freundlich, modern: Das Café Musil am Alten Platz

Vor fünf Jahren konnte Steffi Mayr, deren Eltern und Freunde sie bei ihren Plänen finanziell unterstützt haben, eine neue Kaffeebar am Alten Platz eröffnen. Schon seit ihrer Jugend ist sie begeisterte Kaffeetrinkerin. Sie meint: „Guter Kaffee ist wie gute Musik, beides berührt die Seele."

Das Café Musil, dessen Name an den österreichischen Autor Robert Musil erinnert, ist heute ein Treffpunkt für Kaffeeliebhaber*innen aus dem In- und Ausland. Hier kann man in trendig-gemütlicher Atmosphäre Freunde treffen, den ganzen Tag frühstücken, hausgemachte Kuchen essen und eine große Auswahl an Kaffeespezialitäten genießen.

Steffi Mayr hat sich ihren Traum von einem eigenen Café erfüllt. Nach zehn Jahren als Managerin in einem großen Unternehmen kündigte sie und machte sich selbstständig. Sie wusste, dass viele Cafés schnell wieder schließen, weil nicht genug Gäste kommen. Trotzdem wollte sie ein Café gründen und sagt: „Robert Musil hat einmal geschrieben: ‚Wer nicht sagt, was er will, bekommt selten das, was er möchte.'"

Die Zeit während der Pandemie war ziemlich schwer. „Es kamen sehr wenige Gäste und wir mussten immer alle Impfpässe kontrollieren. Ich machte überhaupt keinen Gewinn, musste aber sowohl die Miete als auch das Personal bezahlen. Wir haben damals viel zum Mitnehmen verkauft. Aber zum Glück ist das Café jetzt wieder voll", berichtete die junge Kärntnerin und meinte: „Wenn ich nicht während meines Studiums in einigen Kaffeebars gejobbt und auch eine Barista-Ausbildung gemacht hätte, hätte ich es nicht geschafft."

Inzwischen hat sie zehn sehr nette Angestellte. Sie ist überzeugt: „Cafés, deren Personal die Gäste nicht gut bedient, haben keine Chance."

Gefragt nach ihren Plänen für das Café, antwortete sie: „Man darf niemals stehen bleiben. Wir haben noch viel vor. Wir möchten unsere selbst gerösteten Kaffees bald in einem neuen Online-Shop verkaufen, damit unsere Gäste sie auch zu Hause genießen können. Und wir planen, bei Kaffee und Kuchen ab Herbst monatliche Lesungen mit jungen Autorinnen und Autoren aus Kärnten durchzuführen."

von Monika Schober

b) **Stimmt das? Lesen Sie das Zitat von Robert Musil (Z. 26–28) noch einmal. Kommentieren Sie und nennen Sie Beispiele.**

Das Café Musil, dessen Name ...

7.1
7.3

a) **Lesen Sie die Sätze und markieren Sie wie im Beispiel.**

	Hauptsatz 1	**Hauptsatz 2**
1	Das Café Musil ist heute ein beliebter Treffpunkt.	Sein Name erinnert an den Autor Robert Musil.
	Das Café Musil, dessen Name an den Autor Robert Musil erinnert, ist heute ein beliebter Treffpunkt.	
2	Es gibt hippe Coffeeshops.	Ihre Baristas bereiten viele Kaffeespezialitäten zu.
	Es gibt hippe Coffeeshops, deren Baristas viele Kaffeespezialitäten zubereiten.	

b) **Sammeln Sie weitere Sätze mit Relativpronomen im Genitiv auf S. 160–164 und markieren Sie wie in a).**

c) **Verbinden Sie die Sätze mit einem Relativpronomen im Genitiv.**

1 Die junge Autorin liest morgen im Café Musil. Ihr letzter Roman war ein Bestseller.
2 Der Barista hat seine Kaffeebar verkauft. Seine Kaffeespezialitäten waren sehr beliebt.
3 Das Unternehmen Nestlé verkauft seit 1938 löslichen Kaffee. Sein Gründer war Henri Nestlé.
4 Cafébesitzer*innen haben mehr Gäste. Ihre Cafés liegen im Zentrum.

Lerntipp
der/das (sein/seine) → dessen
die/die (Pl.) (ihr/ihre) → deren

Trotzdem wollte sie ...

a) **Sprechen Sie wie im Beispiel.**

– Das Café ist sehr teuer. Trotzdem ...
– Er mag keinen Kaffee. Trotzdem ...
– Sie hat viel zu tun. Trotzdem ...
– Er hat wenig Geld. Trotzdem ...
– Sie ist krank. Trotzdem ...
– Er ist müde. Trotzdem ...

Das Café ist sehr teuer.
Trotzdem ist es immer voll.

2.4

b) **Gegensätze mit *trotzdem* ausdrücken. Sammeln Sie weitere Beispiele und ergänzen Sie die Regel.**

Kaffee trinken in einer trendigen Kaffeebar kann ein teures Vergnügen sein. Trotzdem ...

Regel: Mit *trotzdem* beginnt ein ◯ Hauptsatz. / ◯ Nebensatz. Das Verb steht auf Position ◯ 1. / ◯ 2.

c) **Sagen Sie es anders. Formulieren Sie die Sätze aus a) mit *obwohl*.**

Obwohl das Café sehr teuer ist, ...

Obwohl er ...

Der coolste Laden in der Stadt

Lage, Größe, Spezialitäten, Atmosphäre, Gäste ... Machen Sie mit Ihrem Handy Fotos oder ein Video und stellen Sie das Café/Restaurant/den Club/... vor. Die anderen fragen nach und kommentieren.

1 Kaffee

a) **Was passt nicht? Streichen Sie durch.**

1 Heißgetränke	der Kaffee – der Tee – der Saft – der Glühwein – der Kakao
2 Kaffeespezialitäten	die Kaffeebohne – der Milchkaffee – der Espresso – der Filterkaffee
3 Orte zum Kaffeetrinken	der Coffeeshop – das Café – die Kaffeebar – der Kaffeeklatsch
4 beim Barista	bestellen – einkaufen – bezahlen – sich beschweren
5 Kaffee	genießen – zubereiten – kochen – entspannen

b) **Selbsttest. Lesen Sie den Text und ergänzen Sie passende Wörter aus a).**

Kaffee ist das beliebteste ________[1] der Deutschen. Ob heiß oder kalt, süß oder bitter, ________[2] ist sehr vielfältig. Zu den wichtigsten ________[3] gehören ________[4], Espresso, Milchkaffee sowie Eiskaffee. Einen guten Kaffee kann man zu Hause oder in einem *Café*[5] ________[6]. Dort bereiten ________[7] ihren Kundinnen und Kunden einen leckeren Kaffee zu. Cafés sind tolle ________[8], um Freunde zu treffen oder um zu entspannen.

Ein Barista bereitet einen Filterkaffee zu.

c) **Wörter und Wendungen. Ordnen Sie zu.**

1 ein absolutes Muss	**a** Ohne Kaffee funktioniert bei mir nichts.
2 vorstellbar	**b** Viele finden kalt gebrühten Kaffee cool.
3 heiß geliebt	**c** Für mich gehört zum Frühstück unbedingt eine Tasse Kaffee.
4 gar nichts geht	**d** Ein Tag ohne Kaffee ist für viele kaum denkbar.
5 Kult	**e** Der Kauf einer Espressomaschine ist oft mit hohen Kosten verbunden.
6 trendig	**f** Kaffee wird von vielen Menschen sehr gemocht.
7 ein teures Vergnügen	**g** Teure Kaffeemaschinen sind heute voll im Trend.

d) **Sagen Sie es anders und formulieren Sie die Sätze wie im Beispiel um. Die Magazinartikel auf S. 160–161 helfen.**

1 Für mich ist eine Tasse Kaffee zum Frühstück ein absolutes Muss.

2 Kaffeekultur

a) **Lesen Sie den Magazinartikel auf S. 160 noch einmal und kreuzen Sie an.**

1 In dem Text geht es um …

- **a** ◯ die Liebe der Deutschen zum Kaffee.
- **b** ◯ die beliebtesten Getränke der Deutschen.
- **c** ◯ die beste Zeit zum Kaffeetrinken.

2 Ohne Kaffee …

- **a** ◯ machen Pausen im Büro keinen Spaß.
- **b** ◯ wird man morgens nicht wach.
- **c** ◯ geht bei vielen nichts.

b) **Lesen Sie den Magazinartikel auf S. 161 noch einmal und kreuzen Sie an.**

1 In dem Text geht es um …

- **a** ◯ die neuen Kaffeespezialitäten.
- **b** ◯ die Lieblingskaffees von Kaffeegenießern.
- **c** ◯ den Trend zum guten Kaffee.

2 In den hippen Coffeeshops …

- **a** ◯ wird besonders gern kalt gebrühter Kaffee getrunken.
- **b** ◯ kann eine Tasse Kaffee ziemlich teuer sein.
- **c** ◯ bekommt man immer leckeren Kaffee.

3 Trinken Sie gern Kaffee?

a) **Hören Sie die Radiosendung aus Aufgaben 5a) und b) auf S. 160 noch einmal und kreuzen Sie an.**

		richtig	falsch
1	Der 1. Oktober ist seit 2006 ein Feiertag.	◯	◯
2	Fast Dreiviertel der Deutschen trinken täglich Kaffee.	◯	◯
3	Interviewpartner 1 trinkt seinen Kaffee am liebsten pur.	◯	◯
4	Interviewpartnerin 2 trinkt zu jeder Tageszeit gern Kaffee.	◯	◯
5	Interviewpartner 3 meint, dass Kaffeetrinken in Cafés ein tolles Vergnügen ist.	◯	◯
6	Interviewpartnerin 4 trinkt ihren Kaffee am liebsten vegan.	◯	◯

b) **Korrigieren Sie die falschen Aussagen.**

4 Der Kult um den Kaffee

a) **Selbsttest. Vom Wiener Kaffeehaus zum Coffeeshop. Lesen Sie den Informationstext und ergänzen Sie.**

Die europäische Kaffeekul t u r[1] begann im 17. Jahrhun _ _ _ _[2]. 1685 wurde das erste Ca _ _[3] in Wien gegrün _ _ _[4]. Man tr _ _[5] sich in den Kaffeehäusern, um sich zu unterha _ _ _ _[6] oder Zei _ _ _ _[7] zu lesen. Damals konnte man bei einer Ta _ _ _[8]
5 Kaffee viele Stu _ _ _ _[9] an seinem Tisch sit _ _ _[10] bleiben. Viele beka _ _ _ _[11] Schriftsteller*innen schri _ _ _ _[12] damals ihre Ro _ _ _ _[13] im Kaffeehaus. Man spricht heute von Kaffeehausliter _ _ _ _[14]. In den 1950er Ja _ _ _ _[15] mussten aber viele Kaffeehäuser schlie _ _ _[16]. Man sagte, dass die Menschen wegen des
10 Fernse _ _ _ _[17] nicht mehr so oft ausg _ _ _ _ _[18]. In den Zeitungen sprach man da _ _ _ _[19] von einem Kaffeehaussterben. Aber s _ _ _[20] den 1990er Jahren interessieren sich wieder mehr Le _ _ _[21] für Cafés. Das sieht man an den vielen Coffees _ _ _ _[22] in den Innenstädten.

b) **Lesen Sie den Informationstext noch einmal und fassen Sie ihn in zwei bis drei Sätzen zusammen.**

c) **Sie haben in einer Online-Zeitung einen Beitrag zum Thema „Hippe Coffeeshops" gelesen. Eine Leserin hat folgenden Kommentar gepostet. Schreiben Sie Ihre Meinung zum Thema (circa 80 Wörter).**

Anushka Bulgakova [vor 2 Stunden]

Viele besuchen heute regelmäßig trendige Coffeeshops wie z. B. „Starbucks" oder „Costa Coffee". Ich frage mich allerdings, warum sie so beliebt sind. Klar, man kann dort aus vielen unterschiedlichen Kaffeespezialitäten auswählen. Und man bekommt natürlich auch einen kostenlosen Internetzugang, damit man mobil arbeiten kann. Aber ich finde, dass ein Kaffee dort meistens viel zu teuer ist. Ich trinke meinen Kaffee am liebsten in einem kleinen Café bei mir in der Nähe. Hier bekomme ich auch richtig guten Kaffee zu einem fairen Preis. Und das Beste: Ich werde bedient! :-)

5 Umweltbewusst Kaffee genießen

a) **Lesen Sie den Blogartikel auf S. 162 noch einmal. Kreuzen Sie die richtige Lösung an.**

1 Der Blogger Jean Noël ...
- **a** ◯ fragt sich, ob man umweltbewusst Kaffee genießen kann.
- **b** ◯ ist ein Kaffeeliebhaber.
- **c** ◯ macht Werbung für den Umweltschutz.

2 Er meint, dass ...
- **a** ◯ Fairtrade-Kaffee für viele zu teuer ist.
- **b** ◯ die Käufer*innen sich niedrige Kaffeepreise wünschen.
- **c** ◯ Kaffeetrinker*innen die Kleinbauern durch faire Kaffeepreise unterstützen sollten.

3 Er findet, dass ...
- **a** ◯ Kapselmaschinen in Ordnung sind.
- **b** ◯ man Kaffeekapseln nicht kaufen sollte.
- **c** ◯ man Kaffeekapseln gut entsorgen kann.

4 Mit einer French Press ...
- **a** ◯ kann man guten Kaffee kochen.
- **b** ◯ sollte man Fairtrade-Kaffee benutzen.
- **c** ◯ kann man Geld sparen.

5 Einwegbecher für einen Kaffee unterwegs ...
- **a** ◯ werden immer beliebter.
- **b** ◯ gehören zum Alltag.
- **c** ◯ sind ein Problem.

Fairtrade

b) **Markieren Sie die passenden Fragewörter in 1–8 und verbinden Sie Fragen und Antworten.**

1. *Warum/Wem* schreibt Jean Noël seinen Blog?
2. *Wie/Wann* beginnt für ihn ein gelungener Tag?
3. *Was/Wie viel* trinkt er morgens gern?
4. *Worauf/Wofür* achten immer mehr Menschen?
5. *Wovor/Womit* schützt Fairtrade-Kaffee?
6. *Weshalb/Wozu* ist er gegen Kapselmaschinen?
7. *Wieso/Wem* empfiehlt er unterwegs Mehrwegbecher?
8. *Wozu/Wie* soll Fairtrade-Kaffee denn gut sein?

- **a** Weil sie viel Müll produzieren.
- **b** Wenn man Fairtrade-Kaffee kauft, hilft man den Kaffeebauern.
- **c** Frisch gebrühten Kaffee.
- **d** Auf fair gehandelten Kaffee.
- **e** Weil er Kaffee liebt.
- **f** Vor Armut.
- **g** Weil man so die Umwelt schützt.
- **h** Mit einer Tasse Kaffee.

c) ***Warum, wieso, weshalb?*** **Lesen und ergänzen Sie.**

Mit den Fragewörtern *warum, wieso* und *weshalb* fragt man nach dem Grund. Sie haben die gleiche Bedeutung. *Warum* und *wieso* benutzt man sehr oft in der gesprochenen Sprache. Auf Fragen mit *warum, wieso* und *weshalb* kann man mit einem Nebensatz mit __________ antworten.

d) **Trinkt Fairtrade-Kaffee! Der Imperativ in der du-Form. Ergänzen Sie wie im Beispiel.**

1. Trinkt Fairtrade-Kaffee!
2. Produziert weniger Müll!
3. Verwendet Mehrwegbecher!
4. Nehmt noch ein Stück Kuchen!

Trink Fairtrade-Kaffee! ....

Minimemo

Imperativ im Singular
2. Pers. Sg. Präsens minus *-st*
du siehst – Sieh mal!
aber:
du fährst - Fahr!
du läufst - Lauf!

6 Einwegbecher oder Mehrwegbecher?

a) **Lesen Sie die Leserbriefe. Wählen Sie: Ist die Person für ein Verbot?**

In einer Zeitschrift lesen Sie Kommentare zu einem Artikel über das Verbot von Einwegbechern.

1 Olaf	Ja	Nein	
2 Hanna	Ja	Nein	
3 Nayla	Ja	Nein	
4 Nikolaos	Ja	Nein	

Leserbriefe

1 Ich liebe es, bei meinem Bäcker einen Kaffee für meine Zugfahrt zur Arbeit zu holen. Ich weiß, dass die Einwegbecher problematisch für die Umwelt sind und negative Folgen wie z. B. verschmutzte Fußgängerzonen haben. Ich denke aber, dass die Städte mehr Mülleimer aufstellen und diese auch öfter leeren sollten. Wieso Einwegbecher verbieten, wenn so viele Lebensmittel in Plastik eingepackt werden?
Olaf, 55, Reutlingen

2 Wer entscheidet eigentlich, wie wir unseren Kaffee trinken dürfen? Ich persönlich benutze unterwegs zwar einen Mehrwegbecher, aber mich stört es nicht, wenn andere ihren Coffee to go aus einem Einwegbecher trinken. Der Staat sollte nicht alles verbieten. Ich finde es wichtiger, die Menschen über die Probleme, die Einwegbecher verursachen, zu informieren. Dann würden sehr viele freiwillig ihren Kaffee unterwegs aus einem Mehrwegbecher trinken.
Hanna, 43, Essen

3 Statistisch gesehen benutzt jeder in Deutschland pro Jahr 70 Wegwerfbecher aus Papier oder Plastik für Limo, Bier, Kaffee oder Tee. Für den schnellen Kaffee-Genuss unterwegs müssen jährlich mehr als 26.000 Bäume gefällt werden. Das finde ich total schlimm! Und man kann die Becher auch nicht richtig recyceln. Wer klar denken kann, weiß, dass man endlich etwas dagegen tun muss. Je früher, desto besser!
Nayla, 19, Bochum

4 Coffee to go – das geht doch auch umweltfreundlich! Ich trinke zwar auch gern Kaffee unterwegs, aber ich bringe meinen Kaffee einfach von zu Hause in einer Thermoskanne mit, denn auch Mehrwegbecher sind nicht gut für die Umwelt. Und wenn ich Zeit habe, gehe ich gern in ein Café und trinke den Kaffee dort aus einer richtigen Tasse. Einwegbecher verursachen viel Müll und verschwenden Ressourcen. Ganz klar – sie müssen weg!
Nikolaos, 24, Passau

b) **Sollten Einwegbecher verboten werden? Schreiben Sie Ihre Meinung zum Thema.**

7 Informationen verbinden

a) **Selbsttest. Was passt zusammen? Verbinden Sie und markieren Sie wie im Beispiel.**

1 Marina mag sowohl Tee → **b**
2 Aber sie mag weder Bier
3 Kilian trinkt mittags entweder einen Espresso
4 Viele trinken Kaffee nicht nur zu Hause,
5 Yanara versucht zwar weniger Kaffee zu trinken,
6 Je mehr Kaffee ich nachmittags trinke,

a desto schlechter schlafe ich.
b als auch Kaffee.
c noch Wein.
d aber das ist nicht einfach.
e oder einen Cappuccino.
f sondern auch unterwegs.

b) **Hören Sie und kontrollieren Sie in a).** 4.06

c) **Ordnen Sie die Aussagen 1–6 aus a) den Bedeutungen zu. Die Markierungen in a) helfen.**

◯ A + B - beides, das zweite wird betont
◯ A oder B - das eine oder das andere
◯ A + B - das eine und das andere
◯ nicht A und nicht B - beides nicht
(5) positives/negatives Argument oder negatives/positives Argument – es gibt ein Gegenargument
◯ beides wird mehr oder weniger – zwei Sachen werden verglichen + Komparativ

8 Die neuen Trends beim Kaffeekonsum. **Hören Sie die Radiosendung aus Aufgabe 2a) auf S. 163 noch einmal und ergänzen Sie die Zusammenfassung.**

1 In der Radiosendung ging es um ______

2 Die österreichischen Kaffeehersteller veröffentlichten einen Bericht über ______

3 Beim Kaffeekonsum hat sich in den letzten Jahren ______

4 Früher sollte der Kaffee vor allem ______

5 Viele Menschen in Österreich wollen jetzt ______

6 Fairtrade-Kaffee und Qualität liegen heuer ______

7 Immer mehr Österreicher*innen wollen ______

8 So hat sich z. B. der Cold brew zum ______

9 Frisch gekochter Kaffee

a) **Schreiben Sie die Sätze mit Partizip II-Formen wie im Beispiel.**

1 Der Kaffee, der frisch gekocht wurde, ist lecker.
2 Die Becher, die weggeworfen wurden, verschmutzen die Straßen.
3 Die Kaffeemaschine, die repariert wurde, wurde gestern abgeholt.
4 Das Café, das renoviert wurde, ist jetzt noch beliebter.

Der frisch gekochte Kaffee ist lecker.

b) **Ergänzen Sie passende Partizip-II-Formen wie im Beispiel. Achten Sie auf die Endungen.**

aufräumen • kaufen • unterschreiben • öffnen • ~~auftreten~~ • vergessen • weiterleiten • korrigieren

1 Glaubst du, dass ein ______ Büro die Zufriedenheit verbessert? – Auf jeden Fall!

2 Mein neu ______ Bürostuhl ist sehr bequem.

3 Hast du mir den ______ Bericht schon gemailt? – Nein, noch nicht.

4 Hast du die ______ E Mails bekommen? – Ja. Danke.

5 Das Computerprogramm kann sich die zuletzt ______ Ordner merken.

6 Sie konnte die *aufgetretenen* Fehler im Programm schnell finden.

7 Zum Glück konnte er seine ______ Passwörter schnell ändern.

c) **Was passt zusammen? Es gibt mehrere Möglichkeiten.**

ein gut ausgebildeter Mitarbeiter

beantwortet • gut geschrieben • verkauft • gelöst • abgeschlossen • veröffentlicht • abgelehnt • bestellt • gut ausgebildet • verschickt

ein Mitarbeiter • ein Roman • ein Haus • ein Problem • eine Studie • eine Bewerberin • ein Projekt • Fragen • eine Einladung • ein Essen

10 Flüssig sprechen. **Hören Sie und sprechen Sie nach. Achten Sie auf *g* und *k*.**

4.07

1 frisch gebrühtem Kaffee – den Duft von frisch gebrühtem Kaffee – Morgens liebe ich den Duft von frisch gebrühtem Kaffee.
2 in Bio-Qualität trinken – fair gehandelten Kaffee in Bio-Qualität trinken – Unsere Gäste wollen fair gehandelten Kaffee in Bio-Qualität trinken.
3 nach Deutschland transportiert – auf Schiffen nach Deutschland transportiert – Die geernteten Kaffeebohnen werden auf Schiffen nach Deutschland transportiert.

11 Fünf Jahre Café Musil

a) **Verbinden Sie die Nomen und Verben. Vergleichen Sie mit dem Zeitungsartikel auf S. 164.**

1	ein Café	a	genießen
2	Freunde	b	eröffnen
3	einen Kaffee	c	kontrollieren
4	sich einen Traum	d	erfüllen
5	einen Job	e	feiern
6	Impfpässe	f	unterstützen
7	ein Jubiläum	g	kündigen
8	einen Plan	h	treffen

Steffi Mayr, Unternehmerin

b) **Lesen Sie das Interview mit Steffi Mayr. Ergänzen Sie die Verben aus a).**

Schober: Sie *feiern* [1] im Café Musil am Samstag Ihr fünfjähriges Jubiläum. Weshalb wollten Sie ein Café _____ [2]? Sie waren doch eine erfolgreiche Managerin.

Mayr: Mein Job hat mir nicht mehr so viel Spaß gemacht. Ich wollte mich schon länger selbstständig machen. Da meine Eltern und Freunde mich bei diesem Plan finanziell _____ [3], konnte ich meinen Traum von einem eigenen Café _____ [4].

Schober: Wann haben Sie Ihren Job als Managerin _____ [5]?

Mayr: Vor sechs Jahren.

Schober: Wie haben Sie die Pandemie erlebt?

Mayr: Das war sehr anstrengend. Es kamen weniger Gäste und wir mussten alle Impfpässe _____ [6]. Und persönlich war es auch nicht einfach, denn in der Zeit habe ich kaum Freunde _____ [7].

4.08

c) **Der Kaffee-Podcast. Hören Sie das Interview mit Steffi Mayr und markieren Sie die richtigen Aussagen.**

1. Der 1. Oktober ist seit 2006 ein Feiertag.
2. Im Café Musil trinkt sie gern Cappuccino oder Espresso.
3. Beim Cappuccino muss die Milch sehr heiß sein.
4. In Japan hat sie in einer trendigen Kaffeebar einen tollen Filterkaffee getrunken.
5. Man muss seinen Gästen nur guten Kaffee anbieten, dann macht man auch Gewinn.
6. Sie hat viele gute Mitarbeiter*innen.

d) **Korrigieren Sie die falschen Aussagen in c).**  *1 Steffi Mayr trinkt ...*

12 Wie magst du deinen Kaffee?

2.08

a) **Videokaraoke. Sehen Sie sich das Video an und antworten Sie.**

b) **Sehen Sie sich das Video noch einmal an und beantworten Sie die Fragen.**

1. Warum kocht Adrian Kaffee?
2. Wohin hätte er den Besuch gern geschickt?
3. Wann hat er als Barista gearbeitet?
4. Womit macht er den Cappuccino?
5. Warum bekommt Franziska einen Coffee to go?

13 Kaffee und Kuchen

a) **Ergänzen Sie die Relativpronomen.**

1 Das Café, in ________________ ich oft Kaiserschmarren bestellt habe, wird renoviert.

2 Die Kollegen, mit ________________ ich oft Pause mache, sind heute auf Dienstreise.

3 Ich liebe den Apfelstrudel, ________________ sie hier nach Wiener Rezept backen.

4 Der Barista, ________________ so einen tollen Cappuccino zubereitet, ist heute leider krank.

5 Die Kaffeespezialitäten, ________________ hier angeboten werden, sind total lecker.

6 Unsere Diskussion, an ________________ auch Prof. Krumm teilnimmt, findet am Mittwoch statt.

b) **Verbinden Sie die Sätze mit einem Relativpronomen im Genitiv. Achten Sie auf die Kommas.**

1 Das Unternehmen Julius Meinl ist sehr erfolgreich. Seine Geschichte begann vor 150 Jahren.
2 Die French Press wurde um 1850 erfunden. Ihr Erfinder war ein Franzose.
3 Melitta Bentz war eine Hausfrau in Dresden. Ihre Kaffeefilter veränderten das Kaffeetrinken.
4 Das ist das Café Musil. Seine Besitzerin war früher Managerin.
5 Jean Noël hat Kaffeebauern in Brasilien besucht. Sein Blog wird von vielen gelesen.
6 Die Baristas haben eine neue Kaffeebar gegründet. Ihre Gäste lieben sie wegen ihrer Kreativität.

1 Das Unternehmen Julius Meinl, dessen ...

14 Trotzdem gründete sie ein Café

a) **Verbinden Sie die Sätze mit *trotzdem*.**

1 Es war kalt und hat geregnet, trotzdem ...

1 Es war kalt und hat geregnet. Viele Menschen sind zur Jubiläumsfeier gekommen.
2 Sie hatte einen gut bezahlten Job. Sie hat sich selbstständig gemacht.
3 Das Café liegt nicht zentral. Es kommen immer viele Gäste.
4 Der Wein ist nicht billig. Er wird gern und oft bestellt.

b) **Ergänzen Sie *trotzdem* oder *obwohl*.**

1 Zu Hause trinken wir Fairtrade-Kaffee, ________________ er etwas teurer ist.

2 Eigentlich schmeckt mir Espresso nicht, ________________ mache ich mir oft einen in der Pause.

3 Ich finde Einwegbecher nicht so gut, ________________ hole ich mir oft einen Coffee to go.

4 Wir haben lange Pause gemacht, ________________ wir viel zu tun haben.

15 Ein cooler Laden. **Beschreiben Sie. Die Redemittel helfen.**

Ort
... befindet sich / ist im Zentrum / am Stadtrand / ...
... liegt (sehr/nicht so) günstig/zentral / in der Nähe von ... / bei ...
Spezialitäten/Angebot
Dort gibt es ... / kann man (günstig) ... kaufen/bestellen/essen/...
... ist bekannt für ...
Die Gäste/Kund*innen lieben/genießen (gern/häufig) ...
Atmosphäre
Das Café / Der Laden ist (sehr) gemütlich/entspannt/ruhig/laut/...
Die Möbel sind modern/altmodisch/bequem/...
Das Personal ist / Die Mitarbeiter*innen sind freundlich/nett/...

Fit für Einheit 11?

1 Mit Sprache handeln

über Kaffee und Cafés sprechen

Ich trinke jeden Tag / mehrmals in der Woche / nie / ... Kaffee.
Am liebsten/häufigsten trinke ich Filterkaffee/Espresso/Cappuccino/...
Eine Tasse Kaffee am Morgen ist für mich ein absolutes Muss!
Ohne Kaffee geht bei mir gar nichts / werde ich morgens nicht wach.
Der Duft von Kaffee hebt meine Laune.
Ich trinke meinen Kaffee (fast immer) mit (Hafer-)Milch / schwarz / ohne Zucker / ...

über Nachhaltigkeit diskutieren

Beim Kaffeekauf achte ich auf fair gehandelten Kaffee, weil Fairtrade-Kaffee gerechter ist.
Wenn man Fairtrade-Kaffee trinkt, unterstützt man die Kaffeebauern.
Ich vermeide Kaffeekapseln.
Unterwegs verwende ich Mehrwegbecher.

Wozu soll das denn gut sein?
Mehrwegbecher? Davon halte ich gar nichts / viel!

ein Café, ein Restaurant, einen Club beschreiben

... befindet sich / ist im Zentrum / am Stadtrand / ... von ...
... liegt (sehr/nicht so) günstig/zentral / in der Nähe von ... / bei ...
Dort gibt es ... / kann man (günstig) ... kaufen/bestellen/essen/...
Die Gäste/Kund*innen lieben/genießen ...
Das Café / Der Laden ist (sehr) gemütlich/entspannt/ruhig/trendig/...
Das Personal ist / Die Mitarbeiter*innen sind freundlich/nett/...

2 Wörter, Wendungen und Strukturen

Kaffee

löslichen Kaffee / Filterkaffee trinken, den Kaffee in der French Press mit heißem Wasser aufgießen, gemahlenen Kaffee kaufen, Kaffeespezialitäten zubereiten

Partizip II als Adjektiv

Morgens trinke ich zwei Tassen frisch gebrühten Kaffee.
Es kommen viele Gäste in das neu eröffnete Café am Marktplatz.
Am Sonntag gibt es selbst gebackenen Kuchen.
Für die Stelle braucht man eine abgeschlossene Berufsausbildung.

Relativsätze im Genitiv

Die Autorin, deren Kriminalromane sehr erfolgreich sind, lebt heute in Wien.
Der Kaffehaus-Besitzer, dessen Enkel heute das Café führen, starb 2011.
Die beiden Baristas, deren Kaffeespezialitäten sehr beliebt sind, haben ein neues Café eröffnet.

Widersprüche und Gegensätze mit *trotzdem* ausdrücken

Das Café ist sehr teuer. Trotzdem ist es immer voll.
Sie hat eine Erkältung. Trotzdem geht sie ins Büro.

3 Aussprache

***k, c, ck* und *g*:** Ich genieße meinen Kaffee gerne in einem gemütlichen Café. Kalt gebrühter Kaffee hat mir schon immer gut geschmeckt.

Zufallserfindungen

Das ging schief – zum Glück!

Leonardo da Vinci, Melitta Bentz, Grace Hopper oder Otto Diesel? Über die Frage, wer die größten Erfinder und Erfinderinnen aller Zeiten sind, kann man sich streiten. Ganz sicher gibt es zahlreiche überzeugende Argumente und Antworten. Aber eine Antwort ist wahrscheinlich nicht dabei: der Zufall! Denn nicht immer haben Erfinderinnen und Erfinder viel Zeit, Mühe und Geld in ihre Erfindungen investiert. Vieles entstand einfach zufällig, während sie auf der Suche nach etwas ganz anderem waren. Oder eine Idee ging schief oder total in die Hose, weil sie nicht so funktionierte, wie es gedacht war. Das Besondere an diesen zufälligen Erfindungen ist, dass das Ergebnis so zwar nicht geplant war. Aber es war trotzdem überzeugend, weil es lecker, im Alltag nützlich oder wichtig für die Wissenschaft war. Die vielen nützlichen Zufallserfindungen sind sicher ein Grund, unsere Einstellung zu Pleiten, Pech und Pannen zu überdenken, denn sie können die Welt verändern.

---

1 Ideen und Erfindungen

a) Welche Erfindungen benutzen Sie oft, manchmal oder nie? Überfliegen Sie die Collage, sammeln und berichten Sie.

b) Wer hat's erfunden? Ordnen Sie die Informationen den Erfinder*innen und ihren Erfindungen zu und berichten Sie.

c) Kunstwort *Tesa*. Lesen Sie den Eintrag noch einmal und erklären Sie es mit Ihrem Namen.

Mit meinem Namen würde es Tafo heißen.

2 *Das ging schief!*

a) Was haben die Erfinder*innen aus dem Magazinartikel wann erfunden? Lesen Sie bis Zeile 5. Recherchieren und berichten Sie.

b) Wen halten Sie für den größten Erfinder oder die größte Erfinderin? Begründen Sie.

c) Lesen Sie weiter. Erklären Sie, warum der Zufall ein großer Erfinder ist und warum Pleiten, Pech und Pannen die Welt verändern können.

d) Welche Erfindung aus 1b) wurde Ihrer Meinung nach eher zufällig gemacht? Begründen Sie.

Die Currywurst war doch reiner Zufall! Frau Heuwer hat bestimmt …

3 *Das ging schief* und *das ging in die Hose*

a) Erklären Sie die Wendungen und vergleichen Sie mit Ihren Sprachen.

b) Was ging bei Ihnen schon einmal schief / total in die Hose? Berichten Sie.

4 Erfindungen aus aller Welt

a) Recherchieren und berichten Sie. Die Redemittel helfen.

b) Welche Erfindungen beeinflussen Ihr Leben sehr? Sammeln Sie.

c) Auf welche Erfindung könnten Sie am ehesten / (gar) nicht verzichten? Machen Sie Vorschläge, diskutieren Sie und einigen Sie sich auf eine Top-3-Liste.

Ich kann mir ein Leben ohne … nicht vorstellen. Aber auf … kann ich gut verzichten.

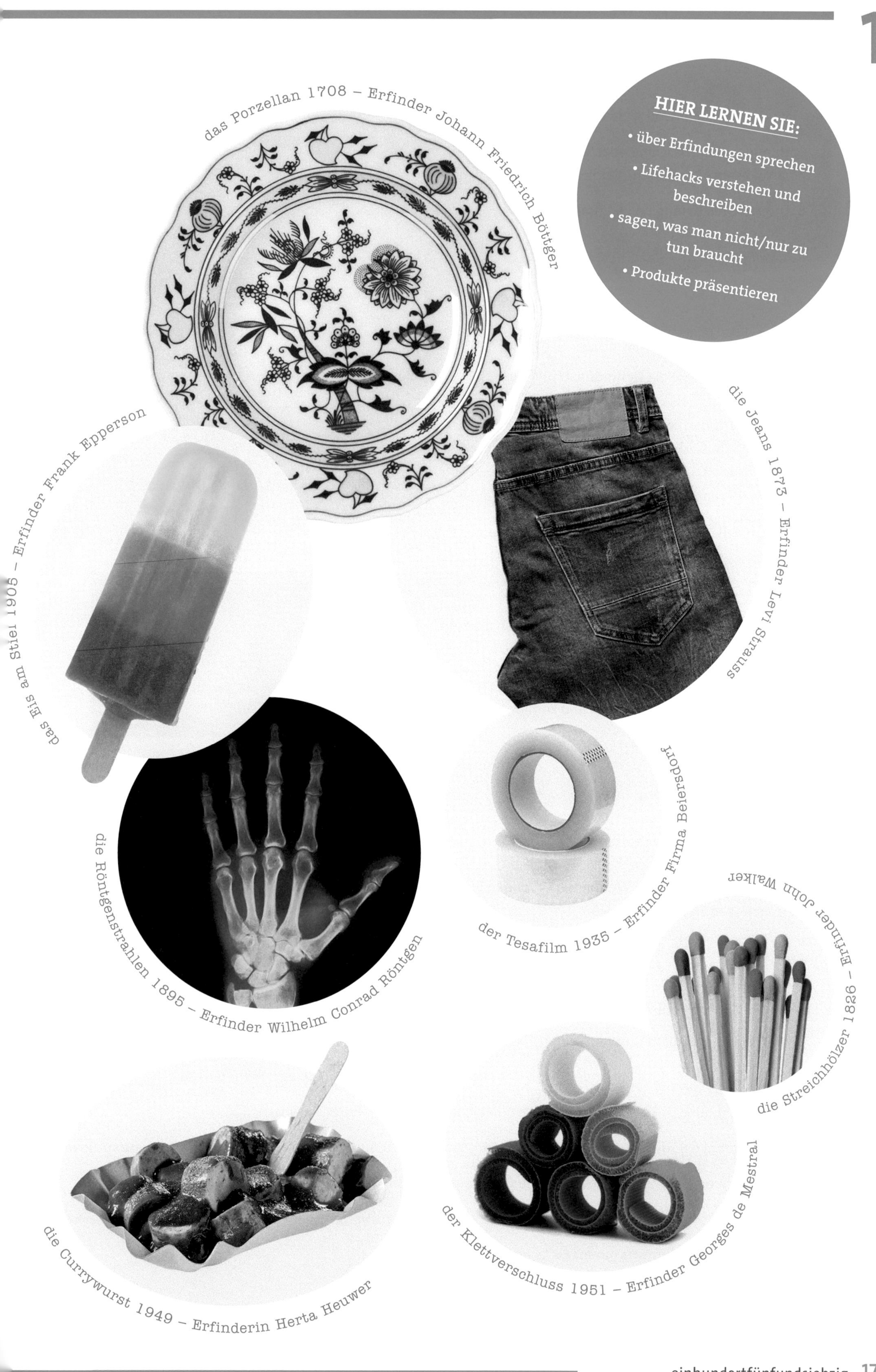

HIER LERNEN SIE:

- über Erfindungen sprechen
- Lifehacks verstehen und beschreiben
- sagen, was man nicht/nur zu tun braucht
- Produkte präsentieren

das Porzellan 1708 – Erfinder Johann Friedrich Böttger

die Jeans 1873 – Erfinder Levi Strauss

das Eis am Stiel 1905 – Erfinder Frank Epperson

der Tesafilm 1935 – Erfinder Firma Beiersdorf

die Röntgenstrahlen 1895 – Erfinder Wilhelm Conrad Röntgen

die Streichhölzer 1826 – Erfinder John Walker

die Currywurst 1949 – Erfinderin Herta Heuwer

der Klettverschluss 1951 – Erfinder Georges de Mestral

 So einfach ist das?

a) **Hammer, Bohrmaschine oder Säge? Wie öffnet man eine Kokosnuss am besten? Vergleichen Sie Ihre Lösungen.**

b) **Lesen Sie die Lösung und kommentieren Sie.**

Da wäre ich nie draufgekommen!

Was, so einfach soll das sein?

Einfach genial!

c) **Lifehack. Lesen Sie die Definition. Erfüllt die Lösung in b) die Kriterien? Vergleichen Sie.**

> **Lifehack** (m.), -s, -s [engl. life = Leben; hack = Trick]: eine den Alltag erleichternde kreative Lösung für ein Problem. Die Lösung soll einfach und mit wenigen Mitteln anwendbar sein. Lifehacks findet man oft als Videoclips im Internet.

Klasse! Man braucht keine ...!

Ja, die Lösung erleichtert den Alltag ...

2 Lifehacks mit ...

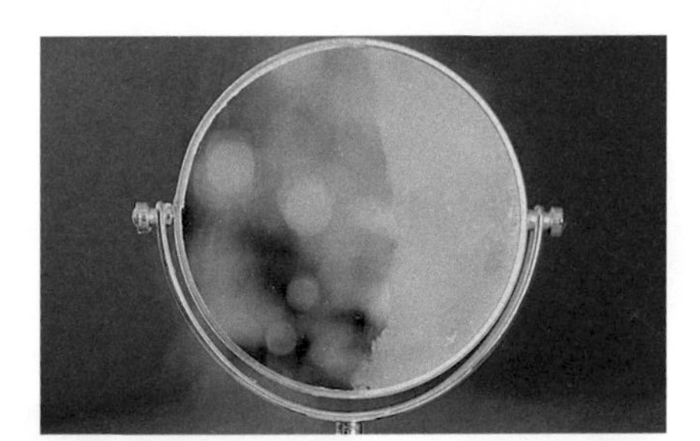

a) **Um welche Probleme geht es? Sehen Sie sich die Fotos an und formulieren Sie Vermutungen.**

2.09

b) **Zwei Probleme – zwei überzeugende Lösungen? Sammeln Sie im Video. Berichten und kommentieren Sie.**

Quietschende Türen sind ...

Ich finde die Lösung überzeugend, weil ...

Das überzeugt mich noch nicht. Das muss ich ...

c) **Im Auto, beim Kochen ... Welche Hacks kennen Sie, welche nutzen Sie? Berichten Sie.**

3 *Ihr braucht nicht/nur ...*

a) **Lesen Sie die Aussagen und kreuzen Sie das richtige Modalverb an.**

1 Ihr braucht nach dem Duschen keinen Spiegel mehr zu putzen.

Ihr ◯ könnt ◯ dürft ◯ müsst ◯ wollt nach dem Duschen keinen Spiegel mehr putzen.

2 Ihr braucht nur den Rasierschaum auf die quietschenden Scharniere zu sprühen.

Ihr ◯ könnt ◯ dürft ◯ müsst ◯ wollt nur den Rasierschaum auf die quietschenden Scharniere sprühen.

3 Ihr braucht eine Kokosnuss nicht mit einem Hammer oder einer Säge zu öffnen.

Ihr ◯ könnt ◯ dürft ◯ müsst ◯ wollt eine Kokosnuss nicht mit einem Hammer oder einer Säge öffnen.

4 Ihr braucht die Kokosnuss nur ins Eisfach zu legen.

Ihr ◯ könnt ◯ dürft ◯ müsst ◯ wollt sie nur ins Eisfach legen.

17

b) **Lesen Sie Ihre Lösungen in a) laut und vergleichen Sie.**

c) **Ergänzen Sie die Minidialoge wie im Beispiel. Lesen Sie sie dann mit Ihrem Partner / Ihrer Partnerin.**

Jetzt wäre ein Kaffee super!
Du brauchst nur ins Café zu gehen. Ich komme gerne mit.

d) **Formulieren Sie die Sätze in c) mit *müssen*.**

Den Alltag erleichternde Lösungen

a) **Sammeln Sie sechs Partizip I-Formen auf S. 174–176 und in den Texten in der App. Schreiben Sie wie im Beispiel, vergleichen Sie und ergänzen Sie die Regel.**

den Alltag erleichternde Lösungen: *Lösungen, die den Alltag erleichtern*

19.1

Regel: Partizip I = Verb im Infinitiv + ________. Das Partizip I kann wie ein Adjektiv vor einem Nomen verwendet werden.

4.09

b) **Hören Sie und sprechen Sie nach. Achten Sie auf *-end-*.**

1 hängend – an Hosen hängend – an Hosen hängende Kletten
2 leuchtend – hell leuchtend – ein hell leuchtendes Papier
3 quietschend – laut quietschend – eine laut quietschende Tür
4 einfrierend – im Eisfach einfrierend – im Eisfach einfrierendes Wasser
5 überzeugend – wirklich überzeugend – drei wirklich überzeugende Argumente

die Kletten

c) **Partizip I. Welche Definition passt? Analysieren Sie und kreuzen Sie an. Das Beispiel hilft.**

So ein tropfender Wasserhahn nervt total!

◯ Es beschreibt etwas, das genau in diesem Moment passiert oder Handlungen, die gleichzeitig stattfinden.

◯ Es beschreibt etwas, das man plant oder Handlungen, die in einer Reihenfolge stattfinden.

d) **Muttis Spaghetti-Hacks. Lesen Sie laut. Ihr Partner / Ihre Partnerin bestätigt wie im Beispiel.**

Geben Sie die Spaghetti immer in kochendes Wasser.
Richtig! Geben Sie die Spaghetti immer in Wasser, das kocht!

Mein Lifehack

a) **Analysieren Sie einen Hack aus 2b). Das Manuskript auf S. 293 und die Textgrafik helfen.**

b) **Recherchieren Sie einen Lifehack und beschreiben Sie ihn wie in a).**

c) **Drehen Sie ein Video zu Ihrem Lifehack oder nehmen Sie einen Podcast auf.** ODER **Beschreiben Sie in einer Mail an einen Freund / eine Freundin ein Alltagsproblem und was er/sie nur zu tun braucht, um es zu lösen.**

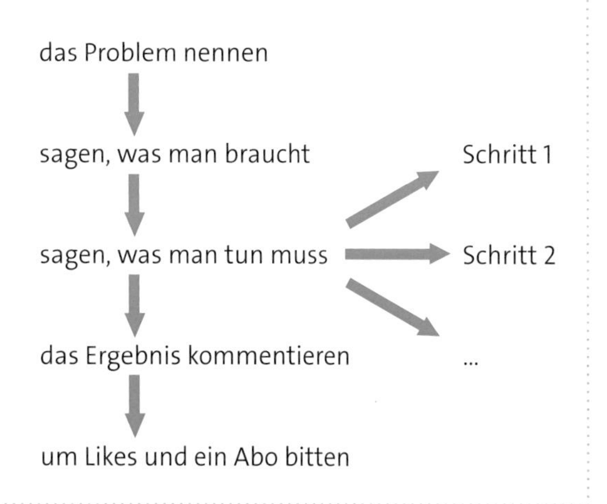

1 Präsentationen

In der Schule, im Beruf, auf dem Markt, auf einer Messe oder Ausstellung. Haben Sie schon einmal präsentiert oder an einer Präsentation teilgenommen? Um welches Thema ging es? Berichten Sie. Die Fotos helfen.

Auf dem Markt werden ... angeboten.

Im Beruf geht es in Präsentationen oft um ...

Stimmt, und man kann Fragen zu ... stellen.

In einer Kunstausstellung hat eine Malerin ihre Bilder ...

2 Präsentationen sind ...

a) **Sehen Sie sich die Karikatur an und denken Sie an die schlechteste Präsentation, die Sie gesehen haben. Warum war sie nicht so gut? Was ging schief? Berichten Sie.**

Die Präsentation hatte kein klares Ziel.

Der Referent hat nur Folien ...

Die Referentin hat zu leise ...

15 Folien in zwei Minuten – das war viel zu viel!

b) **So geht es besser! Lesen Sie die Tipps. Wählen Sie die drei Ihrer Meinung nach wichtigsten Tipps aus und vergleichen Sie.**

Business aktuell

Erfolgreich präsentieren – Tipps für Ihre Präsentation

Mit etwas Vorbereitung und unseren Tipps ist Ihre nächste Präsentation absolut überzeugend!

1 ◯ Sehen Sie die Zuhörer*innen direkt an und lächeln Sie.
2 ◯ Ihre Präsentation muss gut aufgebaut sein.
3 ◯ Der erste Satz ist besonders wichtig. Er muss Interesse wecken.
4 ◯ Die Präsentation darf nicht zu lang sein.
5 ◯ Nennen Sie nicht mehr als drei Vorteile Ihres Produkts / Ihrer Idee. Die können sich die Zuhörer*innen gut merken.
6 ◯ Notieren Sie auf Karten, was Sie sagen möchten. Stichpunkte reichen!
7 ◯ Sprechen Sie frei, lesen Sie nicht vor. Üben Sie die Präsentation.

c) **Ergänzen Sie eigene Tipps in b). Ihre Kommentare aus a) helfen.**

3 Ein Produkt präsentieren

4.10

a) Hören Sie die Produktpräsentation. Notieren Sie das Produkt und seine Eigenschaften. Berichten Sie.

b) Typisch Präsentationen. Hören Sie noch einmal und markieren Sie die Redemittel, die der Referent nutzt.

c) Nennen Sie Tipps aus 2b) und c), die der Referent beachtet.

4 „Das Eis brechen“ – Kontakt herstellen

a) Witze, Erlebnisse ... Welchen Eisbrecher nutzt der Referent in der Präsentation in 3a)? Berichten Sie.

b) Welche Funktionen haben Eisbrecher? Kreuzen Sie an und vergleichen Sie.

Eisbrecher sollen die Zuhörer*innen in einer Präsentation

1 ◯ zum Lachen bringen. Lachen entspannt und schafft eine gute Atmosphäre.

2 ◯ über den Aufbau der Präsentation informieren, denn Fakten sind wichtig.

3 ◯ auf Themen oder Probleme, die die Präsentation anspricht, aufmerksam machen.

4 ◯ über Kosten informieren, damit sie entscheiden, ob sie das Produkt kaufen.

5 ◯ motivieren, über eigene Erfahrungen mit dem Thema/Produkt / der Idee nachzudenken.

5 *Ich habe noch eine Frage ...*

a) Stellt man in Ihrem Land Fragen zu einer Präsentation? Warum (nicht)? Diskutieren Sie in einer gemeinsamen Sprache. Vergleichen Sie die Gründe und berichten Sie auf Deutsch.

Auf keinen Fall, weil man ...!

Wer Fragen stellt, zeigt Interesse. Das ist doch ...

4.11

b) Welche Fragen zum Produkt haben die Zuhörer*innen? Hören Sie Teil 2 der Präsentation aus Aufgabe 3a) und markieren Sie die Antworten in der Produktbeschreibung.

c) Welche Frage(n) der Zuhörer*innen beantwortet der Referent nicht? Vergleichen Sie.

d) Formulieren Sie auch Fragen an den Referenten. Die Satzanfänge helfen.

e) Beantworten Sie Ihre Fragen mit Informationen aus b).

6 Eine Produktpräsentation vorbereiten

a) Wählen Sie ein Produkt. Notieren Sie wichtige Eigenschaften und Vorteile.

das T-Shirt

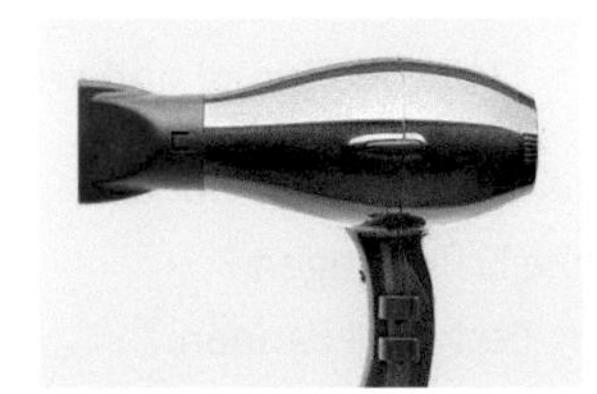
der Föhn

die Wärmflasche

die Chili-Schokolade

b) Planen Sie Ihre Präsentation mit einem Produkt aus a) oder einem Produkt Ihrer Wahl. Machen Sie Notizen. Die Tipps in 2b) und 4b) helfen.

c) Präsentieren Sie Ihr Produkt. Ihr Partner / Ihre Partnerin stellt Fragen. Tauschen Sie dann die Rollen.

1 Einfach genial!

a) **Vergleichen Sie mit S. 175 und ergänzen Sie die Erfindungen.**

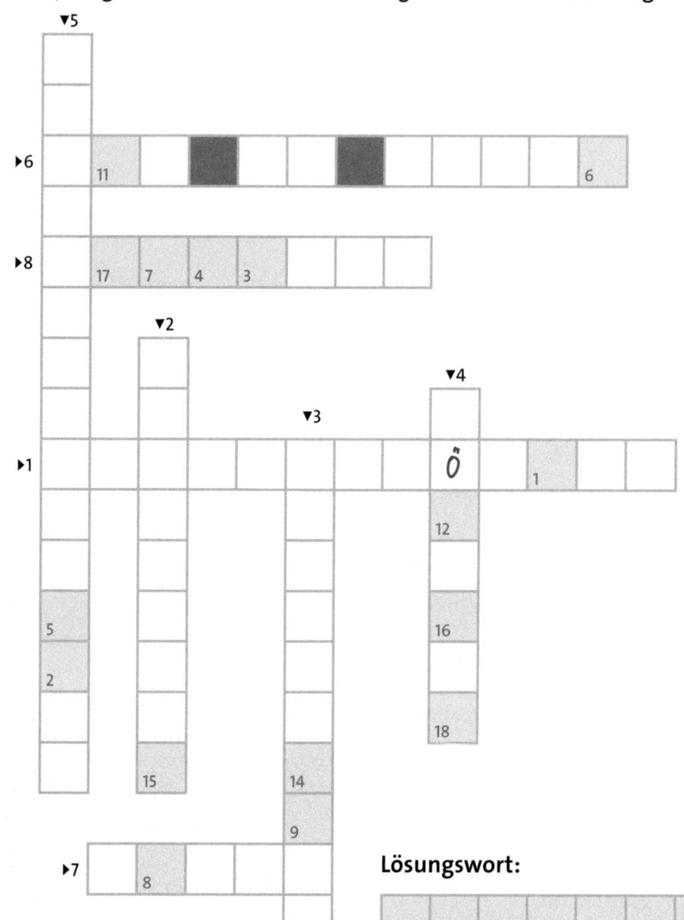

1 Die ... benutzt man zum Anzünden von Kerzen.
2 Das ... nennt man auch „weißes Gold".
3 Die ... wird mit einer besonderen Soße serviert.
4 Mit ... kann man Bilder vom Körper machen.
5 Die Idee für den ... ist bei einem Spaziergang mit einem Hund entstanden.
6 Das ... wurde von einem Kind erfunden.
7 Die ... war früher Arbeitskleidung für Goldsucher.
8 Der ... wurde von der Firma Beiersdorf erfunden.

Lösungswort:

1	2	3	4	5	6	7	8	9	10	11	12	13	14	15	16	17	18
									F			D					

b) **Ordnen Sie die Berufe zu. Manchmal gibt es mehrere Möglichkeiten.**

1 In diesem Beruf arbeitet man in einem Labor. e, ____
2 Sie/Er verkauft Medikamente. ____
3 In diesem Beruf muss man die Kund*innen gut beraten. ____
4 Sie/Er bereitet Snacks und kleine Gerichte zu. ____
5 Sie/Er arbeitet mit einer Nähmaschine. ____
6 In diesem Beruf entwickelt man neue Produkte. ____
7 Sie/Er muss viel organisieren, telefonieren und E-Mails schreiben. ____

a Verkäufer/in
b Schneider/in
c Imbissbesitzer/in
d Sekretär/in
e Physiker/in
f Ingenieur/in
g Apotheker/in

2 Das ging schief! **Lesen Sie den Magazinartikel auf S. 174 noch einmal und kreuzen Sie an.**

1 In dem Text geht es um ...
- a Erfinderinnen und Erfinder.
- b zufällige Erfindungen.
- c Pleiten, Pech und Pannen.

2 Viele Erfindungen ...
- a wurden vor langer Zeit gemacht.
- b werden gar nicht genutzt.
- c waren so nicht geplant.

3 Pleiten, Pech und Pannen ...
- a machen nur Probleme.
- b können die Welt verändern.
- c passieren nur Erfinder*innen.

3 Überzeugende Argumente

a) **Was bedeuten die Aussagen? Lesen Sie den Magazinartikel auf S. 174 noch einmal und verbinden Sie.**

1 Über die Frage kann man sich streiten.
2 Man muss sehr viel Mühe investieren.
3 Vieles entsteht zufällig.
4 Die Idee ging total in die Hose.
5 Es gibt überzeugende Argumente.
6 Man muss viel Geld investieren.
7 Man muss seine Einstellung überdenken.

a Man muss sich sehr anstrengen.
b Etwas geht schief.
c Man muss seine Meinung prüfen.
d Etwas ist sehr teuer.
e Es gibt verschiedene Meinungen.
f Es gibt gute Erklärungen und Gründe.
g Das war nicht geplant.

b) **Ergänzen Sie. Die Wendungen aus a) helfen.**

Kennen Sie das? Sie haben eine Idee, aber alles ____________[1]. Doch ärgern Sie sich nicht! Denn vielleicht haben Sie gerade eine neue Erfindung gemacht. Wussten Sie, dass nicht alle Erfinder*innen viel Zeit, ____________[2] und ____________[3] ____________[4] mussten? Manche Erfindungen entstehen ____________[5], das heißt, sie sind nicht ____________[6]. Pleiten, Pech und Pannen können also auch sehr nützlich sein!

4 Erfindungen aus D-A-CH

a) **Lesen Sie die Infotexte. Ergänzen Sie.**

der Teebeutel

die Zahnpasta

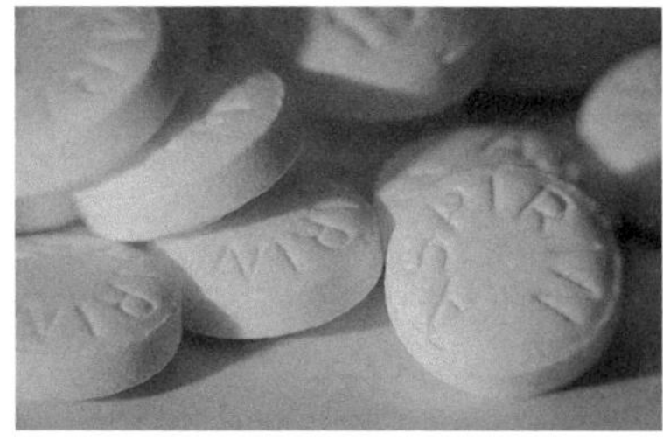

das Aspirin

1 Jeder kennt sie: Kopfschmerzen! Sie sind unangenehm und stören im Alltag, aber wir kennen auch eine Lösung: ____________. 1897 erfand Felix Hoffmann die weißen Tabletten. Sie helfen Millionen Menschen und werden heute auf der ganzen Welt produziert.

2 So einfach – aber so gut! Wegen Adolf Rambolds Erfindung ist Teekochen ganz einfach. Den praktischen ____________ kann man seit 1928 kaufen.

3 Am besten sollten wir uns zweimal täglich die Zähne putzen, damit sie gesund bleiben. Zum Zähneputzen brauchen wir nicht nur eine Zahnbürste, sondern auch ____________. Sie wurde 1907 von dem Apotheker Ottomar von Mayenburg erfunden. Später gründete er seine eigene Firma.

b) **Wer? Was? Warum? Wann? Lesen Sie die Infotexte aus a) noch einmal und notieren Sie.**

c) **Ich-Text. Welche Erfindungen aus a) benutzen Sie *oft, manchmal* oder *nie*? Beschreiben und begründen Sie. Die Redemittel helfen.**

Ich kann mir ein Leben ohne ... nicht vorstellen. • ... brauche ich unbedingt. • Auf ... kann ich (nicht) verzichten. • ... nutze ich, wenn ... • ... benutze ich oft / manchmal / jeden Tag / nie. • ... ist wichtig bei/für/gegen ...

5 Lösungen für Alltagsprobleme

a) **Nomen mit *-ung*. Ergänzen Sie die Verben.**

1 die Erfindung – ____________________
2 die Übung – ____________________
3 die Entwicklung – ____________________
4 die Meinung – ____________________
5 die Ergänzung – ____________________
6 die Wohnung – ____________________
7 die Lösung – ____________________
8 die Forschung – ____________________

b) **Komposita. Schreiben Sie und markieren Sie den Artikel wie im Beispiel.**

1 die Zufallserfindung: ____________________
2 der Imbissbesitzer: ____________________
3 der Teebeutel: ____________________
4 der Klettverschluss: *die Klette + der Verschluss*
5 das Computerprogramm: ____________________
6 der Kaffeefilter: ____________________

6 Frauen als Erfinderinnen

a) **Lesen Sie den Magazinartikel und kreuzen Sie die richtigen Aussagen an.**

1 ◯ Melitta Bentz wollte besseren Kaffee kochen.
2 ◯ Der Kaffeefilter war eine Zufallserfindung.
3 ◯ Aus ihrer Erfindung wurde ein großes Unternehmen.
4 ◯ Grace Hopper war Professorin an der *Yale University*.
5 ◯ Sie verbesserte die Sprache von Computerprogrammen.
6 ◯ *Bug* ist der Name des Computers, den Hopper erfand.

Zwei Erfinderinnen, die die Welt veränderten

Wer heute einen Kaffee trinken möchte, drückt auf einen Knopf an seiner Kaffeemaschine und 30 Sekunden später ist ein frischer, lecker riechender Kaffee fertig. Früher wurde der Kaffee in der Tasse gebrüht, sodass man den Kaffeesatz nicht nur in der Tasse, sondern beim Trinken manchmal auch im Mund hatte. Das wollte Melitta Bentz ändern. Mit einem Hammer und einem Nagel schlug sie Löcher in einen Topf und legte ein Stück Papier hinein. So erfand sie den Kaffeefilter. 1908 gründete sie mit ihrem Mann das Familienunternehmen Melitta, das heute weltweit bekannt ist.

Auch Grace Hopper, die 1906 in New York geboren wurde, war eine große Erfinderin. Sie studierte an der Yale University Mathematik und Physik und arbeitete später mit Computern. In den 1940er Jahren hatte sie die Idee, eine einfache Computersprache zu entwickeln. Wie bei vielen anderen Erfindungen spielte der Zufall auch in diesem Fall eine wichtige Rolle: Als es ein Problem mit dem Computer gab, war nicht das Programm verantwortlich, sondern ein Insekt, das im Computer saß. Deshalb wird das englische Wort *bug* auch heute noch für Fehler in Computerprogrammen benutzt.

b) **Korrigieren Sie die falschen Aussagen aus a).**

2 Melitta Bentz ...

7 Gut gegen Hitze!

a) **Bringen Sie die Bilder zu dem Lifehack gegen Hitze in die richtige Reihenfolge.**

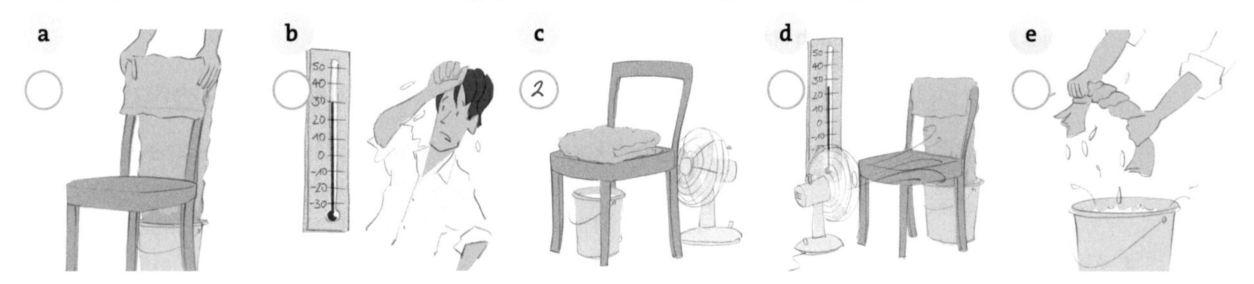

b) **Beschreiben Sie den Lifehack. Die Redemittel helfen.**

das Problem nennen:	zu heiß zum Lernen, Schlafen, ... – der Lifehack hilft
sagen, was man braucht:	ein Handtuch, einen Eimer mit Wasser, einen Stuhl, einen Ventilator
sagen, was man tun muss:	zuerst Handtuch in Wasser legen, dann nasses Handtuch über Stuhl hängen, zum Schluss Ventilator vor Stuhl stellen und einschalten
das Ergebnis kommentieren:	angenehmere Temperatur, besserer Schlaf, ...

Das Problem: Es ist zu heiß zum Lernen! Dieser Lifehack ...

8 *Matzes Lifehacks*

4.12

a) **Was ist das Problem? Was braucht man? Was muss man tun? Hören Sie die Radiosendung und notieren Sie.**

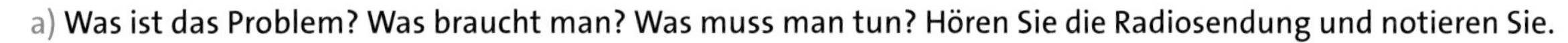

Lifehack Nr. 1

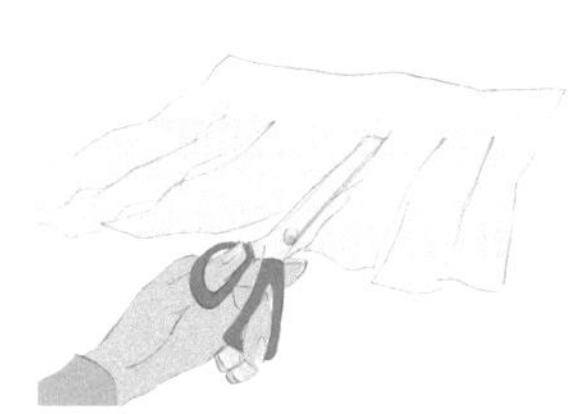

Lifehack Nr. 2

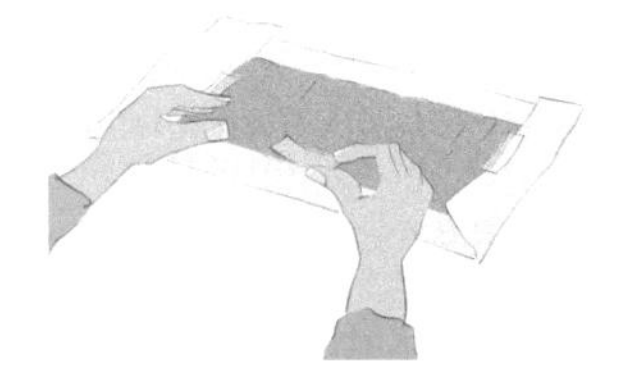

Lifehack Nr. 3

b) **Welchen Lifehack würden Sie gern/nicht ausprobieren? Begründen Sie.**

Ich würde Lifehack Nr. ... ausprobieren, weil ...

14 Heute stelle ich Ihnen ... vor

a) **Sehen Sie sich das Produktblatt des Tablets an. Lesen Sie und markieren Sie wichtige Informationen für eine Präsentation.**

Tablet TabMax 10

Online surfen, recherchieren, spielen, Musik hören, fotografieren, scannen, Videos bearbeiten, ... Mit diesem Tablet kein Problem!

Technische Daten:

- 10 Zoll Display
- 128 GB Speicher
- WLAN und Bluetooth
- bis zu 20 Stunden Akku + 3 m Ladekabel
- SIM-Karte möglich
- Farben: schwarz, grau, weiß
- Garantie: 2 Jahre inkl. Reparaturservice
- Preis: 199 €
- Bestellung ab sofort, Lieferung in 2–3 Wochen

b) **Notieren Sie Stichpunkte für jeden Teil der Präsentation auf Kärtchen. Die Redemittel helfen.**

1 Einleitung
Ich freue mich sehr, dass Sie zu meiner Präsentation gekommen sind. Heute zeige ich Ihnen ...
Eisbrecher: Kennen Sie das auch ...? /
Wünschen Sie sich auch (manchmal) ...?

2 Hauptteil
... macht/hilft bei ...
... ist praktisch/nützlich/elegant ...
Ich komme jetzt zu den Vorteilen / zum wichtigsten Punkt.
Der größte Vorteil ist ... / Am wichtigsten ist ...
Viele Kund*innen sagen, dass ... / Mir gefällt besonders, dass ...

3 Schluss
Gerne können Sie ... (aus)probieren.
Sie können sich ... bei uns am Stand (in Ruhe) ansehen.
Bestellbar/Lieferbar ist ... ab ...
Ich hoffe, ich habe Sie neugierig auf ... gemacht / Ihr Interesse für ... geweckt.
Vielen Dank für Ihre Aufmerksamkeit.
Jetzt freue ich mich auf Ihre Fragen.

c) **Nach der Präsentation. Beantworten Sie die Fragen. Das Produktblatt hilft.**

Frage 1: Wie lange hat das Tablet Garantie? – ______

Frage 2: Wie lang ist das Ladekabel? – ______

Frage 3: Wie schnell ist es lieferbar? – ______

Fit für Einheit 12?

1 Mit Sprache handeln

über Erfindungen sprechen

... hat ... 1947 erfunden.
... wurde im Jahr ... von ... erfunden.

Ich kann mir ein Leben ohne ... nicht vorstellen.
... ist wichtig bei/für/gegen ...

Lifehacks verstehen und beschreiben

Du kannst nach dem Duschen im Spiegel nichts mehr sehen?
Kein Problem! Rasierschaum hilft.
Sprüh den Rasierschaum auf den Spiegel, warte kurz und wisch den Spiegel mit einem Tuch ab.
Wenn euch das Video gefallen hat, gebt ihm einen Like und abonniert den Kanal.

Was, so einfach geht das?
Genial! Da wäre ich nie draufgekommen!
Das überzeugt mich (noch nicht). / Das finde ich (nicht) überzeugend.

Produkte präsentieren

1 Einleitung

Ich freue mich sehr, dass Sie zu meiner Präsentation gekommen sind. Heute stelle ich Ihnen ... vor.
Eisbrecher: Kennen Sie das auch? ... / Wussten Sie schon, dass ...? / Haben Sie auch (oft) Probleme mit ...?

2 Hauptteil

... macht/hilft bei ... / ... ist praktisch/nützlich ...
Ich komme jetzt zu den Vorteilen / zum wichtigsten Punkt.

Der größte Vorteil / Am wichtigsten ist ...
Viele Kund*innen sagen, dass ...
Mir gefällt besonders, dass ...

3 Schluss

Ich hoffe, ich habe Sie neugierig auf ... gemacht. / Ihr Interesse für ... geweckt.
Vielen Dank für Ihre Aufmerksamkeit. Jetzt freue ich mich auf Ihre Fragen.

Nachfragen

Mich interessiert, ... / Ich möchte gerne wissen, ... / Darf ich Sie fragen, ... / Könnten Sie bitte noch etwas zu ... sagen? / Ich habe noch nicht verstanden, ... / Würden Sie bitte (noch einmal) erklären, ...

2 Wörter, Wendungen und Strukturen

Erfindungen

viel Zeit/Mühe/Geld investieren, der Zufall, die Zufallserfindung, zufällig entstehen
schief gehen / in die Hose gehen, Pleiten, Pech und Pannen

sagen, was man nicht/nur zu tun braucht

Wir müssen die Pakete nicht abholen. — Wir brauchen die Pakete nicht abzuholen.
Du musst nur ins Internet gucken. — Du brauchst nur ins Internet zu gucken.

Partizip I als Adjektiv

Ein Hund, der bellt, ist ein bellender Hund.
Wasser, das kocht, ist kochendes Wasser.
Ich finde das Argument überzeugend.

Eine quietschende Tür ist eine Tür, die quietscht.
Lachende Kinder sind Kinder, die lachen.
Das ist ein überzeugendes Argument.

3 Aussprache

-end-: tropfend – der tropfende Wasserhahn, hupend – die hupenden Autos

Interaktive Übungen

Die Welt von morgen

Ein Gastbeitrag von Axel Lübcke

In der Gegenwart beschäftigen wir uns oft mit Fragen der Zukunft. In der Vergangenheit war das nicht anders. Aber was ist eigentlich aus den Visionen und Prognosen der Menschen von (vor-)gestern geworden?

5 **Drahtlose Kommunikation**

Der Journalist Arthur Brehmer veröffentlichte 1910 in dem Sachbuch *Die Welt in 100 Jahren* eine Sammlung von Visionen und Prognosen von verschiedenen Autoren und Autorinnen. Unter anderem findet man dort 10 einen spannenden Beitrag von Robert Sloss. Nur etwa 50 Jahre nach der Erfindung des Telefons sagt der US-Amerikaner darin vorher, dass in Zukunft jeder Mensch ein drahtloses Taschentelefon haben wird, mit dem man nicht nur telefonieren, sondern auch 15 eine gesprochene Zeitung anhören kann.

Da es solche „Taschentelefone" heute tatsächlich gibt, wissen wir, dass Sloss mit seiner Prognose recht hatte. Erstaunlich!

Elektrisch unterwegs

Ebenfalls erstaunlich ist wohl, dass es 1910 weltweit 20 mehr Elektroautos gab als Autos, die mit Benzin oder Diesel fuhren. Schon die ersten E-Autos waren nicht nur leise, sondern auch sauber und ziemlich schnell. Nur sechs Jahre nach der Erfindung des Dieselmotors fuhr der belgische Ingenieur und Rennfahrer Camille 25 Jenatzy 1899 mit einem Elektroauto über 100 km/h. Das war damals ein sensationeller Geschwindigkeitsrekord! Erst etwa 100 Jahre später wurde eine neue Generation von E-Fahrzeugen entwickelt, da Mobilität wegen der Klimakrise sauberer und umweltfreund- 30 licher werden musste.

Das Leben 2125: Zentraler Landeplatz für autonom fliegende Helikopter

Ganz großes Kino

Metropolis

Der Regisseur Fritz Lang (*5.12.1890 in Wien, †2.8.1976 in Beverly Hills) brachte schon 1927 mit *Metropolis* eine spektakuläre Vision der Zukunft in die Kinos. Der Film zeigte dem staunenden Publikum eine Megacity, in der z. B. Flugzeuge zwischen den Wolkenkratzern unterwegs waren und in der es automatische Laufbänder für Personen gab. Der Herrscher über diese neue Welt überwachte die Menschen mit Kameras und konnte seine Gesprächspartner beim Telefonieren auf einem Bildschirm sehen. In dem Film geht es um Arm und Reich, Gut und Böse. Und natürlich auch um die Entwicklung einer „Mensch-Maschine".

Vom Publikum wurde Fritz Lang damals allerdings nicht verstanden. Der Film war erst viele Jahre später erfolgreich.

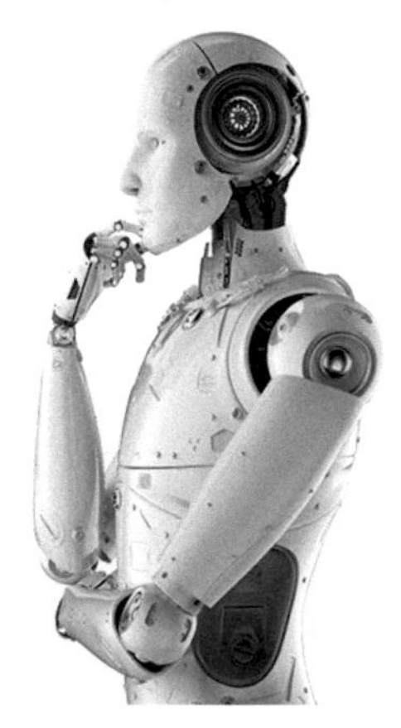

Mehr zum Thema:
Gehört die Zukunft den Robotern?
www.zukunftheute/pod18/
example.com.

HIER LERNEN SIE:
- Visionen für die Zukunft beschreiben
- Prognosen kommentieren
- über die Zeit sprechen
- auf Nachfragen reagieren
- Prognosen machen

1 Das Leben im Jahr 2125

a) Sehen Sie sich das Bild an und beschreiben Sie es.

b) Was gefällt Ihnen (nicht)? Was fehlt Ihrer Meinung nach? Berichten Sie.

2 Die Welt von morgen

a) Worum geht es? Überfliegen Sie den Magazinartikel. Sammeln Sie.

b) *Das hätte ich nicht gedacht!* Lesen Sie den Magazinartikel noch einmal und kommentieren Sie.

3 *Ganz großes Kino*

a) Markieren Sie im Magazinartikel die Visionen von Fritz Lang, die heute Realität sind. Nennen Sie Beispiele und diskutieren Sie.

b) Haben Sie schon etwas in einem Film gesehen, das es noch nicht gibt, aber bald geben könnte? Berichten Sie.

4 *Gehört die Zukunft den Robotern?*

a) Was meinen Sie? Sammeln Sie Pro- und Kontra-Argumente.

4.15 b) Hören Sie den Podcast, notieren Sie Pro- und Kontra-Argumente und vergleichen Sie.

c) Die Zukunft gehört den Robotern! Sehen Sie das auch so? Diskutieren Sie.

Zeit

Wer hat an der Uhr gedreht?

a) **Wie gut ist Ihr Zeitgefühl? Machen Sie den Zwei-Minuten-Test, lesen Sie die Auswertung und kommentieren Sie wie im Beispiel.**

Sehen Sie auf die Uhr und schließen Sie die Augen. Wenn Sie meinen, dass zwei Minuten vergangen sind, öffnen Sie sie wieder. Wie viel Zeit ist tatsächlich vergangen?

Das trifft auf mich (nicht) zu, weil ...

b) **Lesen Sie das Zitat von Albert Einstein und nennen Sie andere Beispiele.**

» Wenn man mit dem Mädchen, das man liebt, zwei Stunden zusammensitzt, denkt man, es ist nur eine Minute. Wenn man aber nur eine Minute auf einem heißen Ofen sitzt, denkt man, es sind zwei Stunden – das ist die Relativität. «

*Albert Einstein, *14.03.1879, †18.04.1955*

2 Nachdenken über die Zeit

a) **Meine Woche vergeht sehr langsam (--), langsam (-), schnell (+) oder sehr schnell (++). Zeichnen Sie Ihre Kurve in die Grafik ein, vergleichen und begründen Sie.**

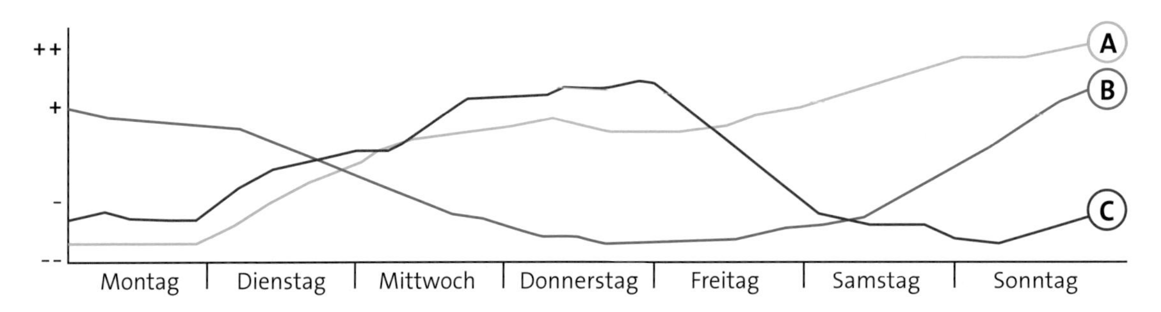

4.16

b) **Welche Kurve aus a) passt zum Sprecher? Hören Sie den Radiobeitrag, vergleichen und berichten Sie.**

4.17

c) **Mal schnell(er), mal langsam(er). Hören Sie den zweiten Teil des Beitrags und ergänzen Sie.**

Beispiel(e)	schnell(er)	langsam(er)
Fußballspiel	*spannend*	*uninteressant*
auf den Bus warten	...	...

d) **Kennen Sie das auch? Ergänzen Sie weitere Beispiele in c), berichten und kommentieren Sie.**

3 Gefühlte Zeit ist relativ

a) **Wie die Zeit vergeht. Sprechen Sie schnell.**

Die Zeit vergeht	beim Warten in einer Prüfung auf einer Party beim Sport im Unterricht	langsam(er), schnell(er),	da weil	man sich langweilt. man Spaß hat. man gestresst ist. man sich sehr stark konzentriert. man aktiv mitmacht.

2.2

b) **Gründe nennen mit *weil* oder *da*. Erklären Sie und vergleichen Sie mit den Angaben auf S. 230.**

Am zehnten Zehnten ...

4.18

a) **Hören Sie den Zungenbrecher, lesen Sie mit und achten Sie auf *z-*.**

Am zehnten Zehnten zogen zehn zahme Ziegen zehn Zentner Zucker zum Zoo.

b) **Sprechen Sie den Zungenbrecher aus a) zuerst langsam, dann immer schneller.**

c) **Stellen Sie Zungenbrecher aus anderen Sprachen vor. Was ist immer gleich? Berichten Sie.**

5 Unterwegs in Zeit und Raum

a) ***Menschheitstraum Zeitmaschine*. Sammeln Sie Vermutungen über das Forschungsprojekt.**

Menschheitstraum Zeitmaschine
Ein Forschungsprojekt von Dr. Huang Nguyen

b) **Lesen Sie den Artikel, vergleichen Sie mit Ihren Vermutungen aus a) und kommentieren Sie.**

Während wir uns im Raum problemlos vor- und zurückbewegen können, können wir in der Zeit nur in Gedanken vor- oder zurückgehen. Wir können also einen konkreten Ort, an dem z. B. etwas Wichtiges geschehen ist, immer wieder besuchen. Je nachdem, wo wir uns gerade befinden, ist er mal weit entfernt, mal ganz in der Nähe. Obwohl ein Ort sich mit der Zeit sehr verändern kann, bleibt seine Position immer gleich. Einen konkreten Moment können wir aber nie wieder erleben – egal, ob er weit in der Vergangenheit liegt oder erst vorgestern passiert ist. Und genau das weckt unser Interesse und unsere Fantasie.
Kein Wunder also, dass uns die Science-Fiction in Büchern und Filmen immer wieder Zeitmaschinen vorstellt, mit denen die Held*innen in die Vergangenheit oder in die Zukunft reisen. Davon werden wir Menschen sicher noch sehr lange träumen. Und genau darum geht es in unserem Forschungsprojekt am soziologischen Institut der Universität Potsdam. Aus den in der Umfrage gewonnenen Daten erstellen wir eine interaktive Karte der genannten Ziele in Vergangenheit und Zukunft.
Wohin möchten Sie durch Zeit und Raum reisen? Machen Sie mit und beantworten Sie unseren Fragebogen: www.pmz.example.com

c) **Wählen Sie Rolle A oder B und lesen Sie die Fragen vor. Ihr Partner / Ihre Partnerin antwortet mit Informationen aus dem Text.**

d) **Wählen Sie einen der drei Fragebögen, lesen Sie und fassen Sie die Angaben für Ihren Partner / Ihre Partnerin in einer gemeinsamen Sprache zusammen.**

An der Uhr drehen und durch die Zeit reisen

a) **Und Ihr Wunschziel? Beantworten Sie die Fragen aus dem Projekt *Menschheitstraum Zeitmaschine*. Ihr Partner / Ihre Partnerin notiert die Antworten.**

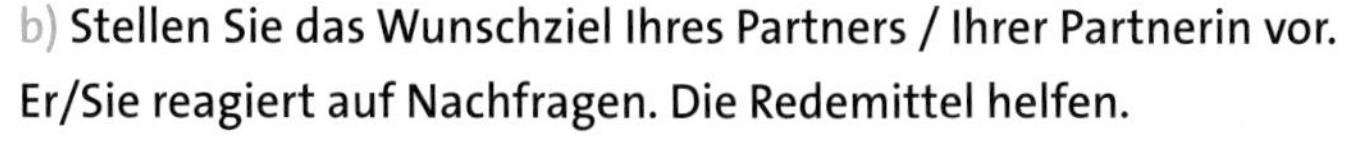

b) **Stellen Sie das Wunschziel Ihres Partners / Ihrer Partnerin vor. Er/Sie reagiert auf Nachfragen. Die Redemittel helfen.**

c) **Sammeln Sie die Angaben zu den Wunschzielen aus b) auf einer Zeitleiste wie im Beispiel.**

Zeit: 1.1.2035
Ort: Wien
Dauer: 3 Stunden
Grund: Klassikfan
Aktivität: Konzertbesuch
Begleitung: Freundin

Vergangenheit – heute – Zukunft

Fenster in die Vergangenheit

a) Was ist das denn? Sehen Sie sich die Gegenstände an und ergänzen Sie. Das Wörterbuch hilft.

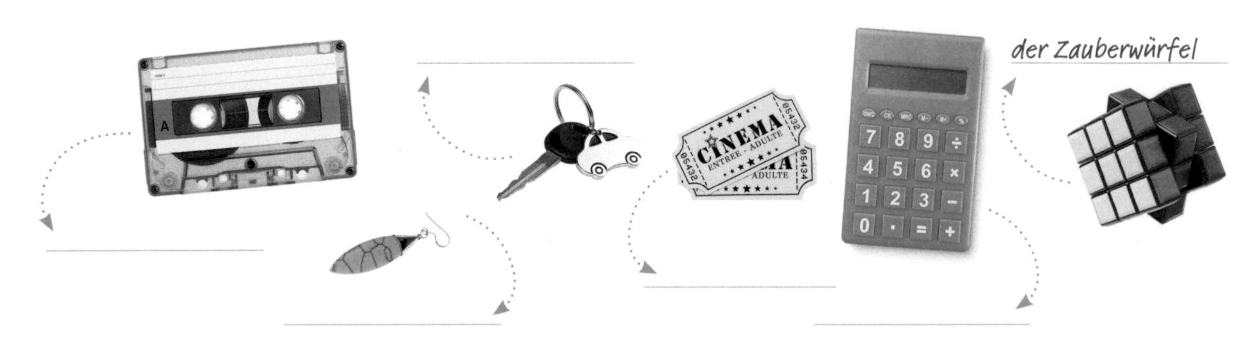

b) 1970er, 1980er oder 1990er Jahre? Zu welchem Jahrzehnt passen die Gegenstände? Begründen Sie Ihre Meinung.

4.19

c) *Ich habe eine Zeitkapsel gefunden!* Hören Sie Marions Podcast und vergleichen Sie mit Ihrer Meinung in b).

d) Wählen Sie Rolle A oder B. Lesen Sie die Fragen, hören Sie den Podcast noch einmal und notieren Sie die Antworten.

1 ______________________

2 ______________________

3 ______________________

4 ______________________

e) *Darin ... Worin? In ...* Wählen Sie dieselbe Rolle wie in d). Lesen Sie die Aussagen vor, Ihr Partner / Ihre Partnerin fragt nach wie im Beispiel. Sie antworten mit Hilfe Ihrer Notizen aus d).

16

Darin waren Erinnerungen an die Schulzeit.

Worin?

In Marions Nachttisch.

Krimskrams

a) Sehen Sie sich den Inhalt dieser Schublade an und beschreiben Sie die Gegenstände.

Da ist eine alte Brille. Die braucht bestimmt keiner mehr.

Und hier in der Ecke liegt ein Ladekabel. Das kann man noch gebrauchen. Damit ...

So eine Bastelschere hatte ich auch mal. Daran erinnere ich mich ...

b) Sicher haben Sie zu Hause auch so eine Schublade oder ein Fach mit Krimskrams. Was ist darin? Machen Sie ein Foto und beschreiben Sie, wozu Sie die Gegenstände gebraucht haben oder immer noch brauchen.

c) Präsentieren Sie Ihren Krimskrams. Die anderen fragen nach und kommentieren.

3 Blick in die Zukunft

a) **Nach dem Deutschkurs. Was ist sicher, was ist wahrscheinlich? Lesen Sie die Blogeinträge, ergänzen und vergleichen Sie.**

Home | Archiv | Über mich

Ilka07 Jetzt ist der B1-Kurs schon vorbei. Schade! Naja, ich werde mich auf jeden Fall auf die Prüfung vorbereiten. Wahrscheinlich werde ich mich danach ab und zu mit meinen Freundinnen und Freunden aus dem Kurs treffen, um Deutsch zu sprechen.

Joey Nach der Prüfung werde ich mit Erasmus+ ein Praktikum in Bremen machen. Ich bin sehr gespannt, wie es mir gefallen wird. Sicher ist jetzt schon, dass ich in Bremen den B2-Kurs machen werde!

OyTuN Ich werde auf jeden Fall mit meiner Frau ins Tannheimer Tal in Tirol fahren. Wir werden dort eine Hüttenwanderung machen und ich werde bestimmt einen Kaiserschmarren probieren!

SuMin Ich werde den Kurs vermissen! Eventuell werde ich mich für einen Französischkurs anmelden. Und nächsten Sommer werde ich vielleicht eine Reise durch Europa machen.

Name	Sicher ist ...	Wahrscheinlich ist ...
Ilka07	*auf die Prüfung vorbereiten*	...

b) **Prognosen machen. Welche Redemittel finden Sie im Blogeintrag in a)? Markieren Sie.**

4 *Ich werde ...*

a) **Sprechen Sie schnell.**

	ganz sicher	die B1-Prüfung bestehen.
	auf jeden Fall	ein Auslandsemester mit Erasmus+ machen.
Ich werde	bestimmt	(nicht mehr so) oft Deutsch sprechen.
Wir werden	wahrscheinlich	manchmal Filme auf Deutsch sehen.
	vielleicht	den B2-Kurs machen.
	eventuell	in fünf Jahren ein Kurstreffen organisieren.

b) **Futur I. Sammeln Sie Sätze in 3a), markieren Sie wie im Beispiel und ergänzen Sie die Regel.**

Ich werde mich auf jeden Fall auf die Prüfung vorbereiten.

21

Regel: Das Futur I bildet man mit *werden* + ______________ . Mit dem Futur I drückt man zukünftiges Geschehen und Prognosen aus.

5 *Blick in die Zukunft* ODER *Fenster in die Vergangenheit?*

a) ***Nach dem Deutschkurs.*** **Beschreiben Sie Ihre Pläne in einem Blogeintrag.** ODER ***Erinnerungen an den Deutschkurs.*** **Packen Sie eine Zeitkapsel, die Sie auf einem Treffen in ... Jahren öffnen wollen.**

b) **Tauschen Sie Ihre Blogeinträge und schreiben Sie einen Kommentar.** ODER **Präsentieren Sie Ihre Zeitkapsel und beschreiben Sie die Gegenstände und woran sie Sie erinnern sollen.**

1 Das gibt es schon (lange)!

a) **Formulieren Sie wie im Beispiel um.**

1 Helikopter, die autonom fliegen – *autonom fliegende Helikopter*

2 U-Bahnen, die fahrerlos fahren – ____________

3 Geräte, die sprechen – ____________

4 Roboter, die Menschen liebevoll pflegen – ____________

b) **Wählen Sie ein Beispiel aus a). Beschreiben Sie Funktion(en), Vor- und/oder Nachteile.**

Autonom fliegende Helikopter gibt es schon. Man kann sie z. B. als Taxi nutzen. Ein Vorteil ist, dass ...

2 *Die Welt von morgen*

a) **Vergleichen Sie die Aussagen mit dem Magazinartikel auf S. 188 und notieren Sie die Zeilennummer(n).**

1 Die ersten Elektroautos konnten schon ein sehr hohes Tempo erreichen. ____

2 Arthur Brehmer schrieb das Sachbuch nicht selbst. ____

3 Als es das Telefon noch nicht lange gab, beschrieb Sloss schon eine Art Smartphone. ____

4 Axel Lübcke findet es nicht selbstverständlich, dass die Prognose richtig war. ____

5 Vor über 100 Jahren nutzte man eine Technik, die heute eine wichtige Rolle spielt. ____

4.20

b) ***Die Zukunft von damals.*** **Hören Sie den Podcast, lesen Sie mit und ergänzen Sie.**

Hallo Leute! In der Zeitschrift *Zukunft heute* habe ich vor ein *paar* [1] Tagen einen kurzen Gastbeitrag von Axel Lübcke gelesen, in dem es ____________ [2] ein Buch und um einen Rekord aus dem Jahr 1910 geht. ____________ [3] ihr schon, dass es zu Beginn des 20. Jahrhunderts Elektroautos gab, die ____________ [4] 100 km/h schnell waren? Ich nicht. Sehr schade, dass man Diesel- und Benzinmotoren dann ____________ [5] praktischer fand und noch nicht an die Folgen für das Klima und die ____________ [6] dachte. Aber über die Zukunft dachte man damals auch schon nach. ____________ [7] konnte der Journalist Arthur Brehmer zum Beispiel 22 Autorinnen und Autoren für sein ____________ [8] *Die Welt in 100 Jahren* gewinnen. Darin beschreibt Robert Sloss ein drahtloses Taschentelefon, mit dem man nicht ____________ [9] telefonieren, sondern auch Zeitungsartikel anhören kann. Spannend! Das musste ich lesen! ____________ [10] Glück konnte ich das Buch in unserer Bibliothek ausleihen. So habe ____________ [11] erfahren, dass Sloss in seiner Prognose sogar noch ein paar Schritte ____________ [12] ging. Denn er beschreibt, dass man 2010 nicht mehr am selben Ort sein ____________ [13], um sich in einem Meeting zu sehen und zu hören. Außerdem ____________ [14] er überzeugt, dass man heute Dokumente drahtlos verschicken kann. Und das ist ____________ [15] Meinung nach echt erstaunlich!
Die meisten anderen Beiträge zu Themen wie ____________ [16], die Rolle der Frau in der Gesellschaft und Sport fand ich ____________ [17] so spannend. Trotzdem lautet mein Fazit: Die Vorstellungen von der ____________ [18] von damals sorgen heute für gute Unterhaltung!

c) **Vergleichen Sie mit dem Magazinartikel auf S. 188 und markieren Sie neue Informationen in b).**

3 Axel Lübcke im Interview

a) **Verben mit Präpositionen. Dativ oder Akkusativ? Ergänzen Sie und kontrollieren Sie mit S. 248–249.**

1 (sich) beschäftigen mit + ____________
2 gehen um + ____________
3 (sich) interessieren für + ____________
4 suchen nach + ____________
5 verlieren durch + ____________

b) **Hören Sie den Podcast aus Aufgabe 4b) auf S. 189 und beantworten Sie die Fragen wie im Beispiel.**

1 Womit beschäftigt sich Axel Lübcke?
2 Worum geht es in Prognosen?
3 Wofür interessiert er sich besonders?
4 Wonach suchen viele Menschen?
5 Wodurch könnten Menschen ihre Arbeit verlieren?

1 *Mit der Zukunft.*

c) **Hören Sie den Podcast noch einmal und kreuzen Sie richtige Aussagen an.**

1 ◯ Prognosen für die Zukunft gibt es immer. Das war auch in der Vergangenheit schon so.
2 ◯ Die Roboter sehen heute so aus, wie man sie sich vor 100 Jahren vorgestellt hat.
3 ◯ Axel Lübcke meint, dass Roboter keine Vorteile haben und Arbeitsplätze in Gefahr bringen.
4 ◯ Er ist überzeugt, dass es in Zukunft in vielen Lebensbereichen mehr Roboter gibt als heute.

4 Metropolis

a) **Visionen aus dem Jahr 1927. Vergleichen Sie die Fotos mit dem Magazinartikel auf S. 189. Was konnte das staunende Publikum damals schon im Kino sehen? Kreuzen Sie an.**

1 ◯ 2 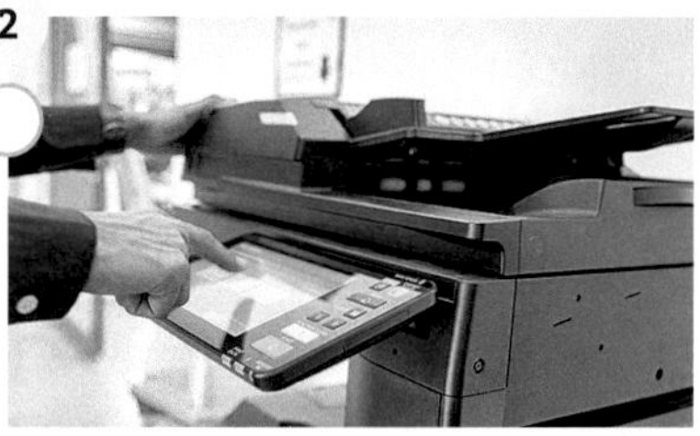 ◯ 3 ◯

4  ◯ 5  ◯ 6 ◯

b) ***Sehr hilfreich, völlig sinnlos, ziemlich praktisch, besonders interessant, ganz bequem, total nervig, manchmal nötig, ...*** **Kommentieren Sie die Erfindungen aus a).**

1 Laufbänder *sind meiner Meinung nach* ____________.
2 Kopierer *finde ich* ____________.
3 Roboter ____________.
4 Ladestationen für E-Autos ____________.
5 Überwachungskameras ____________.
6 Videokonferenzen ____________.

5 Zeiteinheiten

a) **Tageszeiten. Wie geht der Tag weiter? Ergänzen Sie Nomen und Artikel.**

der Morgen ______ ______ ______ ______ ______

b) **Zwei Wochen an jedem zweiten Tag Training. Wie geht es weiter? Ergänzen Sie.**

Montag, Mittwoch, ______

c) **Wie viele Tage hat der ...? Ergänzen Sie die Monatsnamen.**

28/29 Tage: ______

30 Tage: *April,* ______

31 Tage: ______

d) **Zeit und Dauer. Ergänzen Sie. Die Zahlen helfen.**

Stunden • Jahre • Monate • Minute • Tage • Jahr • ~~Jahrhundert~~ • Sekunden • Jahre • Minuten • Tag

Ein *Jahrhundert* [1] dauert hundert ______ [2]. In einem ______ [3] gibt es zwölf ______ [4]. Die meisten ______ [5] haben 365 ______ [6]. Ein ______ [7] dauert 24 ______ [8], eine Stunde hat 60 ______ [9] und eine ______ [10] dauert 60 ______ [11].

6 Uhrzeit und Datum

a) **Die Uhrzeit. Schreiben Sie die formelle und informelle Uhrzeit wie im Beispiel.**

Es ist elf Uhr zwei, also kurz nach elf.

a 7:15 Uhr: ______

b 8:30 Uhr: ______

c 9:45 Uhr: ______

d 10:05 Uhr: ______

b) **So kann man nach der Uhrzeit fragen. Kreuzen Sie an.**

1 ◯ Entschuldigung, haben Sie die Uhrzeit?

2 ◯ Wann beginnt das Meeting am Freitag?

3 ◯ Wie viel Verspätung hat der Zug?

4 ◯ Könnten Sie mir sagen, wie spät es ist?

5 ◯ Wie lange dauert der Film?

6 ◯ Wie viel Uhr ist es denn?

4.21 c) Geburtstagskalender. Hören Sie das Telefonat und ergänzen Sie Lena, Mike, Anna, Amir und Isa.

17.01. ______ 23.09. ______

07.03. ______ 03.10. ______

27.07. ______ 13.12. ______

7 Den Film wollte ich schon immer mal sehen!

a) Sie wollen mit Elia den Film Metropolis sehen. Lesen Sie das Kinoprogramm. Wann haben Sie Zeit? Notieren Sie zwei Möglichkeiten.

Metropolis: ______

Das Programmkino im Schillerhof zeigt **Metropolis** von Fritz Lang (1927) in der Version von 2010, Länge: 150 Minuten.
Di 20:15 Uhr, Fr 19:00 Uhr, Sa 21:30 Uhr
Tickets: www.schillerhof.example.com

2.11 b) Videokaraoke. Sehen Sie sich das Video an und antworten Sie.

c) Was sagt Elia? Wählen Sie aus.

1 ◯ Elia meint, dass der Film zu lange dauert.
2 ◯ Er findet alte Stummfilme spannend.
3 ◯ Die Musik ist ihm im Kino oft zu laut.
4 ◯ Den Film gibt es auch im Internet.
5 ◯ Er kann eigentlich fast immer.

d) Es gibt keine Tickets mehr! Schlagen Sie Elia einen anderen Termin für den Kinobesuch vor. Die Angaben im Programm in a) helfen.

______

8 Nachdenken über die Zeit

a) Worum geht es in dem Magazinartikel? Überfliegen Sie den Text und kreuzen Sie an.

1 ◯ eine Redewendung 2 ◯ Schweizer Uhren 3 ◯ unser Zeitgefühl 4 ◯ Freizeit

Wo bleibt die Zeit?

Wie die Zeit vergeht …

Ein schöner Sommerabend, an dem man mit netten Gästen im Garten sitzt, das Konzert, auf das man sich so gefreut hat, die Feier, die man so lange geplant hat, der Besuch von guten Freunden, die man nicht oft sieht, der Wanderurlaub in der Schweiz, … und irgendwann gehen die Gäste nach Hause, das Konzert ist vorbei, die Feier zu Ende, der Besuch verabschiedet sich, die gepackten Koffer stehen im Flur. Die Zeit verging leider wieder viel zu schnell! Das kennen Sie sicher auch. Aber warum ist das eigentlich so?

b) *Die Zeit vergeht für mich schnell, wenn …* Notieren Sie zwei eigene Beispiele.

Wenn ich … ______

9 Zeitgefühl

a) **Hören Sie den zweiten Teil des Radiobeitrags aus Aufgabe 2c) auf S. 190 noch einmal und verbinden Sie.**

1 Da die Zeit ihr Tempo nie ändert, → b
2 Aus der Forschung wissen wir,
3 Nicht nur Fans wissen,
4 Die Zeit vergeht langsam,
5 Unterschiedliche Emotionen

a bestimmen unser Zeitgefühl.
b ist sie immer gleich.
c wenn wir auf etwas warten.
d dass ein Fußballspiel 90 Minuten dauert.
e dass das Gefühl für die Zeit nicht immer gleich ist.

b) **Lesen Sie den zweiten Teil des Radiobeitrags auf S. 281–282 und überprüfen Sie Ihre Angaben in b).**

10 Gründe nennen mit *da*

4.22

a) **Hören Sie die Sprachnachrichten und schreiben Sie die Gründe mit *da*.**

1 *Manuel kann heute nicht am Unterricht teilnehmen, da er krank ist.*

2 *Da ich ...*

3 ____

b) **Analysieren Sie die beiden Sätze aus dem Magazinartikel auf S. 188 und die Begründungen in a). Was ist richtig? Kreuzen Sie an.**

Da es solche „Taschentelefone" heute tatsächlich gibt, wissen wir, dass Sloss mit seiner Prognose recht hatte. Erstaunlich!

Erst etwa 100 Jahre später wurde eine neue Generation von E-Autos entwickelt, da Mobilität wegen der Klimakrise sauberer und umweltfreundlicher werden musste.

1 *Da* benutzt man oft in
(X) schriftlichen ( ) mündlichen Texten.

2 Mit *da* beginnt ein
( ) Hauptsatz ( ) Nebensatz.

3 Statt *da* kann man auch
( ) *weil* ( ) *deshalb* sagen, ohne den Satz und die Bedeutung zu ändern.

11 Unterwegs in Zeit und Raum

4.23

a) **Dr. Huang Nguyen spricht über sein Forschungsprojekt. Wo steht das im Magazinartikel auf S. 191? Hören Sie die Aussagen und notieren Sie die Zeilennummer(n).**

1 ____ 3 ____ 5 ____

2 ____ 4 ____ 6 ____

4.24

b) **Wohin soll die Reise gehen? Hören Sie das Interview mit Dr. Huang Nguyen und ergänzen Sie die Informationen.**

1 Zeit/Datum: ____
2 Ort: ____
3 Dauer: ____
4 Grund: ____
5 Aktivität(en): ____
6 Begleitung: ____

c) ***Ich wollte schon immer / noch nie ...* Kommen Sie auf die Reise mit? Begründen Sie Ihre Entscheidung. Die Redemittel aus Aufgabe 6b) auf S. 191 helfen.**

____

12 *da-* + Präposition

a) **Verben mit Präpositionen. Ergänzen Sie und kontrollieren Sie mit S. 248–249.**

1 rechnen *mit + Dativ* ____
2 abhängen ____
3 reagieren ____
4 träumen ____
5 sorgen ____
6 (sich) kümmern ____

b) ***Damit, davon, ...* Ergänzen Sie die Aussagen wie im Beispiel. Die Angaben in a) helfen.**

1 Mal sehen, ob ich morgen vorbeikomme. Es hängt ____ ab, wie lange ich beim Arzt bin.
2 Im Test gab es auch eine Aufgabe zur Relativitätstheorie. *Damit* hatte ich nicht gerechnet!
3 Du brauchst keine Getränke zur Party mitzubringen. ____ habe ich schon gesorgt.
4 Mein Chef macht Urlaub auf den Malediven. ____ kann ich nur träumen.
5 Nervige Anrufe mit unbekannter Nummer? ____ reagiere ich schon lange nicht mehr.
6 Dein Garten sieht echt traurig aus! Du solltest dich wirklich mehr ____ kümmern!

4.25
c) **Hören Sie, überprüfen Sie Ihre Angaben in b) und achten Sie auf die Betonung von *da* + Präposition.**

13 Wie die Zeit vergeht

a) **Über Tage sprechen, ohne die Wochentage zu nennen. Ergänzen Sie.**

Vorgestern – ____ – ____ – ____ – *übermorgen*

b) **Vergangenheit, Gegenwart oder Zukunft. Ergänzen Sie in der Tabelle.**

übermorgen • heute • ~~vorgestern~~ • nun • damals • bald • jetzt • früher • morgen • später • gestern

Vergangenheit	Gegenwart	Zukunft
vorgestern, ...		

c) **Lesen Sie die Aussagen, vergleichen Sie mit Ihren Angaben in b) und ergänzen Sie Vergangenheit (V), Gegenwart (G) oder Zukunft (Z).**

1 ◯ Bald ist wieder Sommer.
2 ◯ Das machen wir später.
3 ◯ Früher war auch nicht alles besser.
4 ◯ Wir können jetzt anfangen.
5 ◯ Übermorgen habe ich frei.
6 ◯ Und nun hören Sie die Nachrichten.
7 ◯ Damals lebten wir noch in Köln.
8 ◯ Ich war vorgestern mit Jana im Kino.

14 Meine längsten fünf Minuten. **Lesen Sie die Beispieltexte und schreiben Sie einen Ich-Text.**

Meine längsten fünf Minuten waren vor zwei Jahren, als ich nach der mündlichen Prüfung auf das Ergebnis warten musste. Ich war total aufgeregt und gespannt und habe die ganze Zeit auf die Uhr gesehen. Nachdem ich dann gehört hatte, dass ich die Prüfung bestanden habe, habe ich mich echt gefreut! **Yap Su Yin**

Meine längsten fünf Minuten waren letzte Woche beim Zahnarzt. Das war ziemlich unangenehm und hat auch richtig wehgetan. Ich war total froh, als es endlich vorbei war! **Erdal Özdemir**

15 Prognosen im Alltag. **Das hört man oft. Lesen Sie die Aussagen und verbinden Sie wie im Beispiel.**

1 Machen Sie beim Fitnesstraining mit! → c
2 Christoph findet bestimmt eine Lösung.
3 Komm, ich helfe dir.
4 Warum glaubt eigentlich keiner, dass ich in fünf Jahren berühmt sein werde?
5 Das Hotel hat uns sehr gut gefallen.

a Ihr werdet euch noch wundern!
b Wir werden bestimmt wiederkommen.
c Sie werden sehen, dass es sich lohnt.
d Er wird das schon irgendwie schaffen.
e Ich werde nicht zusehen, wie du alleine Löcher bohrst.

16 *In Zukunft ...*

a) **Ergänzen Sie die Aussagen im Futur I wie im Beispiel.**

1 in Zukunft – in Zukunft in der Schweiz arbeiten – Ich *werde in Zukunft in der Schweiz arbeiten.*

2 bald – bald nette Leute kennenlernen – Du ______.

3 später – später mit Susanne in Basel leben – Er ______.

4 im Juli – im Juli den Abschluss machen – Wir ______.

5 nächste Woche – nächste Woche in Zürich sein – Ihr ______?

6 übermorgen – übermorgen die Tickets buchen – Sie ______.

4.26 b) **Hören Sie, sprechen Sie nach und vergleichen Sie mit Ihren Angaben in a).**

17 *Die ganze Zeit ...*

a) **Lesen Sie die Aussagen. Wie geht es weiter? Ordnen Sie die Wendungen mit *Zeit* zu.**

a ◯ *Ich bin immer für Sie da.*
b ◯ *Wir brauchen noch Milch und Brot.*
c ◯ *Beeil dich!*
d ◯ *Viele engagieren sich ehrenamtlich.*
e ◯ *Wir sind noch nicht ganz fertig.*
f ◯ *Das sieht aus wie vor hundert Jahren.*
g ◯ *So gut hat es mir noch nie geschmeckt!*
h ◯ *Du hast mir sehr gefehlt!*
i ◯ *Wir beginnen mit dem 50-Meter-Lauf.*
j ◯ *Ich habe es nicht eilig.*
k ◯ *Komm, wir nehmen die U-Bahn.*
l ◯ *Ich bin in Rente.*

1 Ich musste die ganze Zeit an dich denken!
2 Das spart Zeit!
3 Es ist höchste Zeit!
4 Kann mal jemand die Zeit stoppen?
5 Zeit schenken liegt heute voll im Trend!
6 Das war die beste Pizza aller Zeiten!
7 Nehmen Sie sich ruhig Zeit.
8 Ich verbringe viel Zeit mit meiner Enkelin.
9 Wir brauchen noch etwas Zeit.
10 Hier ist die Zeit stehengeblieben.
11 Hast du heute Zeit zum Einkaufen?
12 Sie können zu jeder Zeit zu mir kommen.

b) **Beschreiben Sie Ihre Erfahrungen im Deutschkurs mit drei Wendungen aus a).**

Wir haben uns im Deutschkurs viel Zeit für ... genommen.

Fit für B2?

1 Mit Sprache handeln

Visionen für die Zukunft beschreiben
1910 sagte der US-Amerikaner Robert Sloss vorher, dass in Zukunft jeder Mensch ein drahtloses Taschentelefon haben wird.
Der Film Metropolis zeigte schon 1927 Flugzeuge, die zwischen Wolkenkratzern unterwegs waren.

Prognosen kommentieren
Automatische Laufbänder gibt es heute auf fast jedem Flughafen. Also lag Fritz Lang mit seiner Vision richtig.
Das ist wirklich erstaunlich!
Ich kann mir gut vorstellen, dass es in 20 Jahren selbstfahrende Autos gibt.
Ich glaube nicht, dass es bald nur noch Elektroautos gibt.

über die Zeit sprechen
Die Uhren ticken für alle gleich.
Aus der Forschung wissen wir, dass die gefühlte Zeit für uns Menschen nicht immer gleich ist.
Unser Zeitgefühl hängt von Situationen und Emotionen ab.
Meine längsten fünf Minuten waren letzte Woche beim Zahnarzt.

Prognosen machen
Meiner Meinung nach gibt es sehr wahrscheinlich in Zukunft immer mehr Roboter.
Ich glaube, dass Roboter schon bald alle gefährlichen Arbeiten machen.
Ich werde eventuell nächstes Jahr Urlaub im Tannheimer Tal machen.
Wir werden den Deutschkurs bestimmt vermissen!

2 Wörter, Wendungen und Strukturen

Zeit und Zukunft
etwas vorhersagen, Prognosen machen, Visionen haben, eine Zeitreise machen
Wo bleibt die Zeit? Die Zeit vergeht schnell/langsam.

Gründe nennen mit *da*
Da es „Taschentelefone" heute wirklich gibt, wissen wir, dass Sloss mit seiner Prognose recht hatte.
100 Jahre später wurde eine neue Generation von E-Autos entwickelt, da Mobilität wegen der Klimakrise sauberer und umweltfreundlicher werden musste.

***da-* plus Präposition**

Ich kann damit nichts schneiden.	Womit?	Mit deiner alten Bastelschere.
Wofür interessiert sich Axel Lübcke?		Für Prognosen. Dafür interessiert er sich sehr.
Woran denkst du?		An die nächsten Ferien. Daran denke ich oft.

Futur I
Ich werde mich auf jeden Fall gut auf die Prüfung vorbereiten.
Du wirst die B1-Prüfung ganz sicher bestehen.

3 Aussprache

***z-* am Wortanfang:** Am zehnten Zehnten zogen zehn zahme Ziegen zehn Zentner Zucker zum Zoo.

Interaktive Übungen

Spannung bis zum Schluss

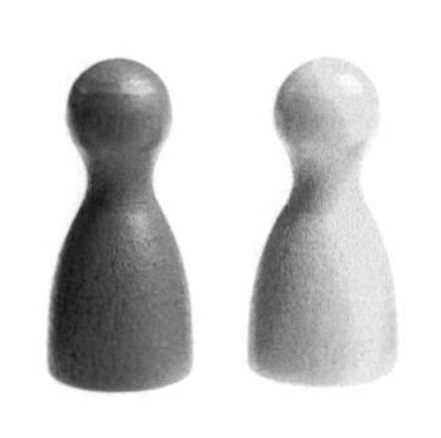

Sieben mal sieben

Sie brauchen: 2–6 Spieler*innen

1. Sie spielen in zwei Gruppen, blau und gelb.
2. Wer zuerst eine Sechs hat, würfelt noch einmal und besetzt das Feld.
   a) Sie stehen auf einem gelben Feld? Die gelbe Gruppe wählt eine gelbe Frage für Sie aus.
   b) Sie stehen auf einem blauen Feld? Die blaue Gruppe wählt eine blaue Frage für Sie aus.

Für eine richtige Antwort bekommt Ihre Gruppe einen Punkt. Die Frage wird durchgestrichen.

3. Ihre Gruppe ist als erste im Ziel? Dann stoppt das Spiel und sie bekommt drei Punkte.
4. Addieren Sie alle Punkte Ihrer Gruppe. Die Gruppe mit den meisten Punkten gewinnt.

1	2	3	4	5	6	7
24	25	26	27	28	29	8
23	40	41	42	43	30	9
22	39	48	Ziel	44	31	10
21	38	47	46	45	32	11
20	37	36	35	34	33	12
19	18	17	16	15	14	13

 Sie genießen den Regenbogen. Gehen Sie drei Felder zurück. ☹

 Ihre Antwort war richtig? Juhu! Sie bekommen drei Punkte. ☺

Gelbe Fragen

- Nennen Sie drei Berufe am Theater.
- Auf einer Party. Was ist Ihr „Eisbrecher"?
- Wie heißen die Diminutive von Baum, Stern, Haus?
- *Wer sich bewegt, bewegt Europa.* Erklären Sie das Motto von Erasmus+.
- Drei Dinge, die Zuschauer*innen im Theater nicht tun sollten.
- Drei Dinge, die Sie als Gast von einer Unterkunft erwarten.
- Erklären Sie *Jwd* und *in der Walachei.*
- Ergänzen Sie: *Wenn ich fitter wäre, ...*
- Formulieren Sie mit Partizip I: *Ich mag (keine) Schokolade, die nach Orangen schmeckt.*
- Plätzchen backen / Mehl und Eier einkaufen. Was machen Sie, bevor ...?
- *Wohnte, hatte, schrieb, ...* Nennen Sie drei Fakten über Konrad Duden.
- *Die Getränke stehen im Kühlschrank!* Erklären Sie, was Gastgeber*innen in DACH meinen.
- *Wir müssen die Natur schützen. Darum/deshalb/deswegen ...* Nennen Sie drei Dinge, die Sie tun können.
- Nennen Sie drei Dinge, für die die Stadt Bad Hersfeld bekannt ist.
- Erklären Sie das Wort *Inklusion.*
- Ergänzen Sie: *Nachdem es drei Tage geregnet hatte, ...*
- Das Bewerbungsgespräch: Zwei typische Fragen von Unternehmen?
- Wann hatten Sie schon einmal Lampenfieber?
- Formulieren Sie mit Partizip II: *Ich liebe Kaffee/Tee, der frisch gekocht wurde.*

Blaue Fragen

- Mit diesem EU Programm können Studierende ein Auslandssemester machen.
- Bitten Sie höflich darum, dass jemand das Fenster schließt.
- Sie gehen ins Theater. Was ziehen Sie auf keinen Fall an? Berichten Sie.
- Was ist Lampenfieber? Erklären Sie.
- Ergänzen Sie: *Ich finde, wir sollten ...*
- Wer oder was ist *Tschick* ? Berichten Sie.
- Erklären Sie das Wort *Ehrenamt.*
- *Wir müssen Energie sparen. Darum/deshalb/deswegen ...* Nennen Sie drei Dinge, die Sie tun können.
- Umschreiben Sie: die Leiter, die Zuckertüte
- Ergänzen Sie: *Wenn ich besser ... könnte, ...*
- Erklären Sie das Wort *barrierefrei.*
- Das Geschirr abwaschen / einen Film sehen. Was machen Sie, bevor ...?
- Erklären Sie, was ein Biosphärenreservat ist und was man dort tun kann.
- Wer ist Ihr Vorbild? Warum? Berichten Sie.
- Ergänzen Sie: *Heimat ist für mich ...*
- Das Bewerbungsgespräch: Zwei typische Fragen von Bewerber*innen?
- *Während ...* Nennen Sie zwei Dinge, die Sie gleichzeitig tun können.
- Ergänzen Sie: *Je entspannter ich bin, desto ...*
- Drei Fakten über Kaffee: *Wusstet ihr schon, dass ...*
- Formulieren Sie mit Partizip I: *Kinder, die spielen, stören oft die Nachbarn.*

Die fünfte Jahreszeit

Kurt Tucholsky (1890–1935)

Die schönste Zeit im Jahr, im Leben, im Jahr? [...]

Frühling? [...] Sommer? [...] Herbst? [...] Und Winter?
»Kurz und knapp, Herr Hauser! Hier sind unsere vier Jahreszeiten.
Bitte: Welche –?«
5 Keine. Die fünfte.
»Es gibt keine fünfte.«
Es gibt eine fünfte. – Hör zu:

[...] Eines Morgens riechst du den Herbst. Es ist noch nicht kalt;
es ist nicht windig; es hat sich eigentlich gar nichts geändert –
10 und doch alles. Es geht wie ein Knack durch die Luft – es ist etwas
geschehen [...]. Noch ist alles wie gestern: die Blätter, die Bäume,
die Sträucher... aber nun ist alles anders. Das Licht ist hell,
Spinnenfäden schwimmen durch die Luft, alles hat sich einen Ruck
gegeben, dahin der Zauber, der Bann ist gebrochen – nun geht es
15 in einen klaren Herbst. Wie viele hast du? Dies ist einer davon.
Das Wunder hat vielleicht vier Tage gedauert oder fünf, und du
hast gewünscht, es solle nie, nie aufhören. [...] Spätsommer,
Frühherbst und das, was zwischen ihnen beiden liegt.
Eine ganz kurze Spanne Zeit im Jahre.
20 Es ist die fünfte und schönste Jahreszeit.

1 Die Jahreszeiten

a) Frühling, Sommer, Herbst und Winter. Vergleichen Sie die Jahreszeiten.

b) Meine Lieblingsjahreszeit. Berichten und begründen Sie.

Ich mag ... besonders, weil ...

2 *Die schönste Zeit im Jahr, im Leben, im Jahr?*

a) Sammeln Sie im Text und vergleichen Sie.

b) Meine schönste Zeit. Erzählen Sie.

3 *Die fünfte Jahreszeit*

a) Wann ist die fünfte Jahreszeit und wie lange dauert sie? Lesen Sie den Ausschnitt aus dem Text von Kurt Tucholsky und berichten Sie.

b) Was passiert in dieser Zeit? Fassen Sie zusammen.

4 *Und du hast gewünscht ...* Haben Sie sich schon einmal gewünscht, dass etwas nie aufhört? Weshalb? Beschreiben Sie.

Lese-challenge

Das Fenstertheater

Ilse Aichinger (1921 – 2016)

Die Frau lehnte am Fenster und sah hinüber. Der Wind trieb in leichten Stößen vom Fluss herauf und brachte nichts Neues. Die Frau hatte den starren Blick neugieriger Leute, die unersättlich sind. Es hatte ihr noch niemand den Gefallen getan, vor ihrem Haus niedergefahren zu werden. Außerdem wohnte sie im vorletzten Stock, die Straße lag zu tief unten. Der Lärm rauschte nur mehr leicht herauf. Alles lag zu tief unten.

Als sie sich eben vom Fenster abwenden wollte, bemerkte sie, dass der Alte gegenüber Licht angedreht hatte. Da es noch ganz hell war, blieb dieses Licht für sich und machte den merkwürdigen Eindruck, den aufflammende Straßenlaternen unter der Sonne machen. Als hätte einer an seinen Fenstern die Kerzen angesteckt, noch ehe die Prozession die Kirche verlassen hat. Die Frau blieb am Fenster.

Der Alte öffnete und nickte herüber. Meint er mich? dachte die Frau. Die Wohnung über ihr stand leer und unterhalb lag eine Werkstatt, die um diese Zeit schon geschlossen war. Sie bewegte leicht den Kopf. Der Alte nickte wieder. Er griff sich an die Stirne, entdeckte, dass er keinen Hut aufhatte, und verschwand im Inneren des Zimmers. Gleich darauf kam er in Hut und Mantel wieder. Er zog den Hut und lächelte. Dann nahm er ein weißes Tuch aus der Tasche und begann zu winken. Erst leicht und dann immer eifriger. Er hing über die Brüstung, dass man Angst bekam, er würde vornüberfallen.

Die Frau trat einen Schritt zurück, aber das schien ihn zu bestärken. Er ließ das Tuch fallen, löste seinen Schal vom Hals - einen großen bunten Schal - und ließ ihn aus dem Fenster wehen. Dazu lächelte er. Und als sie noch einen weiteren Schritt zurücktrat, warf er den Hut mit einer heftigen Bewegung ab und wand den Schal wie einen Turban um seinen Kopf. Dann kreuzte er die Arme über der Brust und verneigte sich. So oft er aufsah, kniff er das linke Auge zu, als herrsche zwischen ihnen ein geheimes Einverständnis. Das bereitete ihr so lange Vergnügen, bis sie plötzlich nur mehr seine Beine in dünnen, geflickten Samthosen in die Luft ragen sah. Er stand auf dem Kopf. Als sein Gesicht gerötet, erhitzt und freundlich wieder auftauchte, hatte sie schon die Polizei verständigt. Und während er, in ein Leintuch gehüllt, abwechselnd an beiden Fenstern erschien, unterschied sie schon drei Gassen weiter über dem Geklingel der Straßenbahnen und dem gedämpften Lärm der Stadt das Hupen des Überfallautos. Denn ihre Erklärung hatte nicht sehr klar und ihre Stimme erregt geklungen. Der alte Mann lachte jetzt, so dass sich sein Gesicht in tiefe Falten legte, streifte dann mit einer vagen Gebärde darüber, wurde ernst, schien das Lachen eine Sekunde lang in der hohlen Hand zu halten und warf es dann hinüber.

Erst als der Wagen schon um die Ecke bog, gelang es der Frau, sich von seinem Anblick loszureißen. Sie kam atemlos unten an. Eine Menschenmenge hatte sich um den Polizeiwagen gesammelt. Die Polizisten waren abgesprungen, und die Menge kam hinter ihnen und der Frau her. Sobald man die Leute zu verscheuchen suchte, erklärten sie einstimmig, in diesem Hause zu wohnen. Einige davon kamen bis zum letzten Stock mit. Von den Stufen beobachteten sie, wie die Männer, nachdem ihr Klopfen vergeblich blieb und die Glocke allem Anschein nach nicht funktionierte, die Tür aufbrachen. Sie arbeiteten schnell und mit einer Sicherheit, von der jeder Einbrecher lernen konnte. Auch in dem Vorraum, dessen Fenster auf den Hof sahen, zögerten sie nicht eine Sekunde. Zwei von ihnen zogen die Stiefel aus und schlichen um die Ecke. Es war inzwischen finster geworden. Sie stießen an einen Kleiderständer, gewahrten den Lichtschein am Ende des schmalen Ganges und gingen ihm nach.

45 Die Frau schlich hinter ihnen her. Als die Tür aufflog, stand der alte Mann mit dem Rücken zu ihnen gewandt noch immer am Fenster. Er hielt ein großes weißes Kissen auf dem Kopf, das er immer wieder abnahm, als bedeutete er jemandem, dass er schlafen wolle. Den Teppich, den er vom Boden genommen hatte, trug er um die Schultern. Da er schwerhörig war, wandte er sich auch nicht um, als die Männer auch schon knapp hinter ihm standen

50 und die Frau über ihn hinweg in ihr eigenes finsteres Fenster sah. Die Werkstatt unterhalb war, wie sie angenommen hatte, geschlossen. Aber in die Wohnung oberhalb musste eine neue Partei eingezogen sein. An eines der erleuchteten Zimmer war ein Gitterbett geschoben, in dem aufrecht ein kleiner Knabe stand. Auch er trug sein Kissen auf dem Kopf und die Bettdecke um die Schultern. Er sprang und winkte herüber und krähte vor Jubel.

55 Er lachte, strich mit der Hand über das Gesicht, wurde ernst und schien das Lachen eine Sekunde lang in der hohlen Hand zu halten. Dann warf er es mit aller Kraft den Wachleuten ins Gesicht.

1

1 *Das Fenstertheater*

a) **Vor dem Lesen. Worum könnte es gehen? Sehen Sie sich die Bilder 2–6 an und sammeln Sie Vermutungen.**

b) **Während des Lesens. Das verstehe ich schon! Lesen Sie Zeilen 1–10, machen Sie sich Notizen, berichten und vergleichen Sie.**

Wer?	Wo?	Was?
die Frau		
der Alte		

Tipp

Man muss nicht jedes Wort verstehen, um die Handlung zu verstehen. Verstehen heißt nicht übersetzen!

2 *Die Frau blieb am Fenster*

a) **Was macht die Frau? Lesen Sie Zeilen 11–30 und berichten Sie, was Sie verstanden haben.**

b) **Was denkt die Frau, als sie den alten Mann zuerst sieht? Was denkt sie einige Minuten später? Sammeln Sie.**

c) **Wie reagiert die Frau auf die Situation? Berichten Sie.**

3 Der Anruf

a) **Bereiten Sie den Anruf vor. Lesen Sie die Fragen und notieren Sie Antworten. Bild 1 hilft.**

1 Wer ruft an?
2 Was ist passiert?
3 Wo ist das passiert?
4 Um wie viele Menschen geht es?

Stadtpolizei Wien. Wie kann ich Ihnen helfen?

Hier spricht Gerda Moser. ...

b) **Spielen Sie Ihre Dialoge vor und vergleichen Sie.**

4 Wie geht die Geschichte weiter?

a) Vor dem Lesen. Sammeln Sie Hypothesen.

b) Während des Lesens. Was verstehen Sie? Lesen Sie den Text zu Ende, machen Sie sich Notizen und vergleichen Sie mit Ihren Hypothesen aus a).

5 Die Szene

Die Frau, der Alte, der kleine Junge, die Menschenmenge, das Polizeiauto. Ergänzen Sie in Bild 1 auf S. 207 und vergleichen Sie.

6 Der Alte

a) Was macht er? Was benutzt er dazu? Lesen Sie die Kurzgeschichte noch einmal und sammeln Sie.

b) Das Publikum. Für wen spielt der Alte am Fenster Theater?

7 Die Frau und der Alte

a) Wählen Sie eine Person und notieren Sie passende Adjektive.

b) Stellen Sie Ihre Person vor. Die anderen kommentieren.

Meinst du? Ich finde nicht, dass die Frau ...

8 *Zuerst, dann, danach ...*

a) Bringen Sie die Sätze in die richtige Reihenfolge, lesen Sie vor und vergleichen Sie.

b) Zwei Stunden später. Was erzählt die Frau ihrer Freundin, der Alte seiner Nachbarin, das Kind seinen Eltern, ein Polizist seiner Frau? Wählen Sie eine Situation und schreiben Sie den Dialog.

1

2

3

4

c) Spielen Sie Ihre Dialoge vor. Die anderen kommentieren.

Landeskunde

Ilse Aichinger (* 1. November 1921 in Wien; † 11. November 2016 in Wien) war eine österreichische Schriftstellerin. Sie ist eine wichtige Autorin der deutschsprachigen Nachkriegsliteratur. Sie hat in Wien und Frankfurt am Main gelebt. Für ihre Theaterstücke, Kurzgeschichten, Erzählungen, Gedichte und Hörspiele hat sie viele Literaturpreise bekommen. Die Kurzgeschichte *Das Fenstertheater* hat Ilse Aichinger 1949 geschrieben und 1953 veröffentlicht. Im Jahr 2018 wurde in Wien-Donaustadt (22. Bezirk) die Ilse-Aichinger-Gasse nach ihr benannt.

1 Was ist los?

a) **Nicos Körpersprache. Sehen Sie sich die Fotos an. Mit wem spricht er vermutlich? Begründen Sie.**

1 
2 
3 

b) **Ordnen Sie jedem Foto eine Aussage zu und vergleichen Sie.**

a ◯ „Hab' ich was Falsches gesagt?"

b ◯ „Entweder du sagst mir, was los ist, oder ich bleib' den ganzen Tag hier stehen."

c ◯ „Ich habe dir geschrieben, dich angerufen und ..."

2.12

c) ***Spinnst du?* Lesen Sie die Fragen, sehen Sie sich die Szene mit Nico und Selma an und berichten Sie.**

1 Wo sind Nico und Selma?
2 Warum regt Selma sich so auf?
3 Wie reagiert Nico?
4 Was ist passiert?

4.28

d) **Selma ist genervt! Hören Sie, achten Sie auf die Betonung und sprechen Sie nach.**

e) **Der Streit. Wählen Sie *Nico* oder *Selma*. Wie finden Sie sein/ihr Verhalten? Kommentieren Sie. Die Redemittel helfen.**

Ich würde genauso reagieren, wenn ...

Ich weiß nicht, ihr Verhalten ist ...

f) **Selma und Lisa treffen sich im Marek. Sie haben sich schon länger nicht gesehen. Über welche Themen könnten sie sich unterhalten? Sammeln Sie. Die Plateaus 1–3 helfen.**

Sie könnten über ... sprechen.

Ja, oder über ...

g) **Wählen Sie zwei Themen aus f) aus. Schreiben Sie den Dialog und spielen Sie ihn vor. Die anderen notieren die Themen.**

2.12

h) **Was ist gleich? Was ist anders? Sehen Sie sich die Szene im Marek an, vergleichen Sie mit Ihren Dialogen aus g) und berichten Sie.**

i) **Der Wettbewerb. Wo finden Sie die Informationen? Lesen Sie den Flyer und berichten Sie.**

1 Wer kann mitmachen? **2** Welche Bedingungen gibt es? **3** Was kann man gewinnen?

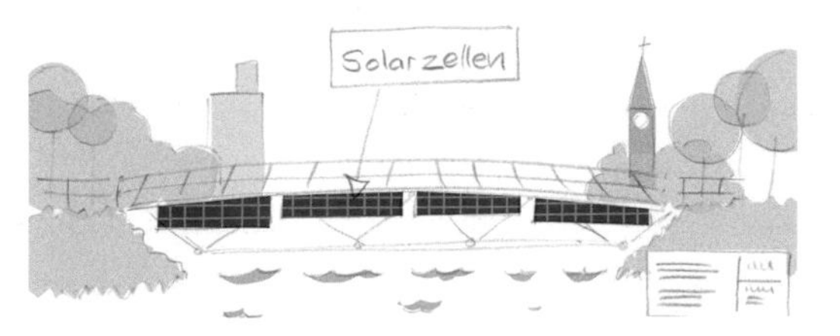

j) **Eine nachhaltige Brücke. Sehen Sie sich den Entwurf von Selmas Team an. Wie finden Sie die Idee? Kommentieren Sie.**

k) **Selma soll den Entwurf vorstellen. Geben Sie ihr Tipps für die Präsentation.**

2 Entscheidungen

a) **Die Absage. Lesen Sie die Textnachricht von Nico, schreiben Sie eine Antwort und vergleichen Sie.**

Ich habe einen Brief von der Schauspielschule. Hat leider nicht geklappt. 😢

2.13

b) **Was bietet Yara Nico an? Sehen Sie sich die Szene im Fahrradladen an. Kreuzen Sie an und vergleichen Sie.**

- ◯ Nico bekommt Yaras Fahrradladen.
- ◯ Nico kann bei Yara eine Ausbildung machen.
- ◯ Nico kann später bei Yara arbeiten.
- ◯ Nico kann Yaras Geschäftspartner werden.

c) ***Zuerst muss Nico ..., dann ..., danach ...* Sehen Sie sich Nicos Gespräch mit Yara noch einmal an und berichten Sie.**

d) ***Mein Fahrradladen ist ein Meisterbetrieb!* Lesen Sie den Informationstext und beschreiben Sie Yaras Ausbildung.**

Berufsbild Zweiradmechatroniker*in

Mach den Meister und werde Ausbilder*in!

Die Ausbildung zum/zur Zweiradmechatroniker*in wird in den zwei Fachrichtungen Fahrradtechnik und Motorradtechnik angeboten und dauert 3,5 Jahre. Die duale Ausbildung findet im Betrieb und in der Berufsschule statt. Nach dem zweiten Ausbildungsjahr gibt es eine Zwischenprüfung und am Ende der Ausbildung eine Abschlussprüfung in Theorie und Praxis.

Nach der bestandenen Abschlussprüfung kann man noch eine Ausbildung zum/zur Meister*in machen. Das ist ein höherer Berufsabschluss, mit dem man dann einen Betrieb selbstständig führen und im Betrieb ausbilden darf. Weil der Meistertitel wie ein Bachelor-Abschluss bewertet wird, kann man nach bestandener Meisterprüfung auch an einer Universität studieren.

e) **Yara kommt ins Marek. Sehen Sie sich das Foto an. Ergänzen Sie die Sprechblasen und spielen Sie die Dialoge vor.**

2.13

f) **Sehen Sie sich die Szene im Marek an und vergleichen Sie mit Ihren Dialogen in e).**

g) **Otto oder Jacques? Wer ist der Mann? Sehen Sie sich die Szene im Marek noch einmal an und berichten Sie.**

h) **Was würde Inge auch gerne wissen und warum will Sie die Erklärung nicht hören? Sammeln Sie Vermutungen und berichten Sie auf Deutsch oder in einer gemeinsamen Sprache.**

3 Ende gut – alles gut?

2.14

a) Wo? Wer? Was? Sehen Sie sich das Video an, machen Sie sich Notizen und beschreiben Sie.

Szene 1:
- *in der Sprachschule*
- *Pepe wartet auf …*
- *…*

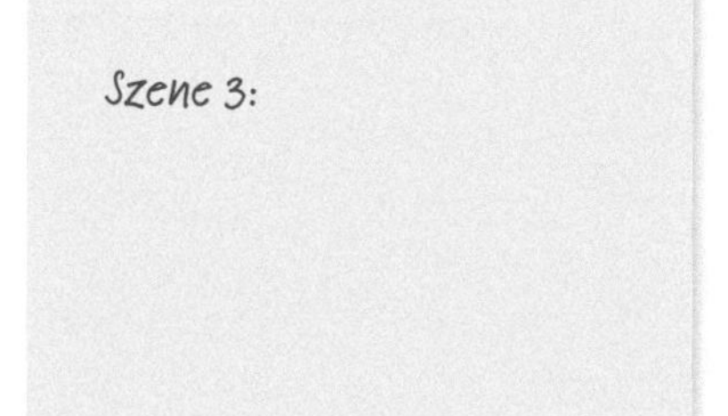

b) Was hat Sie (nicht) überrascht? Kommentieren und vergleichen Sie.

c) *Machst du Schluss?* Sehen Sie sich das Gespräch zwischen Nico und Selma noch einmal an. Was halten Sie von Nicos Antwort? Diskutieren Sie.

2.14

d) Die B1-Prüfung. Was fand Nico nicht so einfach? Wovor hat er Angst? Sehen Sie sich das Video noch einmal an und berichten Sie.

e) Meine B1-Prüfung. *Prüfungstraining, Lerngruppen, Wortschatzkarten, …* Sammeln Sie Tipps für die Vorbereitung.

f) *Auf die Liebe!* Typisch Telenovela … Kommentieren Sie. Die Redemittel helfen.

i) Happy End für Nicos Weg!? *Familie, Arbeit, …* Wie stellen Sie sich die Zukunft von Nico und Selma in zehn Jahren vor? Schreiben Sie die Geschichte weiter.

Selma und Nico werden in zehn Jahren …

j) Präsentieren Sie Ihre Texte aus i). Welche drei Geschichten gefallen Ihnen am besten? Begründen Sie Ihre Wahl.

Die Serie „Nicos Weg" in voller Länge mit interaktiven Übungen und zahlreichen weiteren Materialien gibt es kostenlos bei der Deutschen Welle: **dw.com/nico**

Goethe-Zertifikat B1: Lesen

**Der Prüfungsteil Lesen hat fünf Teile mit 30 Aufgaben und dauert 65 Minuten.
Um die Prüfung zu bestehen, müssen Sie mindestens 18 Aufgaben richtig lösen.
Wörterbücher und Mobiltelefone sind nicht erlaubt.**

Lesen Teil 1: **Sie lesen hier einen Blogbeitrag, eine E-Mail oder einen Brief. In den Texten geht es um Alltagserlebnisse und Erfahrungsberichte. Dazu lösen Sie sechs Aufgaben.**

Lesen Sie den Text und die Aufgaben. Wählen Sie: Sind die Aussagen Richtig oder Falsch?

Paul [01.06. um 23:33]

Habt ihr das auch schon mal erlebt? Ich mache gerade ein Auslandssemester in Athen und bin mit einer Freundin am Samstagabend zu einem Konzert gefahren. Auf dem Weg nach Hause wollte ich an einem Bankautomaten noch schnell etwas Geld holen. Aber mein Geldbeutel mit meiner Kreditkarte und meinen Papieren war weg. Panik! Hat ihn jemand aus meinem Rucksack genommen? Ich hatte Angst, dass jemand mit meiner Kreditkarte gleich einkaufen könnte. Ich wollte also sofort die Notrufnummer in Deutschland anrufen, damit die Karte gesperrt wird. Aber dann stellte ich fest, dass der Akku von meinem Handy leer war, sodass ich nicht telefonieren konnte. Zum Glück konnte ich mit dem Smartphone meiner Freundin die Notrufnummer googeln und dann gleich bei meinem Kreditkarteninstitut anrufen ...

1 Paul bemerkte nach dem Konzert, dass er kein Geld hatte. **Richtig** **Falsch**
2 Er wusste, welche Nummer er in Deutschland anrufen sollte. **Richtig** **Falsch**

Lesen Teil 2: **Sie lesen hier zwei Texte, z. B. aus einer Zeitung, einer Zeitschrift oder einer Informationsbroschüre. Zu jedem Artikel gibt es drei Aufgaben. Die erste Aufgabe bezieht sich jeweils auf die Gesamtaussage des Textes, die anderen beiden Aufgaben auf Detailinformationen in den Texten.**

Lesen Sie den Text aus der Presse und die Aufgaben. Wählen Sie bei jeder Aufgabe die richtige Lösung a, b oder c.

Theater in der Krise

Auf der Suche nach einem jungen Publikum
Das Theater ist nur noch für ein Drittel der Bevölkerung interessant. Es wird vor allem von der Altersgruppe 60 plus mit höherer Bildung besucht, wobei Frauen viel häufiger ins Theater gehen als Männer. Die Theater wünschen sich aber mehr junge Zuschauer*innen. Es muss also etwas passieren, wenn das Theater gesellschaftlich relevant bleiben möchte. Deshalb trafen sich an diesem Wochenende wieder Dramaturginnen und Dramaturgen aus dem deutschsprachigen Raum in Köln und diskutierten, wie man das Theater für ein jüngeres Publikum attraktiver machen könnte. Man war sich einig, dass man unbedingt neue Stücke und hippe Themen braucht, die auch ein jüngeres Publikum ansprechen.

7 In dem Text geht es um ...
- **a** statistische Angaben über das Theaterpublikum.
- **b** neue Stücke fürs Theater.
- **c** Probleme des Theaters.

8 Das Theaterpublikum ist ...
- **a** zu jung.
- **b** zu alt.
- **c** zu hipp.

Lesen Teil 3: **Sie lesen hier zuerst eine thematische Einleitung. Dann lesen Sie sieben Situationen und dazu zehn Anzeigen. Sie können jede Anzeige nur einmal verwenden. Für eine Situation gibt es keine passende Anzeige. In diesem Fall schreiben Sie 0.**

Lesen Sie die Situation und die Anzeigen aus verschiedenen deutschsprachigen Medien. Wählen Sie: Welche Anzeige passt zur Situation?

Einige Ihrer Freundinnen und Freunde möchten sich in den Semesterferien ehrenamtlich engagieren und suchen passende Angebote.

13 Dimitri möchte Senior*innen Zeit spenden. Anzeige _____

14 Linh mag Hunde und Katzen und möchte einmal in der Woche helfen. Anzeige _____

a

Gemeinsam helfen
Wir suchen freiwillige Helfer*innen, die Menschen jeden Freitag in Pflegeheimen besuchen und sich mit ihnen unterhalten. Wir freuen uns über jeden, der dauerhaft mitmachen will!

b

Nachbarschaftshilfe
Wir freuen uns, wenn Sie ältere Menschen freiwillig besuchen. Das ist zu tun: Zuhören, Vorlesen, Erzählen, Kochen, Einkaufen und vieles mehr.
Kurz- und Langzeit-Engagement möglich.

c

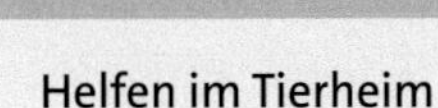

Helfen im Tierheim
Wir suchen ehrenamtliche Helfer*innen. Wer Katzen liebt, ist hier richtig. Bei mehr als 300 Katzen gibt es jede Menge zu tun. Sie können uns gerne je nach Zeitbudget unterstützen.

d

Freiwilligenarbeit im Tierschutz
Liebst du Hunde? Engagiere dich für die Straßenhunde in Spanien. Zu deinen täglichen Aufgaben gehört das Füttern, Spazierengehen und Waschen der Hunde.
Bewerbung an: refugio.example.net

Lesen Teil 4: **Sie lesen hier eine kurze thematische Einleitung und sieben kurze Leserbriefe oder Online-Kommentare zu einem Thema, das kontrovers diskutiert wird. Sie müssen sich entscheiden: Welche Person ist für ein Verbot, welche Person ist gegen ein Verbot?**

Lesen Sie den Text. Wählen Sie: Ist die Person für ein Verbot?

In einer Zeitschrift lesen Sie Kommentare zu einem Artikel über ein Verbot von Einzelhäusern.

20 Martin **Ja** **Nein**

Martin [11.03. um 23:37]
Der Bürgermeister von Unterrödingen will den Neubau von Einfamilienhäusern verbieten. Er argumentiert, dass sie zu viel Platz brauchen. Ich glaube aber nicht, dass in allen Gebieten der Stadt der Bau von Mehrfamilienhäusern sinnvoll ist. Es wäre besser, wenn man andere Lösungen für das Problem Wohnungsnot finden könnte.

Lesen Teil 5: **Sie lesen hier eine Anweisung oder eine Anleitung, z. B. eine Hausordnung, eine Bedienungsanleitung, eine Arbeitsanweisung oder eine Gebrauchsinformation zu einem Medikament. Es gibt vier Aufgaben. Sie beziehen sich alle auf Detailinformationen.**

Lesen Sie die Aufgabe und den Text dazu. Wählen Sie die richtige Lösung a, b oder c.

Sie informieren sich über die Hausordnung der Hochschule für Schauspielkunst, an der Sie studieren möchten.

27 Für die Unterrichtsräume gilt:

a Studierende müssen dort selbst aufräumen.
b Studierende dürfen dort keine Plakate aufhängen.
c Studierende dürfen dort nach dem Unterricht lernen.

28 Das Trinken von alkoholischen Getränken ...

a ist ohne Ausnahme verboten.
b ist in den Teeküchen möglich.
c kann von der Hochschulleitung genehmigt werden.

Hausordnung der Hochschule für Schauspielkunst

Öffnungszeiten: Die Hochschulgebäude sind montags bis freitags von 07:30 Uhr bis 23:00 Uhr geöffnet, am Samstag von 09:30 Uhr bis 22:00 Uhr. An Sonn- und Feiertagen sind sie während der Proben und der Vorstellungen geöffnet. Das Übernachten in der Hochschule ist nicht erlaubt.

Ordnung: Die Räume der Hochschule dürfen ausschließlich zu Dienst- oder Unterrichtszwecken genutzt werden. In allen Räumen, Treppenhäusern, Höfen und Toiletten ist auf Sauberkeit zu achten. Wände, Fußböden usw. dürfen nicht beschädigt, bemalt oder verändert werden. Es darf auch nichts an die Wände geklebt werden. Türen müssen nach Verlassen der Räume abgeschlossen, die Fenster zugemacht sowie das Licht ausgeschaltet werden.

Teeküchen: Die Nutzung der Teeküchen ist möglich. Diese müssen im Anschluss an die Benutzung wieder ordnungsgemäß hinterlassen werden.

Tiere: Tiere dürfen, mit Ausnahme von Blindenhunden, nicht in das Gebäude mitgenommen werden. Auf dem Gelände dürfen Tiere nicht frei laufen.

Rauchen: Die Hochschule für Schauspielkunst ist eine rauchfreie Hochschule. In allen Gebäuden und Räumen besteht ein absolutes Rauchverbot. Ausnahmen sind lediglich die gekennzeichneten Raucherbereiche.

Alkohol: Der Konsum von Alkohol und Drogen ist auf dem gesamten Hochschulgelände verboten. In Ausnahmefällen kann die Hochschulleitung den Konsum von Alkohol erlauben.

Tipps zum Prüfungsteil Lesen auf einen Blick

LESEN (ca. 65 Minuten)

Teil 1 (Arbeitszeit: 10 Minuten)

Lesen Sie den Text und die Aufgaben dazu. Entscheiden Sie, ob die Aussagen 1 bis 6 **Richtig** oder **Falsch** sind.

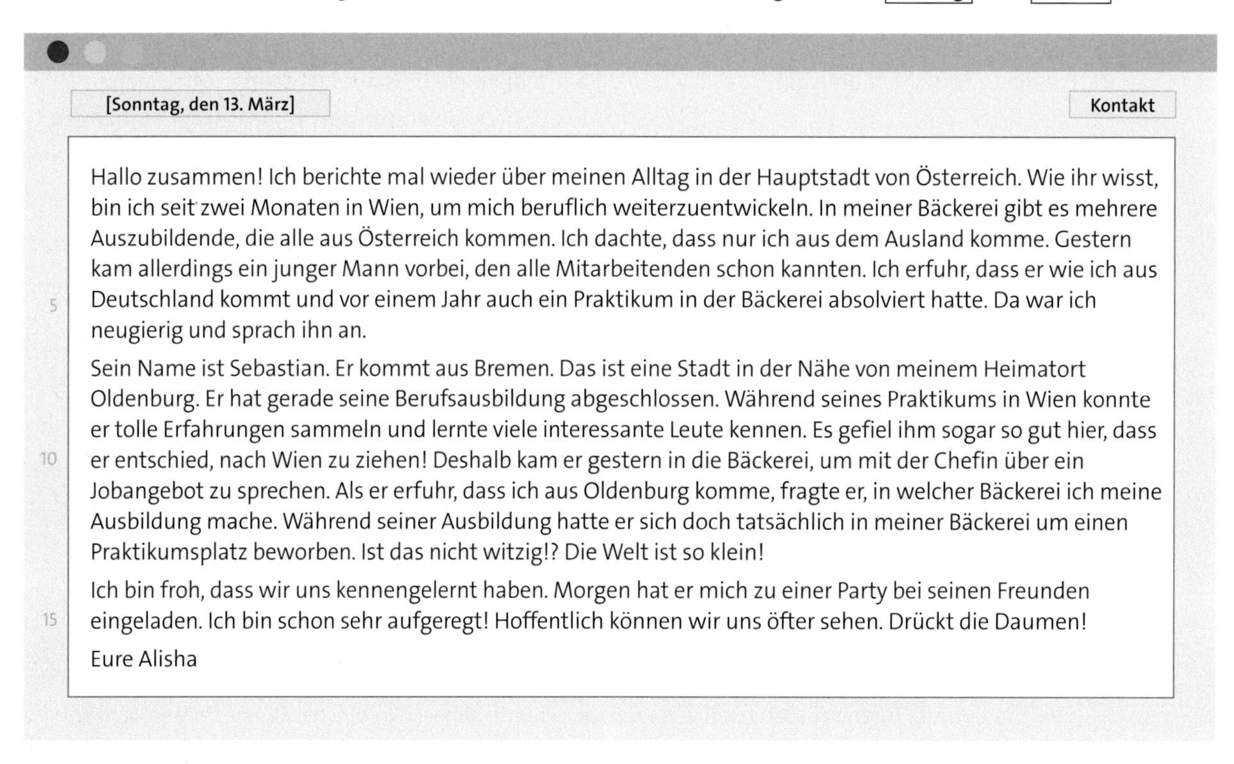

[Sonntag, den 13. März]

Kontakt

Hallo zusammen! Ich berichte mal wieder über meinen Alltag in der Hauptstadt von Österreich. Wie ihr wisst, bin ich seit zwei Monaten in Wien, um mich beruflich weiterzuentwickeln. In meiner Bäckerei gibt es mehrere Auszubildende, die alle aus Österreich kommen. Ich dachte, dass nur ich aus dem Ausland komme. Gestern kam allerdings ein junger Mann vorbei, den alle Mitarbeitenden schon kannten. Ich erfuhr, dass er wie ich aus Deutschland kommt und vor einem Jahr auch ein Praktikum in der Bäckerei absolviert hatte. Da war ich neugierig und sprach ihn an.

Sein Name ist Sebastian. Er kommt aus Bremen. Das ist eine Stadt in der Nähe von meinem Heimatort Oldenburg. Er hat gerade seine Berufsausbildung abgeschlossen. Während seines Praktikums in Wien konnte er tolle Erfahrungen sammeln und lernte viele interessante Leute kennen. Es gefiel ihm sogar so gut hier, dass er entschied, nach Wien zu ziehen! Deshalb kam er gestern in die Bäckerei, um mit der Chefin über ein Jobangebot zu sprechen. Als er erfuhr, dass ich aus Oldenburg komme, fragte er, in welcher Bäckerei ich meine Ausbildung mache. Während seiner Ausbildung hatte er sich doch tatsächlich in meiner Bäckerei um einen Praktikumsplatz beworben. Ist das nicht witzig!? Die Welt ist so klein!

Ich bin froh, dass wir uns kennengelernt haben. Morgen hat er mich zu einer Party bei seinen Freunden eingeladen. Ich bin schon sehr aufgeregt! Hoffentlich können wir uns öfter sehen. Drückt die Daumen!

Eure Alisha

Beispiel:

0 Alisha macht ein Praktikum in Wien. — ~~Richtig~~ (X) | Falsch

1 Sebastian macht gerade eine Ausbildung. — Richtig | Falsch

2 Er kennt die Bäckerei in Wien. — Richtig | Falsch

3 Er sucht in Wien einen Job. — Richtig | Falsch

4 Er hat in Oldenburg ein Praktikum gemacht. — Richtig | Falsch

5 Alisha und Sebastian sind morgen verabredet. — Richtig | Falsch

6 Alisha möchte in Wien bleiben. — Richtig | Falsch

Teil 2 (Arbeitszeit: 20 Minuten)
Lesen Sie den Text aus der Presse und die Aufgaben 7 bis 9 dazu. Entscheiden Sie, welche Lösung richtig ist: a, b oder c.

Verschenk keinen Müll!

Egal, ob einfarbig oder mit Motiv. Die Auswahl an Geschenkpapier ist groß. Zu Weihnachten wird das bunte Papier besonders viel gekauft. Ohne Papier geht es nicht! Denn Schenken macht erst dann richtig Spaß, wenn das Geschenk hübsch verpackt ist.

Doch nach dem Auspacken landet das Papier sofort im Müll. Und das hat Folgen. Studien zeigen, dass es zur Weihnachtszeit rund 20 Prozent mehr Hausmüll gibt. Auch die Herstellung von Geschenkpapier ist schlecht für die Umwelt, denn es wird viel Holz, Energie und Wasser gebraucht.
Wir sagen: Das muss nicht sein! Geschenke gehören zu Weihnachten – der Verpackungsmüll nicht! Hier sind unsere Alternativen zum klassischen Geschenkpapier, die nicht nur nachhaltig, sondern auch sehr praktisch sind.

- Bewahre altes Geschenkpapier oder Geschenk-Boxen auf. Wenn du dein Geschenk vorsichtig öffnest, kann die Verpackung noch einmal benutzt werden.
- Verwende, was du bereits zu Hause hast. Oft haben wir Zeitungen, Zeitschriften oder Plakate zu Hause, die wir nicht mehr brauchen. Die Motive können interessant sein und sind deshalb eine kreative Alternative.
- Viele alltägliche Gegenstände, wie z.B. Marmeladengläser, können genutzt werden und erhalten so ein neues Leben.
- Nutze dein Geschenk als Verpackung, z.B. einen Schal, ein T-Shirt oder eine Tasche.

Beispiel:

0 Geschenke ...
- [X] sind ein Teil des Weihnachtsfests.
- b werden gerne unverpackt verschenkt.
- c landen meistens im Müll.

7 Zu Weihnachten ...
- a achten die Menschen darauf, wenig Müll zu produzieren.
- b gibt es 20 Prozent mehr Geschenke als an anderen Feiertagen.
- c entsteht mehr Verpackungsmüll.

8 Geschenkpapier ...
- a schont die Umwelt.
- b kann nicht ersetzt werden.
- c ist nicht umweltfreundlich.

9 Alternativen zu Geschenkpapier ...
- a sind teuer.
- b kosten mehr Energie und Wasser in der Produktion.
- c sind kreativ und nachhaltig.

noch **Teil 2**

Lesen Sie den Text aus der Presse und die Aufgaben 10 bis 12 dazu. Entscheiden Sie, welche Lösung richtig ist: a, b oder c.

Im Urlaub Gutes tun

Tourismus ist in vielen Ländern ein wichtiger wirtschaftlicher Faktor und schafft neue Arbeitsplätze. Dennoch gibt es oft Kritik, denn die Tourismusindustrie hat auch Nachteile für die Regionen und die Bevölkerung.

Zwei Studenten aus Köln wollten das ändern und durch nachhaltigen Tourismus Gutes tun. Ihre Idee ist einfach: Weltweit gibt es soziale und ökologische Projekte, die nicht genug Geld haben, um ihre Ideen zu finanzieren. Oft haben sie aber freie Zimmer, die sie gut an Tourist*innen vermieten können. Die Miete finanziert die Projekte.

Aus dem Uni-Projekt entwickelte sich ein erfolgreiches Start-up. Auf der Plattform *Socialbnb* können Reisende auf der ganzen Welt Projekte suchen und dort eine Unterkunft buchen. Das Konzept ist perfekt für alle Reisefans, für die Nachhaltigkeit und soziales Engagement wichtig sind.

Die Gründer von *Socialbnb* haben gezeigt, welche Chancen nachhaltiger Tourismus für Land und Leute haben kann. Und wer freut sich nicht, wenn er im Urlaub entspannen und gleichzeitig Gutes tun kann?

Beispiel:

10 Über *Socialbnb* ...
- a können Studierende aus Köln ein Zimmer buchen.
- b findet man weltweit eine Unterkunft.
- c sollen Tourist*innen in sozialen und ökologischen Projekten mitarbeiten.

11 Die Gründer von *Socialbnb* ...
- a studierten an der Universität Köln.
- b zahlen Geld an soziale Projekte.
- c möchten die Tourismusindustrie unterstützen.

12 Die Tourist*innen ...
- a buchen ihr Flugticket über *Socialbnb*.
- b helfen, Projektideen zu finden.
- c finanzieren mit ihrer Miete nachhaltige Projekte.

Teil 3 (Arbeitszeit: 10 Minuten)
Lesen Sie die Situationen 13 bis 19 und die Anzeigen A bis J aus verschiedenen deutschsprachigen Medien. Wählen Sie: Welche Anzeige passt zu welcher Situation? Sie können **jede Anzeige nur einmal** verwenden. Die Anzeige aus dem Beispiel können Sie nicht mehr verwenden. Für eine Situation gibt es **keine passende Anzeige**. In diesem Fall schreiben Sie 0.

Ihre Kolleginnen und Kollegen suchen in der Weihnachtszeit verschiedene Aktivitäten, Angebote und Informationen.

Beispiel:
0 Theresa singt gerne und sucht eine Musikgruppe. Anzeige: B

13 Eva möchte mit ihren Kindern Plätzchen backen. Anzeige: ______

14 Nina möchte Weihnachten nicht allein feiern. Anzeige: ______

15 Georg interessiert sich für verschiedene Übersetzungen des Lieds „O Tannenbaum“. Anzeige: ______

16 Aneta möchte etwas aus Deutschland verschenken. Anzeige: ______

17 Thomas möchte vor Weihnachten Urlaub machen. Anzeige: ______

18 Maria möchte an Heiligabend das erste Mal ein traditionelles Essen kochen. Anzeige: ______

19 Eric ist neu in Deutschland und möchte mehr über die deutschen Traditionen erfahren. Anzeige: ______

A

Weihnachtsdeko selbst basteln

Kitsch oder Kunst? Entscheiden Sie selbst! In einer festlichen Atmosphäre bei Glühwein, Kaffee und Tee gestalten wir gemeinsam Weihnachtsdekoration genau nach Ihrem Geschmack! Die Kunstpädagog*innen unserer Schule helfen Ihnen gerne. Alle Materialien sind im Preis inklusive. Jeden Adventssonntag ab 14 Uhr. Anmeldung unter info@kunstschulemuenster.example.de

B

Musik verbindet

Wer gerne singt und Musik macht und auch neue Freundschaften sucht, ist bei uns genau richtig. Wir treffen uns in der Adventszeit jeden Freitagabend und singen und spielen Weihnachtslieder. Kommt einfach vorbei und lernt unsere Mitglieder kennen. Eine Anmeldung ist nicht notwendig. Unsere Adresse findet ihr unter www.xmassingen.example.net

C

Naschen erlaubt!

Unser Elternclub bietet am 2. Advent für Eltern und Kinder ab 6 Jahren eine Veranstaltung rund um das Thema weihnachtliche Kekse an. Drei Bäcker aus unserer Stadtbäckerei helfen und geben Tipps. Für Kinder unter 6 Jahren gibt es eine Betreuung.
Kommt zu unserer Weihnachtsbäckerei!
Anmeldung unter: 0162208

D

Weihnachtslieder weltweit

Wir beschäftigen uns mit den bekanntesten Weihnachtsliedern aus der ganzen Welt. Wir analysieren verschiedene Versionen von beliebten deutschen Weihnachtsliedern in verschiedenen Sprachen. Zu Beginn der Veranstaltung singen für uns Schülerinnen und Schüler der Clara-Schumann-Musikschule.
Zeit: 10.12.2022 um 18 Uhr
Ort: Clara-Schumann-Musikschule
Franklinstraße 45, 40211 Düsseldorf

noch Teil 3

E

Weihnachten gemeinsam feiern

Unser Single-Verein veranstaltet jedes Jahr ein Weihnachtsfest. Wir bereiten gemeinsam ein warmes Abendessen zu, singen Weihnachtslieder, verteilen Geschenke und lesen Weihnachtsgeschichten vor. In unserer Pension haben wir Platz für sechs Übernachtungsgäste. Anmeldung und weitere Informationen unter www.singleanweihnachten.example.de

F

Familientreff am 1. Advent

Zur Eröffnung unseres neuen Stadtteiltreffs veranstalten wir am 1. Advent einen Familienbrunch. Für 5 € pro Person bekommen Sie Frühstück mit warmen und kalten Speisen sowie Getränke. Für Kleinkinder gibt es ein Märchentheater und einen neuen Spielraum. Außerdem bieten wir verschiedene Gesellschaftsspiele für Kinder und Erwachsene an. Wir freuen uns auf Sie! Anmeldung unter info@stadtteiltreff.example.de

G

Weihnachten auf der Spur

Weihnachten, das ist der Duft von gebrannten Mandeln und Glühwein, das sind Spaziergänge über den Weihnachtsmarkt und Geschenke unter dem geschmückten Weihnachtsbaum. Und bei Ihnen?
In unserer Filmreihe (Deutsch mit englischen Untertiteln) lernen Sie die deutschen Traditionen zur Advents- und Weihnachtszeit kennen. Jeden Samstag um 11 Uhr auf unserem Channel. Im Anschluss haben Sie die Möglichkeit, im Chat Ihre Fragen zu stellen.

H

Was soll ich schenken?

Weihnachten steht vor der Tür, aber du hast noch keine Geschenke? Egal, ob du etwas für deine beste Freundin, deinen Arbeitskollegen oder die Großeltern suchst – bei uns findest du viele tolle Geschenkideen. In unserem Onlineshop bieten wir handgemachte Artikel und Lebensmittel aus deutscher Produktion an. Viele Geschenke können auch personalisiert werden. Probier es aus! www.handmadeingermany.example.com

I

Gan(s)z schön einfach!

Sie haben noch nie eine Gans zubereitet?
Kein Problem!
Unsere Expert*innen zeigen, wie Sie das seit vielen Jahrzehnten beliebte Weihnachtsessen zubereiten können. In zahlreichen Videos erhalten Sie Tipps zu den Themen Einkauf, Zubereitung und Tischdeko. Damit gelingt Ihnen die Gans ganz bestimmt! Überraschen Sie Ihre Familie mit einem Weihnachtsessen wie im Restaurant! Die Videos erscheinen morgen auf unserem Online-Channel. Liken nicht vergessen!

J

Erholung pur!

Nach stressigen Weihnachtstagen mit der ganzen Familie möchte man sich entspannen und die Ruhe genießen. Mit unserem Programm vom 27. bis zum 30. Dezember genießen Sie Wellness und Ruhe in der schönen Natur des Schwarzwalds. Verpassen Sie nicht unser Spezialangebot: nur noch bis Ende der Woche gültig!
Buchen Sie jetzt unter: www.kur-im-schwarzwald.example.de

Teil 4 (Arbeitszeit: 15 Minuten)
Lesen Sie die Texte 20 bis 26. Wählen Sie: Findet die Person **die Freiwilligendienste im Ausland gut**?

In einem Internetforum lesen Sie Kommentare zu einem Artikel über die Freiwilligendienste im Ausland.

Beispiel:

0 Verena [X] Ja [ ] Nein

20 Alissa	Ja	Nein
21 Kai	Ja	Nein
22 Gundula	Ja	Nein
23 Jörg	Ja	Nein
24 Lisa	Ja	Nein
25 Tom	Ja	Nein
26 Anna	Ja	Nein

Kommentare

Beispiel Ich finde, das ist eine tolle Sache, vor allem für junge Menschen, die gerade überlegen, was sie studieren möchten. Durch einen Freiwilligendienst im Ausland können sie den Alltag in anderen Ländern kennenlernen und vor Ort helfen. Das finde ich sehr wichtig! Meine Tochter macht in zwei Jahren ihr Abitur. Ich hoffe, sie bewirbt sich für ein Freiwilligenprojekt im Ausland, zum Beispiel in Asien. Ich würde sie auf jeden Fall unterstützen! *Verena, 48, Bremen*

20 Ich verstehe nicht, warum so viele Projekte auf der Insel Bali stattfinden. Ist das nicht weltweit ein beliebtes Reiseziel? Ich frage mich, ob diese Freiwilligendienste wirklich eine Hilfe vor Ort sind oder eher eine günstige Reiseveranstaltung für junge Erwachsene. Es gibt sicherlich viele andere Orte auf der Welt, wo dringend Hilfe gebraucht wird. Hilfe von Fachleuten und nicht von Teenagern! *Alissa, 41, Bremen*

21 Mein Sohn war in Nepal und hat dort viel für sein Leben gelernt. Wir haben ihn vor Ort besucht und gesehen, was er genau macht. Das war nicht bloß eine Reise für ihn. Er hat von diesem Programm sehr profitiert und die Menschen, denen er geholfen hat, natürlich auch. Wir sind überzeugt, dass die Hilfe ankommt und gebraucht wird. Meine jüngere Tochter möchte sich in drei Jahren, wenn sie mit ihrer Ausbildung fertig ist, ebenfalls für dieses Programm bewerben und ehrenamtlich engagieren. Das finde ich toll!
Kai, 49, Berlin

22 Meine Enkelin wollte die Welt entdecken und hat überlegt, Erziehungswissenschaften zu studieren. Gemeinsam mit ihrer Freundin wollte sie unbedingt nach Bali, um sich dort in einem Kindergarten zu engagieren. Meine Tochter war dagegen. Sie sagt, Bali ist so weit weg und man kann auch hier ein Praktikum machen. Aber meine Enkelin hat es doch gemacht und das war gut so! *Gundula, 76, Freiberg*

23 Ich habe circa fünf Jahre in Kambodscha gelebt und mit eigenen Augen gesehen, wie dort alles funktioniert. Wir haben Freiwillige aus der ganzen Welt empfangen und begleitet. Für junge Menschen gibt es da sicherlich viel zu entdecken. Viele ändern danach ihre Sicht auf die Welt. Sicherlich sind solche Erfahrungen notwendig, um auch hier in Deutschland politisch aktiv zu werden und etwas zu verändern.
Jörg, 37, Erfurt

24 Der Artikel hat gezeigt, dass es viele Probleme bei der Freiwilligenarbeit gibt. Es ist wichtig, dass junge Menschen davon erfahren. Das kann ihnen später dabei helfen zu entscheiden, ob sie diese Tätigkeit ausüben möchten oder nicht. Eins ist jedenfalls klar: Wir müssen uns in ärmeren Ländern engagieren! Es gibt so viele Menschen, die Hilfe brauchen, und wir können ihnen diese Hilfe geben. Wir alle sollten versuchen, die Probleme zu lösen. *Lisa, 33, Stuttgart*

25 Ob die Hilfsprojekte wirklich für die Region hilfreich sind? Ich habe Zweifel … Leider sind einige Hilfsorganisationen nicht ehrlich. Ihnen geht es nur darum, viel Geld zu verdienen. Trotzdem bin ich der Meinung, dass hilfsbereite Menschen die Möglichkeit haben sollen, in ärmeren Regionen der Welt helfen zu können. Wir können einfach nicht auf solche Hilfsprojekte verzichten. Ich finde es wichtig, dass Hilfsorganisationen häufiger geprüft werden. Dann weiß man, dass die Hilfe dort ankommt, wo sie gebraucht wird.
Tom, 61, Leipzig

26 Die Frage nach den Fachleuten finde ich sehr interessant. Viele junge Menschen sollen in Kindereinrichtungen arbeiten, obwohl sie wenig bis gar keine Erfahrungen oder Vorkenntnisse haben. Das geht doch gar nicht! In manchen Fällen kann das sogar gefährlich sein. Ich bin dafür, dass man Leute vor Ort ausbildet und nachhaltig Arbeitsplätze schafft. Für so eine Tätigkeit braucht man einfach die richtige Qualifikation. *Anna, 35, Köln*

Teil 5 (Arbeitszeit: 10 Minuten)
Lesen Sie die Aufgaben 27 bis 30 und den Text dazu. Wählen Sie bei jeder Aufgabe die richtige Lösung: **a**, **b** oder **c**.

Sie machen Urlaub in einer Ferienwohnung und informieren sich über die Hausordnung.

27 Vor der Ankunft ...
- **a** erfährt man das WLAN-Passwort.
- **b** fragt man bei den Nachbarn nach dem Türcode.
- **c** sollte man sich über die Hausordnung informieren.

28 Vor dem Haus ...
- **a** kann der Müll entsorgt werden.
- **b** ist Platz für Fahrräder.
- **c** darf man das Auto nicht abstellen.

29 In der Wohnung ...
- **a** darf man nach 22 Uhr eine Feier veranstalten.
- **b** gibt es gratis Internet.
- **c** darf man rauchen.

30 Beim Verlassen der Wohnung ...
- **a** muss man die Vermieter kontaktieren.
- **b** muss man alle Fenster und Türen schließen.
- **c** muss man den Strom abschalten.

Willkommen in der Ferienwohnung Sommerschmied!

Liebe Gäste,
damit sich alle Hausbewohner*innen wohlfühlen, bitten wir Sie, sich über unsere Hausordnung zu informieren. So können alle Gäste ihren Urlaub genießen.

Check-in / Check-out: Damit keine fremden Personen ins Haus kommen, zeigen Sie bitte 5 niemandem unseren Türcode. Check-in ist erst ab 15 Uhr möglich. Am Abreisetag bitten wir Sie, die Wohnung bis spätestens 11 Uhr zu verlassen.

Ankommen: Bitte benutzen Sie die Parkplätze vor dem Haus und parken Sie nicht am Straßenrand. Falls Sie mit zwei Autos kommen, können Sie auch den öffentlichen Parkplatz nebenan benutzen. Haustiere sind in der Wohnung nicht erlaubt. Bitte stellen Sie keine Fahrräder, Kinder- 10 wagen oder ähnliches vor die Haustür.

Verhalten: Das Rauchen ist in der Wohnung verboten. Bitte veranstalten Sie keine Partys oder sonstigen Events in der Wohnung. Die Nachtruhe ist von 22:00 – 7:00 Uhr.
Unser WLAN kann kostenfrei genutzt werden. Den Code finden Sie in der Willkommensmappe auf Seite 3.

15 Für Abfälle benutzen Sie bitte die Mülltonnen vor dem Haus. Wir bitten Sie, Wasser und Strom zu sparen. Damit helfen Sie nicht nur unserem Geldbeutel, sondern auch dem Planeten.

Abreise: Beim Verlassen der Wohnung achten Sie darauf, dass alle Fenster und Türen geschlossen sind.

Wir wünschen Ihnen viel Spaß und einen schönen Urlaub!
20 Familie *Sommerschmied*

4.29

Hören (ca. 40 Minuten)

Teil 1. Sie hören fünf kurze Texte. Sie hören jeden Text **zweimal**. Zu jedem Text lösen Sie zwei Aufgaben. Wählen Sie bei jeder Aufgabe die richtige Lösung. Lesen Sie zuerst das Beispiel. Dazu haben Sie 10 Sekunden Zeit.

Beispiel:

01 Alisha macht ein Praktikum in Wien. **Richtig** **~~Falsch~~** (X)

02 Für das Erasmusprogramm
- a muss man einen Sprachkurs besuchen.
- ~~b~~ (X) muss man Sprachkenntnisse nachweisen.
- c braucht man keine Sprachkenntnisse.

Text 1

1 Der Flug nach München verspätet sich um fünf Minuten. **Richtig** **Falsch**

2 Die Passagiere des Fluges nach München
- a sollen zum Gate B 11 gehen.
- b sollen warten, bis sie aufgerufen werden.
- c sind seit ein paar Minuten im Flieger.

Text 2

3 Die Vorstellung im Theater beginnt gleich. **Richtig** **Falsch**

4 Während der Pause
- a darf man nicht filmen oder fotografieren.
- b müssen alle elektronischen Geräte ausgeschaltet sein.
- c kann man etwas essen und trinken.

Text 3

5 Vera wohnt momentan in Beates Wohnung. **Richtig** **Falsch**

6 Vera möchte
- a insgesamt zwei Tage bleiben.
- b die Kaffeemaschine bezahlen.
- c noch zwei Übernachtungen buchen.

Text 4

7 In der kommenden Woche finden draußen keine Konzerte statt. **Richtig** **Falsch**

8 Nächste Woche
- a wird es etwas windig.
- b erwartet man starken Wind und Gewitter.
- c wird es trocken bleiben.

Text 5

9 Herr Levchuk arbeitet bei der Firma MONOLOG. **Richtig** **Falsch**

10 Das Gespräch
- a wird verschoben.
- b findet online statt.
- c wird abgesagt.

4.30

Teil 2. Sie hören einen Text. Sie hören den Text **einmal**. Dazu lösen Sie fünf Aufgaben. Wählen Sie bei jeder Aufgabe die richtige Lösung **a**, **b** oder **c**. Lesen Sie jetzt die Aufgaben 11 bis 15. Dazu haben Sie 60 Sekunden Zeit.

Sie nehmen an einem Stadtrundgang teil.

11 Der Stadtrundgang ...
- **a** findet wegen des Regens nicht statt.
- **b** ist gratis.
- **c** kostet Geld.

12 Der Rundgang ...
- **a** beginnt mit einem Besuch der Burg.
- **b** startet am Burgplatz.
- **c** dauert 20 Minuten.

13 Der Fernsehturm ...
- **a** ist 168 Meter hoch.
- **b** bleibt heute geschlossen.
- **c** bietet heute kostenlosen Eintritt.

14 Die Bar ...
- **a** bietet kostenlosen Kaffee an.
- **b** befindet sich unter der Aussichtsplattform.
- **c** befindet sich auf der Aussichtsplattform.

15 Nach dem Rundgang ...
- **a** gehen alle ins Filmmuseum.
- **b** gehen alle nach Hause.
- **c** gibt es Zeit für weitere Fragen.

4.31

Teil 3. Sie hören nun ein Gespräch. Sie hören das Gespräch **einmal**. Dazu lösen Sie sieben Aufgaben. Wählen Sie: Sind die Aussagen **Richtig** oder **Falsch**? Lesen Sie jetzt die Aufgaben 16 bis 22. Dazu haben Sie 60 Sekunden Zeit.

Sie sind in der Bibliothek und hören, wie sich zwei Studierende über das Erasmus-Semester unterhalten.

16	Rebecca war ein halbes Jahr in Spanien.	**Richtig**	**Falsch**
17	Rebecca hat mit zwei Deutschen zusammengewohnt.	**Richtig**	**Falsch**
18	Rebecca hat nur Spanisch gesprochen.	**Richtig**	**Falsch**
19	Der Spanischkurs hat immer 30 Minuten gedauert.	**Richtig**	**Falsch**
20	Rebecca war oft am Strand, auch im Dezember.	**Richtig**	**Falsch**
21	Florian hat Rebecca zu Weihnachten besucht.	**Richtig**	**Falsch**
22	Florian und Rebecca verabreden sich zum Kochen und Erzählen.	**Richtig**	**Falsch**

4.32

Teil 4. Sie hören nun eine Diskussion. Sie hören die Diskussion **zweimal**. Dazu lösen Sie acht Aufgaben. Ordnen Sie die Aussagen zu: **Wer sagt was?** Lesen Sie jetzt die Aussagen 23 bis 30. Dazu haben Sie 60 Sekunden Zeit.

Sie hören eine Radiosendung. Der Moderator diskutiert mit einem Vater und einer Lehrerin über das Thema „Schreiben lernen in der Schule".

Beispiel:	Moderator	Frau Lohmann	Herr Schreiber
0 Wegen der Digitalisierung ist heute das Schreiben mit der Hand weniger wichtig.	☒	b	c
23 In der Schule werden häufig elektronische Geräte genutzt.	a	b	c
24 Ich schreibe selten eine Notiz auf einen Zettel.	a	b	c
25 Schreiben hilft, das Lesen zu lernen.	a	b	c
26 Mein Sohn kann meine Schrift nicht lesen.	a	b	c
27 Wir erinnern uns besser, wenn wir etwas auf einen Zettel schreiben.	a	b	c
28 Ich finde, dass Handschrift nicht schön aussehen muss.	a	b	c
29 Eltern sollten zu Hause mit ihren Kindern das Schreiben üben.	a	b	c
30 Es ist wichtig, dass Eltern die Vorteile von Schreibübungen verstehen.	a	b	c

Schreiben (ca. 60 Minuten)

Aufgabe 1 (Arbeitszeit: 20 Minuten)

Sie wandern ins Ausland aus. Deshalb haben Sie letztes Wochenende eine Abschiedsparty gefeiert. Ein Freund / Eine Freundin konnte nicht kommen, weil er/sie verreist war.

- Beschreiben Sie: Wer ist zu Ihrer Party gekommen?
- Begründen Sie: Warum wandern Sie aus?
- Machen Sie einen Vorschlag, wann Ihr Freund / Ihre Freundin Sie im Ausland besuchen kann.

Schreiben Sie eine E-Mail (circa 80 Wörter). Schreiben Sie etwas zu allen drei Punkten. Achten Sie auf den Textaufbau (Anrede, Einleitung, Reihenfolge der Inhaltspunkte, Schluss).

Aufgabe 2 (Arbeitszeit: 25 Minuten)

Sie haben in einem Podcast eine Diskussion über das Thema „Bürgerinitiativen" gehört. Im Online-Forum der Sendung lesen Sie folgende Meinung:

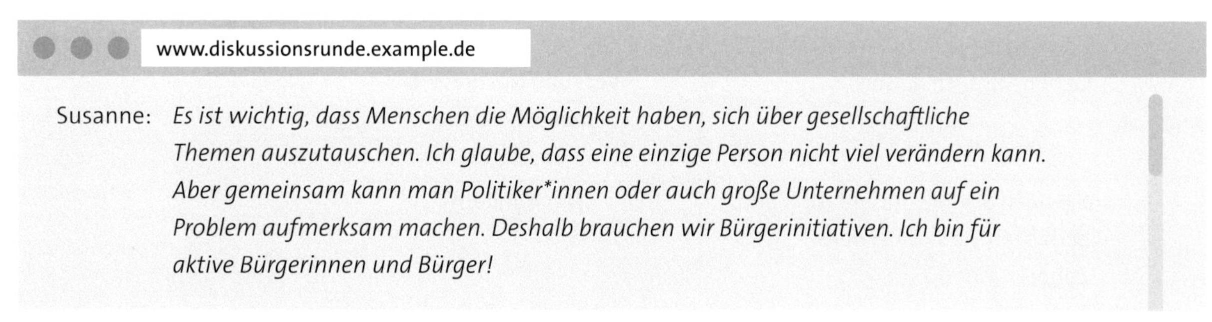
www.diskussionsrunde.example.de

Susanne: *Es ist wichtig, dass Menschen die Möglichkeit haben, sich über gesellschaftliche Themen auszutauschen. Ich glaube, dass eine einzige Person nicht viel verändern kann. Aber gemeinsam kann man Politiker*innen oder auch große Unternehmen auf ein Problem aufmerksam machen. Deshalb brauchen wir Bürgerinitiativen. Ich bin für aktive Bürgerinnen und Bürger!*

Schreiben Sie nun Ihre Meinung zum Thema (circa 80 Wörter).

Aufgabe 3 (Arbeitszeit: 15 Minuten)

Sie haben von Ihrer Chefin, Frau Sova, eine Einladung zu einem Meeting bekommen. Leider geht es Ihrem Kind nicht gut und Sie können an dem Meeting nicht teilnehmen.

Schreiben Sie an Frau Sova. Entschuldigen Sie sich *höflich* und berichten Sie, warum Sie nicht kommen können. Schreiben Sie eine E-Mail (circa 40 Wörter). Vergessen Sie nicht die Anrede und den Gruß am Schluss.

Sprechen (Vorbereitungszeit 15 Minuten)

Teil 1. Gemeinsam etwas planen (Dauer: circa drei Minuten)

Sie organisieren mit Ihrem Sprachkurs einen Filmabend mit Snacks und Getränken.
Sprechen Sie über die Punkte unten, machen Sie Vorschläge und reagieren Sie auf die Vorschläge Ihres Gesprächspartners / Ihrer Gesprächspartnerin. Planen und entscheiden Sie gemeinsam, was Sie tun möchten.

Einen Videoabend planen

- Wo und wann findet die Veranstaltung statt?
- Welcher Film wird gezeigt?
- Wer kauft ein und wo?
- Welche Snacks werden gekauft?
- Was wird an dem Abend getrunken?

Teil 2. Ein Thema präsentieren (Dauer: circa drei Minuten)

Wählen Sie ein Thema aus (Thema 1 oder Thema 2). Sie sollen Ihren Zuhörerinnen und Zuhörern ein aktuelles Thema präsentieren. Dazu finden Sie hier fünf Folien. Folgen Sie den Anweisungen links und schreiben Sie Ihre Notizen und Ideen rechts daneben.

Thema 1

Stellen Sie Ihr Thema vor. Erklären Sie den Inhalt und die Struktur Ihrer Präsentation.	**Auswandern?** 1	
Berichten Sie von Ihrer Situation oder einem Erlebnis im Zusammenhang mit dem Thema.	**Auswandern?** **Meine persönlichen Erfahrungen** 2	
Berichten Sie von der Situation in Ihrem Heimatland und geben Sie Beispiele.	**Auswandern?** **Die Situation in meinem Heimatland** 3	
Nennen Sie die Vor- und Nachteile und sagen Sie dazu Ihre Meinung. Geben Sie auch Beispiele.	**Auswandern?** **Vor- und Nachteile & Meine Meinung** 4	
Beenden Sie Ihre Präsentation und bedanken Sie sich bei den Zuhörer*innen.	**Auswandern?** **Abschluss & Dank** 5	

Thema 2

Stellen Sie Ihr Thema vor. Erklären Sie den Inhalt und die Struktur Ihrer Präsentation.

Berichten Sie von Ihrer Situation oder einem Erlebnis im Zusammenhang mit dem Thema.

Berichten Sie von der Situation in Ihrem Heimatland und geben Sie Beispiele.

Nennen Sie die Vor- und Nachteile und sagen Sie dazu Ihre Meinung. Geben Sie auch Beispiele.

Beenden Sie Ihre Präsentation und bedanken Sie sich bei den Zuhörer*innen.

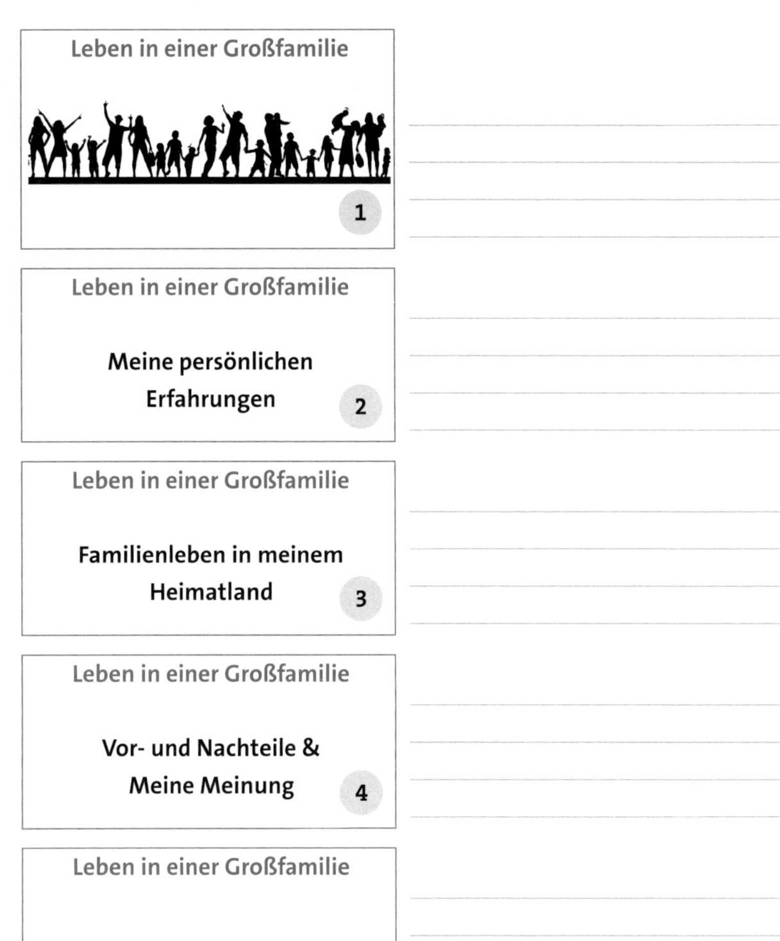

Teil 3. Über ein Thema sprechen (Dauer: circa zwei Minuten)

Nach Ihrer Präsentation:

Reagieren Sie auf die Rückmeldung und auf Fragen der Prüfer*innen und des Gesprächspartners / der Gesprächspartnerin.

Nach der Präsentation Ihres Partners / Ihrer Partnerin:

a) Geben Sie eine Rückmeldung zur Präsentation Ihres Partners / Ihrer Partnerin (z. B. wie Ihnen die Präsentation gefallen hat, was für Sie neu oder besonders interessant war usw.).

b) Stellen Sie auch eine Frage zur Präsentation Ihres Partners / Ihrer Partnerin.

Grammatik im Überblick

Sätze

1 Zeitangaben in Sätzen

1.1 Gleichzeitigkeit mit *als* und *während* ▶ E2, E5 ▶ A2 GR5.1

Während Nick vor dem Regal steht, kommt Maik auf die Bühne.
Ich telefoniere immer, während ich aufräume.
Während der Ferien habe ich drei Romane gelesen.
Während der Ferien telefonierte sie jeden Tag mit ihrer Freundin.

Leben ist das, was passiert, während du beschäftigt bist, andere Pläne zu machen. (John Lennon)

Regel: *während*: Gleichzeitigkeit in Vergangenheit und Gegenwart.

Als sie in den Ferien war, telefonierte sie jeden Tag mit ihrer Freundin.
Als ich gestern im Theater war, hustete eine Frau die ganze Zeit.

Regel: *als* + Nebensatz = nur in der Vergangenheit.

1.2 Nachzeitigkeit mit *nach, nachdem, bevor* ▶ E6, E8 ▶ GR20

Nach meinem Studium habe ich gleich einen Job in einer großen Firma gefunden.
Ich habe nach meinem Studium gleich einen Job in einer großen Firma gefunden.

Nachdem Hannah studiert hatte, hat sie gleich einen Job in einer großen Firma gefunden.
Sie fand einen Job in einer IT-Firma, nachdem sie neun Bewerbungen geschrieben hatte.

Er machte seine Arbeit fertig, bevor er nach Hause ging.
Bevor wir Plätzchen backen, kaufen wir ein.
Wollen wir einen Tisch reservieren, bevor wir ins Restaurant gehen?

Regel: **Zwei Ereignisse:** **1.** Sie hat studiert. **2.** Sie hat einen Job gefunden.

Zeitenfolge: Hauptsatz im Präsens: Nebensatz im Perfekt
Hauptsatz im Perfekt oder Präteritum: Nebensatz im Plusquamperfekt

1.3 Häufigkeit. *Nie, ..., immer* ▶ E2

Ich gehe regelmäßig ins Theater.
Manchmal gehe ich ins Theater.
Gehst du ab und zu auch ins Theater? Ja, aber selten.
Ich gehe sehr selten ins Theater, aber oft ins Kino.
In die Oper gehe ich nie. Ich interessiere mich nicht für Musik.
Am Sonntag gehe ich meistens spazieren.
Jeden Sonntag gehe ich spazieren. Ich gehe immer am Sonntag spazieren.
Am Samstag gehe ich nicht immer schwimmen, aber meistens.

Häufige Wendungen

Das geht nicht. Das haben wir noch nie so gemacht.
Das war bis jetzt nie ein Problem.
So etwas habe ich noch nie gesehen.
Ab und zu trinke ich mal ein Bier.

Gründe, Folgen, Widersprüche und Gegensätze

2.1 Gründe nennen mit *deshalb, darum* und *deswegen* ► E3

Es gibt nicht genug Wohnungen. Deshalb/Darum/Deswegen sind die Mieten so hoch.
Es gibt nicht genug Wohnungen, deshalb/darum/deswegen sind die Mieten so hoch.

Regel: Hauptsätze mit *deshalb, darum* und *deswegen* nennen Gründe.

2.2 Gründe in Nebensätzen mit *weil* und *da* ► E12 ► A2 GR2

Carina nimmt am liebsten das Fahrrad, weil die Fahrt mit dem Bus länger dauert.
Der Film *Metropolis* wurde kein Erfolg, da die Menschen ihn damals nicht verstanden.
Da die *Menschen* den Film Metropolis nicht verstanden, wurde er kein Erfolg.

Minimemo

Da verwendet man meistens in schriftlichen Texten.

Warum wurde der Film von Fritz Lang eigentlich kein Erfolg?
Weil die Menschen den Film damals nicht verstanden haben.

Es ist nicht wahr, dass Menschen aufhören, Träume zu verfolgen, weil sie alt werden. Sie werden alt, weil sie aufhören, Träume zu verfolgen. – Gabriel García Márquez

2.3 Gründe und Gegensätze in Hauptsätzen mit *wegen* und *trotz* + Nomen im Genitiv ► E5 ► GR13.3 ► A2 GR7

Grund

Wegen des schlechten Wetters war die Fahrt über den Atlantik oft gefährlich.
Ich konnte wegen meines Impftermins heute nicht zur Arbeit gehen.
Wegen der Pandemie musste das Café schließen.

Widerspruch/Gegengrund

Trotz der Gefahr machten sich viele Auswanderer auf den Weg über den Atlantik.
Trotz der hohen Kosten fahren die Menschen immer noch viel mit dem Auto.
Der Marathonlauf fand trotz des schlechten Wetters statt.
Trotz der Corona-Pandemie ging sie jeden Tag ins Büro.

Regel: *trotz/wegen* + Nomen im Genitiv

2.4 Widersprüche und Gegensätze mit *obwohl, trotz, trotzdem* ► E4, E5, E10 ► GR6

Obwohl die Reise über das Meer gefährlich war, wanderten im 19. Jahrhundert viele Menschen aus Deutschland, Österreich und der Schweiz nach Amerika aus. Trotz der hohen Preise und der Gefahren machten sie sich auf den Weg über das Meer.

Hauptsatz	Nebensatz
Viele Menschen wanderten nach Amerika aus,	obwohl die Reise gefährlich war.

Nebensatz	Hauptsatz
Obwohl die Reise gefährlich war,	wanderten viele Menschen nach Amerika aus.

Regel: Mit *obwohl* beginnt ein Nebensatz. Der *obwohl*-Satz drückt einen Gegensatz aus. Er kann vor oder nach dem Hauptsatz stehen.

Hauptsatz	Hauptsatz
Die Reise über das Meer war gefährlich.	Trotzdem wanderten sie nach Amerika aus. Trotz der Gefahren wanderten die Menschen aus.

2.5 Auf einen Blick: Sätze mit Gründen/Folgen, Widersprüchen/Gegensätzen

	Präposition + Nomen	Konjunktion + Verb	Adverb
Grund/Folge	Wegen* des Regenwetters bleiben wir zuhause.	Wir bleiben zuhause, weil es regnet.	Es regnet. Deshalb/Darum/Deswegen bleiben wir zuhause.
Widerspruch/ Gegensatz	Trotz des Regenwetters gehen wir spazieren.	Wir gehen spazieren, obwohl es regnet.	Es regnet. Trotzdem gehen wir spazieren.

**Wegen* wird mündlich oft mit dem Dativ verwendet: *Wegen dem* Regenwetter ...

3

Alternativen. *Entweder ... oder* ► E8

Ich möchte entweder in Göttingen oder in Jena studieren.
Einen Konflikt kann man entweder ignorieren oder lösen.
Der Deutschkurs findet entweder online oder im Kursraum statt.

Wir müssen uns jetzt entscheiden: Entweder links oder rechts.

4

Bedingungen und Wünsche. Nebensätze mit *wenn* + Konjunktiv II ► E3 ► GR18 ► A2 GR19

real Wenn ich Zeit habe, (dann) fahre ich ans Meer.
nicht real/Wunsch Wenn ich Zeit hätte, würde ich ans Meer fahren.
Ich würde ans Meer fahren, wenn ich Zeit hätte.
real Ich habe aber keine Zeit, deshalb kann ich nicht ans Meer fahren.

nicht real/Wunsch Wenn ich Geld hätte, (dann) würde ich in den Urlaub fliegen.
real Aber ich habe kein Geld und keine Zeit. Deshalb bleibe ich zuhause.

Häufige Wendungen

Ich wäre froh, wenn der Winter endlich vorbei wäre.
Ich würde mich freuen, wenn du mich anrufen würdest.
Es wäre schön, wenn du mir beim Umzug helfen könntest.

5 Ziele oder Konsequenzen mit *damit, sodass, je ..., desto*

▶ E9 ▶ A2 GR23

5.1 *damit, sodass*

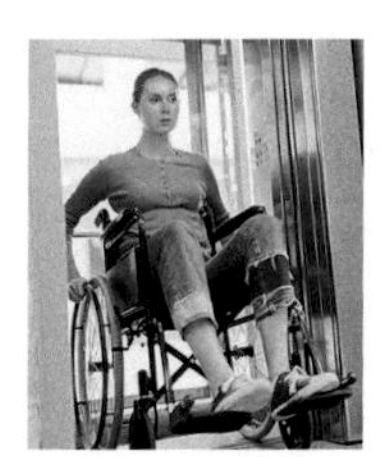

Die Eingangstüren öffnen sich automatisch, sodass niemand eine schwere Tür öffnen muss.
Die Eingangstüren öffnen sich automatisch, damit niemand eine schwere Tür öffnen muss.
Auf Bahnhöfen gibt es Aufzüge, sodass auch Rollstuhlfahrer bequem zum Zug kommen.
Damit auch Rollstuhlfahrer bequem zum Zug kommen, gibt es auf Bahnhöfen Aufzüge.

Regel: Nebensätze mit *damit* drücken Ziele aus. Nebensätze mit *sodass* drücken Konsequenzen aus. Sie stehen nie am Anfang.

5.2 Handlungen und Konsequenzen mit *je ..., desto*

Handlung	Konsequenz
Je länger ich schlafe,	desto entspannter bin ich.
Je mehr ich trainiere,	desto fitter werde ich.
Je weniger ich lese,	desto weniger weiß ich.
Je weniger ich schlafe,	desto nervöser bin ich.

Je länger ich lebe, desto uninformierter fühle ich mich. Nur die Jungen haben für alles eine Erklärung. (Isabel Allende)

6 Informationen verbinden

▶ E6, E7, E8, E10

6.1 Wörter, Wendungen und Sätze verbinden mit *nicht nur ..., sondern auch / sowohl ... als auch / weder ... noch / entweder ... oder / zwar ..., aber*

Nicht nur eine Schule, sondern auch ein Museum und eine Straße tragen den Namen von Konrad Duden.
Dudens Wörterbuch hat sich zwar im Laufe der Zeit verändert, aber es ist immer noch ein Bestseller.
Konrad Duden arbeitete sowohl in Thüringen als auch in Hessen.
Ihre Eltern konnten ihr weder ein Studium noch eine Ausbildung finanzieren.
Wir gehen entweder ins Museum oder wir machen eine Stadtrundfahrt.

Man reist nicht nur um anzukommen, sondern vor allem, um unterwegs zu sein. (Johann Wolfgang von Goethe)

6.2 Auf einen Blick: Konjunktionen, die Nebensätze einleiten

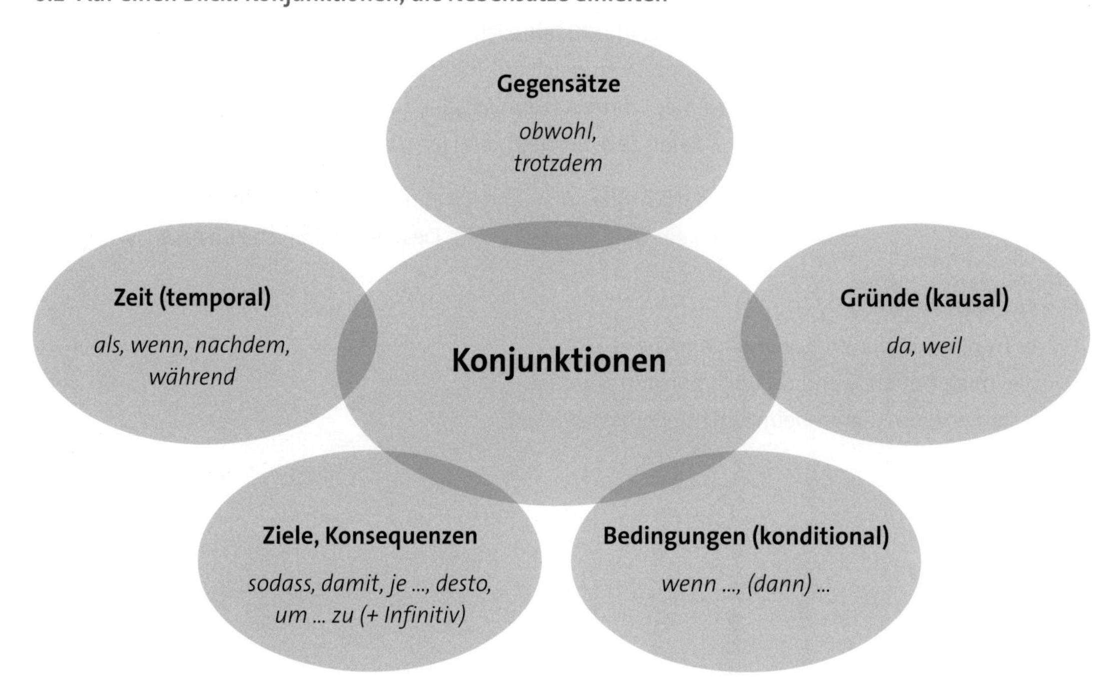

6.3 Auf einen Blick: Konjunktionen, die Informationen verbinden

7 Personen und Sachen genauer beschreiben: Relativsätze ► A2 GR6, GR25

7.1 Relativsätze mit Relativpronomen ► E10 ► A2 GR6

Parvati Singh hat einen Masterabschluss gemacht,	der gute Karrierechancen bietet.
Sie arbeitet in einem Team,	das sich auch privat nach der Arbeit trifft.
Merle Sutter ist eine Personalmanagerin,	die oft im Homeoffice arbeitet.
Das Berghotel Haydn hat einen Wellnessbereich,	den man kostenlos nutzen kann.
Sie ist eine Freundin,	der ich die Hoteladresse gegeben habe.
Das Schlossparkhotel ist ein Hotel,	dessen Frühstücksbuffet sehr gut ist.

7.2 Relativsätze mit Präposition und Relativpronomen ► E4, E10 ► A2 GR25

Parvati Singh hat einen Masterabschluss,	mit dem sie beste Karrierechancen hat.
Sie arbeitet in Teams,	in denen sie sich sehr wohl fühlt.
Merle Sutter arbeitet in einer Firma,	in der sie sich weiterentwickeln kann.
Das Berghotel ist ein Hotel,	für das sich besonders Sportler interessieren.
Es gibt hier viele Hotels,	in deren Restaurants man sehr gut essen kann.

7.3 Relativsätze in der Satzmitte ► E4, E10

Der Schlosspark,	der neben dem Hotel beginnt,	ist ein Ort zum Entspannen.
Das Hotel,	das ich meinen Freunden empfohlen habe,	wird gerade renoviert.
Die alte Hütte,	in der ich übernachtet habe,	hat keinen Handyempfang.
Der Urlaub,	für den ich lange gespart habe,	war leider viel zu kurz.
Den Autor,	dessen Buch ich gelesen habe,	kenne ich aus der Schulzeit.
Die Autorin,	deren Bücher sehr erfolgreich sind,	wohnt in Berlin.
Die Autorinnen,	deren Bücher sehr erfolgreich sind,	treffen sich auf der Buchmesse.

7.4 *Wo* und *was* als Relativpronomen ► E5

Heimat ist da, wo meine Freunde sind.
Ich mache dort Ferien, wo es warm ist.
Ein Urlaub am Meer ist das, was mich am meisten entspannt.
Ein Picknick im Wald ist das, was ich im Sommer liebe.

Regel: Relativsätze stehen hinter den Wörtern oder Satzteilen, die sie erklären.

8 Fragen mit Präpositionen. *An wen / Woran denkst du?*

8.1 Fragen nach Personen mit *über, an, mit, auf, ...* ► E5

Über wen schreibt die Autorin? — Über Auswandererfamilien.
An wen denkst du? — An meine Mutter.
Mit wem gehst du ins Kino? — Mit meiner besten Freundin.
Auf wen wartest du? — Auf den Zusteller mit dem Paket.

8.2 Fragen nach Sachen. *Wo* + Präposition ► A2 GR21

Worüber schreibt die Autorin? — Über das Thema Auswanderung.
Woran denkst du? — An meine Ferien.
Womit fährst du zur Arbeit? — Meistens mit dem Rad.
Worum geht es in dem Text? — Um die Umwelt.
Worauf wartest du? — Auf ein Paket von meinen Eltern.

Häufige Wendungen

Worüber regst du dich auf? Das ist doch nicht wichtig!
Worum geht es in dem Film?
Ein Baumhaus? Wozu soll das denn gut sein?

9 Infinitiv mit *zu* im Satz ► E2

Hast du vor, Winterurlaub zu machen?
Ich habe Lust, Theater zu spielen.
Es macht mir Spaß, ins Theater zu gehen.
Ich habe vergessen, den Impfpass mitzunehmen.

der Impfpass

Nach diesen Wendungen stehen oft Infinitive mit *zu*

Ich habe Angst, Fehler zu machen.
Ich habe keine Zeit, Urlaub zu machen.
Ich habe keine Lust, mit dir auszugehen.
Es ist wichtig, fit zu bleiben.
Es ist nicht leicht, unsere Lehrerin zu verstehen.
Kannst du nicht aufhören, in der Küche zu rauchen?

Dativ- und Akkusativergänzungen im Satz

▶ E6 ▶ A2 GR9, GR15, GR24

	Dativergänzung	Akkusativergänzung	
Sarah schenkt	ihrer Freundin	ein Buch.	
Ich zeige	dem neuen Kollegen	seinen Arbeitsplatz.	
Carola gibt	mir	ihren Autoschlüssel.	
Kannst du	uns	eine Pizza	mitbringen?
Schenkt die Oma	den Kindern	Geld?	

Regel: Dativergänzung vor Akkusativergänzung

Lerntipp

schenken, kaufen, (mit-)bringen, geben, zeigen, leihen
immer mit **Dativ- und Akkusativergänzung**.

		Akkusativergänzung Pronomen	Dativergänzung	
(das Buch)	Sarah schenkt	es	ihr. / ihrer Freundin.	
(der Arbeitsplatz)	Ich zeige	ihn	ihm. / dem neuen Kollegen.	
(der Schüssel)	Carola gibt	ihn	mir.	
(die Pizza)	Kannst du	sie	uns	mitbringen?
(das Geld)	Schenkt die Oma	es	ihnen? / den Kindern?	

Regel: Akkusativergänzung als Pronomen vor Dativergänzung

Wörter und Wendungen

Pronomen

11.1 Unpersönliches Pronomen *man*

▶ E9

Man will oder kann die Person nicht nennen	Man muss zuerst den Akku aufladen und dann das Handy einschalten. Passwörter vergisst man oft.
Passivfunktion	Man backt Kuchen mit Eiern, Mehl und Zucker. Kuchen wird mit Eiern, Mehl und Zucker gebacken.
Pronomen *man* in allgemeinen Aussagen	Man darf hier nicht parken! Hier ist das Parken verboten! Es ist verboten, hier zu parken.

Regel: *man* + 3. Person Singular: Er/Es/Sie/Man darf ...

Häufige Wendungen

Das kann man so nicht sagen.
Wenn man das wüsste ...
Man sollte weniger Fleisch essen.
Man weiß nicht, wie das Wetter wird.
Das kann man leider nicht machen.

11.2 Indefinitpronomen *irgend-* ►E1

Hast du irgendwas im Kühlschrank? Ich habe Hunger.
Ich kenne den Mann. Ich habe ihn irgendwo schon gesehen.
Hast du irgendwann mal Zeit? Ich muss mit dir reden.
Kennst du irgendwen, der ein Auto hat?
Hat irgendwer mein Handy gesehen? Ich finde es nicht.

Irgendwie fängt irgendwann irgendwo die Zukunft an.
(Songtext von Nena, 1984)

irgend- = unbestimmt, ungenau

11.3 Auf einen Blick: Pronomen

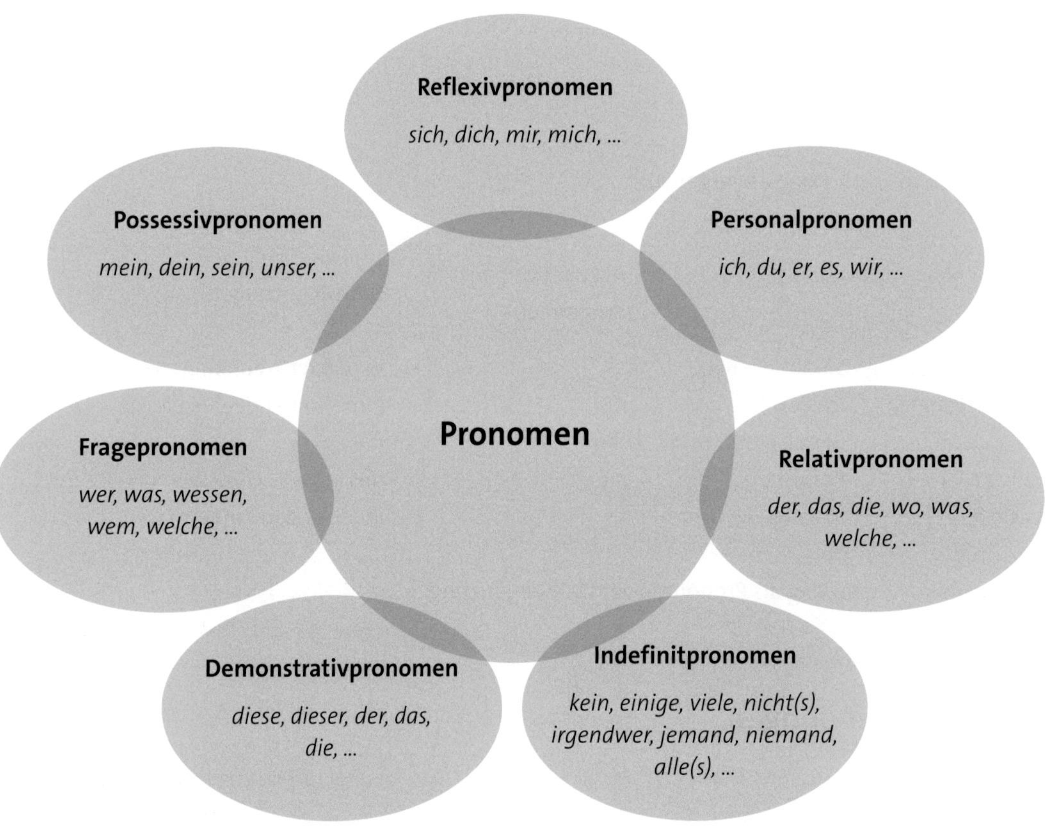

12 Wortbildung ►A2 GR13

12.1 Diminutive. *Das Haus – das Häuschen / das Häuslein* ►E6

das große Haus — das kleine Haus: das Häuschen, das Häuslein
der große Baum — der kleine Baum: das Bäumchen, das Bäumlein

die Wurst — das Würstchen
der Schirm — das Schirmchen
der Stern — das Sternchen
die Katze — das Kätzchen

das Brötchen (kleines Brot)
das Mädchen (Kind, weiblich)
das Plätzchen (kleines Gebäck)

Minimemo
Es gibt regionale Formen, z. B.
das Würsterl (A, Bayern)
das Würstli (CH)

Regel: Diminutive haben immer den Artikel *das*. Die Endung *-lein* (das Tischlein) wird seltener verwendet. Bei *a, u* und *au* im Nomen: Diminutiv mit Umlaut (das Würstchen).

12.2 Adjektive als Nomen. *Etwas Wichtiges* ► E12

Ein Urlaub im Tannheimer Tal ist etwas Besonderes.
An diesem Ort ist etwas Wichtiges passiert.

Häufige Wendungen

Zieh doch mal etwas Anderes an, nicht immer nur Jeans.
Man sollte jeden Tag etwas Gutes tun.
Hast du etwas Neues von Bianca gehört?

12.3 Adjektive in Nomen mit *-heit* und *-keit* ► E7

die Gesundheit	gesund	die Arbeitslosigkeit	arbeitslos
die Krankheit	krank	die Teamfähigkeit	teamfähig
die Vergangenheit	vergangen	die Langsamkeit	langsam
die Klugheit	klug	die Fröhlichkeit	fröhlich

Regel: In Nomen mit *-heit* und *-keit* findet man meistens Adjektive. Der Artikel ist immer *die*.

12.4 Adjektive mit *-los, -reich, -frei, -voll* ► E7, E9

Der Autor war erfolglos.	Der Autor hatte keinen Erfolg mit seinen Büchern.
Der Autor war erfolgreich.	Der Autor hatte viel Erfolg mit seinen Büchern.
Er war arbeitslos.	Er hatte keine Arbeit mehr.
Es war ein arbeitsreicher Tag.	Es gab an diesem Tag viel Arbeit.
Die Familie war kinderlos.	Die Familie hatte keine Kinder.
Die Meiers sind eine kinderreiche Familie.	Sie haben drei Töchter und zwei Söhne.
Ich bin sprachlos.	Ich weiß nicht, was ich sagen soll.
In Zukunft gibt es fahrerlose Autos.	Diese Autos bauchen keinen Fahrer mehr.
Der 1. Mai ist in Deutschland ein arbeitsfreier Tag.	Man muss an diesem Tag nicht arbeiten.
Der Bahnhof ist barrierefrei.	Es gibt keine Barrieren (z. B. Treppen).
Es wäre sinnvoll, den Zug zu nehmen.	Es ist vernünftig, mit der Bahn zu fahren.
Lara schaute sorgenvoll in die Zukunft.	Sie machte sich Sorgen wegen der Zukunft.
Er war sehr liebevoll zu seinen Kindern.	Er liebte seine Kinder sehr.

13 Der Genitiv ► A2 GR7

13.1 Possessivartikel, Nomen und unbestimmter Artikel im Genitiv ► E7

Nominativ	Genitiv	
Singular	**bestimmter Artikel**	**unbestimmter Artikel / Possessivartikel**
der Direktor	der Name des Direktors	der Name (m)eines Direktors
das Museum	der Name des Museums	der Name (s)eines Museums
das Kind	der Name des Kindes	der Name (m)eines Kindes
die Schule	der Name der Schule	der Name (m)einer Schule
Plural		
die Direktoren/ Museen/Häuser	die Namen der Direktoren/ Museen/Häuser	seiner/ihrer Direktoren/Museen/Häuser

13.2 Adjektivendungen im Genitiv ▶ E5, E7

Wortreich ist der Name einer interessanten Ausstellung in Bad Hersfeld.

der Direktor	(der Name) des/eines neuen Direktors
das Museum	(der Name) des/eines neuen Museums
die Kollegin	(der Name) der neuen Kollegin
die Schulen	(die Namen) der neuen Schulen

Regel: Adjektive im Genitiv mit Artikel: Die Endung ist immer *-en*.

13.3 *Trotz, wegen, während* mit Genitiv ▶ E5 ▶ GR2.3

Trotz des Regens machten wir eine Bergwanderung.
Trotz der großen Gefahren machten sich die Menschen auf den Weg über das Meer.
Wegen der Armut wanderten viele Menschen im 19. Jahrhundert aus Europa aus.
Wegen des schlechten Wetters mussten die Schiffe im Hafen bleiben.
Während des Stadtfestes* bleibt die Innenstadt autofrei.
Während der Ferien bleiben die Schulen offen, obwohl kein Unterricht stattfindet.

*des Festes: Einsilbige Nomen im Genitiv oft mit *-es*.

13.4 Auf einen Blick: Genitiv

Man nennt Konrad Duden den Vater der deutschen Rechtschreibung. Er war Direktor des Gymnasiums in Bad Hersfeld. Konrad Dudens Denkmal steht dort im Kurpark. Wegen der vielen verschiedenen Schreibweisen wollte Duden die Rechtschreibung reformieren.

a) Das Genitiv *-s* ▶ A2 GR7

Das Genitiv *-s* verbindet zwei Nomen (Person + Person, Person + Sache), die zusammengehören.

Vaters Fahrrad ist kaputt.
Frau Meyers Auto ist in der Werkstatt.
Lisas Mutter arbeitet in einem Labor.
Familie Meyers Hund heißt Waldi.

b) Das Genitivattribut ▶ E7 ▶ A2 GR7.2

die Grenzen des Landes
der Club der toten Dichter
der Besuch der alten Dame
das Wörterbuch der deutschen Sprache
das Haus meiner Eltern / ihrer Eltern

Welcher Club?
Wessen Besuch?
Welches Wörterbuch?
Wessen Haus?

Regel: Das Genitivattribut beschreibt ein Nomen genauer oder sagt, wem etwas gehört. Das Genitivattribut steht nach dem Nomen.

14 Adjektive verstärken oder abschwächen mit *ganz, relativ, ziemlich, besonders, wirklich, sehr, total, absolut* ►E1, E6

Das ist wirklich sehr süß!

Das ist ziemlich cool!

Ich finde das total kitschig!

Das Räuchermännchen ist absolut witzig!

15 Auf einen Blick: Adverbien

In Hamburg habe ich damals gern gewohnt. Dort lebt jetzt meine Schwester. Deshalb fahre ich oft nach Hamburg. Wir machen immer eine Hafenrundfahrt. Möglicherweise zieht sie bald nach München um. Da sind die Wohnungen leider noch teurer. Jetzt sucht sie eine Wohnung am Stadtrand.

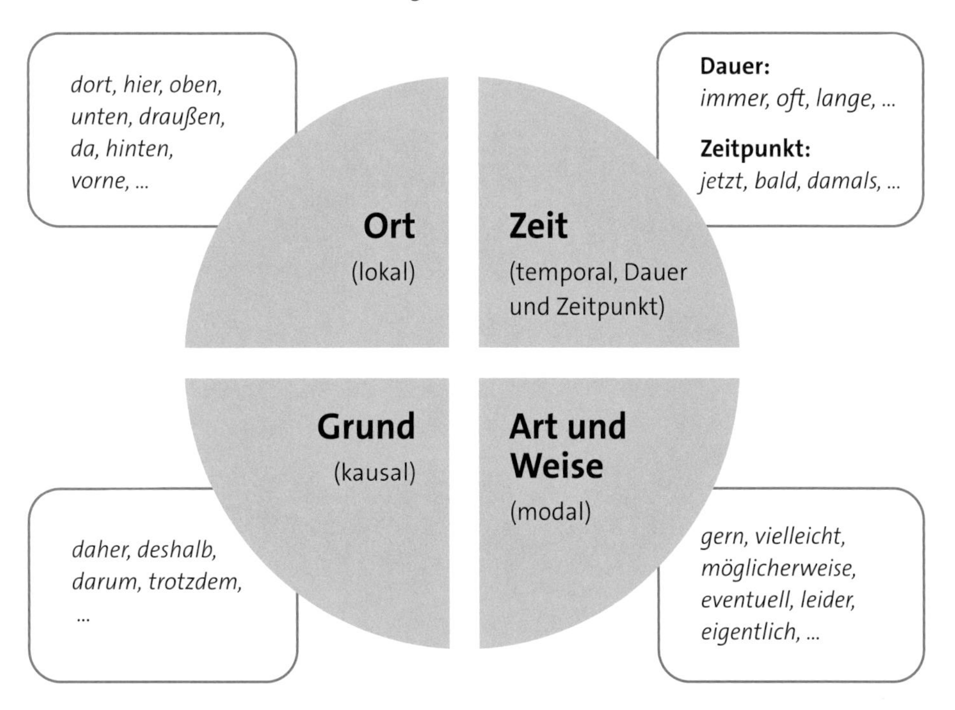

Ich fahre möglicherweise bald nach Berlin.
Ich fahre immer nach Berlin.
Dort arbeite ich.
Darum fahre ich nach Berlin.
Ich bleibe immer lange in Berlin.
Ich habe eigentlich kein Geld. Trotzdem fahre ich nach Berlin.

Minimemo

Mit Adverbien kann man sagen, wo, wann, warum oder wie etwas passiert. Sie verändern sich nicht.

16 *Wo-* und *da-* + Präposition. *An wen / Woran denkst du?* ►GR8

16.1 *Über wen, an wen?* ►E5

Über wen schreibt die Autorin?	Sie schreibt über Auswandererfamilien. Sie schreibt seit drei Jahren über sie.
An wen denkst du?	An meine Mutter. An sie denke ich sehr oft.
Mit wem gehst du ins Kino?	Mit meiner Freundin. Mit ihr treffe ich mich jeden Sonntag.
Auf wen wartest du?	Auf den Zusteller mit dem Paket. Ich warte seit einer Stunde auf ihn.

16.2 *Worüber – darüber? Woran – daran?* ►E12 ►A2 GR21

Worüber schreibt die Autorin?	Über das Thema Auswanderung. Darüber schreibt sie seit drei Jahren.
Woran denkst du?	Ich denke an meine Ferien. Daran denke ich jeden Tag.
Womit fährst du zur Arbeit?	Meistens mit dem Rad. Damit fahre ich am liebsten.
Worum geht es in dem Text?	Um die Umwelt. Darum geht es in den Texten, die sie schreibt.
Worauf wartest du?	Ich warte auf ein Paket von meinen Eltern. Ich warte seit einer Woche darauf.

Häufige Wendungen

Worin liegt/besteht der Unterschied zwischen Obst und Gemüse?
+ Kümmerst du dich um die Getränke? - Darum kümmere ich mich morgen.

17 Verb *brauchen* + *zu* ►E11

Ich brauche heute nicht in die Uni zu gehen. Heute ist Nationalfeiertag.
(Ich muss nicht in die Uni gehen.)

Du brauchst mich nur anzurufen. Dann komme ich und helfe dir.
(Du musst mich nur anrufen. Dann ...)

Du brauchst dich nicht zu ärgern. In 10 Minuten kommt der nächste Bus.
(Du musst dich nicht ärgern.)

Ihr braucht keine Tickets zu reservieren. Das haben wir schon gemacht.
(Ihr müsst keine Tickets reservieren.)

brauchen + *zu*: Bedeutung und Gebrauch wie Modalverb *müssen*

18 Konjunktiv II. Bitten, Ratschläge, Wünsche ▸E1, E3 ▸GR4

18.1 Verwendung des Konjunktivs

Ratschläge Du solltest mal wieder Urlaub machen.

(höfliche) Bitten Könnten Sie mir bitte helfen?
Ich hätte gern zwei Brötchen.

nicht real / Wünsche Ich hätte gern mehr Zeit. Dann müsste ich nicht so viel arbeiten.
Ich würde Urlaub machen und könnte morgens länger schlafen.
Wenn ich nicht so viel arbeiten müsste, hätte ich mehr Zeit.

real Ich habe keine Zeit. Ich muss viel arbeiten und morgens früh aufstehen. Ich mache keinen Urlaub.

Regel: Konjunktiv II der meisten Verben im Präsens: *würde* + Verb im Infinitiv
Ich würde gern weniger arbeiten.
Ich würde gern mehr Urlaub machen.

18.2 Konjunktiv II von *haben, sein, werden* und Modalverben ▸A2 GR31

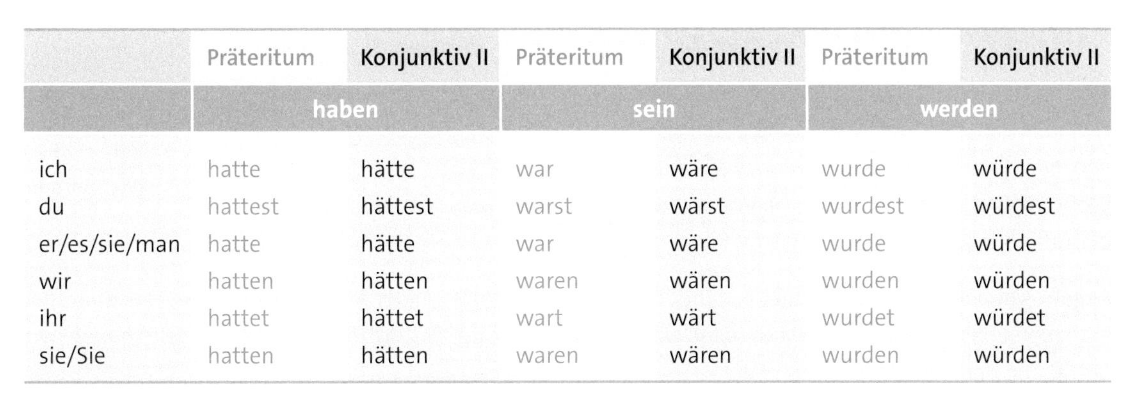

	Präteritum	Konjunktiv II	Präteritum	Konjunktiv II	Präteritum	Konjunktiv II
	haben		sein		werden	
ich	hatte	hätte	war	wäre	wurde	würde
du	hattest	hättest	warst	wärst	wurdest	würdest
er/es/sie/man	hatte	hätte	war	wäre	wurde	würde
wir	hatten	hätten	waren	wären	wurden	würden
ihr	hattet	hättet	wart	wärt	wurdet	würdet
sie/Sie	hatten	hätten	waren	wären	wurden	würden

Regel: Konjunktiv von *haben, sein, werden* und Modalverben: Präteritum + Umlaut
hatte → hätte, konnte → könnte, musste → müsste, ... **Aber:** sollte → sollte

19 Partizip I und Partizip II als Adjektiv und Nomen

19.1 Partizip I ▸E11

Bildung Verb + d
schlafen → schlafend
leuchten → leuchtend
überzeugen → überzeugend

Partizip I als Adjektiv
Das Argument ist sehr überzeugend.
Das ist ein sehr überzeugendes Argument.
(Das ist ein Argument, das überzeugt.)
Für Spaghetti braucht man kochendes Wasser.
(Für Spaghetti braucht man Wasser, das kocht.)

Partizip I als Nomen
die Studierenden (Menschen, die studieren)
die Lesenden (Menschen, die gerade lesen)

Der denkende Mensch ändert seine Meinung. (Friedrich Nietzsche, 1844–1900)

die Studierenden

Häufige Wendungen
Man soll keine schlafenden Hunde wecken.
Carolina spricht fließend Deutsch, Italienisch und Griechisch.

19.2 Partizip II ▶E10

handeln	gehandelt	wegwerfen	weggeworfen
kochen	gekocht	trinken	getrunken
lieben	geliebt	mahlen	gemahlen
flüchten	geflüchtet	backen	gebacken

Partizip II als Adjektiv

Der Kaffee ist fair gehandelt, das heißt die Kaffeebauern bekommen einen fairen Preis.
Im Supermarkt kann man fair gehandelten Kaffee kaufen.
(Im Supermarkt kann man Kaffee kaufen, der fair gehandelt wurde.)
Die frisch gebackenen Brötchen sind noch warm.
(Die Brötchen, die frisch gebacken wurden, sind noch warm.)
Viele mögen den Duft von frisch gemahlenen Kaffeebohnen.
(Viele mögen den Duft von Kaffeebohnen, die frisch gemahlen wurden.)
Ich trinke am liebsten frisch gepressten Orangensaft.
(Ich trinke am liebsten Orangensaft, der frisch gepresst wurde.)

Lecker, frisch gepresster Orangensaft!

Partizip II als Nomen

der/die Geflüchtete (der Flüchtling)
Ich habe das Gelernte vergessen.

20 Plusquamperfekt ▶E8 ▶GR1.2

2022 hatte Dora ihren Abschluss gemacht. Danach schrieb sie viele Bewerbungen. Nachdem sie die achte Bewerbung geschrieben hatte, bekam sie eine positive Antwort von einer Firma in Hamburg. Danach suchte sie eine Wohnung. Als sie eine hübsche Wohnung gefunden hatte, zog sie um. Nachdem sie umgezogen war, konnte sie mit der Arbeit beginnen.

Lerntipp
Sein oder *haben*?
Wie beim Perfekt.

Regel: Mit dem Plusquamperfekt verbindet man zwei Ereignisse in der Vergangenheit. Das Plusquamperfekt sagt, was zuerst passiert ist. Das Plusquamperfekt bildet man mit der Präteritumform von *sein* oder *haben* (*war* oder *hatte*) und dem Partizip II.

Zuerst	**Danach**
Dora machte ihren Abschluss.	Dora schrieb Bewerbungen.
Nachdem Dora ihren Abschluss gemacht hatte,	schrieb sie Bewerbungen.
Danach	**Zuerst**
Sie konnte mit der Arbeit beginnen,	nachdem sie umgezogen war.

Kellner: *„Wie fanden Sie das Steak?“*
Gast: *„Ganz zufällig, als ich den Salat schon fast gegessen hatte.“*

21 Über die Zukunft sprechen, Prognosen machen. Das Futur I

▶E12 ▶A2 GR29

Zukunft (mit Präsens)	Wir fahren nach Tirol.
Zukunft (mit Zeitadverb)	Nächsten Sommer/Bald/Morgen fahren wir nach Tirol.
Zukunft (mit Futur I)	Herr Hulot wird (nächsten Sommer) nach Tirol fahren.
Prognosen (mit Futur I)	Wir werden bestimmt/vielleicht/irgendwann mal nach Tirol fahren. Ich werde unseren Kurs vermissen. Die Menschen werden noch sehr lange von einer Zeitmaschine träumen.

Zukunft

1. (meistens) mit Zeitadverb + Verb (Präsens)
   Morgen besuche ich meine Tante.
2. mit *werden* + Verb im Infinitiv. Mit Futur I kann man auch Prognosen ausdrücken.
   2050 wird es selbstfahrende Autos geben.

*Perfekt mit *sein*

	er/es/sie	
ab|brechen	brach ab	abgebrochen
ab|hängen	hing ab	abgehangen
ab|schließen	schloss ab	abgeschlossen
ab|waschen	wusch ab	abgewaschen
an|bieten	bot an	angeboten
an|erkennen	erkannte an	anerkannt
an|fangen	fing an	angefangen
an|kommen	kam an	angekommen*
an|nehmen	nahm an	angenommen
an|rufen	rief an	angerufen
an|sehen	sah an	angesehen
an|sprechen	sprach an	angesprochen
an|wenden	wandte an	angewandt/angewendet
an|ziehen (sich)	zog sich an	angezogen
auf|laden	lud auf	aufgeladen
auf|fallen	fällt auf	aufgefallen*
auf|fangen	fing auf	aufgefangen
auf|geben	gab auf	aufgegeben
auf|gießen	goss auf	aufgegossen
auf|stehen	stand auf	aufgestanden*
auf|treten	trat auf	aufgetreten*
aus|brechen	brach aus	ausgebrochen*
ausf|allen	fiel aus	ausgefallen*
aus|geben	gab aus	ausgegeben
aus|gehen	ging aus	ausgegangen*
aus|schlafen	schlief aus	ausgeschlafen
aus|sehen	sah aus	ausgesehen
aus|ziehen (sich)	zog sich aus	ausgezogen
befinden (sich)	befand sich	befunden
begeben (sich)	begab sich	begeben
beginnen	begann	begonnen
bekommen	bekam	bekommen
beraten	beriet	beraten
beschließen	beschloss	beschlossen
bestehen	bestand	bestanden
beweisen	bewies	bewiesen
bewerben (sich)	bewarb sich	beworben
bieten	bot	geboten
bitten	bat	gebeten
bleiben	blieb	geblieben*
brechen (sich)	brach sich	gebrochen
brennen	brannte	gebrannt
bringen	brachte	gebracht
dazukommen	kam dazu	dazugekommen*
denken	dachte	gedacht
dürfen	durfte	gedurft
ein|fallen	fiel ein	eingefallen*
ein|frieren	fror ein	eingefroren
ein|geben	gab ein	eingegeben
ein|laden	lud ein	eingeladen

einziehen	zog ein	eingezogen*
empfehlen	empfahl	empfohlen
enthalten	enthielt	enthalten
entscheiden	entschied	entschieden
entstehen	entstand	entstanden*
entwerfen	entwirft	entworfen
erfahren	erfuhr	erfahren
erhalten	erhielt	erhalten
erkennen	erkannte	erkannt
essen	aß	gegessen
fahren	fuhr	gefahren*
finden	fand	gefunden
fliegen	flog	geflogen*
frieren	fror	gefroren*
geben	gab	gegeben
gefallen	gefiel	gefallen
gehen	ging	gegangen*
genießen	genoss	genossen
geschehen	geschieht	geschehen*
gewinnen	gewann	gewonnen
gießen	goss	gegossen
greifen	griff	gegriffen
haben	hatte	gehabt
halten	hielt	gehalten
hängen	hing	gehangen
heben	hob	gehoben
heißen	hieß	geheißen
helfen	half	geholfen
heraus|finden	fand heraus	herausgefunden
heraus|nehmen	nahm heraus	herausgenommen
herein|kommen	kam herein	hereingekommen
herunter|laden	lud herunter	heruntergeladen
hin|fahren	fuhr hin	hingefahren*
hin|fallen	fiel hin	hingefallen*
hin|gehen	ging hin	hingegangen*
hin|kommen	kam hin	hingekommen*
hinter|lassen	hinterließ	hinterlassen
hoch|laden	lud hoch	hochgeladen
kennen	kannte	gekannt
klingen	klang	geklungen
kommen	kam	gekommen*
können	konnte	gekonnt
laden	lud	geladen
laufen	lief	gelaufen*
leid|tun	tat leid	leidgetan
leihen	lieh	geliehen
lesen	las	gelesen
liegen	lag	gelegen
los|gehen	ging los	losgegangen*
lügen	log	gelogen
mit|bringen	brachte mit	mitgebracht
mit|helfen	half mit	mitgeholfen

mit|kommen	kam mit	mitgekommen*
mit|nehmen	nahm mit	mitgenommen
mögen	mochte	gemocht
müssen	musste	gemusst
nach|denken	dachte nach	nachgedacht
nach|schlagen	schlug nach	nachgeschlagen
nach|sprechen	sprach nach	nachgesprochen
nehmen	nahm	genommen
nennen	nannte	genannt
raten	riet	geraten
raus|bringen	brachte raus	rausgebracht
raus|schmeißen	schmiss raus	rausgeschmissen
recht haben	hatte recht	recht gehabt
rennen	rannte	gerannt*
riechen	roch	gerochen
runter|bringen	brachte runter	runtergebracht
schaffen	schuf	geschaffen
scheinen	schien	geschienen
schlafen	schlief	geschlafen
schlagen	schlug	geschlagen
schließen	schloss	geschlossen
schneiden	schnitt	geschnitten
schreiben	schrieb	geschrieben
schwimmen	schwamm	geschwommen*
sehen	sah	gesehen
sein	war	gewesen*
singen	sang	gesungen
sitzen	saß	gesessen
sitzen|bleiben	blieb sitzen	sitzengeblieben*
sollen	sollte	gesollt
spinnen	spann	gesponnen
sprechen	sprach	gesprochen
stattfinden	fand statt	stattgefunden
stechen	stach	gestochen
stehen	stand	gestanden
steigen	stieg	gestiegen*
sterben	starb	gestorben*
streichen	strich	gestrichen
streiten	stritt	gestritten
teil|nehmen	nahm teil	teilgenommen
tragen	trug	getragen
treffen	traf	getroffen
trinken	trank	getrunken
tun	tat	getan
überdenken	überdachte	überdacht
übernehmen	übernahm	übernommen
übertreiben	übertrieb	übertrieben
überweisen	überwies	überwiesen
umgehen	umging	umgegangen*
um|sehen (sich)	sah sich um	umgesehen
um|steigen	stieg um	umgestiegen*
um|ziehen	zog um	umgezogen*

unterhalten (sich)	unterhielt sich	unterhalten
unterschreiben	unterschrieb	unterschrieben
verbieten	verbot	verboten
verbringen	verbrachte	verbracht
vergehen	verging	vergangen
vergessen	vergaß	vergessen
vergleichen	verglich	verglichen
verlassen	verließ	verlassen
verlieren	verlor	verloren
vermeiden	vermied	vermieden
verraten	verriet	verraten
versprechen	versprach	versprochen
verstehen	verstand	verstanden
vertragen	vertrug	vertragen
vorbei|gehen	ging vorbei	vorbei gegangen*
vorschlagen	schlug vor	vorgeschlagen
vorübergehen	ging vorüber	vorübergegangen
wachsen	wuchs	gewachsen*
waschen	wusch	gewaschen
weg|bringen	brachte weg	weggebracht
weg|fahren	fuhr weg	weggefahren*
weglaufen	lief weg	weggelaufen*
weg|werfen	warf weg	weggeworfen
weh|tun (sich)	tat sich weh	wehgetan
weiter|empfehlen	empfahl weiter	weiterempfohlen
werden	wurde	geworden*
werfen	warf	geworfen
wiegen	wog	gewogen
wissen	wusste	gewusst
wollen	wollte	gewollt
ziehen	zog	gezogen
zurück|fahren	fuhr zurück	zurückgefahren*
zurück|kommen	kam zurück	zurückgekommen*
zurück|rufen	rief zurück	zurückgerufen
zusammen|sitzen	saß zusammen	zusammengesessen

LISTE DER VERBEN MIT PRÄPOSITIONEN

Diese Verben werden in „Das Leben" B1 mit Präpositionen und Akkusativ- oder Dativergänzung verwendet. Lernen Sie die Verben immer zusammen mit den Präpositionen.

Akkusativ

achten	auf	Man muss auf die Radfahrer achten.
anmelden (sich)	für	Hast du dich schon für den Sprachkurs angemeldet?
ärgern (sich)	über	Ich ärgere mich oft über meinen Chef.
berichten	über	Sie möchte über ihre Ferien berichten.
beschweren (sich)	über	Der Junge beschwert sich über seine Lehrerin.
bewerben (sich)	um	Er bewirbt sich um eine Stelle als Krankenpfleger.
bitten	um	Sie bittet ihn um Hilfe.
da sein	für	Sie ist immer da für mich.
demonstrieren	gegen	Sie demonstrieren gegen das neue Gesetz.
denken	an	Ich denke oft an meine Schulzeit.
diskutieren	über	Wir diskutieren viel über Ernährung.
engagieren (sich)	für	Die Firma engagiert sich für ihre Interessen.
einsetzen (sich)	für	Die Partei setzt sich für Klimaschutz ein.
erinnern (sich)	an	Sie erinnert sich oft an die Schulzeit.
freuen (sich)	über	Ich freue mich über das Geschenk.
freuen (sich)	auf	Die Kinder freuen sich auf die Ferien.
führen	durch	Wir führen Sie durch die Berge.
hoffen	auf	Ich hoffe auf gutes Wetter am Wochenende.
interessieren (sich)	für	Interessierst du dich für Literatur?
kämpfen	für	Sie kämpfen für eine bessere Zukunft.
konzentrieren (sich)	auf	Meine Tochter konzentriert sich auf ihr Abitur.
kümmern (sich)	um	Mein Mann kümmert sich um den Haushalt.
nachdenken	über	Ich denke über einen neuen Laptop nach.
protestieren	gegen	Sie protestieren gegen die neue Schulreform.
reagieren	auf	Wie hat er auf deine Frage reagiert?
sorgen	für	Meine Schwester muss für ihren Sohn sorgen.
steigen	auf	Wir sind im Urlaub auf die Zugspitze gestiegen.
streiten (sich)	über	Meine Eltern streiten sich immer über die gleichen Themen.
treffen	auf	Er hat im Zug auf einen alten Freund getroffen.
unterhalten (sich)	über	Ich möchte mich mit dir über deine Zukunft unterhalten.
verantwortlich sein	für	Eltern sind verantwortlich für ihre Kinder.
verlieben (sich)	in	Ich habe mich in dich verliebt.
verschicken	an	Hast du das Dokument an Frau Meyer verschickt?
warten	auf	Ich warte schon lange auf den Brief.
weiterleiten	an	Hast du das Dokument an Frau Meyer weitergeleitet?
wenden	an	Dafür wenden Sie sich bitte an Frau Miller.
wickeln	um	Sie wickelt das Ende des Bands um den Zeigefinger.
wundern (sich)	über	Er wundert sich über seine Kinder.

Dativ

abhalten	von	Ich will euch nicht von der Arbeit abhalten.
abhängen	von	Das Reiseziel hängt vom Wetter ab.
ausbrechen	aus	Man kann immer aus dem Alltag ausbrechen
auskennen (sich)	mit	Kennst du dich mit Technik aus?
basieren	auf	Die Daten basieren auf Studien.
bedanken (sich)	bei	Er hat sich bei mir bedankt.
beschäftigen (sich)	mit	In meiner Freizeit beschäftige ich mich mit Kunst.
beschweren (sich)	bei	Du musst dich bei deiner Chefin beschweren.

bestehen	aus	Das Gericht besteht aus Nudeln und Spinat.
beteiligt sein	an	Ich bin an dem Unfall beteiligt.
chatten	mit	Meine Tochter chattet viel mit ihren Freundinnen.
einverstanden sein	mit	Ich bin mit dem Ergebnis einverstanden.
erholen (sich)	von	Ich erhole mich vom stressigen Alltag.
fertig sein	mit	Bist du schon fertig mit den Hausaufgaben?
gehören	zu	Die beiden Kinder gehören zu uns.
halten	von	Sie halten nicht viel von ihm.
klingen	nach	Dieses Lied klingt nach Sommer.
melden	bei	Melden Sie sich bitte bei Herrn Krüger.
rechnen	mit	Ich hatte nicht mit diesem Problem gerechnet.
teilnehmen	an	Wir nehmen an der Feier teil.
träumen	von	Sie träumt von einem Haus in Spanien.
umgehen	mit	Sie ist gut mit der Situation umgegangen.
unterhalten (sich)	mit	Ich unterhalte mich gerne mit ihm.
verabreden (sich)	mit	Morgen bin ich mit Hannes verabredet.
verabschieden (sich)	von	Übermorgen müssen wir uns von Frau Müller verabschieden.
verstehen (sich)	mit	Ich verstehe mich gut mit meiner Chefin.
vertragen (sich)	mit	Er hat sich mit seiner Freundin vertragen.
vorbeifahren	an	Du musst an dem großen Haus vorbeifahren.
zusammenarbeiten	mit	Ich arbeite gerne mit meinen Kolleginnen zusammen.

Wortakzent in Komposita ► E3, E9

das Ehrenamt, der Naturschutz, der Fußballverein, das Erholungsgebiet, der Informationsabend

das Außenohr, die Schallwelle, die Hörschnecke

Kontrastakzent ► E7

Elena meint, man kann mit den Augen sprechen. Das ist Elenas Meinung, nicht Alis.

Elena meint, man kann mit den Augen sprechen. Mit den Augen, nicht nur mit dem Mund.

Elena meint, man kann mit den Augen sprechen. Nicht nur sehen, sondern auch kommunizieren.

Satzakzent und Satzmelodie (Hauptsatz + Nebensatz) ► E2

- Während ich telefoniere, räume ich auf.
- Du räumst auf, während du telefonierst?
- Ja, ich räume auf, während ich telefoniere.

Höfliches und unhöfliches Sprechen – Der Ton macht die Musik! ► E1

Könntest du bitte das Fenster zu machen?

Sie sollten mehr Obst essen.

Emotionales Sprechen ► E8

- Können Sie nicht aufpassen?!
- Oh, das tut mir leid. Das wollte ich nicht.

- Das finde ich unmöglich!
- Entschuldigung! Das war nicht meine Absicht.

Die Aussprache von *-heit* ► E7

In der Endung *-heit* hört man den Konsonanten *h*.

die Gesundheit – die Krankheit – die Schönheit – die Vergangenheit – die Klugheit

Die Aussprache von *-ig* ► E7

Am Silbenende spricht man *-ig* als [iç]. die Kleinigkeit – die Tätigkeit – die Arbeitslosigkeit

Die Aussprache der Adjektivendungen *-chen* und *-lein* ► E6

das Würmchen das Schirmchen das Ärmchen das Türmchen

das Würmlein das Schirmlein das Ärmlein das Türmlein

Die Aussprache von *k, c, ck* und *g* ►E10

Mit Koffein im Kaffee kann ich mich gut konzentrieren.

Ich genieße meinen Kaffee gerne in einem gemütlichen Café.

Kalt gebrühter Kaffee hat mir schon immer gut geschmeckt.

Die Aussprache von *tz, ts, z* und *s* ►E5, E12

Trotz der Dunkelheit ist die Katze nachts nicht anders als mittags.

Am zehnten Zehnten zogen zehn zahme Ziegen zehn Zentner Zucker zum Zoo.

Die Aussprache von *-end-* ►E11

Am Silbenende spricht man [t]	überzeugend, quietschend
In der Silbenmitte spricht man [d]	ein überzeugendes Argument, eine laut quietschende Tür

Konsonantenhäufungen ►E4

Jeder ist verantwortlich für seinen ökologischen Fußabdruck.

Eigentlich lebe ich sehr umweltfreundlich.

Einheit 1: Bildung (er)leben

1.02

Herein!

Guten Morgen, ich bin Emma Koretzki. Ich habe einen Termin zur Studienberatung.

Morgen, Frau Koretzki. Bitte nehmen Sie Platz. Ich bin Adrian Bucher. Sie sind also auf der Suche nach einem Studienfach?

Na ja, ich bin noch nicht so sicher ... Meine Mutter meint, ich sollte an meine Zukunft denken und Jura oder Medizin studieren. Aber das interessiert mich nicht so sehr. Und mein Vater findet, ich müsste zuerst eine Ausbildung machen.

Aha, hm. Das könnten Sie natürlich tun, ...

Ja, und meine Freundinnen finden, ich könnte Lehrerin werden, weil ich Kinder mag. Aber ich weiß nicht. Die Entscheidung ist echt schwierig. Ich hoffe, Sie können mir helfen.

Na ja, das sind ja schon viele gute Tipps und Ratschläge. Ich finde, Sie sollten studieren, was Sie interessiert. Gibt es da etwas, was Sie besonders gut können oder gerne machen?

Ja, ich schreibe gern und lese ziemlich viel. Und ich reise gern. Fremdsprachen finde ich auch sehr wichtig. Meine Noten in Deutsch, Englisch und Spanisch waren immer super. Was meinen Sie, könnte ich vielleicht irgendwas mit Medien studieren?

Irgendwas mit Medien? Ja klar, Sie könnten z.B. Journalismus im Bachelor studieren.

Aha. Müsste ich da eine Aufnahmeprüfung machen?

Nein, an der Uni nicht, nicht im Bachelor. Sie haben Abitur und gute Deutsch- und Fremdsprachenkenntnisse und Sie schreiben gern. Das sind gute Voraussetzungen. Sie sollten vielleicht erst ein Praktikum bei einer Zeitung oder beim Radio machen. Und im BA könnten Sie dann ein oder zwei Semester im Ausland studieren, z.B. mit Erasmus+ ...

1.03

Das klingt toll! Wie lange dauert denn das Studium?

Sechs Semester, also drei Jahre.

Und was kann man mit dem BA in Journalismus beruflich machen?

Als Journalistin recherchieren und prüfen Sie Informationen. Sie schreiben Artikel und Reportagen für Zeitungen oder Online-Medien. Oder Sie arbeiten in Unternehmen.

In Unternehmen?

Ja, in vielen Firmen werden auch Texte gebraucht, um z.B. über Produkte zu informieren.

Oh, das hätte ich nicht gedacht.

Nach dem BA könnten Sie aber auch noch einen MA, also einen Master machen.

Cool! Könnten Sie mir bitte noch etwas mehr über die Studieninhalte im BA sagen?

Die Inhalte sind von Uni zu Uni verschieden. Sie lernen z.B. wie man Interviews macht und Sie haben oft auch Seminare in Mediengeschichte und Medienrecht. Das ist heute ziemlich wichtig. Und ein bisschen Jura, das wollte ja Ihre Mutter.

Ja schon, aber das stimmt: Ich sollte studieren, was mich wirklich interessiert und ich glaube, Journalismus könnte das Richtige für mich sein.

Prima, in zwei Wochen ist unser Hochschulinformationstag, den Sie auf jeden Fall besuchen sollten.

Gute Idee, das mache ich. Könnte ich auch noch einmal einen Termin mit Ihnen machen, wenn ich Fragen habe?

Na klar, das geht auch.

Dann erstmal danke für Ihre Hilfe, Herr Bucher.

Bitte, Frau Koretzki, und noch einen schönen Tag.

1.05

Könnten Sie bitte das Fenster schließen? Es zieht sehr.

Stimmt. Man hat ziemlich schnell eine Erkältung. Und weil Sie das besonders höflich gesagt haben, mache ich das auch sehr gerne.

1.07

Gespräch 1

Hallo, ich bin Hakim.

Oh, hallo. Ich bin Stefan.

Kennen wir uns irgendwoher?

Öh, nein.

Kennst du Maria schon lange?

Nein, nicht besonders lange.

Ich kenne Maria seit unserem ersten Semester an der Uni.

Ach ja, interessant.

Das Essen ist super, oder?

Ja, es schmeckt ziemlich gut.

Wohnst du hier in der Nähe?

Nein, im Zentrum.

Ich auch – die Welt ist klein. Sorry, ich muss mir schnell mal was zu trinken holen.

Gespräch 2

- Hallo, ich bin Hakim.
- Oh, hallo Hakim! Ich bin Stefan.
- Hi Stefan. Kennen wir uns irgendwoher?
- Ich glaube nicht. Ich bin erst seit drei Wochen hier. Ich arbeite mit Tom zusammen.
- Ach so, dann arbeitest du auch als Game-Designer?
- Genau, wir entwickeln gerade die neue Version von *WonderWorld*. Und was machst du so?
- Ich studiere noch. Architektur, wie Maria. Wir haben uns gleich im ersten Semester kennengelernt. Mit Maria und Tom bin ich ziemlich viel unterwegs.
- Cool, und was macht ihr so?
- Sport. Wir laufen oder spielen Volleyball. Machst du auch Sport?
- Ja, ich laufe auch. Das finde ich besonders gut, um die Stadt kennenzulernen. Wo lauft ihr denn – im Park?
- Nein, da ist immer sehr viel los. Aber komm, wir holen uns was zu trinken und ich zeig dir ein paar Wege auf dem Handy, vielleicht kommst du ja mal mit? Am Sonntag zum Beispiel, wenn ...

Einheit 1 Übungen

1.08

Alexander

Mein Prof meinte, ich sollte in Madrid oder Sevilla studieren. Ich habe mich für beide Städte beworben und ein Semester an der Universität in Sevilla studiert. Die Auswahl der Uni und die Bewerbung waren einfach, weil mir das Internationale Büro an meiner Universität geholfen hat. Und ich hatte ziemlich viel Glück, weil ich sehr schnell ein Zimmer in einer WG mit Studenten aus Argentinien und Estland gefunden habe. Wir haben oft zusammen gekocht, waren in Bars und Cafés in der Stadt und haben Party gemacht. Aber Sevilla ist nicht nur eine tolle Stadt zum Leben, sondern auch zum Lernen. Die Seminare und der Sprachkurs haben mir auch in meinem Spanischstudium sehr geholfen. In Dortmund habe ich nie so viel in so kurzer Zeit gelernt. Wenn ihr in Spanien seid, solltet ihr auf jeden Fall viel reisen. Ich war viel unterwegs, um das Land und die Kultur besser kennenzulernen. Ich wusste zum Beispiel vorher gar nicht, dass man in Spanien Skifahren kann. Mein Bild von Spanien hat sich durch Erasmus+ total geändert.

Marta

In Marburg habe ich mich gleich zu Hause gefühlt. Die Stadt ist nicht groß und sehr jung. Es gibt ungefähr 23.500 Studierende und circa 80.000 Einwohnerinnen und Einwohner. Ich dachte, ich müsste mir selbst ein Zimmer suchen. Aber das Erasmus-Büro meinte, ich könnte auch im Studentenwohnheim wohnen. Es war sehr zentral und mit 300 € Warmmiete ziemlich preiswert – Glück gehabt! Wer im Zentrum wohnen möchte, sollte mit höheren Mieten rechnen. Das Erasmus-Büro hat auch eine Party organisiert, auf der ich einige Leute kennengelernt habe. Mit ihnen war ich ziemlich oft unterwegs und wir haben viel Sport gemacht. Man sollte den Grund für das Semester im Ausland aber nicht aus den Augen verlieren! Ich habe sehr viel gelernt, besonders in der Sprache und in meinem Studienfach. Erasmus sollte man auf jeden Fall als Chance sehen und Seminare und Kurse besuchen, die es zu Hause nicht gibt.

Guido

Ich habe vor zwölf Jahren Erasmus gemacht, weil es damals alle gemacht haben. Ich dachte, man könnte eine Menge Spaß haben und ein bisschen studieren. Eigentlich bin ich ohne besonders große Erwartungen nach Kassel gefahren. Vor Erasmus dachte ich, ein Architekt müsste nur wissen, wie man Häuser konstruiert. In Kassel habe ich gelernt, dass der Beruf sehr viel mehr ist. Beim Bauen spielen soziale, ökonomische und ökologische Faktoren eine wichtige Rolle. Ich finde, wir Architektinnen und Architekten sollten diese Faktoren viel mehr beachten. Unsere Städte könnten dann viel freundlicher sein! Und Erasmus hat sich für mich doppelt gelohnt. Ich habe bei einer Uni-Party Aliki kennengelernt. Sie kommt aus Griechenland und hat Germanistik studiert. Heute wohnen wir in Bari, haben zwei Kinder und Aliki arbeitet als griechische Deutschlehrerin in Italien – das ist Europa! Heute kann man zwar online studieren, aber dann macht man nicht so viele Erfahrungen. Also los, Leute, bewegt euch!

1.12

1. Ich hatte ziemlich großes Glück.
2. Ich habe sehr schnell ein Zimmer in einer WG gefunden.
3. Der Sprachkurs in Sevilla hat mir sehr geholfen.
4. Für ein Austauschsemester im Winter finde ich die Stadt besonders attraktiv.
5. Wir haben in Sevilla auch ziemlich oft Party gemacht.
6. Ich habe im Austauschsemester besonders viel Spanisch gelernt.
7. Leider habe ich in Spanien aber auch sehr viel Geld ausgegeben.

Einheit 2: Vorhang auf!

1.13

- Wir sind hier am Stadttheater in der Maske und sprechen mit der Maskenbildnerin, Ana Ruiz. Guten Tag, Frau Ruiz.
- Guten Tag!
- Ja, dann erzählen Sie doch mal. Was macht eine Maskenbildnerin?
- Na ja, ich schminke und frisiere die Schauspieler und Schauspielerinnen. Bei manchen Theaterstücken machen über 20 Leute mit und dann haben wir nur wenige Minuten Zeit. Alles muss perfekt funktionieren. Das wird auch oft geprobt, bis es klappt.
- Die Schauspieler und Schauspielerinnen sind ja oft sehr stark geschminkt.
- Stimmt, das müssen wir so machen. Das Publikum muss auch von ganz hinten im Saal die Gesichter gut sehen können. Wir müssen viel mit Farbe arbeiten. Und jede Maske muss genau zur Rolle passen.
- Oh, hier kommen schon die ersten Schauspielerinnen herein. Dann will ich Sie nicht länger bei der Arbeit stören. Vielen Dank!

1.14

- Wow, das sieht hier ja aus wie in einem riesigen Kleiderschrank.
- Hallo! Suchen Sie mich?
- Frau Roth-Hinrichs?
- Ja, das bin ich. Kommen Sie doch rein!
- Gerne. So viele verschiedene Kostüme ... Haben Sie die alle selbst genäht?
- Nein. Wenn wir für eine Produktion zum Beispiel Jeans und T-Shirts für die Schauspielerinnen und Schauspieler brauchen, nähe ich die natürlich nicht selbst. Aber ich muss manchmal etwas ändern oder reparieren und die Kleidungsstücke auch pflegen, damit wir sie in einer anderen Produktion wieder benutzen können.
- Aha, ja, das macht Sinn. Aber das Kostüm hier, das haben Sie genäht, oder?
- Ja, dieses Kleid habe ich sogar entworfen. Es ist aber noch nicht ganz fertig. Heute Nachmittag kommt die Schauspielerin, um es anzuprobieren. Wenn alles gut passt, mache ich den Rest bis heute Abend fertig.
- Vielleicht sollte ich für unsere Zuhörer und Zuhörerinnen noch sagen, dass das Kleid aussieht wie aus Goethes Zeiten. So etwas trägt heute niemand mehr.
- Stimmt. Aber vor 200 Jahren war die Mode so. Das muss man als Kostümbildnerin wissen. Für diese Produktion habe ich mir viele Bilder aus der Zeit angesehen. Die Recherche macht mir immer besonders viel Spaß!
- Das klingt wirklich interessant. Ich muss leider schon weiter. Vielen Dank!

1.15

- Irgendwo in dieser großen Werkstatt soll ich den Bühnenmaler treffen. Mal sehen ... Herr Burke?
- Hallo! Haben Sie mich schon lange gesucht?
- Nein, ich bin gerade erst gekommen. Hier ist also Ihre Werkstatt.
- Genau. Hier arbeiten wir, also die Bühnenhandwerker und Bühnenmaler.
- Aha. Und was ist das hier?
- Das ist noch nicht fertig. Das wird der Bühnenhintergrund für eine neue Produktion. Ich kann Ihnen gerne das Modell zeigen.
- Wow! Ich habe hier eine ganz kleine Bühne in der Hand, auf der man im Hintergrund ein altes Haus sieht ...
- ... das ich jetzt hier auf die Kulisse male. Natürlich viel größer. Unsere Kulissen sind sechs Meter hoch und zehn Meter breit. Die Zuschauer und Zuschauerinnen in den hinteren Reihen wollen ja auch alles ganz genau sehen.
- Und deshalb malen Sie so riesige Bilder! Da müssen Sie sicher auch sehr kreativ sein, oder?
- Na ja, ich glaube, das bin ich auch. Aber meistens muss ich ein Bühnenbild genauso malen, wie der Regisseur oder die Regisseurin es möchte. Die haben sehr genaue Pläne.
- Na, dann bin ich schon gespannt, wie das fertige Bühnenbild aussieht. Vielen Dank!

1.17

- Guten Tag, Frau Seidel.
- Guten Tag!
- Sie sind seit 2013 Chefdramaturgin am Deutschen Nationaltheater in Weimar.
- Ja, genau.
- Wollten Sie schon immer am Theater arbeiten?
- Na ja, das kann ich so nicht sagen. Eigentlich wollte ich Lehrerin werden. Als Kind und Jugendliche hatte ich auch nicht oft die Möglichkeit, ins Theater zu gehen. Aber ich habe schon immer sehr gerne und auch sehr viel gelesen. Und während ich in Leipzig Germanistik und Theaterwissenschaften studiert habe, bin ich zum Theater gekommen.

- Können Sie unseren Zuhörerinnen und Zuhörern mal beschreiben, was eine Chefdramaturgin eigentlich genau macht?
- Ja. Mein Beruf ist wirklich sehr interessant. In erster Linie bin ich hier am DNT, also am Deutschen Nationaltheater in Weimar, für die Öffentlichkeitsarbeit und für die gesamte Spielplanung verantwortlich, besonders für das Schauspiel. Also, welche Stücke wir spielen wollen und welche Veranstaltungen wir außerdem anbieten. Und ich arbeite auch eng mit den Regisseurinnen und Regisseuren und den Schauspielerinnen und Schauspielern zusammen. Bei uns entsteht das Meiste in Teamarbeit.
- Das ist interessant. Mit wem arbeiten Sie denn am meisten zusammen?
- Ich würde sagen mit den Regisseurinnen und Regisseuren und natürlich auch mit den Schauspielerinnen und Schauspielern. Aber eigentlich entsteht Theater, wie gesagt, in Teamarbeit. Ja, und ich bin auch für die Planung des Spielplans und für das inhaltliche Gesicht des Theaters verantwortlich.
- Und wie sieht Ihr Arbeitsalltag zum Beispiel aus?
- Ein normaler Tag beginnt für mich meistens um neun. Da gibt es gleich die erste Besprechung im Theater. Wenn ich eine Produktion habe, gehe ich um zehn auf eine Probe. Es ist immer sehr wichtig, zusammen mit dem Regisseur oder der Regisseurin nach spannenden Ideen zu suchen. Am Nachmittag arbeite ich im Büro, schreibe Mails, lese viel und bereite Besprechungen vor. Und abends gehe ich häufig noch auf andere Proben. Es gehört ja auch zu meinen Aufgaben, mir die anderen Produktionen anzusehen, zum Beispiel im Tanz- oder Musiktheater. Die Ergebnisse besprechen wir dann im Team. So ein Arbeitstag endet oft erst um zehn Uhr abends.
- Was ist in Ihrem Beruf am wichtigsten?
- Meiner Meinung nach geht es ohne Interesse an Literatur nicht. Das ist sicher am wichtigsten, denn in meinem Beruf muss man sehr viel lesen. Neue und auch ältere Theaterstücke, Romane, Erzählungen usw. Und manchmal müssen die Texte auch für das Theater neu bearbeitet werden. Man muss zum Beispiel Dialoge ergänzen oder ganze Szenen streichen, wenn das Stück sehr lang ist. Ich finde es spannend, an diesem kreativen Prozess mitzuarbeiten, und es macht mir großen Spaß, neue Stücke für das Publikum auf die Bühne zu bringen.
- Das kann ich mir gut vorstellen. Verraten Sie uns auch noch, was Ihr größter persönlicher Erfolg war?
- Mein größter persönlicher Erfolg? ... Ja, das kann ich so gar nicht sagen, denn ich arbeite ja nie alleine, sondern immer, wie schon gesagt, in einem großen Team. Aber vielleicht kann ich sagen, dass ein Stück auf der Bühne nur dann erfolgreich sein kann, wenn das Team gut zusammenpasst. Wenn alles funktioniert und das Publikum begeistert applaudiert, ist das dann natürlich auch immer irgendwie mein Erfolg.
- Das ist ein schönes Schlusswort. Vielen Dank für dieses Interview, Frau Seidel.

1.19

1

- Entschuldigung, können Sie mir sagen, wo genau Dingenskirchen liegt?
- Wie, wo Dingenskirchen liegt? Das ist doch kein Dorf oder so. Dingenskirchen sagt man, wenn man sich nicht an einen Ortsnamen erinnern kann. Zum Beispiel: *Du warst doch auch schon mal in ... Dingenskirchen, oder? Mann, jetzt fällt mir der Name nicht ein. Da wohnt doch deine Schwester.*
- Ach so. Danke!

2

- Guten Tag, wissen Sie, wo die Pampa ist?
- Die Pampa? Keine Ahnung. Irgendwo weit weg. Das sagt man so, das liegt in der Pampa.
- Und was bedeutet das?
- Na ja, das ist ein Ort, an dem nichts los ist. Das ist in der Pampa. Das sag ich auch immer.
- Aha. Und Sie? Sagen Sie das auch immer so?
- Ich? Ja, manchmal. Aber die Pampa gibt es ja auch wirklich. In Südamerika, glaube ich.
- Und wie sieht es da aus?
- Keine Ahnung. Ich war noch nie da. Aber ich glaube, dass dort nur sehr wenige Menschen leben. Große Städte gibt es in der Pampa bestimmt nicht.
- Alles klar. Danke!

3

- Kennen Sie die Abkürzung Jottwehdeh?
- Jottwehdeh? Ja, klar! Janz weit draußen. Jottwehdeh.
- Und warum sagt man nicht Gehwehdeh, also ganz weit draußen?
- Na ja, das kommt aus Berlin. Da fragt man ja auch *wie jeht et* und nicht *wie geht es*.
- Stimmt. Sagen Sie denn auch ab und zu mal, dass etwas Jottwehdeh ist?
- Ja, ab und zu. Oder ich sage *das ist am Arsch der Welt*. Das kann man aber natürlich auch nicht immer sagen. Hört sich ja nicht gut an.

- Genau. Sie könnten auch am Ende der Welt sagen.
- Stimmt. Oder ich sage *das ist Jottwehdeh*. Das hört sich auch besser an.
- Das geht natürlich auch. Vielen Dank!

4

- Entschuldigung, waren Sie schon mal in der Walachei?
- Ich? Ja. Ist aber schon etwas länger her.
- Und was haben Sie dort gemacht?
- Ich habe in Bukarest einen Geschäftspartner getroffen.
- In Bukarest? Das ist doch die Hauptstadt von Rumänien, oder?
- Ja, genau. Und Bukarest liegt in einer Region im Süden von Rumänien, die wir auf Deutsch die Walachei nennen. Übrigens ist es dort sehr schön! Da sollten Sie auch mal hinfahren, wenn Sie das noch nicht kennen.
- Ja. Das könnte ich machen. Aber wenn ich dann zurückkomme und meinen Freunden erzähle, dass ich in der Walachei war, denken die doch gleich ...
- Genau, dann denken die gleich, dass Sie irgendwo auf dem Land waren, in der Pampa. Das ist mir auch passiert. Viele wissen nicht, dass es die Walachei wirklich gibt!
- Das stimmt. Danke!

Einheit 2 Übungen

1.21

Lasst uns auch so ein Schauspiel geben!
Greift nur hinein ins volle Menschenleben!
Ein jeder lebt's, nicht vielen ist's bekannt,
Und wo ihr's packt, da ist's interessant.
In bunten Bildern wenig Klarheit,
Viel Irrtum und ein Fünkchen Wahrheit.
So wird der beste Trank gebraut,
Der alle Welt erquickt und auferbaut.

1.22

Wir wollen auch ein Theaterstück spielen!
Ideen holen wir uns aus dem Leben!
Jeder lebt, aber viele denken nicht darüber nach.
Wir suchen uns etwas Interessantes aus.
Bunte Bilder können unklar sein,
viele Fehler und etwas Wahrheit haben.
So entsteht das beste Getränk,
das den Menschen Freude macht.

1.23

Hey Leute! Schön, dass ihr wieder dabei seid. Heute geht's bei mir um ein ganz besonderes Thema. Wer kennt es nicht? Die nächste Prüfung steht an und ihr seid aufgeregt und vielleicht auch etwas ängstlich.
Im Theater nennen wir das Lampenfieber. Ich habe vor jeder Vorstellung Lampenfieber. Das ist normal. Ich bin schon viele Tage vorher total aufgeregt und stelle mir vor, was alles schiefgehen könnte. Genau wie vor einer Präsentation an der Uni oder im Beruf. Das ist wirklich Stress pur – für euch auch? Dann habe ich hier gute Tipps für euch.

Das Wichtigste ist eine gute Vorbereitung, weil sie euch viel Sicherheit geben kann. Und natürlich ganz wichtig: üben, üben, üben! Ein guter Freund oder eine Freundin hilft euch bestimmt gern. Mir helfen auch Entspannungsübungen, am liebsten draußen in der Natur. Frische Luft ist einfach herrlich!

Und dann geht es los. Atmet noch einmal ganz tief ein und aus und seht das Publikum an.
Und danach? Glückwunsch, ihr habt es geschafft – auch mit Lampenfieber! Freut euch und feiert euren Erfolg!

1.24

Ich warte auf den Zug.
Der Kurs freut sich auf die Sommerferien.
Jochen beteiligt sich an der Planung für eine Gartenparty.
Jeder Mensch ist verantwortlich für den Schutz der Natur.
Wir arbeiten mit dem Team zusammen.
Katzen gehören zu den beliebtesten Haustieren.

1.25

- Hey, Dilay – gut, dass ich dich erreiche. Ich wollte dich unbedingt etwas fragen.
- Hey, Simon – ich hab' leider nicht so viel Zeit. Was gibt's denn?
- Stell dir vor, ich habe zwei Theaterkarten für die neue Spielzeit. Sie spielen Romeo und Julia von Shakespeare. Hast du Lust mitzukommen?
- Oh, wie cool. Ja, auf jeden Fall. Das passt auch sehr gut. Dann kann ich mir endlich mal wieder etwas Schickes anziehen. Ich hab' noch ein tolles rotes Kleid, das passt sicher gut.
- Hm, daran hab' ich noch gar nicht gedacht. Ich mag es ja eher gemütlich.
- Na ja, in einer Jogginghose kannst du nicht ins Theater gehen ... Hast du keinen Anzug?
- Doch. Ich habe ein blaues Jackett und eine dunkle Hose. Das könnte ich anziehen.
- Na, das ist doch super. Und ein weißes Hemd.
- Schade, ich finde mein grünes Hemd eigentlich schöner, aber das passt natürlich nicht.
- Nee, das geht nicht. Aber sag mal ...

1.28

Was ist das denn? So ein Bühnenbild ist doch kein Wunschkonzert! Jetzt kommen Sie mal her und sehen sich das an. Die Kommode steht falsch. Stellen Sie sie zwischen den Schrank und das Bücherregal. Und dann hängen Sie das Poster über die Kommode. So. Und warum liegt die Zeitung auf dem Schreibtisch? Legen Sie sie auf das Sofa, wie es auch in den Regieanweisungen steht. Das kann doch nicht so schwer sein. Gut. Danke. Und jetzt stellen Sie den Stuhl noch vor den Schreibtisch und legen den Teppich zwischen das Sofa und den Schreibtisch. Genau. Jetzt ist es richtig. Mann, Mann, Mann ...

Einheit 3: Miteinander - füreinander

1.29

Guten Abend, liebe Mitbürgerinnen und Mitbürger. Ich möchte Sie sehr herzlich zu dieser Feierstunde begrüßen und freue mich, dass so viele von Ihnen heute Abend ins Rathaus gekommen sind. Wir alle wissen, wie wichtig das Ehrenamt für unsere Gesellschaft ist. Darum können wir uns alle freuen, dass jede und jeder Dritte in Deutschland sich ehrenamtlich und ohne Bezahlung engagiert. Ich bin sehr froh, dass es auch sehr viele Menschen in Unterrödingen gibt, die Verantwortung übernehmen und freiwillig helfen. Sie verbringen Zeit mit Seniorinnen und Senioren, helfen armen und wohnungslosen Menschen, arbeiten im Tier- und Naturschutz oder in Sportvereinen als Trainerin oder Trainer, um nur einige Beispiele zu nennen. Warum engagieren sich so viele? Das ist ganz einfach. Freiwillig etwas für andere tun, macht glücklich. Das haben mir die Preisträgerinnen und Preisträger in einem Gespräch heute Nachmittag auch gesagt. Wir ehren heute Abend Friedrich Baur, der seit mehr als 25 Jahren im Umwelt- und Naturschutz aktiv ist, Paula Fröhlich, die seit ihrer Kindheit bei der Freiwilligen Feuerwehr ist und hilft, Leben zu retten, Tekla Pawlak, die seit fünfzehn Jahren ältere Menschen wöchentlich besucht und ihnen viel Zeit schenkt, sowie Marc Kling, der ein Herz für Tiere hat und seit mehr als zehn Jahren Hunde von wohnungslosen Menschen kostenlos in seiner Praxis behandelt. Sie haben ein Ehrenamt übernommen und setzen sich schon seit vielen Jahren in ihrer Freizeit und ohne Bezahlung für andere Menschen ein. Ohne ihren Einsatz würde vieles in unserer Gesellschaft nicht funktionieren. Sie alle, liebe Ehrenamtspreisträger und -preisträgerinnen, leisten etwas ganz Wichtiges für das Zusammenleben in unserer Stadt.

In einem afrikanischen Sprichwort heißt es: „Viele kleine Leute an vielen kleinen Orten, die viele kleine Schritte tun, können die Welt verändern." Genau das tun Sie und die vielen anderen freiwilligen Helferinnen und Helfer in unserer Stadt. Deshalb ist es mir eine Freude, Danke zu sagen. Ich gratuliere Ihnen allen ganz herzlich zum Ehrenamtspreis der Stadt Unterrödingen.

1.30

- ... Radio 31. Und jetzt zum Sport aus der Region.
- Im Schwarzwaldstadion war heute Nachmittag viel los. Die C-Juniorinnen vom FC Unterrödingen – das sind die Mädchen zwischen 12 und 14 – haben den Juniorinnen-Cup gewonnen. Die Mannschaft wird von Sonja Schneider trainiert. Herzlichen Glückwunsch, Sonja!
- Vielen Dank. Ja, meine Mädels haben toll gespielt!
- Wie lange trainierst du sie schon?
- Seit vier Jahren. Als ich die Mannschaft übernommen habe, waren die Mädchen erst 8 bis 10 Jahre alt. Sie haben sich toll entwickelt.
- Super. Und wie bist du zum Fußball gekommen?
- Ich komme aus einer Fußballerfamilie. Mein Vater spielte Fußball und war dann auch Trainer. Ich habe mit sechs Jahren angefangen, beim FCU Fußball zu spielen. Mit 18 wurde ich dann Profi und habe sieben Jahre lang in Frankfurt und Leverkusen gespielt. Das war eine super Zeit. Aber Profifußballerinnen verdienen nicht so viel. Deshalb habe ich auch studiert und bin jetzt Mathe- und Bio-Lehrerin hier am Gymnasium.
- Wie sieht dein Alltag als Trainerin aus?
- Also wir trainieren zweimal in der Woche, immer dienstags und donnerstags von 17 bis 19 Uhr. Ich plane und führe das Training durch. Und am Samstag oder am Sonntag finden dann die Spiele gegen andere Mannschaften statt.
- Das ist doch sehr viel Arbeit, oder? Warum machst du das?
- Fußball ist ein wunderbares Hobby. Wenn ich nicht als Trainerin arbeiten könnte, würde mir etwas fehlen. Es macht mir richtig Spaß, mit Jugendlichen zu arbeiten, auch wenn es nicht immer einfach ist.
- Und was wünschst du dir für die Zukunft?
- Im nächsten Jahr würde ich gerne wieder den Juniorinnen-Cup gewinnen. Es wäre toll, wenn noch mehr Mädchen bei uns mitspielen würden.
- Dann drück' ich euch die Daumen. Viel Glück und danke für das Gespräch.

1.31

Guten Abend, liebe Bürgerinnen und Bürger. Schön, dass Sie zu unserem Infoabend gekommen sind. In der Diskussionsrunde geht es um das Neubaugebiet am Kirchberg. Soll die Stadt hier 200 neue Wohnungen bauen oder nicht? Die Bürgerinitiative *Rettet den Kirchberg* lehnt das Projekt ab. Aber es gibt auch viele Menschen in Unterrödingen, die das Projekt unterstützen. Wir wollen also heute Abend Pro- und Kontra-Argumente austauschen.
Ich schlage vor, dass jede Rednerin und jeder Redner nicht länger als eine Minute spricht. Als erste Rednerin spricht Frau Lang von der BI *Rettet den Kirchberg*. Dann spricht Herr Sommer, der die Pläne der Stadt unterstützt. Bitte, Frau Lang.

Vielen Dank, Herr Bürgermeister. Wir von der BI sind der Meinung, dass der Naturschutz wichtiger ist als der Wohnungsbau. Wenn die Stadt die Wohnungen am Kirchberg bauen würde, dann würden wir ein Stück Natur für immer verlieren. Die Wiesen und der Wald am Kirchberg bieten Erholung pur! Ich finde auch, dass wir mehr Wohnungen brauchen. Aber es gibt noch andere Flächen in Unterrödingen, die man nutzen könnte.

Danke, Frau Lang. Jetzt Herr Sommer.

Vielen Dank. Unterrödingen wächst. Jedes Jahr ziehen viele Menschen in unsere Stadt. Sie brauchen Wohnungen. Es gibt zu wenig Wohnungen und die Mieten sind sehr hoch. Deshalb unterstütze ich die Pläne der Stadt, am Kirchberg neue Wohnungen zu bauen. Im Gegensatz zu Frau Lang glaube ich nicht, dass es genug freie Flächen für Wohnungen in Unterrödingen gibt.

Vielen Dank. Ich öffne jetzt die Diskussion für alle.

Das Argument von Herrn Sommer ist richtig. Es gibt nicht genug Wohnungen. Mein Sohn sucht schon seit sechs Monaten eine Wohnung und findet keine. Wir müssen bauen, bauen, bauen, denn die Mieten in der Innenstadt sind nicht mehr bezahlbar.

Das sehe ich ganz anders. Wenn man so viele Wohnungen am Kirchberg baut, bekommen die Bewohnerinnen und Bewohner in der Nähe vom Kirchberg große Probleme mit dem Straßenverkehr und Autolärm. Darum unterstütze ich die Bürgerinitiative.

Das ist richtig. Das sehe ich auch so. Und wo sind die Pläne für Kitas und Schulen für die neuen Bewohner und Bewohnerinnen?

Die Argumente von Frau Lang überzeugen mich nicht. Ich glaube, dass man in der Innenstadt nicht so billig bauen kann wie am Kirchberg. Es gibt doch noch genug Wald für alle. Meiner Meinung nach brauchen wir das Neubaugebiet dringend!

Möchte noch jemand etwas sagen?

Einheit 3 Übungen

1.33

Hallo liebe Zuhörerinnen und Zuhörer – heute bei *Neue Welle Unterrödingen* zu Gast: Tekla Pawlak und Friedrich Baur. Die beiden haben etwas gemeinsam: Sie setzen sich in ihrer Freizeit für andere Menschen ein, ohne Bezahlung. Von unserem Bürgermeister Matthias Sigl wurden sie jetzt mit einem Preis für ihr Engagement geehrt. Schön, dass Sie heute hier sind.

Ja, wir freuen uns auch. Danke für die Einladung.

Wir möchten heute mehr über Ihre Tätigkeiten im Ehrenamt erfahren. Herr Baur, Sie sind seit 25 Jahren beim Naturschutzbund aktiv. Warum?

Unsere Natur liegt mir einfach am Herzen! Es ist wichtig, dass wir sie schützen. Beim Naturschutzbund kann ich gemeinsam mit anderen aktiv werden und etwas Gutes tun!

Toll, dass Sie das machen. Was gehört zu Ihren Aufgaben?

Gemeinsam mit anderen Helferinnen und Helfern plane ich Aktionen für den Schutz des Waldes. Uns ist es wichtig, die Umwelt sauber zu halten. Wir organisieren z.B. Aktionen zum Müll sammeln und alle können dann mitmachen.

Das ist ja super. Kommen viele Menschen zu den Aktionen?

Ja, sehr viele. Und es werden immer mehr. Gemeinsam macht es viel Spaß und die Menschen lernen wieder die Natur zu genießen.

Das ist wirklich ein tolles Engagement! Frau Pawlak, Sie unterstützen seit fünfzehn Jahren Seniorinnen und Senioren. Was genau machen Sie da?

Ich wollte schon immer für andere da sein. Vor fünfzehn Jahren habe ich mich dann bei einem Besuchsdienst angemeldet. Ich schenke älteren Menschen meine Zeit. Ich besuche sie zu Hause oder im Seniorenheim und bin für sie da. Die Menschen sind oft sehr allein, dann hilft manchmal schon ein gutes Gespräch. Aber ich spiele auch gern Spiele mit ihnen oder wir gehen spazieren.

Ein tolles Engagement und sehr wichtig!

Ja, das ist es. Und es lohnt sich. Es ist so schön, die Menschen lächeln zu sehen. Natürlich lachen wir nicht immer. Es gibt auch traurige Momente. Manche haben schon einen lieben Menschen verlo-

ren. Deshalb sind sie sehr allein. Aber dafür gibt es ja den Besuchsdienst. Und jeder kann dort aktiv werden.
- Sehr schön. Und wo können sich Interessierte melden?

1.34
- Hallo ihr beiden. Habt ihr kurz Zeit? Ich würde euch gern etwas über unser Programm erzählen.
- Ja, worum geht es denn bei euch?
- Ich will mich erstmal kurz vorstellen. Ich bin Max und wie heißt ihr?
- Ich bin Nida.
- Und ich bin Mia.
- Freut mich euch kennenzulernen! Also unsere Organisation *Welcome home!* unterstützt ausländische Studierende in ihrer ersten Zeit in Deutschland. Wir wollen ihnen helfen, dass sie sich schnell wohlfühlen und ihren Alltag gut organisieren können.
- Wow, das klingt super. Tolle Idee!
- Ja, auf jeden Fall. Und es kommt auch sehr gut an. Viele ausländische Studierende melden sich bei uns. Seid ihr schon ehrenamtlich aktiv?
- Ja, ich helfe zweimal in der Woche in einer Suppenküche aus. Da gibt es immer viel zu tun. Euer Konzept klingt auch super, aber ich habe leider nicht genug Zeit.
- Ja, das verstehe ich. Das Studium gibt es ja auch noch. Und du, Nida? Engagierst du dich auch freiwillig?
- Nein. Ich habe noch nicht das Richtige gefunden.
- Hättest du Lust bei uns mitzumachen? Wir suchen gerade wieder neue Leute.
- Ja, schon. Was muss man da genau machen?
- Als Mentorin betreust du ausländische Studierende. Du kannst ihnen z.B. die Stadt und die Uni zeigen, gemeinsam mit ihnen in die Mensa oder zum Sport gehen. Du kannst sie z.B. auch zu wichtigen Terminen begleiten, zu einem Banktermin oder so.
- Ja, das klingt super. Ich hätte Lust als Mentorin mitzumachen.
- Cool! Dann gebe ich dir erstmal noch ein paar mehr Infos.

1.35
Hey Leute, ich bin es wieder – Rabea. Willkommen zu einer neuen Folge meines Podcasts *Spieltag*. Wer mich noch nicht kennt: Ich spiele beim FC Unterrödingen in der Mannschaft der A-Juniorinnen und Fußball ist mein Leben! Heute möchte ich euch wieder einen Verein vorstellen – und was für einen! Es geht natürlich um Frauenfußball! Der VFL Wolfsburg hat echt tolle Spielerinnen. Ich sehe ihre Spiele immer im Fernsehen. Einmal war ich sogar im Stadion! Der Verein wurde am ersten Juli 2003 gegründet. Die Mannschaft spielt in Wolfsburg im AOK-Stadion. Sie spielen in der ersten Bundesliga und sind sehr erfolgreich. Sie haben sechs Mal die Deutsche Meisterschaft und sogar schon zwei Mal die Champions League gewonnen. Das sind echt tolle Erfolge! Und es geht noch weiter ...

1.37
1
- Hallo Tim, hast du schon gehört? Die Stadt denkt gerade über mehr Parkhäuser für die Innenstadt nach.
- Echt? Das fände ich super! Stell dir das vor, Prakash. Ohne Autos, die auf den Straßen parken, hätten wir endlich mehr Platz. Wir brauchen unbedingt mehr Parkhäuser.
- Hm, ja, das stimmt. Aber ich sehe das etwas anders. Die Stadt sollte lieber mal Parkhäuser für unsere Fahrräder bauen, das ist viel wichtiger. Dann würden die Fahrräder auch endlich mal sicher stehen. Ich bin eher gegen mehr Parkhäuser für Autos.

2
- Robert, wie findest du eigentlich die Idee mit den Parkhäusern für die Innenstadt?
- Ich bin total gegen das Projekt. Meiner Meinung nach ist das viel zu teuer. Woher soll die Stadt das Geld nehmen? Es gibt so viele andere Projekte, die wichtiger sind. Wenn wir z.B. mehr U-Bahnen hätten, dann müssten die Menschen nicht mit dem Auto in die Stadt fahren. Was meinst du, Nina?
- Das sehe ich auch so. Wenn jetzt alle bequem parken können, dann wird das hier nicht besser.

3
- Ich finde dieses neue Projekt mit den Parkhäusern für die Innenstadt echt super. Die Menschen müssen mit dem Auto zur Arbeit fahren und brauchen einen Parkplatz. Das Argument überzeugt mich total. Wie ist deine Meinung, Svetlana?
- Da bin ich anderer Meinung. Autos sind total schlecht für die Umwelt. Das ist für mich das wichtigste Argument. Man kann auch mit dem Fahrrad oder Bus fahren.

1.38
siehe Track 1.37, Dialog 2

Plateau 1

1.40
Und jetzt zum Wetter: Der Sommer macht in den nächsten Tagen kurz Pause. Nach einem sonnigen Donnerstag wird es in Wien am Freitag wolkiger und deutlich kühler. Die Temperaturen sinken auf 15 bis 17 Grad. Die Sonne scheint nur noch zeitweise. Dabei muss am Freitagnachmittag vereinzelt mit Gewittern gerechnet werden. Am Wochenende gibt es dann einen Mix aus Sonne und Wolken. Es bleibt meist trocken und kühl. Erst zu Wochenbeginn wird es wieder sommerlich warm und sonnig.

1.41
Guten Tag, meine Damen und Herren. Ich begrüße Sie herzlich zu unserer Führung durch das Burgtheater. Die Tour dauert etwas über eine Stunde. Mein Name ist Caroline Lauer. Das Burgtheater, die Wienerinnen und Wiener sagen einfach nur *die Burg*, gehört zu den wichtigsten Bühnen in Europa. Sie ist das zweitälteste Theater in Europa sowie das größte deutschsprachige Sprechtheater. Während der Führung mache ich Sie mit der Geschichte des Theaters und seiner Architektur bekannt. Sie bekommen auch Einblicke in die Organisation des Hauses und die Bühnentechnik und werfen auch einen Blick hinter die Kulissen. Zuerst gehen wir ...

1.42
- Hi Anton, wie geht's?
- Hallo Yukiko. Danke, gut. Und dir?
- Bin ziemlich müde. Hab' einen Freund in Zürich besucht und bin erst spät nach Hause gekommen. Mein Zug hatte mehr als eine Stunde Verspätung.
- Oh, so ein Mist!
- Und wie war dein Wochenende? Hatte deine Mannschaft wieder ein Spiel?
- Klar. Leider haben wir aber eins zu zwei verloren, obwohl meine Jungs toll gespielt haben.
- Schade.
- Ja, aber am Abend haben wir den 100. Geburtstag unseres Fußballclubs gefeiert. Es war ein tolles Fest.
- Und waren viele Leute da?
- Ja. Ich glaube, es müssen mehr als 200 Leute gewesen sein.

1.43
- Liebe Hörerinnen und Hörer, willkommen bei unserer *Diskussion am Samstag*. Das Thema heute Nachmittag ist „Theater als Schulfach für alle – sinnvoll oder nicht?". Eingeladen habe ich Carola Bauer. Sie ist Lehrerin hier am Goethe-Gymnasium und unterrichtet Deutsch und Kunst und leitet Theaterworkshops. Mein zweiter Studiogast ist Frank Wagner. Er ist Naturwissenschaftler und hat eine 14-jährige Tochter am Goethe-Gymnasium. Frau Bauer, Ihre Schülerinnen und Schüler haben schon viele Theaterstücke aufgeführt. Warum ist Theaterspielen für Jugendliche so wichtig?
- Theaterspielen fördert viele Kompetenzen wie zum Beispiel Kreativität und Teamfähigkeit. Das haben wissenschaftliche Studien gezeigt. Theater und Theaterprojekte gibt es seit vielen Jahren an deutschen Schulen, aber es ist kein reguläres Unterrichtsfach wie Deutsch oder Mathe. Das sollte sich ändern.
- Herr Wagner, wie sehen Sie das? Sollten alle Kinder und Jugendlichen in der Schule Theaterspielen?
- Freiwillig können schon jetzt die meisten Schülerinnen und Schüler Theaterstücke aufführen. Das finde ich gut und richtig. Aber ich glaube, dass die Schule vor allem die Schülerinnen und Schüler fit für die Zukunft machen muss. Da finde ich es zum Beispiel wichtiger, ein Fach wie Programmieren einzuführen. Denn eine Welt ganz ohne Computer, Internet und Maschinen können wir uns nicht mehr vorstellen.

Einheit 4: Natur erleben

2.02
Hallo und herzlich willkommen, liebe Hörerinnen und Hörer. Ich bin Simone Ram und bin Journalistin beim *Reisemagazin*.
Heute geht es um meine Wochenendreise in das UNESCO-Biosphärenreservat Spreewald. Der Spreewald gehört zu den beliebtesten Reisezielen im Land Brandenburg. Er liegt etwa 100 Kilometer südöstlich von Berlin. Der Spreewald ist eine idyllische Flusslandschaft, in der man kilometerweit mit dem Kahn durch die vielen Spreekanäle oder mit dem Rad durch Wälder und Wiesen fahren kann. Der Spreewald ist ein Lebensraum für viele seltene Tiere und Pflanzen, die man zum Teil nur noch hier finden kann.

2.03
Obwohl ich schon mehrere Jahre in Berlin wohne, war ich noch nie da. Das wollte ich unbedingt ändern. Ich bin also mit der Regionalbahn vom Berliner Hauptbahnhof in das kleine Spreewald-Städtchen Lübbenau gefahren. Das Hotel, das mir Freunde empfohlen haben, liegt sehr schön in einem Park. Das Frühstücksbuffet war richtig gut. Mittags habe ich im Traditionsrestaurant *Wotschofska* gegessen. Es gab Fisch, der

frisch aus der Spree auf den Teller kam. Absolut lecker! Am Nachmittag habe ich dann bei einer Stadtführung zuerst die historische Altstadt mit ihren engen Gassen besichtigt. Die kleinen Läden und die alten Häuser sind hübsch renoviert. Mein Tipp: Starten Sie Ihre Entdeckungstour durch Lübbenau an der Kirche St. Nikolai aus dem 18. Jahrhundert. Ein Besuch lohnt sich. Danach sind wir zum großen Spreewaldhafen gelaufen, von dem die Rundfahrten mit den großen Touristenkähnen durch die vielen Spreekanäle starten. Der Spreewald ist auch berühmt für seine Gurken. Man sollte dort unbedingt verschiedene Gurkenspezialitäten probieren. Meine Empfehlung: Lübbenauer Spreewaldgurken im Gurkenshop der Familie Krügermann kaufen. Abends gab es ein Jazz-Konzert der Extra-Klasse mit zwei wunderbaren Musikern aus England und Portugal. Am nächsten Tag stand eine Tour mit einem Spreewaldkahn auf dem Programm. Es war ein Sommertag wie aus dem Bilderbuch. Die Sonne schien, es war warm und die Luft war frisch – perfektes Wetter für eine Kahnfahrt. Wir sind fast lautlos durch die schmalen Kanäle an Wäldern, Wiesen und Feldern vorbeigefahren. Man hört keine Autos, keine Menschen, keinen Fluglärm. Nichts. Einfach nur Stille.

2.04

- Hallo und herzlich willkommen! Ich bin Nadja Brezina und begrüße Sie zu unserem *Journal am Nachmittag*. Heute geht es um das für Österreich so wichtige Thema Tourismus. Im letzten Jahr gab es fast 100 Millionen Übernachtungen in österreichischen Hotels. Die Hotelbranche wollte genauer erfahren, was ein Gast, der beruflich oder privat unterwegs ist, von seiner Unterkunft wirklich erwartet. Eine neue Studie hat das herausgefunden. Oliver Bellowitsch hat sie für uns gelesen. Hallo Herr Bellowitsch. Was waren denn die wichtigsten Erkenntnisse?
- Guten Tag, Frau Brezina. Also fast 3.000 Personen wurden für die Studie interviewt – nicht nur Geschäftsreisende, sondern auch Urlaubsreisende. Am wichtigsten ist allen Reisenden ein erholsamer und guter Schlaf. 98 % der Übernachtungsgäste möchten in einem guten Bett schlafen und in der Nacht nicht durch laute Geräusche oder Straßenlärm geweckt werden. Selbstverständlich erwarten auch alle, dass Zimmer und Bad sauber sind.
- Das überrascht nicht wirklich, oder?
- Nein. Wichtig ist beiden Gruppen auch ein schnelles und kostenloses Internet. Das war vor zehn Jahren noch anders. Damit sie ihre Smartphones, Tablets und Notebooks bequem laden können, muss es außerdem genug Steckdosen in den Zimmern geben. Die fehlen aber oft, was kritisiert wurde. Damit ein Hotel von seinen Gästen gute Online-Bewertungen bekommt, müssen auch die Mitarbeitenden freundlich sein – nicht nur an der Rezeption.
- Haben Geschäftsreisende und Urlaubsreisende auch unterschiedliche Erwartungen oder Wünsche?
- Auf jeden Fall. Besonders für Geschäftsreisende ist ein gutes und großes Frühstücksbuffet sehr wichtig. Sie erwarten auch einen Schreibtisch mit einer guten Schreibtischlampe und einem bequemen Stuhl, damit sie in ihrem Zimmer arbeiten können. Weniger wichtig sind ihnen allerdings Wellness-Angebote.
- Und der Preis?
- Der Preis für eine Übernachtung spielt natürlich bei Urlaubsreisenden eine wichtigere Rolle als bei Geschäftsreisenden. Für drei Viertel der Urlaubsreisenden ist das ein sehr wichtiger Entscheidungsfaktor. Die Umfrage hat auch gezeigt, dass Reisende auf jeden Fall die Möglichkeit haben möchten, Zimmer für Nichtraucher zu buchen. Und für Frauen, die allein reisen, spielt die Lage des Hotels eine wichtigere Rolle als für Männer.
- Vielen Dank, Herr Bellowitsch. Das sind sicher wichtige Informationen für ...

Einheit 4 Übungen

2.07

- Hallo Claudi!
- Hey Yumi, wie geht's?
- Richtig gut! Ich bin super entspannt. Der Urlaub war so schön!
- Ach, das freut mich. Hat es Mirjam denn auch so gut gefallen?
- Ja, wir wären beide am liebsten noch länger geblieben.
- Dann habt ihr euch also in eurer Unterkunft wohlgefühlt, ja? Wie war nochmal der Name? Pension ...
- Pension Gruber. Ich kann die Pension wirklich jedem empfehlen. Die Möbel sind zwar etwas altmodisch, aber wir haben uns trotzdem sofort wie zu Hause gefühlt. Das Ehepaar Gruber ist total freundlich und auch das Personal hat uns immer geholfen. Aber das Beste war: Eine Woche nicht putzen oder kochen.
- Oh, das könnte mir auch gefallen! Wart ihr denn zufrieden mit dem Service?

Sehr! Das Zimmer wurde täglich sauber gemacht und das Essen war einfach traumhaft! Jeden Morgen gab es ein Frühstücksbuffet mit einer großen Auswahl, zum Beispiel frisches Obst und Eier vom Bauern aus der Region.

Regionales Essen, das klingt toll! Was habt ihr denn tagsüber gemacht? Ihr habt doch nicht nur gegessen, oder?

Nein, wir waren viel unterwegs. Am ersten Abend waren wir auf einem Konzert in Wien. Deshalb wollten wir dort auch Urlaub machen. In der Innenstadt waren die Hotels aber leider ausgebucht. Das war aber nicht schlimm. Mit der U-Bahn fährt man von der Pension nur 25 Minuten bis zur Innenstadt. Und außerdem konnten wir so noch einige Tage Ruhe in der Natur genießen. Familie Gruber hat uns viele Tipps für unsere Ausflüge gegeben.

Na dann konntet ihr bestimmt gut schlafen, oder?

Na ja, geht so. Leider hatten wir viele Mücken in unserem Zimmer. Und weil die Autobahn in der Nähe ist, war es nachts oft sehr laut. Aber genug von mir. Was habt ihr gemacht? Erzähl!

Also, wir waren zwei Wochen ...

2.08

Grüß dich, Talia. Lange nicht gesehen. Warst du im Urlaub?

Na, Paul. Ja, drei Wochen. War richtig toll.

Warst du wieder in Spanien?

Nein, dieses Jahr nicht. Obwohl ich im Sommer eigentlich am liebsten am Strand liege, wollte ich dieses Jahr umweltfreundlich verreisen. Du weißt ja, alle reden von der Klimakrise und wie schlecht Flugreisen für das Klima sind. Deshalb wollte ich nicht fliegen.

Und wo warst du dann?

Ich bin mit meinem Hund von Oberstdorf in Bayern über die Alpen nach Bozen in Italien gewandert. Bis Oberstdorf bin ich natürlich mit dem Zug gefahren.

Wow! Du bist den ganzen Weg gelaufen? Allein, nur mit deinem Hund? Und dein Freund hatte keine Lust auf einen Wanderurlaub?

Nein, er musste leider arbeiten. Aber man ist unterwegs nicht wirklich allein, denn man trifft jeden Tag viele Wanderer. Alle duzen sich. Es hat sehr viel Spaß gemacht, so viele nette Leute aus der ganzen Welt kennenzulernen. Und man hat immer ein Gesprächsthema: das Wandern und das Wetter. Und die Stimmung abends in den Hütten war auch richtig toll.

Wie weit ist es denn bis Bozen?

Es sind ungefähr 180 Kilometer.

180 Kilometer?! War das nicht sehr schwer?

Ja, schon. Aber ich habe zu Hause natürlich trainiert und bin im Frühjahr mehrmals pro Woche mit meinem Rucksack mehrere Stunden gelaufen.

Und wie lange warst du unterwegs?

14 Tage. Manche schaffen die Strecke auch in sechs bis acht Tagen. Ich war ziemlich fit, aber gleich am zweiten Tag haben mir meine Beine und Füße dann doch ziemlich wehgetan. Eigentlich wollte ich mich gar nicht so sehr anstrengen. Ehrlich gesagt war ich richtig froh, als ich in Bozen ankam.

Und wo hast du unterwegs übernachtet?

Meistens in Hütten. Manchmal habe ich auch in kleinen Pensionen geschlafen. Und einmal musste ich draußen schlafen, weil die Hütte ausgebucht war. Zum Glück hat es in der Nacht nicht geregnet.

Hattest du Glück mit dem Wetter?

Total. Ich hatte fast nur Sonnentage und es war meistens schön warm.

Würdest du so einen Wanderurlaub noch einmal machen?

Auf jeden Fall! Mir hat der Urlaub sehr gutgetan und meinem Hund hat es auch gefallen. Zwei Wochen ohne Handy, Radio und Fernseher. Das war herrlich! Ich habe die Ruhe genossen. Es war einfach unglaublich schön, jeden Tag die Berge zu sehen und in der freien Natur zu sein. Und was gibt es Neues in der Firma?

Das ist unsere Haltestelle. Wir müssen aussteigen.

Einheit 5: Hin und weg!

2.11

Bei mir im Studio begrüße ich heute Frau Hauser, die vor sieben Jahren die Familie des Bruders ihres Urgroßvaters in Brasilien gefunden hat. Frau Hauser, wie haben Sie das geschafft?

Na ja, das war zuerst gar nicht so einfach, aber ich wusste ja aus alten Briefen ungefähr, wo Gustav Hauser und seine Frau Martha gelebt haben und wie ihre Kinder hießen.

Und das hat Ihnen geholfen?

Genau. Den Namen ihrer jüngsten Tochter, also Frieda Hauser, habe ich irgendwann im Internet auf der Webseite einer Schule in Blumenau gefunden, in der sie als Lehrerin gearbeitet hat. Ich war selbst total überrascht und habe dann gleich eine E-Mail an den Schuldirektor geschrieben. Ich war mir natürlich nicht sicher, ob sie wirklich die Tochter von Gustav und Martha war.

Und dann hat sie sich bei Ihnen gemeldet?

Nein, so schnell ging das nicht. Dann passierte erstmal ein paar Wochen gar nichts, und ich dachte schon, dass ich weitersuchen muss. Bis dann an einem Samstagabend, das weiß ich noch genau, die E-Mail kam.

Vom Schuldirektor?

Nee. Von Gabriel da Silva, also von dem Sohn von Frieda Hauser. Der war damals aber auch schon 65 Jahre alt! Der Direktor hat meine Mail an die Familie weitergleitet.

Ach so. Und wie ging es dann weiter?

Ganz einfach. Wir haben unsere Skype-Adressen ausgetauscht und wenige Minuten später konnten wir uns auch schon sehen.

Toll!

Ja, aber das Tollste kommt noch! Neben Gabriel saß seine Mutter Frieda, die damals schon 94 Jahre alt war. Vor Freude mich zu sehen, konnte sie zuerst gar nichts sagen.

Das kann ich mir vorstellen.

Ja. Und dann haben wir uns zum ersten Mal unterhalten. Sie konnte noch ganz gut Deutsch.

Spannend! Nach dem nächsten Lied müssen Sie uns unbedingt noch mehr erzählen.

2.12

Bem-vindos! Ich freue mich so, dass ihr gekommen seid! Gustavo, kannst du das bitte übersetzen?

Klar. Ela ta muito feliz que a gente ta aqui.

Finalmente, né? A gente esperou tanto por esse dia!

Moment, das ging jetzt viel zu schnell.

Sie meint, dass sie schon lange auf diesen Tag gewartet haben.

Ah, e muito obrigado pelo convite!

Vielen Dank für die Einladung!

Ihr müsst euch doch nicht bei mir bedanken! Ich war schon zweimal bei euch in Porto Alegre. Es war höchste Zeit, dass ihr auch mal nach Freiburg kommt. Wie war die Reise?

Danke, gut.

Eu achava que Alemanha ia ser diferente, achava que ia ser mais frio ...

Habe ich richtig verstanden, dass es hier in Deutschland viel kälter ist als bei euch?

Fast. Mein Großvater meint, dass er sich Deutschland viel kälter vorgestellt hat.

Ach so! Sag ihm bitte, dass es hier nicht immer so warm ist wie heute.

Ela falou que nem sempre é tao quente quanto hoje. Só alguns dias no ano.

Ah, que pena. Fala pra ela que a gente trouxe algo pra ela. Espero que ela goste.

Was hat sie gesagt?

Wir haben dir auch etwas mitgebracht. Doce de leite.

Oh, danke! Was ist das?

Das ist eine typisch brasilianische Süßigkeit aus Milch und Zucker. Die hat Oma selbst gemacht.

Das ist sicher lecker! Kannst du sie mal fragen, ob sie mir das Rezept geben kann?

Bestimmt. Vó, você pode dar a receita pra ela?

2.13

Im Fokus: Ich bin dann mal weg! Auswanderung aus Deutschland heute.

Bis heute verlassen jedes Jahr viele Mitbürgerinnen und Mitbürger unser Land. Manche nur für ein paar Monate oder ein paar Jahre, andere für immer. Laut einer Studie wanderten seit 2016 über eine Million Menschen aus Deutschland aus. Warum? Eigentlich geht es den Menschen in Deutschland doch ganz gut, oder?

Die Ergebnisse der Studie zeigen, dass ein Neuanfang oder Abenteuerlust am wenigsten als Grund angegeben wurden. Die meisten Menschen verlassen ihre Heimat wegen einer besseren Stelle mit mehr Geld. Auf Platz zwei und drei der Gründe folgen Klima und Wetter und Familie und Partnerschaft. Immerhin etwas mehr als 20 % gaben an, dass sie zum Studium oder wegen der Ausbildung ins Ausland gegangen sind. Wenn Sie zu den Menschen gehören, die auch ans Auswandern denken, hat Frau Reker, die vor 15 Jahren selbst mit ihrer Familie ausgewandert ist, gleich ein paar gute Tipps für Sie. Bleiben Sie dran! Nach der Musik geht es weiter ...

2.14

Herzlich willkommen, Frau Reker.

Guten Tag.

Sie sind vor 15 Jahren mit der ganzen Familie von Hamburg nach Singapur ausgewandert.

Ja, das stimmt.

Das ist ein großer Schritt. Worum muss man sich dann eigentlich kümmern?

Ach, ich weiß gar nicht, wo ich anfangen soll ... Um Schulen für die Kinder, eine Wohnung, den Umzug, ... Ohne Hilfe hätten wir das nie geschafft!

Wer hat Ihnen damals geholfen? Ich meine, an wen kann man sich wenden?

Am besten an eine Person mit Erfahrung oder an eine Beratungsstelle. Da kann man sich auch sehr gut über alles informieren.

- Aha. Worüber informiert eine Beratungsstelle denn beispielsweise?
- Na ja, zum Beispiel über alle wichtigen Formalitäten. Also, ob ich ein Visum brauche, welche Versicherungen ich brauche, wo ich mich abmelden und dann wieder anmelden muss und so weiter.
- Das ist natürlich wichtig. Worauf sollte man denn noch achten?
- Auf jeden Fall auf die Regeln im Zielland. Man sollte wissen, was dort erlaubt ist und was nicht.
- Und wenn man dann im Zielland angekommen ist, auf wen kann man sich dort bei Fragen am besten verlassen?
- Auf wen? Also, ich würde sagen, auf Kolleginnen und Kollegen aus der Firma, ... also auf alle, die sich in dem Land schon gut auskennen.
- Wie sieht es denn mit den Umzugskosten aus? Womit muss man rechnen?
- Wenn man nicht für eine Firma arbeitet, die den Umzug bezahlt, muss man mit hohen Kosten rechnen. So ein Umzug kann wirklich teuer sein!
- Das kann ich mir vorstellen ...

2.15

- Komm, ich zeig dir mal ein paar alte Fotos, die du bestimmt noch nicht kennst.
- Dann bin ich mal gespannt.
- Schau mal hier, das war, als meine Großeltern ein neues Haus gebaut haben.
- Ist der Mann auf der ... wie heißt das noch mal ... eine Treppe, die man tragen kann.
- Du meinst eine Leiter. Genau, der Mann auf der Leiter ist mein Großvater.
- Ach ja, eine Leiter. Das Wort kann ich mir irgendwie nicht merken. Und wer ist der junge Mann mit dem Musikinstrument? Ist das auch dein Großvater?
- Der mit dem Akkordeon? Nein, das ist mein Vater. Er spielt schon lange nicht mehr. Eigentlich schade. Und hier siehst du meinen Onkel Karl an seinem ersten Schultag. Mit Zuckertüte.
- Zuckertüte?
- Die kennst du nicht? Die Zuckertüte ist eine große Tüte mit Süßigkeiten, die die Kinder am ersten Schultag bekommen. Das ist hier Tradition.
- Nee, hab' ich noch nie gehört oder gesehen. Eine Zuckertüte hätte ich an meinem ersten Schultag sicher auch gerne bekommen. Aber das Auto kenne ich. So ein Auto hatten wir auch mal.
- Du meinst den Käfer.
- Hm?
- Ich meine das Auto. Bei uns heißt es Käfer.
- Ach so. Bei uns auch! Aber auf Portugiesisch sagen wir Fusca, Käfer. Und wer sind die mit dem Kind?
- Das sind Onkel Richard, Tante Helga und meine freche Cousine Sabine.
- Frech?
- Ich fand sie jedenfalls nicht nett. Vielleicht lag es auch daran, dass sie viel älter war als ich.
- Hm, das kann sein.

2.17

Ich zeichne gerne. Das hilft mir beim Nachdenken. Und nach unserem Besuch bei Inga in Freiburg habe ich mich oft gefragt, was Heimat für mich bedeutet. Ich glaube, Heimat kann überall auf der Welt sein, also überall da, wo es mir gefällt. Der Ort ist eigentlich gar nicht so wichtig. Viel wichtiger ist, dass es dort nette Leute, wie zum Beispiel gute Freundinnen und Freunde gibt. Das ist Heimat! Gute Laune und Liebe und so. Oder Moqueca Capixaba, ein Gericht aus Fisch und Reis, das meine Oma früher oft gekocht hat. Muito gostoso! Das gehört für mich genauso zu Heimat wie mein Fußballverein und mein Hund. Ja, was noch? Ach, das hätte ich fast vergessen. Natürlich auch schöne Musik wie zum Beispiel mein Lieblingslied. Wenn ich das höre, fühle ich mich wohl. Ganz egal, wo ich gerade bin. Und wenn dann noch die Sonne scheint, ... dann ist mein Heimatgefühl perfekt!

2.18

In meinen Träumen kann ich sie sehen.
Mal ist sie hier, mal ist sie da.
Und wenn ich hier bin, ist sie fern.
Und geh ich weg, dann ist sie nah.
Heimat ist da, wo ich froh bin.
Heimat ist da, wo die Sonne scheint.
Heimat ist da, wo mein Herz singt.
Heimat ist das, was uns vereint.
Sie ist da, wo ich (wo ich) mich wohl fühl.
Sie ist die Musik in meinen Ohren.
Oh, sie ist einfach überall.
Oh, sie ist da, wo Freunde sind.
Oh, sie ist einfach überall.
Denn sie ist da, wo mein Herz schlägt,
da, wo mein Herz schlägt.
In meiner Heimat finde ich Ruhe.
Ich atme durch und bin entspannt.
Sie gibt mir Hoffnung und neue Kraft.
Ich finde sie in jedem Land.
Heimat ist das, was mir Mut macht.
Heimat ist da, wo man Geschichten erzählt.
Heimat ist da, wo mein Herz lacht.
Heimat ist da, wo mir nichts fehlt.

Sie ist da, wo ich (wo ich) mich wohl fühl.
Sie ist die Musik in meinen Ohren.
Oh, sie ist einfach überall.
Oh, sie ist da, wo Freunde sind.
Oh, sie ist einfach überall.
Denn sie ist da, wo mein Herz schlägt,
da, wo mein Herz schlägt.
Denn sie ist da, wo mein Herz schlägt.

Einheit 5 Übungen

2.19

Welcher Wochentag war der 18.03.1968? Hätten Sie's gewusst? Wahrscheinlich nicht. Es gibt aber Menschen, die so eine Frage schnell und korrekt beantworten können. Zum Beispiel Olaf Möller. Der 43-Jährige Bankkaufmann aus Bonn begeisterte gestern Abend das Fernsehpublikum, denn er konnte tatsächlich zu jedem Datum vom ersten Januar 1800 bis heute den Wochentag nennen. Unglaublich? Hören Sie selbst!

- Ich stelle Ihnen gleich vier Fragen. Sind Sie bereit? Die Zeit läuft. Welcher Wochentag war der 18. Juli 1954?
- Das war ein Sonntag.
- Und das ist richtig! Nächste Frage: Der 27. März 1826 war ...?
- Ein Montag.
- Korrekt. Welcher Tag war am 4. April 1912?
- Ein Donnerstag.
- Das ist wieder richtig! Letzte Frage: Welcher Wochentag war der 1. Januar 2020?
- Der 1.1.2020 war ein Mittwoch.

  Das Publikum im Saal und vor den Fernsehern war begeistert. Für die Berechnung von Wochentagen gibt es tatsächlich eine mathematische Formel, die aber ziemlich kompliziert ist. Da muss man wirklich sehr schnell rechnen! Wenn Sie zum Beispiel wissen möchten, an welchem Wochentag Sie geboren sind, dann würde ich vorschlagen, dass Sie es mal mit dem Internet versuchen ...

2.20

- Sag mal, wie ist Gustavo eigentlich mit Gustav Hauser verwandt? Hast du das verstanden?
- Ja, Gustav ist der Ururgroßvater von Gustavo. Hört sich ziemlich kompliziert an, ist aber eigentlich ganz einfach. Ich habe mir eine Skizze gemacht. Zuerst habe ich die Generationen und die Namen notiert.
- Ach, zeig mal.
- Hier. Es gibt fünf Generationen. Der Vater von Gustavo heißt Rafael. Und sein Vater, also der Großvater von Gustavo, ist Gabriel. Mit ihm hat er Inga in Freiburg besucht.
- Genau.
- Und weil Gustavos Großvater Gabriel ein Sohn von Frieda ist, ist sie Gustavos Urgroßmutter.
- Ja, klar! Und Frieda ist eine Tochter von seinem Ururgroßvater Gustav Hauser. Mit der Skizze ist es wirklich gar nicht so kompliziert!

2.21

1
- Bitte achten Sie auf die Hausordnung.
- Worauf soll ich achten?
- Auf die Hausordnung.

2
- Wir freuen uns auf euch!
- Auf wen freut ihr euch?
- Auf euch.

3
- Morgen rechnen wir mit Kälte und Regen.
- Womit rechnet ihr morgen?
- Mit Kälte und Regen.

4
- Viele träumen von einem eigenen Haus.
- Wovon träumen viele?
- Von einem eigenen Haus.

5
- Bitte wenden Sie sich an Herrn Kazem.
- An wen soll ich mich wenden?
- An Herrn Kazem.

6
- Ich erinnere mich noch gut an meine Oma.
- An wen erinnerst du dich noch gut?
- An meine Oma.

7
- Wir ärgern uns oft über den Lärm.
- Worüber ärgert ihr euch oft?
- Über den Lärm.

8
- Ich verlasse mich auf Sie.
- Auf wen verlassen Sie sich?
- Auf Sie.

9
- Er kümmert sich um die Kunden.
- Um wen kümmert er sich?
- Um die Kunden.

10
- Wir kennen uns mit Autos aus.

Womit kennt ihr euch aus?
Mit Autos.

11
Ich beschwere mich bei der Vermieterin!
Bei wem beschwerst du dich?
Bei der Vermieterin.

12
Sie informieren sich über die Kurse.
Worüber informieren sie sich?
Über die Kurse.

13
Ich bin mit der Lösung einverstanden.
Womit sind Sie einverstanden?
Mit der Lösung.

14
Er arbeitet mit unserem Team zusammen.
Mit wem arbeitet er zusammen?
Mit unserem Team.

2.22

Willkommen im Hafen der Träume! Ich nehme Sie heute mit auf eine Reise in die Vergangenheit.

Raum 1
Im Hafen ist es Zeit, Abschied zu nehmen. Für viele Auswanderer – Männer, Frauen und Kinder – ist es ein Abschied für immer. Auf dem Weg in die neue Heimat haben sie alles dabei, was ihnen wichtig ist. Die schweren Koffer und Kisten sind voll mit Arbeitsgeräten, Kleidung und Lebensmitteln. Trotz der allgemein großen Aufregung warten die Passagiere hier oft mehrere Tage ruhig auf die lange Reise über den Atlantik.

Raum 2
Während der Fahrt ist es windig und das Meer ist unruhig. Besonders im Winter werden die ersten Passagiere nach ein paar Tagen krank, denn im engen Schiffsbauch ist es dunkel, kalt und ungemütlich. Wer hier einen Schlafplatz gebucht hat, hat keine angenehme Reise. Viele Passagiere haben Briefe und Adressen von Freunden und Verwandten dabei, die schon vor ihnen ausgewandert sind. Man spricht über Heimat und Hoffnungen und macht Pläne für die ersten Tage in der neuen Welt. Wegen der Enge und des schlechten Essens gibt es viele Probleme und oft Streit.

Raum 3
Endlich! Nach Tagen auf dem Meer fliegen die ersten Vögel über das Schiff. Jetzt kann es bis zum Hafen nicht mehr weit sein! Während der letzten Stunden ihrer langen Reise über den Atlantik werden die Passagiere unruhig. Sie überprüfen ihre Papiere und ihr Gepäck. Dann bereiten sie sich auf die Ankunft im Hafen vor, wo Kontrollen, medizinische Untersuchungen und eine fremde Sprache, die sie nicht verstehen, sie erwarten.

2.23

1 Tier- und Pflanzenwelt
Tier- und Pflanzenwelt des Regenwalds
Tier- und Pflanzenwelt des brasilianischen Regenwalds

2 Ursachen und Folgen
Ursachen und Folgen des Wetters um 1900
Ursachen und Folgen des kalten Wetters um 1900

3 am Ende
am Ende einer Reise
am Ende einer langen Reise

4 die Spur
die Spur der Briefe aus Amerika
die Spur der ersten Briefe aus Amerika

2.24

Herr Meier kam wie jede Woche von einer langen Geschäftsreise zurück. Trotz der dunklen Wolken am Himmel und obwohl sein Koffer sehr schwer war, ging er auch an diesem Freitag zu Fuß vom Bahnhof nach Hause, denn er brauchte nach der langen Fahrt die Bewegung und die frische Luft.
Unterwegs dachte Herr Meier nach. Er machte sich wegen der schlechten Geschäfte der letzten Monate große Sorgen. Die Zeiten waren schwierig. Er hoffte sehr, dass er seine Arbeit nicht verlieren würde. Wenn er keine Arbeit mehr hätte, könnte er die Miete für die Wohnung und die Stromrechnung schon bald nicht mehr bezahlen. Und wenn er die Miete und die Stromrechnung nicht mehr bezahlen könnte, müsste er mit seiner alten Mutter in eine kleinere Wohnung umziehen. Und wenn seine Mutter in eine andere Wohnung umziehen müsste, wäre sie bestimmt unglücklich, weil sie dort keine Freundinnen hätte. Und er könnte ihr nicht helfen ... Das machte ihm Angst und sein Koffer wurde mit jedem Schritt und jedem Gedanken noch schwerer.
Das war doch sein Kollege Schmidt, der ohne ihn zu sehen und zu grüßen fröhlich an ihm vorbei ging! Herr Meier wunderte sich und sah ihm lange nach. Er erinnerte sich, dass Herr Schmidt Urlaub hatte und mit seiner neuen Freundin ein paar Tage verreisen wollte. Der hatte Glück! Herr Meier ging langsam weiter und stellte sich einen schönen Urlaub in einem warmen Land vor. Morgens lange schlafen, dann gemütlich frühstücken, an den Strand gehen, in der Sonne liegen

und lesen. Wie schön! Als er später als sonst zu Hause ankam, stellte er überrascht fest, dass sein Koffer gar nicht mehr so schwer war ...

Einheit 6: Weihnachten

2.25

Es ist fünf nach halb fünf, schon fast dunkel, und wir stehen hier auf dem Weihnachtsmarkt in Heidelberg. Wahnsinn, ich bin total begeistert – so viele Stände mit Weihnachtsdeko und Essen und Trinken! Es riecht so gut und da vorne der riesengroße Weihnachtsbaum und – hört mal – richtig: Weihnachtsmusik und viele Leute. Warum sind die hier? Ich frag mal nach.
Hi, bei euch ist es ja lustig! Warum mögt ihr den Weihnachtsmarkt?

Den gibt's ja nur einmal im Jahr – immer im Dezember. Alle sind hier – Freunde und Kolleginnen.

Ja, wir treffen uns nach der Arbeit und trinken Glühwein oder Punsch zusammen und unterhalten uns.

Nervt da nicht die Musik?

Nee, die gehört dazu. *Jingle Bells*, *Kling Glöckchen* und *O Tannenbaum* ... da singen wir sogar mit.

Ja, aber immer nur die erste Strophe. Dann fehlt uns der Text ...

Leider ist es immer sehr voll, besonders am Wochenende. Dann kommen sogar Touristen aus dem Ausland. Zu vielen Leuten gefällt der Weihnachtmarkt hier.

Ist ja auch kein Wunder. Die Stände sind total schön. Es gibt viel zu sehen ... und zu kaufen: Kerzen, Tee und Weihnachtsdekoration, also Kugeln in allen Farben, Räuchermännchen und Holzfigürchen, und ...

Ja, und das Essen ist auch echt gut hier. Kartoffelpuffer esse ich nur einmal im Jahr – auf dem Weihnachtsmarkt!

Ich hole mir auch gleich noch welche. Blöd ist nur, dass alles immer teurer wird. Ein Glühwein kostet 3 Euro 50 und 4 Euro 50 für die Kartoffelpuffer. Das geht ganz schön ins Geld.

Stimmt, das ist teuer. Aber wir sind ja nicht jeden Abend hier. Ich freue mich immer schon auf den Weihnachtsmarkt, weil die Atmosphäre absolut klasse ist. Es ist dunkel, ein bisschen kalt, es riecht nach gebrannten Mandeln, Zimt und Waffeln, die Lichter ... und wir stehen hier zusammen – ich finde es wirklich gemütlich.

Das find' ich auch. Ich bin total begeistert. Euch noch einen schönen Abend und dann frohe Weihnachten!

Ja, dir auch – Frohe Weihnachten!

2.26

Mama, wie machen wir das an Weihnachten?

Na, wie immer, Sarah. Aber wir sollten schnell mal besprechen, was wir noch machen müssen.

Hm, hast du das Essen für den ersten Weihnachtstag schon bestellt?

Ja, schon lange, schon Ende November. Aber was machen wir an Heiligabend zu essen?

Ich bin für Kartoffelsalat und Würstchen. Das ist lecker und geht schnell. Was meinst du?

Ja, gute Idee! Und wir müssten noch einmal Plätzchen backen. Es sind fast keine mehr da. Sag mal, hast du schon das Geschenk für Opa und Oma besorgt?

Nein, das muss ich noch machen. Und hast du schon die Sterne für den Weihnachtsbaum gebastelt? Oder soll ich das machen?

Ich? Basteln? Nein, Sarah – du kannst das viel besser als ich.

O.k. Mama, aber dann machst du den Kartoffelsalat.

Ja, gut, ich mache den Salat. Und den Weihnachtsbaum müssen wir auch noch schmücken.

Uff, Geschenke, Plätzchen, Kartoffelsalat, Weihnachtsbaum und Sterne – viel zu tun und übermorgen ist schon Heiligabend!

2.27

Dann sollten wir noch besprechen, wie wir das alles machen, Sarah.

... und nachsehen, was noch im Kühlschrank ist.

Stimmt. Für die Plätzchen brauchen wir Butter ... und Kartoffeln und Würstchen ... Wir müssen also in den Supermarkt.

Und ins Gartencenter, um den Gutschein für Oma und Opa zu kaufen.

Ja, den Gutschein ... und wir schenken ihnen wieder Gartenhandschuhe – mit Blümchen für Oma und gelbe für Opa, du weißt schon.

Alles klar, Gutschein und Gartenhandschuhe. Gehen wir morgen zuerst in den Supermarkt oder zuerst ins Gartencenter?

Das dauert zu lange. Ich denke, wir fahren zusammen ins Einkaufszentrum. Dann gehst du ins Gartencenter und kaufst die Geschenke, während ich im Supermarkt einkaufe, o.k.?

Gute Idee, Mama. Und wenn wir dann wieder zu Hause sind, backst du die Plätzchen und ich bastle

in der Zeit die Sterne und schmücke den Baum, was meinst du?
- Die Sterne kannst du gerne basteln, aber wir sollten den Weihnachtsbaum zusammen schmücken, ja?
- Gerne, das macht zusammen auch viel mehr Spaß. Oh, fast vergessen – wir müssen noch die Kartoffeln für den Salat kochen. Wann machen wir das?
- Kein Problem. Ich koche die Kartoffeln schnell, bevor ich die Plätzchen backe. Du bastelst in der Zeit die Sterne. Was meinst du, Sarah?
- Ja, klar. Die Sterne zu basteln, geht nicht so schnell. Also, ich bastle, während du erst Kartoffeln kochst und dann Plätzchen backst. Und wenn alles fertig ist, schmücken wir zusammen den Baum. Machen wir es so?
- Der Plan ist gut! Und dann kann Weihnachten kommen!

Einheit 6 Übungen

2.30

- Hey Jona, gut, dass ich dich erreiche.
- Hallo Melli, ja, na klar. Was gibt's denn?
- Lina und ich wollen morgen auf den Weihnachtsmarkt. Hast du Lust mitzukommen?
- Oh, auf jeden Fall! Wann treffen wir uns – und wo?
- Vorm Weihnachtsbaum?
- Nee, da ist es immer so voll. Wie wär's mit 18 Uhr am Eingang neben dem Rathaus?
- Ja, das passt mir sehr gut. Ich muss auch unbedingt ein paar Geschenke kaufen!
- Ich auch. Aber zuerst müssen wir einen Glühwein trinken.
- Ja, na klar – und dann gehen wir zu dem tollen Stand mit der Weihnachtsdekoration. Da finde ich bestimmt etwas.
- Genau, und danach holen wir uns die allerbesten Kartoffelpuffer mit Apfelmus.
- Super Idee! Und zum Abschluss gibt's natürlich wieder eine Tüte gebrannte Mandeln.
- Klar, unbedingt. Wollen wir dann ...

2.31

Advent, Advent,
ein Lichtlein brennt.
Erst eins, dann zwei,
dann drei, dann vier,
dann steht das Christkind vor der Tür.

2.32

- Mama, hallo?
- Ja, hallo Elke. Was gibt's denn?
- Ach, ich wollte gerade Plätzchen für Weihnachten backen, aber ich finde dein Rezept einfach nicht mehr. Kannst du mir nochmal die Zutaten und Mengen sagen? Auf jeden Fall 500 Gramm Mehl und 150 Gramm Zucker, oder?
- Ja, genau. 500 Gramm Mehl und 150 Gramm Zucker. Und dann brauchst du 350 Gramm weiche Butter. Nimm sie am besten aus dem Kühlschrank, bevor du mit dem Backen anfängst.
- Stimmt! Gut, dass du mich nochmal erinnerst.
- Dann brauchst du noch drei Eier. Und vergiss nicht das Wichtigste: Drei Esslöffel Sahne und eine Zitrone. Das gibt den besonderen Geschmack.
- Hm. Ja, das ist wichtig! Und ich brauche zuerst das Mehl und den Zucker, oder?
- Noch nicht, erst holst du die Butter aus dem Kühlschrank – das ist wirklich wichtig. Während die Butter weich wird, gibst du das Mehl und den Zucker in eine Schüssel. Dann verrührst du die Eier mit der weichen Butter.
- Und dann gebe ich die Sahne und den Zitronensaft zu den Eiern und der Butter – und rühre weiter.
- Richtig. Und zum Schluss gibst du das Mehl und den Zucker dazu. Dann darfst du aber nicht mehr rühren.
- Ich weiß, jetzt knete ich alle Zutaten zu einem schönen Teig.
- Und denk daran, bevor du weitermachst, musst du den Teig für mindestens eine Stunde in den Kühlschrank stellen. Danach ...

2.33

Hallo Leute und willkommen zu einer neuen Folge von Sarahs bunter Bastelwelt! Gutscheine und Kleidung waren gestern – selbstgemachte Geschenke liegen voll im Trend! Heute gibt's eine tolle Anleitung für Sterne. Zuerst holt ihr die Dinge, die ihr zum Basteln braucht: buntes Papier, eine Schere und einen Klebestift. Wer Papier sparen möchte, kann auch eine alte Zeitung verwenden. Das sieht bestimmt auch cool aus. Und los geht's! Legt das Papier vor euch auf den Tisch. Faltet es einmal an der einen geraden Seite, öffnet es, und faltet es nun an der anderen geraden Seite. Wenn ihr das Papier wieder öffnet, seht ihr ein Plus. Legt jetzt Ecke auf Ecke und faltet das Papier noch einmal. Das wiederholt ihr auf der anderen Seite. Öffnet das Papier und schaut es euch an. Sieht aus wie ein Stern, oder? Dann nehmt ihr eine Schere und schneidet alle vier geraden Seiten bis zur Hälfte ein. Danach faltet ihr dort, wo ihr gerade geschnitten habt, also immer eine Seite auf eine andere Seite. Nehmt einen Klebestift und klebt die Seiten gut zusammen. Und schon ist der erste Teil des Sterns fertig. Sieht doch schon super aus, oder? Jetzt nehmt ihr ein neues Papier und wiederholt alle Schritte. Zum Schluss klebt ihr beide Sterne zusammen. Und fertig! Habt ihr die Sterne gebastelt? Dann schickt mir doch gern ein Foto und ...

2.36

1

- Hast du mein Ladekabel gesehen?
- Ja, das liegt aufm Tisch im Wohnzimmer.

2

- Treffen wir uns um drei vorm Café?
- Ja, das passt.

3

- Hast du Lust, durchn Park zu spazieren und ein Eis zu essen?
- Tolle Idee!

4

- Ist es noch weit?
- Wir müssen noch übern Berg. Dann sind wir da.

2.38

Willkommen zurück bei Radio 31. Freut ihr euch eigentlich schon auf den ersten Besuch auf dem Weihnachtsmarkt dieses Jahr? Auf heißen Glühwein, leckere Kartoffelpuffer und auf den großen Weihnachtsbaum?
Heute möchten wir euch von einem ganz besonderen Weihnachtsbaum aus Erfurt berichten. Sein Name war Rupfi. Er war damals in ganz Deutschland bekannt, denn er spaltete die Nation! Die einen liebten den besonderen Baum und fanden ihn einfach einzigartig. Die anderen konnten nicht verstehen, wie man so einen Baum auf den Weihnachtsmarkt stellen kann. Rupfi hatte sogar ein eigenes Profil in den sozialen Netzwerken. Dort stellte er sich persönlich vor und erzählte, dass er 27 m hoch und ungefähr 75 Jahre alt war. Er lebte in einem großen Wald, bis er schließlich auf dem Weihnachtsmarkt in Erfurt ein neues Zuhause fand. Das Problem: Er war zwar noch grün, hatte aber nicht mehr viele Nadeln und sah deswegen nicht so toll aus.
Ein Baum mit einem eigenen Auftritt in den sozialen Netzwerken – eine richtig coole Idee, oder? Jeden Tag folgten ihm mehr Fans. Es gab aber auch negative Kommentare. Manche Leute fanden ihn absolut hässlich.
Die Stadt druckte aber sogar Postkarten mit Rupfi. Das Motto hieß: Baum mit Charakter! Wir finden das klasse – und wie Rupfi sagen würde: „Ich bin nicht perfekt, aber wer ist das schon?"
Kennt ihr noch andere Geschichten von ...

Plateau 2

2.39

Kinder, kommt und ratet,
was im Ofen bratet!
Hört, wie's knallt und zischt.
Bald wird er aufgetischt,
der Zipfel, der Zapfel,
der Kipfel, der Kapfel,
der gelbrote Apfel.

Kinder, lauft schneller,
holt einen Teller,
holt eine Gabel!
Sperrt auf den Schnabel
für den Zipfel, den Zapfel,
den Kipfel, den Kapfel,
den goldbraunen Apfel!

Sie pusten und prusten,
sie gucken und schlucken,
sie schnalzen und schmecken,
sie lecken und schlecken
den Zipfel, den Zapfel,
den Kipfel, den Kapfel,
den knusprigen Apfel.

2.41

- Gonzales.
- Guten Morgen, Herr Gonzales. Schön, dass ich Sie erreiche.
- Einen wunderschönen guten Morgen, Herr Schulte.
- Ich habe mir gestern Ihren Vorschlag für den Lieferservice noch einmal genau durchgelesen. Wie gesagt, die Idee gefällt mir! Aber ...
- Sie geben uns also das Geld für den Aufbau des Lieferservices?
- Nicht so schnell ... Wenn ich Ihnen das Geld gebe, muss ich ja wissen, dass Sie es wirklich ernst meinen.
- Ob wir es wirklich ernst meinen? Natürlich meinen wir es ernst!
- Na gut. Dann können wir also, sagen wir mal in vier Wochen, mit dem Lieferservice starten?
- In vier Wochen? Das ist Ihre Bedingung?
- Genau. Wenn Sie mir garantieren, dass der Lieferservice in vier Wochen starten kann, bin ich dabei.
- Na ja, wir haben die Küche im Marek zwar noch nicht ausgebaut und auch noch kein neues

Personal eingestellt, aber ... Doch, das können wir schaffen. Da sehe ich kein Problem! Natürlich muss ich zuerst noch mit Max und Tarek sprechen. Ich glaube aber, dass das kein Problem ist.
- Dann können Sie das also schaffen?
- Klar, das schaffen wir! Ich gehe gleich ins Marek. Wir melden uns dann wieder bei Ihnen.
- Moment. Für mein Geld möchte ich natürlich auch etwas von Ihnen haben. Ich gebe Ihnen das Geld und bekomme 50 Prozent vom Marek. Ich werde also Ihr Geschäftspartner. Das ist meine zweite Bedingung.
- Herr Gonzales? Sind Sie noch da?
- Ja, ja. Sie geben uns also das Geld nur, wenn Sie auch Geschäftspartner werden und 50 Prozent vom Lieferservice bekommen?
- Nein, ich habe das Risiko und möchte als Ihr neuer Geschäftspartner 50 Prozent vom Marek haben. Aber ich gebe Ihnen das Geld nur, wenn Sie mir garantieren, dass der Lieferservice in vier Wochen startet.
- O.k. Das habe ich jetzt verstanden. Wir müssen in vier Wochen mit dem Lieferservice starten und Sie wollen als Geschäftspartner 50 Prozent vom Marek.
- Genau. Ich kann den Vertrag also schon vorbereiten?
- Ja. Machen Sie das. Ich spreche jetzt gleich mit Max und Tarek und dann hören Sie wieder von mir.
- Alles klar. Bis denn, Herr Gonzales.
- Bis denn. Ich melde mich.

Einheit 7: Worte und Orte

3.02

Ich begrüße Sie zu unserer Stadtführung durch Bad Hersfeld. Ich bin Bruder Heiko, Ihr Stadtführer. Und ich habe mich heute so angezogen wie ein Mönch im 8. Jahrhundert. Mein Bruder, der Mönch Sturmius, hat im Jahr 736 in Haerulfisfelt, also auf dem Feld des Härulf, die ersten Häuser gebaut. 769 hat dann der Bischof Lullus hier ein Kloster gegründet. Um das Kloster herum hat sich im Laufe der Zeit die Stadt Hersfeld entwickelt. Den Lullus sehen wir hier. Wir stehen am Lullusbrunnen vor dem Rathaus, im Zentrum von Bad Hersfeld. Unsere Tour führt uns gleich an der Stadtkirche vorbei zum Linggplatz. Auf dem Linggplatz ist heute Markt. Einen Marktplatz gibt es auch, aber der ist heute ein Parkplatz. Vom Linggplatz ist es nicht weit zur Stiftsruine. Die Stifts-„Ruine", Sie hören es, ist zwar eine „kaputte" Kirche, aber eine ganz besondere! Leider können wir nicht hineingehen, weil gerade die Festspiele stattfinden. Wir laufen einmal um die Ruine herum und vielleicht hören wir eine Theaterprobe. Dann gehen wir hinunter in den Kurpark und probieren im Kurhaus das gesunde Hersfelder Wasser. Nach der Pause im Kurpark laufen wir dann zurück zur Stiftsruine und sehen uns noch das Duden-Denkmal an, das an Konrad Duden erinnert. Den Duden kennen Sie vielleicht schon, heute lernen Sie seinen Autor kennen. So viel zum Programm in den nächsten 90 Minuten. Wollen wir? Ja? Dann folgen Sie mir jetzt bitte. Den Turm der Stadtkirche sehen Sie schon hinter mir ...

3.03

Er ist gelb und jedes Kind kennt ihn – den Duden der Rechtschreibung. Im neuen Duden kann man von A bis Z 148.000 Wörter nachschlagen. Das ist ein Rekord, so dick war er noch nie! Man findet aber weder alle Wörter der deutschen Sprache, noch sagt der Duden, wie sich die Wörter entwickelt haben. Das gelbe Wörterbuch nimmt Trends, Ereignisse und Themen aus dem Leben auf, die unsere Welt und unsere Sprache verändern. In der Auflage von 2020 gab es 3.000 neue Wörter, zum Beispiel, *Corona*, *der Lockdown* oder *Covid-19*. Aber nicht nur die Pandemie hat Einfluss auf die deutsche Sprache und den Duden. Neue Wörter wie *bienenfreundlich*, *Fridays for Future*, *Netflixserie* oder *WhatsApp-Gruppe* zeigen, dass im Alltag viel über Natur und Umwelt oder über Computer und Medien gesprochen und geschrieben wird. Und circa 300 Wörter sind veraltet. Sie werden nicht mehr gebraucht und sind deshalb nicht mehr im neuen Duden. Man findet also weder das *Lehrmädchen* noch den *Bäckerjungen*. Beide machen heute eine Ausbildung und deshalb steht im Duden nur noch das Wort *Auszubildende*.

3.04

- Sie kommen gerade aus dem Konrad-Duden-Museum, darf ich Sie fragen, wie es war? Lohnt sich der Besuch?
- Doch, ja, auf jeden Fall! Ich habe mich keine Minute gelangweilt. Man kann sich viel ansehen und auch die Führung war sehr informativ. Wir hatten am Ende sogar Zeit, alleine durchs Museum zu gehen.
- Ich finde es nur schade, dass es zu Dudens Zeit nur Schwarz-Weiß-Fotos gab, keine Farbfotos. Ein Interview mit Duden, also seine echte Stimme zu hören, wäre auch toll. Gab es beides um 1900 herum aber nicht.
- Genau! Aber wir haben viel über Duden persönlich erfahren. Ich hätte nicht gedacht, dass er verheiratet war. Ich dachte immer, er war Single und hatte keine Kinder.

Nee, gar nicht. Unser Vater der deutschen Rechtschreibung hatte sogar sechs Kinder! Aber das erfahren Sie, wenn Sie ins Museum gehen!

3.05

Guten Tag, hier ist das Museum wortreich in Bad Hersfeld. Wir freuen uns, dass Sie bei uns eine Führung am 18.11. um 14:00 Uhr gebucht haben. Leider ist die Führerin für Ihre ausgewählte Sprache krank. Damit Ihre Führung nicht ausfallen muss, möchten wir Ihnen entweder einen neuen Termin am 19.11. um 14:00 Uhr anbieten oder Sie nehmen am 18.11. um 14.30 Uhr an der Führung auf Englisch teil. Bitte rufen Sie uns zurück, welche Möglichkeit Sie nutzen möchten. Bitte rufen Sie uns auch zurück, wenn weder der eine noch der andere Termin passt. Wir finden dann sicher eine Lösung. Vielen Dank für Ihren Rückruf und auf Wiederhören!

3.09

Warum siehst du mich so an? Ist irgendwas?

Nee, was soll denn sein?

Das weiß ich doch nicht. Du guckst nur so.

Ich? Nö, ich gucke wie immer, ganz normal. Ich habe so ein Gesicht.

Stimmt nicht. Wenn du so guckst, ist immer irgendwas. Immer!

Achtung, pass auf! Ich gucke mal ganz anders – besser jetzt?

Einheit 7 Übungen

3.10

Ich begrüße Sie zu unserer Stadtführung durch Bad Hersfeld. Ich bin Schwester Anke, Ihre Stadtführerin. Ich möchte Ihnen heute die schönsten Orte und Plätze meiner Stadt zeigen. Wir beginnen hier im Stadtzentrum am Rathaus. Hinter mir sehen Sie den Lullusbrunnen, der an den Bischof Lullus erinnert. Er hat hier im Jahr 769 ein Kloster gegründet.
Hier gegenüber sehen Sie die Stadtkirche. Unsere Tour führt uns zuerst zum Duden-Museum. Konrad Duden ist sehr berühmt. Sicher kennen Sie sein Buch schon ...
Vom Museum gehen wir dann in den schönen Kurpark. Hier im Kurpark kann man das gesunde Wasser von Bad Hersfeld trinken. Von da aus gehen wir weiter zum Stadtmuseum und zur Stiftsruine. In der Stiftsruine finden zurzeit die Festspiele statt. Vielleicht hören wir eine Probe. Weiter geht's zum Linggplatz, auf dem der Wochenmarkt stattfindet. Am Ende laufen wir zum *wortreich*. Was das ist? Das erkläre ich Ihnen, wenn wir da sind. Also, los geht's!

3.11

1. Ich musste nicht nur gestern, sondern auch heute früh aufstehen.
2. Anna schmeckt weder Fisch noch Fleisch.
3. Sebastian liebt nicht nur den Sommer, sondern auch den Winter.
4. Das Baby kann weder laufen noch sprechen.
5. Ich mag weder Rockmusik noch Jazz.

3.12

Schönen guten Tag! Sie kommen gerade aus dem *wortreich*. Darf ich Ihnen ein paar Fragen stellen?

Hallo! Ja klar, gern.

Wie fanden Sie die Ausstellung?

Klasse! Mal etwas ganz anderes!

Ach schön! Was hat Ihnen denn am besten gefallen?

Hm, das Theaterkaraoke war echt toll, aber die anderen Stationen fand ich auch spannend.

Theaterkaraoke? Was macht man da? Können Sie uns das kurz erklären?

Ja, klar. Wir konnten uns da verkleiden und verschiedene Rollen nachsprechen. So was macht mir immer total Spaß.

Das klingt aber gar nich' so einfach.

Stimmt. Ich hab' erst hier gemerkt, dass man auch gut mit den Augen kommunizieren kann.

Wie meinen Sie das jetzt? *Mit den Augen kommunizieren*?

Na ja, ich mein', dass man auch an den Augen sehen kann, ob jemand lächelt oder böse guckt. Und dann gibt es ja noch die Gestik, also das, was der Körper macht.

Da haben Sie recht! Danke fürs Gespräch.

3.13

1. die Gesundheit, gesund
2. die Möglichkeit, möglich
3. die Klugheit, klug
4. die Sicherheit, sicher
5. die Krankheit, krank
6. die Schönheit, schön
7. die Mehrsprachigkeit, mehrsprachig
8. die Zufriedenheit, zufrieden

Einheit 8: Talente gesucht

3.14

Frau Prof. Mao, Sie sind Expertin für den Arbeitsmarkt und haben ein Buch über die Zukunft der Arbeitswelt geschrieben. Über die Wünsche und Vorstellungen der Generation Z, also die jungen

Menschen, die ab 1995 geboren wurden, wird in den Medien sehr viel berichtet. Zunächst einmal: Wer sind diese jungen Menschen und was wollen sie?

Jede Generation hat ihren eigenen Namen und ihre eigenen Ideen vom Leben – sowohl beruflich als auch privat. Die Generation Z ist die erste Generation, die mit den digitalen Technologien groß geworden ist. Sie ist immer online und tauscht sich hauptsächlich über soziale Netzwerke, Snapchat, Instagram usw. aus. Deshalb sprechen manche auch von der Generation YouTube. Fernsehen, Kino, Zeitschriften und Zeitungen spielen in ihrem Leben keine große Rolle. Den jungen Menschen dieser Generation sind Familie, Gesundheit, Freiheit und Freundschaft besonders wichtig.

3.15

Welche Erwartungen hat die Generation Z an den Job?

Aktuelle Studien zeigen, dass die unter 25-Jährigen sich vor allem eine Arbeit mit interessanten Inhalten wünschen, die ihnen Spaß machen. Sie möchten nicht für Unternehmen arbeiten, die etwas produzieren, das schlecht für die Umwelt ist. Sie möchten am liebsten in Teams mit netten Kolleginnen und Kollegen zusammenarbeiten sowie mit einer guten Chefin bzw. einem guten Chef, die sie fördern. Den meisten ist außerdem ein sicherer Arbeitsplatz mit einem guten Einkommen wichtig. Natürlich möchten sie sich im Beruf auch weiterentwickeln können.

Was unterscheidet die Generation Z von den früheren Generationen?

Der Generation Z sind flexible Arbeitszeiten und Homeoffice sehr wichtig. Das unterscheidet sie nicht von früheren Generationen. Allerdings achtet die Generation Z auf Pausen und möchte nach der Arbeit nicht immer erreichbar sein. Um 17 Uhr beginnt für sie die Freizeit. Diese jungen Menschen möchten ihre Arbeit definitiv nicht mit nach Hause nehmen und abends noch schnell Mails checken oder am Wochenende Berichte schreiben. Das bedeutet aber nicht, dass sie weniger arbeiten möchten. Sie trennen klar zwischen Arbeit und Privatleben. Für die Generation Z ist außerdem die Familie genauso wichtig wie die Karriere. Ein hohes Gehalt spielt keine so große Rolle für sie.

Wie können Arbeitgeber denn dann diese jungen Menschen für ihr Unternehmen begeistern? Wie muss man also mit der Generation Z umgehen?

Die Generation Z bewegt sich in den sozialen Medien. Hier müssen Unternehmen sich präsentieren, das heißt interessante Inhalte teilen und Stellen anbieten. Die jungen Fachkräfte können oft zwischen verschiedenen Unternehmen wählen. Deshalb müssen Unternehmen deutlich machen, was sie den jungen Talenten bieten können. Nur so können sie den Kampf um Talente gewinnen.

Frau Prof. Mao, vielen Dank für das interessante Interview.

Sehr gerne!

3.16

Guten Tag, Frau Fischer.

Guten Tag.

Nehmen Sie bitte Platz. Ich bin Francesca Colombo. Ich leite die Personalabteilung. Schön, dass Sie hier sind. Haben Sie den Weg zu uns gut gefunden?

Ja, mit Google Maps war das kein Problem.

Schön. Möchten Sie etwas trinken? Einen Kaffee oder ein Wasser?

Ja, gern. Bitte eine Tasse Kaffee. Vielen Dank.

Nur kurz zu Ihrer Information: Heute führen wir das Gespräch alleine. Reto Egli, das ist unser Marketing-Teamleiter, wäre beim nächsten Gespräch dabei und dann würden Sie auch das Marketing-Team kennenlernen.

Ah, o. k.

Also, wir suchen eine Junior-Produktmanagerin, die das Marketing-Team bei der Planung und Entwicklung von neuen Marketingaktivitäten unterstützt.

Ja, die Stelle hört sich richtig spannend an.

Erzählen Sie doch bitte mal etwas über sich.

Ja ... also, nachdem ich mein Abitur in Bonn gemacht hatte, habe ich Wirtschaftswissenschaften in Berlin studiert. Denn Wirtschaft hat mich schon immer interessiert. Während meines Studiums habe ich auch am Erasmus-Programm teilgenommen und ein Semester in Utrecht in den Niederlanden studiert.

Und warum in Utrecht?

Ich hatte mich für Utrecht entschieden, weil die Unterrichtssprache dort Englisch ist. Ich wollte mein Englisch verbessern. Utrecht ist eine tolle Stadt zum Studieren. Ich habe in dem Semester viel gelernt. Ja ... und letztes Jahr habe ich in den Semesterferien ein achtwöchiges Praktikum bei *Sinn* in Frankfurt gemacht. *Sinn* stellt Uhren her. Dort konnte ich erste praktische Erfahrungen im Produktmanagement sammeln.

Was haben Sie im Praktikum gemacht?

Ich habe das Marketingteam bei der Analyse von Marktdaten unterstützt und geholfen, einen Marketingplan für eine neue Uhr zu entwickeln. In meiner Masterarbeit habe ich dann untersucht, wie die Firma *Sinn* ihre Uhren online vermarktet. Und wie Sie ja wissen habe ich im Sommer nach vier Semestern meinen MA abgeschlossen.
Und mit einer sehr guten Abschlussnote – 1,3.
Ja, ich habe mich über die Note sehr gefreut. Und jetzt suche ich eine Stelle in einem Unternehmen, das zu mir passt.
Wunderbar. Warum haben Sie sich bei uns beworben?
Also, ich liebe Schokolade und die Marke *Kägi* kenne ich schon seit meiner Kindheit. Deshalb hat mich Ihr Stellenangebot sofort begeistert. Nachdem ich die Anzeige gelesen hatte, habe ich mich gleich bei Ihnen beworben. Es wäre für mich eine tolle Chance, in einem internationalen Unternehmen mitzuarbeiten.
Wie würden Sie sich beschreiben?
Ich glaube, ich bin sehr flexibel und kann gut in Teams arbeiten. Um das Projekt abzuschließen, haben wir bei *Sinn* auch manchmal am Wochenende gearbeitet. Und wir haben es geschafft. Das war ein tolles Gefühl!
Ja, das kann ich mir gut vorstellen. Haben Sie noch Fragen an uns?
Ja. Wie viele Mitarbeiterinnen und Mitarbeiter hat das Team, in dem ich arbeiten würde?
Das sind ca. acht Kolleginnen und Kollegen aus vier Ländern. Es ist ein junges und sehr engagiertes Team.
Mhm. Schön.
Also ... wir führen in den nächsten Tagen noch weitere Gespräche. Wir melden uns aber spätestens Ende der nächsten Woche bei Ihnen.
Ich würde mich sehr freuen, wenn Sie mich zu einem zweiten Gespräch mit dem Teamleiter Marketing einladen würden.
Vielen Dank, dass Sie gekommen sind. Auf Wiedersehen, Frau Fischer.
Auf Wiedersehen, Frau Colombo, und vielen Dank für die Einladung.

3.17

Liebe Kolleginnen und Kollegen, schön dass ihr alle pünktlich zu unserer wöchentlichen Teamsitzung gekommen seid. Clara hat mich eben angerufen. Sie ist krank. Erkältung. Ich habe heute nur eine halbe Stunde Zeit, denn um elf habe ich eine Besprechung mit Frau Colombo. Wer schreibt heute das Protokoll? Julia, könntest du das bitte machen?
Reto, ich habe erst letzte Woche Protokoll geschrieben.
Stimmt. Das hatte ich vergessen.
Ich glaube, ich war dran. Ich kann's machen.
Danke dir, Mario. Ich habe euch ja gestern die Tagesordnung gemailt. Gibt es zur Tagesordnung noch Fragen? ... Gut. Also zuerst möchte ich unsere neue Kollegin Dora Fischer im Team begrüßen. Die meisten von euch haben sie ja schon gestern kennengelernt. Dora wird erst mal Yusuf bei der Marketingplanung für unsere neue vegane Schokolade unterstützen. Dora, vielleicht stellst du dich im Team noch einmal kurz vor? Gestern waren ja nicht alle da.
Ja, also ich komme aus Deutschland – das hört ihr ja. Ich habe in Berlin Marketing studiert und nach meinem Master habe ich mich auf die offene Stelle bei euch beworben. Ich hatte Glück und freue mich sehr, hier im Team mitarbeiten zu können. Natürlich muss ich noch viel lernen.
Wir freuen uns alle, dass du hier bist. Arbeit gibt es bei uns mehr als genug!
Das kannst du laut sagen!
Also kommen wir zum Tagesordnungspunkt 2: Die Plakataktion für unsere neue vegane Schokolade. Wo stehen wir?
Das sieht ganz gut aus. Die Designagentur hat jetzt zwei verschiedene Plakate für die Winteraktion erstellt. Wir müssen uns aber entscheiden. Entweder nehmen wir den ersten oder den zweiten Vorschlag.
Mir gefällt der erste besser. Mir auch. Ja, auf jeden Fall der erste.
Also gut. Wir starten also unsere Plakataktion im November mit dem ersten Vorschlag. Wunderbar. Und ist schon klar, auf welchen Flughäfen und Bahnhöfen die Plakate hängen sollen?
Nein, noch nicht ganz.
Könntest du das bitte bis Ende der Woche klären? Wir haben nicht mehr viel Zeit.
Das mache ich bis Freitag und schicke dir dann die Liste mit allen Flughäfen und Bahnhöfen in Deutschland, Österreich und der Schweiz.
Sehr gut, danke dir. Die Werbeaktion wird bestimmt ein großer Erfolg. Und jetzt zu unserer Instagram-Influencerin. Natalie, hast du schon mit Jana Sommaruga gesprochen?
Entschuldigung. Wie schreibt man den Nachnamen? Somma ...?
Som-ma-ru-ga mit zwei M – Jana Sommaruga.

Danke.
Also, ich habe vor ein paar Tagen mit ihr telefoniert. Ich muss ihr aber noch einige Tafeln zum Probieren schicken, damit sie weiß, wie lecker die neue vegane Schokolade wirklich ist. Das mache ich noch in dieser Woche.
Hast du dich auch schon um ihren Vertrag gekümmert?
Ja, aber sie hat ihn noch nicht unterschrieben zurückgeschickt. Ich schicke ihr heute noch eine Erinnerung.
Sehr gut. Es ist gleich elf Uhr. Ich schlage vor, dass wir den letzten Punkt auf der Tagesordnung, die Weihnachtsfeier, dann nächste Woche besprechen. Frohes Schaffen und bis zum nächsten Mal.
Ja, danke, bis zum nächsten Mal, tschüss, ciao.

3.18

1

Das finde ich unmöglich!
Entschuldigung. Das war nicht meine Absicht.

2

Das nervt total!
Oh, Verzeihung.

3

Das kann doch nicht wahr sein!
Wir bitten um Ihr Verständnis und entschuldigen uns.

4

Können Sie nicht aufpassen?!
Oh, das tut mir leid. Das wollte ich nicht.

Einheit 8 Übungen

3.19

Dialog 1

Hi, Dora. Oh Mann! Die Mensa ist mal wieder total voll.
Hallo, Finn. Ja, stimmt. Hast du deine Masterarbeit schon abgegeben?
Ja, gestern.
Toll. Du, am Wochenende findet eine Jobmesse im Olympiastadion statt. Hast du Lust, mit mir hinzugehen? Da sind ganz viele Unternehmen, mit denen man über Jobmöglichkeiten sprechen kann.
Hört sich gut an. Klar, ich komm mit. Wann?

Dialog 2

Du, Alicia, was hältst du von dieser Stellenanzeige. Die Franz Kägi ...
Ach, der Schweizer Schokoladenhersteller?
Ja, genau. Die suchen eine Junior Produktmanagerin mit Kenntnissen in der Marktforschung. Allerdings ist die Stelle in Basel.
Wow! Das wäre doch die perfekte Stelle für dich. Basel ist cool! Du solltest dich auf jeden Fall bewerben. Ich besuch dich dann ganz sicher.

Dialog 3

Hast du Zeit? Ich habe meine Bewerbung für die Stelle bei Franz Kägi fast fertig. Wie findest du meinen Lebenslauf?
Hm. Sehr schön. Gefällt mir. Aber möchtest du denn keine Hobbys angeben?
Och, ich weiß nicht. Lesen oder Joggen – das is' doch langweilig, oder?
Ich würde schon etwas schreiben. Und vergiss nicht, den Lebenslauf noch zu unterschreiben.
Klar! Mach ich.

Dialog 4

Hallo?
Guten Tag, Francesca Colombo von Franz Kägi. Frau Fischer?
Oh ja, hallo!
Frau Fischer, Ihre Bewerbung hat uns gut gefallen. Wir würden Sie gern kennenlernen. Könnten Sie am 23.09. um 10 Uhr zu einem Gespräch nach Basel kommen?
Am 23.09. um zehn? Ja, das passt.
Das freut mich. Ich schicke Ihnen dann alle Informationen in einer E-Mail.
Super, vielen Dank!

Dialog 5

Guten Tag. Ich bin Dora Fischer. Ich habe einen Termin bei Frau Colombo.
Einen Moment, bitte. Frau Colombo, eine Frau Fischer ist hier für Sie. Ja, o.k. Nehmen Sie dort bitte kurz Platz. Frau Colombo holt Sie gleich ab.
Vielen Dank.

3.20

Hey Alicia. Hast du gerade Zeit?
Na klar, was ist denn los?
Ich bin gerade in meinem Hotel in Basel angekommen – und: Ich bin total aufgeregt vor dem Bewerbungsgespräch morgen.
Oh, das kenne ich sehr gut, das ist ganz normal. Alles wird gut!

Ja, ich weiß, aber jetzt gerade bin ich wirklich nervös. Ich habe mir sogar schon Tipps gegen Lampenfieber vor einem Bewerbungsgespräch durchgelesen.

Also manche können echt helfen. Hast du es mal mit Entspannungsübungen versucht? Mir hat das wirklich geholfen.

Entspannungsübungen? Das könnte ich auch probieren. Schickst du mir mal ein paar?

Ja, mach ich! Und ganz wichtig: Weißt du schon, wie du morgen zum Unternehmen kommst?

Ja, ich habe mir schon eine Buslinie ausgesucht. Zum Glück ist es nicht so weit und ich muss nicht umsteigen.

O.k., plane auf jeden Fall genug Zeit ein, damit du wirklich pünktlich dort bist. Und: Weißt du schon, was du im Bewerbungsgespräch fragen möchtest?

Ich habe schon ein paar Fragen notiert, aber mir fallen bestimmt noch mehr ein.

Ja, das ist doch super! Und was ziehst du an? Die richtige Kleidung ist total wichtig, aber das weißt du ja auch.

Ja. Ich ziehe eine schwarze Hose und meine Lieblingsbluse an.

Na dann, viel Erfolg! Ich denk' an dich.

3.22

Du, hast du mal kurz Zeit? Ich habe echt ein Problem mit deiner Unordnung. Hier liegt überall Papier und der Mülleimer ist voll. Ich kann so nicht arbeiten.

Hm, na ja. So schlimm ist das doch auch nicht. Es ist doch mein Schreibtisch.

Ja, aber guck doch mal: Es liegt auch total viel auf dem Boden. Zettel, Ordner, Briefe, ... Räum doch endlich mal auf! Es nervt mich total, wenn ich morgens ins Büro komme und dann sieht es hier so aus.

O.k., vielleicht hast du recht. Ich wusste ja nicht, dass es dich so sehr stört.

Ja, das stört mich wirklich. Am besten räumst du die Sachen immer gleich auf.

Tschuldigung, ich versuch's.

Danke, das wäre toll!

Einheit 9: Geht nicht? Gibt's nicht!

3.23

Hallo, ihr hört wieder den Podcast von der Friedberg-Sekundarschule. Und, klar, heute geht es um unseren Projekttag zum Thema Inklusion. Natürlich waren wir auch dabei.
So, jetzt bin ich hier in der Projektgruppe Sport. Aber im Moment ist hier irgendwie gar nichts los. Die sehen auch alle schon ziemlich kaputt aus. Ich frag mal nach. Was ist los? Warum passiert hier nichts?

Wir haben gerade Sitzvolleyball gespielt und brauchten mal 'ne Pause.

Sitzvolleyball?

Genau. Das ist voll krass! Alle müssen sich auf den Boden setzen und dann Volleyball spielen. Also ohne laufen und so. Ich hab' das schon mal im Fernsehen gesehen. Bei den Paralympics sieht das ziemlich cool aus. Aber ganz ehrlich: Das ist echt nicht einfach!

Ja, kann man sich vorstellen.
Jetzt bin ich auf dem Parkplatz für unsere Lehrer und Lehrerinnen angekommen. Heute sind hier mal keine Autos, sondern Barrieren. Denn ... ich bin hier bei der Projektgruppe Barrierefreiheit. Und da kommt auch schon eine Schülerin mit einem Rollstuhl. Hallo, wie heißt du?

Marie.

Hallo, Marie, was macht ihr hier?

Wir üben Rollstuhlfahren.

Und dann?

Dann wollen wir testen, ob unsere Schule überall barrierefrei ist.

Klingt spannend.

Isses auch. Ich hab' zum Beispiel noch keine Ahnung, wie ich gleich mit dem Rollstuhl in die Bibliothek komme. Die ist zwar im Erdgeschoss, aber ich glaube, da sind mindestens zwei Stufen.

Stimmt. Da ist eine Treppe. Na, dann viel Erfolg! Und ich gehe jetzt noch zur Projektgruppe ***Hör mal!*** Die machen da Experimente. Mal sehen ...
So, das war's schon von unserem Projekttag. Leider konnten wir euch nicht alle Projekte vorstellen. Aber auf jeden Fall war der Tag für alle sehr interessant. Fotos und Texte aus den Projektgruppen findet ihr übrigens schon bald auf unserer Webseite, oder, Frau Seemann?

Genau. Aber noch interessanter finde ich das Ergebnis: Je mehr wir auf andere achten, desto besser funktioniert unser Alltag. Für alle! Wir haben also zusammen viel gelernt. Ganz ohne Unterricht!

Das meint also unsere Schulleiterin. Wir sehen das genauso.

3.24

Wir sprechen heute mit der Hörakustikerin Alma Siebert, herzlich willkommen, Frau Siebert.

Guten Tag, vielen Dank für die Einladung!

- Frau Siebert, ich frage Sie mal gleich als Expertin: Wie gut hören wir eigentlich?
- Na ja, das ist sehr unterschiedlich. Untersuchungen haben gezeigt, dass in Deutschland 19 Prozent der Bevölkerung schwerhörig ist.
- 19 Prozent von 83 Millionen Menschen, die heute in Deutschland leben?
- Ja, genau. Schwerhörigkeit ist gar nicht so selten, wie viele meinen.
- Sie haben also immer viel zu tun. Wie sieht Ihr Arbeitsalltag denn aus?
- Ganz normal. Sicher fragen Sie mich das, weil ich im Rollstuhl sitze, oder?
- Ja, Tschuldigung.
- Das ist schon in Ordnung. Also, ich habe eine ganz normale Ausbildung gemacht. 2021 war ich fertig und konnte zum Glück in meinem Ausbildungsbetrieb weiterarbeiten. Mein Arbeitstag hat acht Stunden. Genau wie bei den anderen drei Kolleginnen, die in unserem Team arbeiten. Ich mache Kundentermine, betreue unsere Kundinnen und Kunden und führe viele Hörtests durch.
- Ich stelle mir gerade vor, dass in erster Linie ältere Menschen zu Ihnen kommen. Ist das richtig?
- Ja. Allgemein kann man sagen, dass die Schwerhörigkeit, also die Probleme mit dem Hören, so ab circa 70 beginnen. Das ist ganz normal. Aber es kommen auch immer mehr junge Leute zu uns.
- Jugendliche mit Hörproblemen?
- Wundert Sie das wirklich? Haben Sie noch nie im Bus oder in der U-Bahn gesessen und sich über die Musik aus den Kopfhörern von anderen Fahrgästen geärgert? Das passiert mir ziemlich oft. Und das kann auch bei jungen Menschen zu Hörproblemen, also zu Schwerhörigkeit führen.
- Das hört sich nicht gut an ... Wir machen jetzt eine kurze Pause mit etwas Musik und sprechen dann über Hörtests und moderne Lösungen bei Schwerhörigkeit. Bleiben Sie dran.

3.25

1
- Was gibt's denn heute?
- Gemüsecurry. Total lecker! Kann ich empfehlen!

2 Achtung an Gleis 8. Der ICE 10582 von Hamburg nach Köln über Hannover und Münster fährt heute aus Gleis 18. ICE 10582 nach Köln heute aus Gleis 18.

3 Und nun das Wetter: Morgen wird es mit nur drei bis fünf Grad kalt und windig, aber es bleibt trocken.

Einheit 9 Übungen

3.28

- Wer ist eigentlich dein Vorbild? Hast du eins?
- Mein Vorbild? Wie kommst du denn auf diese Frage?
- Wir haben heute im Unterricht über Vorbilder gesprochen.
- Ach so. Also, ich würde sagen, dass mein Opa Werner mein Vorbild ist.
- Dein Opa?
- Genau. Er hatte nicht immer Glück in seinem Leben und hat trotzdem viel geschafft. Er war immer ehrlich und nett zu allen. Und er hat sich auch immer für andere engagiert. Für mich ist er deshalb ein gutes Beispiel. Ich versuche, auch so zu sein.
- Hm. Das schaffst du aber nicht immer ...
- Das muss man auch gar nicht. Aber man kann es immer wieder versuchen.
- Stimmt ...
- Was ist?
- Na ja. Das hätte ich jetzt nicht gedacht. Ich dachte, du nennst mir den Namen von einem berühmten Fußballspieler oder so.
- Ach so, ja. Also ... als ich noch jünger war, also so 14 oder 15, da war das auch so. Da war Diego Maradonna mein großes Vorbild! Der konnte echt toll Fußball spielen. Aber als ich älter wurde, fand ich das gar nicht mehr so wichtig.
- Echt nicht? Wieso?
- Ich glaube, dass die meisten Menschen nicht ihr ganzes Leben lang dasselbe Vorbild haben. Heute finde ich, dass der Charakter wichtiger ist als der Erfolg. Man sollte ehrlich sein, engagiert und, ja, nett. Das finde ich wichtig! Und Opa Werner war so ein Mensch. Ein echtes Vorbild. Das solltest du auch haben. Das ist wichtig und kann dir im Leben bei vielen Entscheidungen helfen!
- Hm.

3.29

Eine gemütliche Wohnung, ein schöner Balkon oder Garten sind das, was uns entspannt. Wir fühlen uns wohl und halten unser Zuhause für einen sicheren Ort. Die Straße halten wir für gefährlich. Und das ist sie auch. Wir haben alle schon oft von schweren Verkehrsunfällen gehört oder gelesen. Deshalb lernen Kinder schon früh, dass sie auf dem Weg zur Schule gut aufpassen müssen. Und Sport? Klar, Sport ist gesund! Aber es gibt auch viele Sportunfälle mit zum Teil schweren Verletzungen. Nicht nur beim Fußball.

Gehören Sie auch zu den Menschen, die gesagt hätten, dass die meisten Unfälle im Straßenverkehr passieren? Dann sind Sie mit Ihrer Meinung nicht allein. Ein Blick auf die Unfallstatistik zeigt aber ein anderes Bild, denn die meisten Unfälle passieren tatsächlich zu Hause. Jedes Jahr verletzen sich in Deutschland etwa 3 Millionen Menschen in den eigenen vier Wänden. Messer, Scheren, Sägen und Leitern gehören hier zu den häufigsten Unfallursachen. Aber auch Feuer und Hitze können im Haushalt zu Unfällen mit schweren Verletzungen führen. Die Pfanne mit dem heißen Öl oder der Wasserkocher fallen aus der Hand und schon ist es passiert! Und auch mit Putz- und Waschmitteln sollte man sehr vorsichtig sein. Sie gehören auf keinen Fall in Kinderhände!
Wenn Sie sich für Haushalt und Garten Zeit nehmen, ohne Stress und mit Vorsicht arbeiten, können Sie sich auch zu Hause sicher fühlen. Und wenn doch mal etwas passiert, bleiben Sie ruhig und rufen Sie Hilfe, zum Beispiel über den Notruf 112.

3.30

- Hallo, darf ich Ihnen eine Frage stellen?
- Worum geht es denn?
- Ah so, ja, Entschuldigung. Wir machen eine Umfrage zum Thema Inklusion. Menschen mit Behinderung können in der Gesellschaft viel leisten.
- Das stimmt! Ich bin für Inklusion, wenn Sie das meinen.
- Genau, das wollte ich Sie eigentlich fragen.
- Na, dann ...
- Vielen Dank!
  Wir machen eine Umfrage zum Thema Inklusion. Hätten Sie einen Moment Zeit?
- Klar, das Thema finde ich sehr wichtig! Ich glaube, dass wir uns alle besser kennenlernen müssen. Ich bin ganz klar für mehr Inklusion! Barrierefreie Kindergärten, Schulen und Arbeitsplätze müssen ganz normal sein!
- Sie klingen so engagiert.
- Ja, das bin ich auch. Ich leite bei uns im Schwimmverein eine Gruppe, in der alle gemeinsam Sport treiben. Und das macht echt Spaß!
- Und Sie? Wie sehen Sie das?
- Ich? Ganz ehrlich? Ich bin jetzt 78 und froh, dass ich noch so gut gehen kann und keinen Rollstuhl brauche. Aber wer weiß, wie lange ich das noch so kann. Für ältere Menschen sind zum Beispiel die vielen Treppen hier gar nicht gut. Weniger Treppen und mehr Rampen sind ein Vorteil für alle, auch für Eltern mit kleinen Kindern!
- Ja, das stimmt. Da müsste die Stadt mal was machen.
- Genau. Und eins will ich Ihnen noch sagen. Ohne meine Brille geht nichts! Ich könnte nicht mehr alleine mit dem Bus zum Einkaufen fahren, weil ich den Fahrplan nicht lesen könnte. Irgendwie ist das doch auch eine Behinderung, oder?
- Ja? Ich habe auch eine Brille.
- Sehen Sie? Und trotzdem können wir überall mitmachen und dabei sein. Und so muss das in unserer Gesellschaft auch sein. Das ist meine Meinung.
- Vielen Dank!
  Sehen Sie das auch so? Was halten Sie denn von mehr Inklusion im Alltag?
- Ich weiß nicht ... Sicher wäre es besser, wenn alle immer und überall dabei sein könnten. Aber das kostet! Man hört ja auch oft, dass das alles viel zu kompliziert und viel zu teuer ist. Wer soll das denn alles bezahlen? Schließlich gibt es ja auch noch viele andere Probleme.
- Aha. Welche denn?
- Wir brauchen hier zum Beispiel endlich mal einen Spielplatz für unsere Kinder. Da fehlt dann das Geld ... Zu dem Thema sollten Sie mal eine Umfrage machen!
- Gute Idee. Ein Spielplatz für alle Kinder ...

3.32

1
- Das verstehe ich nicht. Das Café Sonnenschein muss hier doch irgendwo sein ...
- Brauchen Sie Hilfe? Suchen Sie das Café Sonnenschein?
- Kennen Sie das? Könnten Sie mir vielleicht sagen, wo es ist?
- Klar. Die sind umgezogen. Das Café ist seit zwei oder drei Wochen am Bahnhof.
- Und wie komme ich da jetzt hin?
- Das ist nicht weit. Sie gehen hier geradeaus bis zum Ende der Fußgängerzone. Da können Sie den Bahnhof schon sehen. Das Café finden Sie dann bestimmt.
- Ach, vielen Dank!

2
- Entschuldigen Sie, darf ich das für Sie machen?
- Vielen Dank, aber so schwer sind die Koffer jetzt auch nicht. Das schaffe ich schon.
- Na, dann beeilen Sie sich mal. Der Zug fährt gleich ab!

3 Kann ich Ihnen irgendwie helfen?
Ich habe meine Brille vergessen und kann den Fahrplan nicht lesen.
Kein Problem. Was suchen Sie denn?
Das ist aber nett. Ich möchte wissen, wann die Linie 6 in Richtung Zentrum abfährt.
Die Linie 6 in Richtung Zentrum ... Hier ist es. 15:58 Uhr, also in drei Minuten.
Ach, dann dauert es ja nicht mehr lange. Vielen Dank!

4 Endlich kommt mal jemand.
Was kann ich denn für Sie tun?
Haben Sie auch umweltfreundliche Putzmittel?
Ja, die sind hier oben.
Danke.

Plateau 3

3.35

Hallo Sebastian, was gibt's?

...

Und deshalb rufst du mich an?

...

Ach so. Keine Ahnung. Nico ist heute auch irgendwie komisch.

...

Na gut. Wenn du nach Hause kommst, können wir ja mal fragen.

...

Tschüss!

Einheit 10: Wir lieben Kaffee!

4.02

Liebe Hörerinnen und Hörer, wussten Sie, dass heute der internationale Tag des Kaffees ist? Seit 2006 wird er am 1. Oktober gefeiert. Auf der ganzen Welt starten Millionen von Menschen mit einer Tasse Kaffee in den Tag. Und der Büroalltag wäre ohne Kaffee für viele auch undenkbar! Kaffee liegt voll im Trend und ist das Lieblingsgetränk der Deutschen – noch vor Mineralwasser und Bier. Fast 90 % trinken täglich Kaffee – so zwei bis vier Tassen am Tag.

Aber wie trinken die Deutschen ihren Kaffee eigentlich am liebsten? Unsere Reporterin, Aylin Ertürk, ging für uns auf die Straße und hat Menschen gefragt, wie und wann sie ihren Kaffee trinken.

4.03

Guten Tag. Ich bin von Radio 31. Wir machen eine Umfrage. Haben Sie einen Moment Zeit?
Ja, wenn's nicht zu lange dauert.
Ich sehe, Sie trinken Coffee-to-go. Wie trinken Sie ihn am liebsten?
Wie ich meinen Kaffee trinke? Also ... schwarz und ohne Zucker.
Und zu Hause?
Zu Hause trinke ich morgens zum Frühstück fast immer ein oder zwei Tassen Filterkaffee. Eher stark als schwach.
Und warum trinken Sie Kaffee?
Ganz einfach: Er schmeckt mir. Und ohne Kaffee kann ich nicht arbeiten. Ich muss los! Meine U-Bahn kommt.
Vielen Dank für das Gespräch!
Guten Tag. Hätten Sie vielleicht einen Moment Zeit, um an einer kleinen Straßenumfrage teilzunehmen? Ich bin von Radio 31.
Ja, gern.
Heute ist der internationale Tag des Kaffees. Trinken Sie gern Kaffee?
Was? Es gibt einen internationalen Tag des Kaffees?
Ja, seit 2006.
Ach so, das wusste ich nicht. Also, ich trinke gern und oft Kaffee – nur nicht am Abend. Morgens trinke ich lieber Tee. Und im Büro gibt's entweder einen Cappuccino oder einen Latte Macchiato. Espresso mag ich nicht. Der ist mir zu bitter.
Und warum trinken Sie gern Kaffee?
Ich liebe den Duft von frisch gekochtem Kaffee. Ich finde es schön, bei einer Tasse Kaffee zu entspannen und mich mit den Kollegen zu unterhalten.
Entschuldigung. Darf ich Ihnen ein paar Fragen stellen? Ich mache eine Straßenumfrage für Radio 31.
Ja, o. k.
Trinken Sie Kaffee?
Nein, gar nicht. Trotzdem werde ich jeden Morgen wach. Trinke lieber grünen Tee. Der ist gesund! Ich habe es immer wieder probiert, aber Kaffee schmeckt mir einfach nicht. Zu bitter. Und nachts konnte ich nicht schlafen. Außerdem ist Kaffeetrinken in Cafés viel zu teuer.
Vielen Dank.
Hallo. Ich komme von Radio 31 und mache eine Straßenumfrage zum Thema Kaffeetrinken. Trinken Sie Kaffee?
Ja, klar. Morgens brauche ich nach dem Aufstehen erst einmal einen Kaffee zum Wachwerden. Ich mag ihn mit Hafermilch und ein bisschen Zucker, nicht zu stark. Und nach einem leckeren Essen gehört für mich ein Espresso einfach dazu.

Warum trinken Sie gern Kaffee?
Er schmeckt mir einfach.
Vielen Dank. Ich glaube, ich brauche jetzt erst mal einen Kaffee!

4.04

Ich begrüße Sie, liebe Hörerinnen und Hörer, zu unserer Sendung „Wirtschaft und Gesellschaft". Ich bin Katharina Horvat. Heute geht es um das Thema Kaffee und Kaffeekonsum. Die Kaffeehersteller haben einen Bericht über die neuesten Kaffeetrends in Österreich für das heurige Jahr veröffentlicht. Emil Löffler hat ihn für uns gelesen. Emil, welche Entwicklungen gibt es denn auf dem Kaffeemarkt? Was gibt's Neues rund um die braunen Bohnen?

Ja, Katharina. In den letzten Jahren hat sich beim Kaffeekonsum eine Menge verändert. Der erste Trend heißt Nachhaltigkeit und Qualität. Noch vor wenigen Jahren war der Kaffeepreis für die meisten Menschen sehr wichtig. Die Packung Kaffee im Supermarkt oder der Becher Coffee-to-go sollte vor allem billig sein. Aber immer mehr wollen biologisch angebauten und fair gehandelten Kaffee trinken. Auch wenn er etwas teurer ist. Sie möchten wissen, woher ihr Kaffee kommt, unter welchen Bedingungen die Kaffeebauern arbeiten und welchen Lohn sie für ihre Arbeit bekommen.

Also Fairtrade-Kaffee und Qualität liegen heuer voll im Trend.

Ja, vor allem bei den Jüngeren. Ob im Kaffeehaus, im Coffeeshop oder in den eigenen vier Wänden – die Menschen wollen ihren Kaffee umweltbewusster genießen.

Und welche Trends gibt es noch?

Abwechslung und neue Kaffeerezepte werden immer wichtiger. Zum zweiten Trend gehört, dass immer mehr Österreicherinnen und Österreicher neue kreative Kaffeespezialitäten probieren wollen. So hat sich zum Beispiel der Cold Brew zum absoluten Trendgetränk entwickelt. Auch der vietnamesische Eierkaffee, also *egg coffee*, wird immer beliebter.

Egg Coffee?

Ja, er wird mit Eiern, Milch und sehr viel Zucker zubereitet. Der Kaffee schmeckt allen, die ihren Kaffee gern süß trinken. Und auch Filterkaffee mit etwas Butter, wird seit einiger Zeit immer häufiger getrunken.

Kaffee mit Butter ... schmeckt der denn wirklich?

Seine Fans sagen Ja. Und schließlich der dritte Trend: Kaffee muss nicht nur gut schmecken, sondern auch gut aussehen! Das erwarten vor allem die Gäste in den Cafés.

Ah ja, das sind also die neusten Kaffeetrends. Vielen Dank, Emil!

Einheit 10 Übungen

4.07

1 Marina mag sowohl Tee als auch Kaffee.
2 Aber sie mag weder Bier noch Wein.
3 Kilian trinkt mittags entweder einen Espresso oder einen Cappuccino.
4 Viele trinken Kaffee nicht nur zu Hause, sondern auch unterwegs.
5 Yanara versucht zwar weniger Kaffee zu trinken, aber das ist nicht einfach.
6 Je mehr Kaffee ich nachmittags trinke, desto schlechter schlafe ich.

4.08

Hallo liebe Kaffeefans und herzlich willkommen zu einer neuen Folge meines Kaffee-Podcasts über aktuelle Kaffeetrends. Ich freue mich, dass ihr wieder dabei seid. Mein Gast heute ist Steffi Mayr. Die gelernte Barista war in ihrem ersten Leben Managerin und ihrem zweiten ist sie seit fünf Jahren Besitzerin des Café Musil. ... Herzlich willkommen, Steffi.

Hi Jonas, schön, dass ich dabei sein darf.

Bevor wir starten habe ich drei kurze Fragen zum Kennenlernen. Also ... nur Kaffee oder auch schon mal Tee?

Ehm ... in der Regel Kaffee, aber ab und zu trinke ich auch gerne schwarzen oder grünen Tee. Aber ohne alles. Ohne Milch und ohne Zucker.

Wann trinkst du deinen ersten Kaffee am Tag? Und was für ein Kaffee ist das?

Mein erster Kaffee am Tag ist eigentlich ein Cappuccino direkt nach dem Aufstehen so um 6:00 Uhr. Im Café trinke ich dann meistens nur noch Espresso.

Und wie sieht ein perfekter Cappuccino für dich aus?

Also ganz klassisch wie in Italien: Ein Drittel Espresso, ein Drittel warme Milch – nicht zu heiß – und ein Drittel Milchschaum in einer Tasse, die nicht zu groß ist.

Was war der schönste Ort, an dem du jemals einen Kaffee getrunken hast?

Hm ... da muss ich mal kurz überlegen. ... Ich war vor zwei Jahren in Japan und habe in Tokio in einer kleinen Kaffeebar einen ganz wunderbaren von

Hand gemachten Filterkaffee getrunken. Das Café war nicht besonders hipp, aber es gab da eine ganz besondere Atmosphäre.

- Kaffee in Japan?
- Ja, auf jeden Fall!
- Dein Café, das Café Musil, hat vor wenigen Tagen sein fünfjähriges Jubiläum gefeiert. Was war dein größtes Problem auf dem Weg zum Erfolg?
- Zu denken, dass ich es vielleicht nicht schaffen kann. Es ist ja nicht leicht, ein Café zu führen und Gewinn zu machen. Viele Cafés mussten ja in den letzten Jahren in ganz Österreich schließen. Du kannst den besten Kaffee der Welt anbieten, aber wenn die Lage von deinem Café nicht stimmt, wird es schwer, erfolgreich zu sein.
- Wie würdest du dein Erfolgsrezept beschreiben?
- Ich glaube, man braucht ein klares Konzept. Man muss seinen Gästen das bieten, was sie sich wünschen. Und man muss sehr viel arbeiten. Am Anfang stand ich von morgens früh bis abends spät in meinem Café. Für den Erfolg sind natürlich auch meine Mitarbeiter und Mitarbeiterinnen verantwortlich. Ohne freundliches Personal geht gar nichts.
- Danke, Steffi. Ich wünsche dir noch viel Erfolg.
- Danke dir.

Einheit 11: Einfach genial

4.10

Meine Damen und Herren, ich freue mich, dass Sie zu unserer Präsentation gekommen sind. Kennen Sie das auch – Sie stehen morgens auf und brauchen ganz schnell einen Kaffee? Also gehen Sie in die Küche, suchen das Kaffeepulver, geben das Wasser in die Maschine und dann warten Sie und warten ... Ab heute brauchen Sie nicht mehr zu warten, ab heute werden Sie von köstlichem Kaffeeduft geweckt! Denn ich darf Ihnen unsere neue Espressomaschine ProntoSX3000 vorstellen. Sie ist nicht nur eleganter als das alte Modell. Sie ist auch noch viel schneller und leiser. Der größte Vorteil aber ist, dass Sie bestimmen, wann der Kaffee fertig ist. Sie brauchen nur über die App die Uhr einzustellen und den Kaffee und das Wasser in die Maschine zu geben – fertig! Mir gefällt aber besonders der wunderbare Espresso-Geschmack. Gerne können Sie ihn am Stand probieren. Ich hoffe, ich habe Sie neugierig gemacht auf unsere neue ProntoSX3000. Jetzt freue ich mich auf Ihre Fragen.

4.11

- Oh ja, sehr schön, es gibt einige Fragen. Bitte schön.
- Ja, danke für die Präsentation. Mich interessiert, ob die Maschine nur Espresso kochen kann.
- Aha, danke und Sie?
- Ich habe da ein Problem. Ich brauche eine wirklich leise Maschine, weil mein Schlafzimmer nah an der Küche ist – deshalb möchte ich wissen, wie viel Lärm die Maschine macht.
- Stimmt, ich möchte auch gerne wissen, ob man die Maschine hören kann. Oder hat sie die neue Flüstertechnik?
- Ja, und wenn mal was kaputt geht – gibt es einen Reparaturservice?
- Danke, danke für die Fragen. Die ProntoSX3000 macht drei Kaffeespezialitäten. Espresso, Cappuccino und Latte macchiato. Für Cappuccino und Latte macchiato brauchen Sie nur zusätzlich Milch in die Maschine zu geben. Ja, und wenn mal etwas kaputt ist, gibt es für alle unsere Kaffeemaschinen unseren schnellen Reparaturservice. Sie brauchen die Maschine nur in den Shop zu bringen. Weitere Fragen bitte gerne ...

Einheit 11 Übungen

4.12

- Schön, dass ihr wieder eingeschaltet habt zu *Matzes Lifehacks*. Jeden Dienstag und nur hier bei uns.
- Hey Leute! Ja, herzlich willkommen zu einer neuen Folge meiner Lifehacks. Heute habe ich euch Ideen mit Alufolie mitgebracht, die ich natürlich für euch selbst ausprobiert habe.
- Ach cool, mit der silbernen Folie, die jeder in der Küche hat? Da bin ich jetzt aber gespannt ...
- Genau, passt auf! Ihr kennt das sicher: Ihr habt gerade erst Bananen gekauft und schon sind sie braun. Doof! Mit Alufolie bleiben deine Bananen länger frisch.
- Ach, das ist ja super! Das teste ich gleich nach dem nächsten Einkauf!
- Sehr gut. Und nun Trick Nummer zwei: Eure Schere schneidet nicht mehr gut. Dann braucht ihr nur mit der Schere Alufolie zu schneiden und sie schneidet wieder super.
- Echt? Das wusste ich auch nicht. Danke für den Tipp!
- Gern geschehen! Und nun mein Lieblings-Lifehack: Stellt euch vor, ihr sitzt mit dem Handy zu Hause auf dem Sofa und das WLAN ist zu langsam.
- Oh ja, das kenn' ich! Und da hilft auch Alufolie?
- Richtig! Ihr klebt Alufolie auf ein Stück dickes Papier. Dann braucht ihr es nur so hinter den

Router zu stellen, dass das WLAN in eure Richtung geht. Probiert's mal aus! Viel Spaß mit *Matzes Lifehacks* und bis nächsten Dienstag!

4.13

1 lächeln – lächelnd – der lächelnde Polizist
2 quietschen – quietschend – die quietschende Tür
3 hupen – hupend – das hupende Auto
4 bellen – bellend – die bellenden Hunde

4.14

Guten Tag und herzlich willkommen zur Präsentation meiner Lieblingserfindung, die auch noch nachhaltig ist. Sie kennen das sicher: Auf dem Weg zur Arbeit oder in die Uni haben Sie Lust auf einen Kaffee und holen sich einen leckeren Cappuccino-to-go. Aber Einwegbecher sind wirklich schlecht für die Umwelt. Das geht auch anders! Darf ich Ihnen meine Lösung vorstellen: den Mehrwegbecher!

Dieser Becher ist nachhaltig, weil man ihn immer wieder verwenden kann und so Müll vermeidet. Mir gefällt auch, dass man ihn überall und in vielen Farben kaufen kann. Holen Sie sich auch Ihren umweltfreundlichen Kaffeebecher!

Ich hoffe, ich konnte Ihr Interesse wecken. Vielen Dank für Ihre Aufmerksamkeit. Gerne beantworte ich jetzt Ihre Fragen.

Einheit 12: Gestern – heute – morgen

4.15

- Willkommen bei Zukunft heute, dem Podcast zu unserem Magazin. Unser Studiogast heute ist der Zeitforscher Axel Lübcke. Dr. Lübcke, Sie beschäftigen sich intensiv mit der Zukunft. Kann man das so sagen?
- Ja und nein. Ich sage eigentlich immer, dass ich mich für Prognosen interessiere. Da es in Prognosen immer um etwas geht, das es in Zukunft möglicherweisegeben wird, gab es natürlich auch früher schon Prognosen. Anfang des 20. Jahrhunderts gab es beispielsweise ziemlich viele Prognosen darüber, wie wir heute leben. Manche stimmten, andere nicht. Und natürlich gibt es heute auch Prognosen darüber, wie wir in 100 Jahren leben werden. Das ist ganz normal. Wir Menschen suchen immer nach neuen Lösungen, die unser Leben angenehmer machen.
- Wie beispielsweise Roboter?
- Genau. Lange hat man sich Roboter nur als „Mensch-Maschine" vorgestellt. Die Roboter, die wir heute aus der Produktion kennen, sehen aber gar nicht aus wie Menschen. Eigentlich sind sie nichts anderes als automatisierte Arme, die genauer und auch schneller arbeiten als wir. Und wo früher viele Menschen gearbeitet haben, stehen heute nur wenige Roboter.
- Na ja, sicher ist es ein Vorteil, dass Roboter genauer oder schneller sind, aber wenn viele Menschen dadurch ihre Arbeit verlieren, dann ist das doch auch ein Nachteil, oder?
- Ich weiß nicht. Es könnte ja auch *so* sein, dass wir in Zukunft weniger arbeiten müssen. Oder, dass Roboter die gefährlichen Arbeiten machen, zum Beispiel bei der Feuerwehr. Das wäre doch gut, oder?
- Sie meinen also, dass die Zukunft den Robotern gehört?
- Ja. Es wird meiner Meinung nach immer mehr Roboter geben. In der Industrie, im Verkehr, aber auch in der Pflege und in der Medizin. Gar keine Frage.
- Na, dann. Es bleibt also spannend. Vielen Dank für das Interview.
- Vielen Dank für die Einladung!

4.16

Montagsthema heute: Unser Zeitgefühl

Tick, tack, tick, tack, ... Die Uhren ticken für alle gleich. In einer Minute vergehen genau 60 Sekunden, in einer Stunde 60 Minuten. Ein Tag hat 24 Stunden und eine Woche sieben Tage. Das ist immer gleich. Und trotzdem sagt uns unser Zeitgefühl oft etwas anderes. Wenn ich am Wochenende arbeiten muss, habe ich das Gefühl, dass die Tage besonders lang sind. Am Dienstag und Mittwoch vergeht die Zeit schon etwas schneller. Und meine freien Tage, also Donnerstag und Freitag, sind dann immer ganz schnell vorbei. Und das geht nicht nur mir so. Auch für viele andere Menschen vergehen die Arbeitstage langsamer. Sogar dann, wenn wir montags bis freitags bei der Arbeit Stress haben. Dann wünschen wir uns, dass wir es bald geschafft haben und freuen uns schon auf die Freizeit und das Wochenende!

4.17

Die Zeit ändert ihr Tempo nicht. Sie ist immer gleich. Aus der Forschung wissen wir aber, dass die gefühlte Zeit für uns Menschen tatsächlich nicht immer gleich ist. Jeder von uns weiß beispielsweise, dass ein Fußballspiel zweimal 45 Minuten dauert. Für Fußballfans, die das Spiel spannend finden, vergeht es sehr schnell. Wer das Spiel uninteressant findet, denkt bestimmt, dass es viel zu lange dauert. Hier noch ein anderes Beispiel: Wenn wir es sehr eilig haben und auf den Bus warten müssen, vergeht die Zeit sehr langsam. Wir schauen gestresst auf die Uhr und sind genervt. Wenn wir es aber nicht eilig haben und an der Haltestelle eine nette Kollegin treffen, mit der wir uns zum Beispiel über den geplanten Urlaub unterhalten, vergeht die Zeit viel schneller. So ähnlich ist es auch, wenn wir beim Arzt warten müssen. Obwohl uns klar ist, dass es etwas länger dauern kann, langweilen wir uns. Dann vergeht die Zeit auch langsam. Was passiert aber, wenn wir im Wartezimmer beim Arzt einen interessanten Artikel in einer Zeitschrift entdecken oder noch ein Formular ausfüllen müssen? Richtig, die Wartezeit vergeht schneller! Das liegt daran, dass wir etwas zu tun haben. Unser Zeitgefühl hängt also von Situationen und Emotionen ab. Interessant, oder?

4.19

Ich habe vor ein paar Tagen in meinem alten Zimmer bei meinen Eltern im Nachttisch eine Zeitkapsel gefunden! Oben auf der Kiste stand in meiner Handschrift „Nicht vor dem 1.1.2020 öffnen!". Die hatte ich schon lange vergessen und wusste auch nicht mehr, was darin sein könnte. Die Überraschung war nicht schlecht. In der Kiste war Krimskrams aus den 80er Jahren wie zum Beispiel mein alter Zauberwürfel. Damit habe ich früher viel Zeit verbracht. Und dann war da noch mein oranger Taschenrechner, der schon vor meinem Abi kaputt war. Damit kann man schon lange nichts mehr machen! Unter dem Taschenrechner lagen französische Kinokarten. Die sind bestimmt noch von unserer Klassenfahrt nach Paris. Zuerst wollte ich gar nicht teilnehmen, aber dann war es so toll! Davon haben wir noch lange gesprochen. Dann war da noch ein Ohrring, den anderen habe ich auf einer Party verloren. Darüber habe ich mich damals sehr geärgert! Die Musikkassette habe ich gleich mitgenommen. Keine Ahnung, ob ich zu Hause noch ein Gerät habe, mit dem ich sie anhören kann. Am meisten habe ich mich aber über den Autoschlüssel gewundert. War das vielleicht der Ersatzschlüssel von meinem ersten Auto? Komisch ... ich habe nie danach gesucht. Auf jeden Fall werde ich wieder eine Zeitkapsel packen. Darauf hab ich jetzt echt Lust bekommen! Mal sehen ...

Einheit 12 Übungen

4.20

Hallo Leute! In der Zeitschrift *Zukunft heute* habe ich vor ein paar Tagen einen kurzen Gastbeitrag von Axel Lübcke gelesen, in dem es um ein Buch und um einen Rekord aus dem Jahr 1910 geht. Wusstet ihr schon, dass es zu Beginn des 20. Jahrhunderts Elektroautos gab, die über 100 km/h schnell waren? Ich nicht. Sehr schade, dass man Diesel- und Benzinmotoren dann irgendwie praktischer fand und noch nicht an die Folgen für das Klima und die Umwelt dachte. Aber über die Zukunft dachte man damals auch schon nach.
1910 konnte der Journalist Arthur Bremer zum Beispiel 22 Autorinnen und Autoren für sein Buch *Die Welt in 100 Jahren* gewinnen. Darin beschreibt Robert Sloss ein drahtloses Taschentelefon, mit dem man nicht nur telefonieren, sondern auch Zeitungsartikel anhören kann. Spannend! Das musste ich lesen! Zum Glück konnte ich das Buch in unserer Bibliothek ausleihen. So habe ich erfahren, dass Sloss in seiner Prognose sogar noch ein paar Schritte weiter ging. Denn er beschreibt, dass man 2010 nicht mehr am selben Ort sein muss, um sich in einem Meeting zu sehen und zu hören. Außerdem war er überzeugt, dass man heute Dokumente drahtlos verschicken kann. Und das ist meiner Meinung nach echt erstaunlich!
Die meisten anderen Beiträge zu Themen wie Mobilität, die Rolle der Frau in der Gesellschaft und Sport fand ich nicht so spannend. Trotzdem lautet mein Fazit: Die Vorstellungen von der Zukunft von damals sorgen heute für gute Unterhaltung!

4.21

- Hallo Oskar, was gibt's?
- Hallo Isa. Sag mal, du vergisst ja nie einen Geburtstag. Vielleicht kannst du mir helfen. Ich habe nämlich einen neuen Geburtstagskalender ...
- Aha. Was brauchst du denn?
- Mal sehen. Tom hat doch am siebzehnten Januar, oder?
- Genau.
- Und seine Freundin Lena?
- Lenas Geburtstag ... Warte mal .... Der ist im Herbst. Genau. Die hat am dritten Oktober.
- Danke. Und Mike?
- Der hat auch im Herbst Geburtstag. Am dreiundzwanzigsten September.
- O.k. ... Anna ist irgendwann im Sommer dran, oder?
- Ja, genau, am siebenundzwanzigsten Juli.
- Alles klar. Dann fehlt mir noch Amir.
- Amir, der hat am siebten März. War's das jetzt? Ich muss gleich in eine Videokonferenz.
- Fast. Ehm, Isa, und du? Deinen Geburtstag habe ich leider auch vergessen. Der ist im Winter, oder? Ich glaube, im Dezember oder so ...

- Oder so ... Du bist echt unmöglich! Ich habe am dreizehnten Dezember Geburtstag. So, jetzt muss ich aber los. Mach's gut!
- Du auch! Und danke!

4.22

1 Manuel kann heute nicht am Unterricht teilnehmen, weil er krank ist.
2 Weil ich heute kein Auto habe, kann ich nicht zum Meeting kommen.
3 Weil es morgen Nachmittag regnet, fällt die Gartenparty aus.

4.23

1 Wenn wir im Supermarkt etwas vergessen haben, können wir später zurückgehen und es noch kaufen. Das ist zwar ärgerlich, aber kein Problem.
2 Unsere Vorstellungen von Zeitmaschinen sind unterschiedlich. Sie hängen davon ab, welches Buch wir gelesen oder welchen Film wir gesehen haben.
3 Die Schule, in der wir unseren Abschluss gemacht haben, kann heute in der Nähe liegen oder ziemlich weit weg sein. Den Ort können wir immer wieder besuchen.
4 Im Leben gibt es leider keine Wiederholungstaste für besonders schöne Momente. Aber zum Glück gibt es Fotos, Videos und die Erinnerung.
5 In ihrer Fantasie beschäftigen sich viele Menschen gerne mit Dingen, die in der Realität nicht möglich sind.
6 Die Forscher möchten herausfinden, wohin wir Menschen gerne reisen würden, wenn wir Zeitmaschinen hätten.

4.24

- Bei uns im Studio von Radio 31 begrüße ich heute Dr. Nguyen, Leiter des Forschungsprojekts „Menschheitstraum Zeitmaschine". Herzlich willkommen!
- Guten Tag.
- Dr. Nguyen, in Ihrem Projekt geht es um einen alten Traum vieler Menschen.
- Das stimmt. Fast alle haben sich schon einmal in ihrem Leben vorgestellt, wie es wäre, wenn Sie durch die Zeit reisen könnten.
- Sie auch?
- Natürlich!
- Darf ich Sie nach Ihrem Zeitreiseziel fragen?
- Sicher. Ich würde gerne in das frühe 19. Jahrhundert reisen.
- Aha. Und der Ort wäre Ihnen egal?
- Nein, natürlich nicht. Ich möchte nach Weimar. Genauer gesagt möchte ich am 28. August 1813 nach Weimar.
- Warum muss es dieses Datum sein?
- Das können Sie sich nicht denken? Das ist Goethes Geburtstag! Und an diesem Tag gab es in Weimar zum ersten Mal ein großes Fest für Goethe. Das gibt es heute übrigens immer noch.
- Ach so, interessant. Und wie lange möchten Sie bleiben?
- Ein Tag wäre schon genug. Ich möchte ihm zum Geburtstag gratulieren und ihn fragen, wie er sich die Zukunft vorstellt.
- Interessant. Würden Sie alleine reisen, oder ...?
- Na ja, meine Frau ist Germanistin. Die müsste ich natürlich unbedingt mitnehmen.
- Verstehe. Ja, liebe Zuhörerinnen und Zuhörer, jetzt gibt's ein bisschen Musik zum Träumen und dann geht es hier mit Dr. Nguyen weiter. Bleiben Sie dran.

4.25

1 Mal sehen, ob ich morgen vorbeikomme. Es hängt davon ab, wie lange ich beim Arzt bin.
2 Im Test gab es auch eine Aufgabe zur Relativitätstheorie. Damit hatte ich nicht gerechnet!
3 Du brauchst keine Getränke zur Party mitzubringen. Dafür habe ich schon gesorgt.
4 Mein Chef macht Urlaub auf den Malediven. Davon kann ich nur träumen.
5 Nervige Anrufe mit unbekannter Nummer? Darauf reagiere ich schon lange nicht mehr.
6 Dein Garten sieht echt traurig aus! Du solltest dich wirklich mehr darum kümmern!

4.26

1 in Zukunft – in Zukunft in der Schweiz arbeiten – Ich werde in Zukunft in der Schweiz arbeiten.
2 bald – bald nette Leute kennenlernen – Du wirst bald nette Leute kennenlernen.
3 später – später mit Susanne in Basel leben – Er wird später mit Susanne in Basel leben.
4 im Juli – im Juli den Abschluss machen – Wir werden im Juli den Abschluss machen.
5 nächste Woche – nächste Woche in Zürich sein – Ihr werdet nächste Woche in Zürich sein?
6 übermorgen – übermorgen die Tickets buchen – Sie werden übermorgen die Tickets buchen.

Einheit 1: Bildung (er)leben

Clip 1.01

Elia: Hi! Na, wie geht's?

Lerner*in: Hallo Elia. Ganz gut. Und dir? Du siehst ziemlich müde aus.

Elia: Bin ich irgendwie auch. Ist gerade ein bisschen stressig. Ich habe seit ein paar Wochen einen Job im Internationalen Büro.

Lerner*in: Ach, das wusste ich gar nicht. Was machst du denn da?

Elia: Wir planen ein paar coole Aktionen für den Hochschulinformationstag. Eigentlich brauchen wir auch noch ein paar Leute. Das wär' doch was für dich!

Lerner*in: Ich weiß nicht. Ich war noch nie auf einem Hochschulinformationstag.

Elia: Echt? Dann hast du was verpasst! Das ist total interessant.

Lerner*in: Und für wen macht ihr das?

Elia: Na ja, das ist das eine Veranstaltung für alle, die dieses Jahr ihr Abi machen. Wir stellen das Studium an unserer Uni vor, also die Studienfächer, Austauschprogramme und Förderungen. Und man kann sich über den Unisport informieren und über das, was man hier in der Stadt so machen kann.

Lerner*in: Cool.

Elia: Das Beste ist, dass auch viele Studierende da sind, die über ihre Erfahrungen sprechen und Tipps geben.

Lerner*in: Und was könnte ich da machen?

Elia: Du könntest zum Beispiel über Erasmus+ berichten und deine Uni zu Hause. Es kommen sicher auch viele, die sich für ein Austauschsemester interessieren.

Lerner*in: Wann ist denn der Hochschulinformationstag?

Elia: Am siebten Mai, in zwei Wochen.

Lerner*in: Ja, das passt. Am siebten hab' ich Zeit.

Elia: Super! Ich schicke dir gleich den Link mit allen Infos.

Einheit 2: Vorhang auf!

Clip 1.02

Miray: Hey, wir haben uns ja lange nicht gesehen. Cool, dass wir uns hier treffen. Wie geht's dir?

Lerner*in: Hallo Miray. Mir geht's gut, und dir?

Miray: Ja, mir auch. Was machst du so?

Lerner*in: Ich habe echt viel zu tun. Sag mal, hast du Lust am Samstag ins Theater zu kommen? Ich spiele dort in einem Stück mit. Am Samstag ist die erste Vorstellung!

Miray: Wow, cool. Ich hätte total Lust zu kommen, aber am Samstag bin ich auf den Geburtstag von meinem Urgroßvater eingeladen.

Lerner*in: Wie, dein Urgroßvater? Wer ist denn das?

Miray: Na, das ist der Vater, nee, der Opa von meiner Mutter.

Lerner*in: Ah ok, und wie nennst du den Opa von deinem Vater?

Miray: Na, das ist doch dasselbe.

Lerner*in: Was ist dasselbe?

Miray: Na, der Opa von meinem Vater ist auch mein Urgroßvater.

Lerner*in: Ach so, hm ... und die Geschwister von deinen Großeltern? Was ist mit denen?

Miray: Das sind meine Großtanten und Großonkel.

Lerner*in: Aha, Großtanten und Großonkel. Sind das viele?

Miray: Keine Ahnung, ich kenn die alle gar nicht. Die wohnen auch alle irgendwo in der Pampa.

Lerner*in: Wie? In der Pampa? Die wohnen alle in Südamerika?

Miray: Nein! Natürlich nicht! Sie wohnen alle auf dem Land, in der Nähe von Berlin ...

Lerner*in: Ach so. Und da fährst du dann hin?

Miray: Was, wo fahr ich hin?

Lerner*in: Ich denk', du gehst am Samstag zur Geburtstagsfeier?

Miray: Was? Nein. Wir feiern bei mir zu Hause. Mein Urgroßvater wohnt bei uns!

Lerner*in: Na dann, viel Spaß!

Miray: Danke, bis dann!

Einheit 3: Miteinander – Füreinander

Clip 1.03

Adrian: Über 30 Millionen Menschen in Deutschland engagieren sich ehrenamtlich. Das ist eine ziemlich große Zahl. Wir haben eine Straßenumfrage gemacht und wollten wissen, wo die Menschen helfen und warum sie sich in ihrer Freizeit ohne Bezahlung ehrenamtlich engagieren.

Adrian: Wir machen eine Umfrage über Ehrenamt in Deutschland. Sind Sie ehrenamtlich tätig?

Hans Zimmer: Ja. Ich arbeite seit zwei Jahren ehrenamtlich in einer Kita. Bis zu meiner Rente war ich selbst Erzieher.

Adrian: Wie viele Stunden pro Woche machen Sie das?

Hans Zimmer: Ich bin jede Woche montags den ganzen Tag da. Ich habe ja viel Zeit.

Adrian: Warum machen Sie das?

Hans Zimmer: Wissen Sie, es ist ein schönes Gefühl, wenn die Kinder sich freuen. Und wenn man aktiv ist, wird man nicht so schnell alt.

Adrian: Hi! Engagierst du dich ehrenamtlich?

Hendrike Schäfers: Nein, eigentlich nicht. Ich würde ja gern helfen, aber ich habe leider keine Zeit. Nach meinem Bachelor würde ich aber gern mit Jugendlichen arbeiten.

Adrian: Na dann will ich dich gar nicht weiter aufhalten. Vielen Dank!

Adrian: Hallo, kann ich Sie kurz stören?

Heike Metz: Ja, klar!

Adrian: Wir machen eine Umfrage. Engagieren Sie sich ehrenamtlich?

Heike Metz: Ja. Einmal pro Woche helfe ich im Tierheim.

Adrian: Was genau machen Sie da?

Heike Metz: Ich gebe den Tieren Futter, ich gehe mit den Hunden spazieren und natürlich streichle ich sie viel. Das macht mir Spaß.

Adrian: Warum dieses Ehrenamt?

Heike Metz: Ich liebe Hunde und Katzen. Aber in meiner Wohnung darf ich leider keine Tiere haben.

Adrian: Na dann ist das ja eine gute Lösung.

Adrian: Hallo ihr Zwei. Wir machen eine Umfrage über Ehrenamt in Deutschland. Seid ihr ehrenamtlich tätig?

Martin Gross: Klar. Ich habe mich schon immer ehrenamtlich engagiert. Als Schüler habe ich Nachhilfeunterricht in Mathe und Französisch gegeben. Und seit einem halben Jahr helfe ich zwei Kindern aus Syrien.

Adrian: Interessant und was macht ihr da so?

Martin Gross: Ich besuche sie zweimal in der Woche und helfe ihnen bei den Hausaufgaben. Und manchmal gehen wir auch schwimmen oder Fußballspielen und so.

Adrian: Du engagierst dich gerne, oder?

Martin Gross: Ja, es macht mir einfach Spaß, den Jungs zu helfen.

Adrian: Und bei dir?

Malina Burger: Ja, ich bin seit zwei Jahren Helferin beim Berlin-Marathon. Ich gebe den Läuferinnen und Läufern Wasser und Snacks. Der Kontakt zu den anderen Helfern gefällt mir richtig gut.

Adrian: Vielen, vielen Dank!

Clip 1.04

Miray: Hey!

Lerner*in: Hallo Miray, wie war die Feier?

Miray: Ganz schön, aber ich habe jetzt leider keine Zeit. Ich muss zum Training.

Lerner*in: Ach, spielst du noch Fußball?

Miray: Ja, natürlich! Ich spiele jetzt bei den A-Juniorinnen.

Lerner*in: A-Juniorinnen?

Miray: Ja! Wir sind alle zwischen 17 und 18 Jahre alt.

Lerner*in: Und wie läuft's?

Miray: Geht so. Am Anfang habe ich in der neuen Mannschaft nicht oft gespielt. Die anderen waren besser. Aber ich habe viel trainiert und jetzt spiele ich meistens mit. Am Samstag habe ich sogar ein Tor geschossen. Und letztes Jahr haben wir den Juniorinnen-Cup gewonnen!

Lerner*in: Glückwunsch! Wie oft trainierst du in der Woche?

Miray: Zweimal und am Wochenende sind meistens Spiele.

Lerner*in: Das ist echt viel. Wie schaffst du das mit der Schule?

Miray: Na ja, es geht so. Aber ohne Fußball würde mir echt was fehlen.

Lerner*in: Ja, das kann ich mir vorstellen. Willst du auch nach der Schule weitermachen?

Miray: Das wäre schon ein Traum. Ich würde gern Profi-Fußballerin werden. Und wenn das nicht klappt, würde ich gerne Trainerin werden. Ich glaub', ich muss los. Das Training fängt gleich an. Sehen wir uns bald mal?

Lerner*in: Klar. Viel Spaß beim Training und bis bald!

Miray: Tschüss!

Plateau 1

Clip 1.05

Beraterin: Sie können eine Ausbildung beginnen oder studieren. Ohne gute bis sehr gute Deutschkenntnisse geht das nicht. Aber so wie ich das sehe, haben Sie schon viel Deutsch gelernt. Herr González?

Nico: Hm ... Tschuldigung, könnten Sie das bitte noch einmal wiederholen?

Beraterin: Ich habe gesagt, dass Sie für viele Ausbildungsberufe oder ein Studium gute bis sehr gute Deutschkenntnisse brauchen.

Nico: Ich hab' gerade mit B1-Niveau angefangen.

Beraterin: Das klingt gut.

Nico: Mhm.

Beraterin: Haben Sie die A2-Prüfung gemacht?

Nico: [Nein.] Aber ich hab' einen A2-Kurs gemacht.

Beraterin: Ich bin mir sicher, dass Sie das können. Aber ich bin mir auch sicher, dass die meisten Betriebe einen Nachweis über Ihre Deutschkenntnisse verlangen. Dafür müssen Sie eine Sprachprüfung machen.

Nico: O.k., dann mach' ich diese Sprachprüfung. Und dann kann ich eine Ausbildung machen?

Beraterin: Mal sehen. Welchen Beruf möchten Sie denn lernen?

Nico: Ich bin mir nicht sicher.

Beraterin: Sie sind sich unsicher?

Nico: Hm. Gibt es eine Schauspiel-Ausbildung?

Beraterin: Sie können in Deutschland eine Schauspielschule besuchen. Aber da gibt es eine sehr schwere Aufnahmeprüfung. Niemand kann Ihnen garantieren, dass Sie nach der Ausbildung auch als Schauspieler arbeiten können. Die Situation auf dem Arbeitsmarkt ist für Schauspieler sehr schwierig.

Nico: Hab' ich schon gehört, ja.

Beraterin: Sie können es natürlich versuchen. Haben Sie denn vielleicht noch andere Interessen? Oder gibt es etwas, das Sie sehr gut können?

Nico: Ja! Ich kann Fahrräder und Mopeds reparieren.

Tarek: Ist das die letzte?

Max: Ja.

Tarek: Hilfst du mir?

Max: Ich muss noch ein paar Getränke servieren. Die Gäste an Tisch 3 haben schon bestellt, als du in der Küche warst.

Tarek: Kein Problem, das krieg' ich auch alleine hin.

Nico: Oh!

Tarek: Hi Nico! Danke schön.

Max: Hey!

Nico: Bitte schön. Was macht ihr?

Max: Was meinst du?

Nico: Die Kisten.

Max: Ach so. Wir liefern die Lebensmittel, die am Wochenende übriggeblieben sind, an soziale Institutionen, die sie gebrauchen können.

Nico: Cool.

Max: Und wo kommst du jetzt her?

Nico: Ich komme gerade von der Agentur für Arbeit. Ich will ja bald meine Ausbildung beginnen.

Max: Echt? Super!

Nico: Ich helf' dir!

Tarek: O.k. Oh! Och, Nico.

Clip 1.06

Lisa: Ich habe meinen Terminplan verlegt. Hast du ihn gesehen?

Sebastian: Ähm ... Nein.

Lisa: Verdammt! Egal. Ich kann weitersuchen, während ich telefoniere.

Sebastian: Achtung! Frisch gewischt.

Nina: Cool!

Sebastian: Mhm ...

Nina: Was macht Lisa?

Sebastian: Tja, die macht wieder alles gleichzeitig. Die telefoniert, während sie die Sachen zusammenpackt. Und es stört mich auch überhaupt nicht, dass sie hier ständig durch das frisch gewischte Wohnzimmer rennt, während sie telefoniert.

Nina: Ach, komm schon! Du siehst doch, dass Lisa Stress hat.

Sebastian: Bist du jetzt wieder auf ihrer Seite?

Nina: Wir haben uns wieder vertragen, ja. Außerdem ist Streit auch ein Stressfaktor, und ich muss mich entspannen. Sag mal, hast du Toilettenpapier gekauft?

Sebastian: Toilettenpapier? Das ist ... Stressfaktoren, überall Stressfaktoren!

Clip 1.07

Nico: Hey!

Selma: Nico! Was machst du hier?

Nico: Ich bin hier, weil ich dich sehen will.

Selma: Wie war dein Termin bei der Agentur für Arbeit?

Nico: Sehr gut. Ich werde eine Ausbildung zum ähm – wie ist das Wort? – Zweiradmechatroniker machen. Ich werde eine Ausbildung zum Zweiradmechatroniker machen.

Selma: Was ist das?

Nico: Ich arbeite in einer Werkstatt und muss da Fahrräder und Motorräder reparieren.

Selma: Also alles mit zwei Rädern?

Nico: Ja. Die Ausbildung dauert drei Jahre.

Selma: Das klingt super.

Nico: Ja. Find' ich auch, denn ich muss endlich Geld verdienen.

Selma: Geht das?

Nico: Zuerst muss ich eine Sprachprüfung bestehen und dann kann ich die Ausbildung beginnen.

Selma: Das schaffst du, Nico. Jetzt sei doch mal optimistisch! So schwer ist die Prüfung auch nicht. Du musst dich gut darauf vorbereiten.

Nico: Ja, ich weiß. Und was ist mit dir?

Selma: Ich möchte studieren, aber ich weiß noch nicht so genau, was. Es gibt so viele Studienfächer! Aber im Moment brauch' ich vor allen Dingen einen Job.

Nico: Und suchst du schon?

Selma: Ich kann schlecht einen Job suchen, wenn ich immer zu Hause bleiben muss.

Nico: Es geht um deine Zukunft! Bis bald!

Pepe: Nico ... Ich war die letzten Jahre kein guter Bruder. Ich ... ich war nicht für dich da.

Nico: Vergiss es! Ich will nicht mehr zurückschauen. Was passiert ist, ist passiert. Fertig.

Pepe: Ja.

Nico: Jetzt sind wir beide hier und fangen neu an.

Einheit 4: Natur erleben

Clip 1.08

Lust auf Urlaub in der Natur? Wir haben die schönsten Ziele in Biosphärenreservaten in Deutschland, Österreich und der Schweiz herausgesucht. Denn das Gute liegt so nah und die Biosphärenreservate bieten besonders viel für Klein oder Groß – egal ob Kultur, Natur oder Sport. Hier ist für alle etwas dabei!
In Deutschland gibt es 16 Biosphärenreservate: am Meer, im Wald, an Flüssen oder in den Bergen.
In unserem Nachbarland Österreich gibt es fünf Biosphärenreservate und in der Schweiz zwei.
Genießen Sie Sonne, Wind und Meer an der Nordsee. Machen Sie Wattwanderungen und beobachten Sie Vögel. Mit viel Glück sieht man vielleicht sogar einen Seehund!
Im Spreewald können Sie die vielen Flusslandschaften mit dem Kanu entdecken. Und mit etwas Glück können Sie auch wilde Tiere fotografieren.
Wer lieber bergauf und bergab unterwegs ist und durch bunte Blumenwiesen laufen möchte, kann z. B. schöne Urlaubstage im Schwarzwald oder im Entlebuch verbringen und dort auch kleine alte Städte entdecken.
Und wer es noch sportlicher mag, kann klettern, in den Alpen von Hütte zu Hütte wandern, Mountainbike-Touren machen oder im Winter Skifahren.
Egal ob Meer, Flusslandschaft oder Berge – in allen Biosphärenreservaten kann man viel erleben und jede Menge Spaß haben. Die Biosphärenreservate freuen sich auf Ihren Besuch!

Clip 1.09

Adrian: Hey! Schön, dich zu sehen.
Lerner*in: Hi Adrian! Wie geht's dir? Ich hab' gehört, ihr habt Urlaub auf einem Hausboot gemacht.
Adrian: Ja, das stimmt. Wir hatten keine Lust mehr auf Hotel und Camping. Und wollten einfach mal was Neues ausprobieren.
Lerner*in: Und wo wart ihr?
Adrian: Im Spreewald, in Brandenburg.
Lerner*in: Das ist doch ein Biosphärenreservat, oder?
Adrian: Genau.
Lerner*in: Das kenne ich aus dem Fernsehen. Die Natur sieht traumhaft aus.
Adrian: Das ist sie auch! Es war so schön.
Lerner*in: Und deine Tochter? Hat sie sich gelangweilt?
Adrian: Nee, überhaupt nicht. Es gab so viel zu entdecken. Wir haben Radtouren gemacht und Picknicks. Und haben so viele Tiere gesehen, das fand sie besonders spannend. Und jeden Tag schwimmen! Vom Boot direkt ins Wasser - wunderbar!
Lerner*in: Wow, das klingt nach einem richtig tollen Urlaub!
Adrian: Oh ja! Das solltest du auch mal ausprobieren! Jetzt muss ich aber wirklich mit der Arbeit anfangen. Wir sehen uns.
Lerner*in: Ja, bis später!

Einheit 5: Hin und weg!

Clip 1.10

Diego: Ja, cool! Was machst du denn hier?
Lerner*in: Das könnte ich dich auch fragen.
Diego: Oh, Entschuldigung. Ihr kennt euch nicht, oder? Das ist Jaque.
Lerner*in: Hallo Jaque.
Jaque: Hallo. (sagt etwas auf Portugiesisch)
Lerner*in: Was hat sie gesagt?
Diego: Sie hat gesagt, dass sie leider kein Deutsch versteht. Sie kommt aus Brasilien.
Lerner*in: Das ist ja interessant. Da möchte meine Freundin gerne mal studieren.
Diego: (sagt etwas auf Portugiesisch)
Jaque: (sagt etwas auf Portugiesisch)
Lerner*in: Habe ich richtig verstanden, dass das kein Problem ist?
Diego: Genau. In Brasilien gibt es viele tolle Unis.
Lerner*in: Kannst du sie mal fragen, welche sie empfehlen würde?
Diego: Ja, gerne, aber leider müssen wir schon gehen. Komm doch morgen mal vorbei. Dann haben wir mehr Zeit. (sagt etwas auf Portugiesisch)
Jaque: Ah, o.k. ja!
Lerner*in: Ja, gerne. Ich ruf dich an.
Diego: O.k., dann bis morgen!
Lerner*in: Tschüss!

Einheit 6: Weihnachten

Clip 1.11

Petra: Hey. Gut, dass es endlich mit unserem Treffen klappt – es gibt noch so viel zu besprechen für die Weihnachtsfeier.
Lerner*in: Ja, das stimmt! Was müssen wir machen?
Petra: Wir müssen uns z.B. dringend um die Einladung kümmern.
Lerner*in: Ja, das ist wichtig. Das sollten wir zuerst machen.
Petra: Das finde ich auch. Und Essen und Getränke brauchen wir auch noch. Wollen wir das Essen eigentlich wieder bestellen?
Lerner*in: Nein, das ist so teuer.
Petra: Hast du eine andere Idee?

Lerner*in: Ja, wir machen eine Liste und alle können notieren, was sie mitbringen.

Petra: Super! Aber die Getränke sollten wir einkaufen.

Lerner*in: Wollen wir auch noch ein paar Spiele für die Feier vorbereiten?

Petra: Ja, aber kannst du das machen? Du hast da bestimmt coolere Ideen – du bist immer so kreativ.

Lerner*in: Na klar, aber du kümmerst dich dann um die Dekoration, o.k.?

Petra: Klar, das mache ich gern. Schreiben wir die Einladung zusammen? Ich verschicke sie dann.

Lerner*in: Ja, gut. Und ich bereite die Liste für das Essen vor und schicke sie an alle.

Petra: ... und du überlegst dir ein paar Spiele! Wenn wir fertig sind, gehen wir zusammen die Getränke ein paar Tage vorher einkaufen, ja?

Lerner*in: So machen wir das!

Petra: O.k., dann müssen wir jetzt nur noch die Einladung besprechen.

Plateau 2

Clip 1.12

Pepe: Hast du kurz Zeit?

Tarek: Ja.

Max: Hey!

Pepe: Hey! Es gibt Neuigkeiten! Wir haben einen Investor!

Max: Yes!

Tarek: Was? Einfach so?

Pepe: Nicht ganz. Er gibt uns vier Wochen Zeit. Das heißt, wir müssen den Lieferservice in einem Monat starten.

Tarek: In einem Monat? Wozu soll das denn gut sein?

Pepe: Na ja, er will sehen, dass wir es wirklich ernst meinen.

Max: Wir meinen es ernst! Deshalb brauchen wir auch mehr Zeit zum Planen und so. Das schaffen wir nie im Leben in vier Wochen!

Tarek: Wozu brauchen wir am meisten Zeit?

Max: Na ja, wir brauchen bestimmt viel Zeit zum Ausbauen der Küche. Das dauert mindestens drei bis vier Wochen – wenn es gut läuft.

Tarek: Außerdem brauchen wir noch ... ein paar Wochen, um neues Personal einzustellen. Das geht auch nicht so einfach. Die müssen ja auch noch eingearbeitet werden.

Max: Und du? Was musst du noch machen?

Pepe: Ich erstelle die App und die Webseite und überarbeite den Businessplan. Aber das geht relativ schnell.

Max: Das wird stressig. Ich weiß nicht, ob wir das schaffen. Die Arbeit im Restaurant ist ja auch noch da. Wir können ja nicht einfach schließen.

Tarek: Können wir den Termin nicht verschieben?

Pepe: Nein. Und es gibt noch eine Bedingung ...

Tarek: Auf gar keinen Fall!

Pepe: Aber wieso? Dadurch ist das Risiko für euch nicht so hoch.

Tarek: Pepe, ich weiß nicht, ob du uns richtig verstanden hast, aber es gibt kein Risiko mehr, weil es nämlich keinen Deal mehr gibt.

Max: Ich weiß auch nicht, ob das 'ne gute Idee ist. Der will für sein Geld 50 Prozent von unserem Geschäft haben! Das ist viel zu viel!

Tarek: Das war doch klar, dass der uns nicht einfach so viel Geld gibt.

Pepe: Nein, das war nicht klar. Und ich hätte nicht gedacht, dass er euer Geschäftspartner werden will und 50 Prozent fordert.

Tarek: Die bekommt er ganz sicher nicht, denn wir brauchen ihn nicht. Mir war die ganze Sache sowieso viel zu riskant!

Max: Tarek ...

Tarek: Was denn? Mich wundert, dass du unser Restaurant größer machen willst. Bist du unzufrieden?

Max: Nein.

Pepe: Max? Was ist der Plan?

Max: Es tut mir leid, Pepe. Tarek hat recht. Es ist unser Restaurant. Wir wollen keinen Investor.

Clip 1.13

Lisa: Woher stammt Inges Familie? Was glaubt ihr? Na? Wer möchte es versuchen?

Schüler: Ich glaube, dass sie aus Deutschland kommt.

Inge: Ja ... und nein. Der Ort, aus dem meine Familie kommt, liegt heute in Polen. Und als Deutschland den Krieg verloren hat, mussten meine Eltern unsere Heimat verlassen. Da war ich noch nicht geboren.

Schülerin: Gab es damals genauso viele Flüchtlinge wie heute?

Inge: Ha! Sogar mehr. Und die Menschen kamen in ein Land, in dem sehr viel kaputt war. Immerhin konnten sie die Sprache verstehen. Denn sie haben auch zu Hause Deutsch gesprochen. Das war sicher ein großer Vorteil. Da hat es deine Familie nicht so leicht.

Schüler: Ist das Ihre Familie?

Inge: Ja genau. Das ist meine Familie. Das kleine Mädchen bin ich. Das war für mich ein ganz besonderer Tag, weil ich das erste Mal mein neues Kleid anhatte. Es war etwas Besonderes. Meine Eltern hatten nicht sehr viel Geld damals.

Lisa: Selma, du hast auch Fotos mitgebracht.

Selma: Ja. Also, die Fotos zeigen meine Heimatstadt in Syrien. Das ist die Straße, in der wir gewohnt haben.

Lisa: Wirklich schön. Wenn ich das sehe, denke ich sofort an Urlaub.

Selma: Ja, es gab viele Touristen, als noch Frieden war. Aber jetzt ist alles anders.

Schüler: Willst du wieder zurück? Denkst du oft an deine Heimat?

Selma: Ich denke sogar sehr oft an meine Heimat. Hier ist es auch schön, aber ich möchte gerne wieder zurück nach Hause. Aber im Moment ist das nicht möglich. Wir versuchen jetzt, hier ein neues Leben zu beginnen.

Lisa: Vielen Dank für die tollen Geschichten und die Fotos. Das war's auch schon wieder.

Schüler: Darf ich mit Ihnen und Selma noch ein Foto machen?

Inge: Klar.

Clip 1.14

Nico: Hi Yara!

Yara: Schau dir das Fahrrad an, Nico! Wunderschön, oder?

Nico: Na ja.

Yara: Als ich nach Deutschland gekommen bin, hatte ich auch so ein Fahrrad. Es ist leider irgendwann kaputtgegangen.

Nico: Ist das nicht auch kaputt?

Yara: Was? Nein!

Nico: Na ja, das Fahrrad sieht aus wie Schrott.

Jacques: Er weiß ja nicht, was er da sagt. Schrott!

Yara: Nein, das weiß er wirklich nicht.

Jacques: Als ich in deinem Alter war, hab' ich von diesem „Schrott" geträumt!

Yara: Nico, das ist Otto.

Nico: Hallo, ich bin Nico, der Neffe von Yara. Ich wollte nicht unhöflich sein.

Jacques: Ist schon gut.

Yara: Mach's gut, Otto. Und vielen Dank! Das Fahrrad bedeutet mir viel!

Jacques: Pass gut drauf auf!

Yara: Tschüss! ... Nico!

Nico: Stabil ist es nicht. Schrott!

Pepe: Hey!

Nico: Huhu!

Yara: Hey! Du kannst mal Nicos Bewerbung für die Schauspielschule lesen. Er will's jetzt doch versuchen.

Nico: Was? Wozu das denn?

Yara: Wozu? Du bist gut! Es ist wichtig, dass alles korrekt ist.

Pepe: Also! Name, Adresse, Telefonnummer, Geburtsdatum, Geburtsort, Nationalität: Spanier. Das ist so weit in Ordnung. Hm ... Schulausbildung ist hier ... Sprachkenntnisse, Computerkenntnisse – o.k., Interessen und Fähigkeiten ... Seit wann interessierst du dich denn für modernes Theater?

Pepe: Ich würd' vorschlagen, wir schauen uns mal dein Motivationsschreiben an.

Nico: Na los, fangen wir an.

Pepe: Also hier können wir auf jeden Fall noch 'n paar Formulierungen ändern. Hm ... Dein Motivationsschreiben muss überzeugender sein. Mach es persönlich. Warum willst du auf diese Schule und warum bist du der Richtige dafür? Du interessierst dich doch für das Studium, oder?

Nico: Klar! Danke, Pepe. Bis morgen.

Einheit 7: Worte und Orte

Clip 2.01

Miray: Hallo ... ach, hey! Schön dich zu sehen!

Lerner*in: Hallo Miray, ich freue mich auch dich zu sehen! Wie geht's dir?

Miray: Heute geht einfach alles schief. Beim Frühstück hatte ich keine Milch für den Cappuccino, dann ist mein Fahrrad kaputt gegangen und jetzt finde ich mein Handy nicht mehr.

Lerner*in: Das ist ja doof! Kann ich dir helfen?

Miray: Nein ... Das Schlimmste ist eigentlich, dass ich den Mathetest nicht bestanden habe und ich es meinen Eltern sagen muss. Ich würde am liebsten den Kopf in den Sand stecken!

Lerner*in: Den Kopf in den Sand stecken?! Wie meinst du das?

Miray: Na ja, ich muss es denen ja sagen. Die sind bestimmt sauer.

Lerner*in: Verstehe. Aber guck mal, ist das nicht dein Handy?

Miray: Mein Handy? Wo?

Lerner*in: Da, in deiner Jacke!

Miray: Ach, das gibt's ja gar nicht! Manchmal hab' ich echt Tomaten auf den Augen!

Lerner*in: Tomaten auf den Augen? Wie meinst du das?

Miray: Na ja, das sagt man so, wenn man etwas nicht sieht, obwohl es die ganze Zeit da war.

Einheit 8: Talente gesucht

Clip 2.02

Emma: Oh, hey! Schön dich zu sehen.

Lerner*in: Hallo Emma. Hast du dich auf die Stelle als Programmiererin beworben?

Emma: Ja! Ich hatte gestern das Vorstellungsgespräch in der Design Agentur SANA.

Lerner*in: Und, wie war's? Warst du sehr aufgeregt?

Emma: Ja, total. Ich habe vorher sogar ein paar Entspannungsübungen gemacht. Das hat etwas geholfen.

Lerner*in: Und wie war das Gespräch?

Emma: Zuerst gab es ein bisschen Smalltalk und dann habe ich mich vorgestellt. Alles kein Problem, ich habe mich gut vorbereitet.

Lerner*in: Stimmt. Gute Vorbereitung ist ganz wichtig.

Emma: Ja, und ich habe auch viele Fragen gestellt, z.B. ob Homeoffice möglich ist. Das ist mir genauso wichtig wie ein nettes Team.

Lerner*in: Genau, ich finde eine gute Zusammenarbeit auch sehr wichtig.

Emma: Auf jeden Fall. Ich wünsche mir auch flexible Arbeitszeiten und verantwortungsvolle Aufgaben.

Lerner*in: Und hast du das Team auch schon kennengelernt?

Emma: Nein, noch nicht. Mal schauen, ob sie mich zum zweiten Gespräch einladen.

Lerner*in: Na dann, viel Glück! Wo hast du die Stellenanzeige eigentlich entdeckt?

Emma: Auf Social Media! Die Agentur ist da sehr aktiv. Sie zeigen viel von ihrer Arbeit und stellen Mitarbeiter*innen vor. Das gefällt mir ganz gut.

Lerner*in: Ach so, klar. Da suche ich auch mal.

Einheit 9: Geht nicht? Gibt's nicht!

Clip 2.03

Hallo zusammen! In meiner Präsentation geht es um das Thema *Wie wir hören*. Hört mal! Sicher ist nicht alles, was wir hören, so schön, oder? Bestimmt könntet ihr mir jetzt sagen, was ihr gehört habt und vielleicht wisst ihr sogar, welcher Vogel das ist und was es in der Nähe noch gibt. Aber wisst ihr auch, wie ihr das gehört habt? Das möchte ich euch, wie gesagt, in meiner Präsentation kurz erklären. Die große Frage lautet also: Wie hören wir?

Klar, mit unseren Ohren! Aber unsere Ohren sind viel mehr als das, was wir sehen. Denn das, was wir sehen können, ist nur das Außenohr. Das ganze Ohr ist viel größer, wie hier von der Grafik gezeigt wird. Aber wie hören wir denn jetzt und was haben Schallwellen mit dem Hören zu tun?

Das ist wieder der kleine Vogel aus dem Video. Obwohl er so klein ist, singt er ganz schön laut! Und beim Singen produziert er Töne, die wir hören können, denn die Töne werden als Schallwellen von der Luft transportiert. Und diese Schallwellen nehmen wir dann mit unserem Außenohr auf.

Hier seht ihr noch einmal, wie die Schallwellen vom Außenohr aufgenommen werden.

Und vom Außenohr kommen die Schallwellen in das sogenannte Mittelohr. Das seht ihr hier in der Mitte. Im Mittelohr ist das Trommelfell. Das ist eine dünne Haut. Und die Schallwellen werden vom Trommelfell an die Gehörknöchelchen weitergeleitet. Die Gehörknöchelchen sind hier. Wie ihr seht, sind sie sehr klein, aber wichtig!

Hier könnt ihr das Mittelohr mit dem Trommelfell und den Gehörknöchelchen noch einmal etwas größer sehen. Und das passiert hier: Die Schallwellen kommen, wie gesagt, durch das Mittelohr zum Trommelfell. Das seht ihr hier in Blau. Vom Trommelfell werden sie an die drei Gehörknöchelchen weitergeleitet. Das ist aber noch nicht alles ... Denn jetzt geht es im Innenohr weiter.

Im Innenohr ist die Hörschnecke. Die Hörschnecke heißt so, weil so ähnlich aussieht wie eine Schnecke. Also, eigentlich wie eine Schnecke mit einem Schneckenhaus. Hier kann man das ganz gut sehen. Ja, und von der Hörschnecke wird jetzt ein Signal produziert. Und nun verlässt dieses Signal das Ohr, denn es wird von der Hörschnecke an das Gehirn weitergeleitet. Und das alles passiert ständig und in einem Megatempo!

Ich fasse den Hörprozess noch einmal zusammen: Töne sind Schallwellen, die von der Luft transportiert und vom Außenohr aufgenommen werden. Im Mittelohr werden die Schallwellen zum Trommelfell geleitet und dann vom Trommelfell an die Gehörknöchelchen im Innenohr weitergegeben. Von den Gehörknöchelchen werden sie dann an die Hörschnecke weitergeleitet und die Hörschnecke produziert ein Signal, das sie an das Gehirn schickt. Das alles passiert pausenlos, automatisch und superschnell. Und im Gehirn geht es dann auch ganz schnell mit dem Verstehen weiter. Aber das ist ein anderes Thema ...

Vielen Dank fürs Zuhören! Habt ihr noch Fragen?

Clip 2.04

Elia: Hi! Na, wie geht's?

Lerner*in: Ganz gut. Was machst du da?

Elia: Das ist ein Experiment. Willst du's mal sehen?

Lerner*in: Klar, gerne. Bin gespannt.

Elia: Also, als Erstes man braucht einen Luftballon, den schneidet man mit einer Schere in der Mitte durch. Ungefähr so. Und dann braucht man ein Glas. Moment, jetzt wird es schwierig. Deshalb habe ich das schonmal vorbereitet. Jetzt nimmt man etwas Reis ...

Lerner*in: Was willst du denn mit dem Reis machen?

Elia: Jetzt warte doch mal. Das siehst du gleich. Das ist echt cool! Habe ich in irgendeinem Video gesehen.

Mal sehen, ob es auch funktioniert, wenn ich das mache.

Lerner*in: Ach so. Du probierst das jetzt zum ersten Mal aus?

Elia: Ja, genau. Pass auf! Ich schlage jetzt mit dem Löffel (auf) den Topf. Der muss aber aus Metall sein. Achtung, los geht's.

Lerner*in: Das ist wirklich krass! Der Reis tanzt ja richtig!

Elia: Klasse, oder? Ich frage mich die ganze Zeit, wie das funktioniert.

Lerner*in: Ach, das kann ich dir erklären. Du schlägst mit dem Löffel auf den Topf.

Elia: Klar. Aber ...

Lerner*in: So entsteht eine Schallwelle, die wir hören, aber nicht sehen können.

Elia: Und was hat das mit dem Reis zu tun?

Lerner*in: Pass auf. Die Schallwelle wird von der Luft transportiert.

Elia: Und dann?

Lerner*in: Der Luftballon wird von der Schallwelle bewegt, sodass der Reis zu tanzen beginnt.

Elia: Toll, was du alles weißt!

Plateau 3

Clip 2.05

Nico: Mein Bruder hat sich total verändert. Die letzten Wochen waren ... großartig mit ihm.

Selma: Apropos großartig: Ich hab' eine Zusage für das Praktikum!

Nico: Wirklich? Wow!

Selma: Ja!

Nico: Davon hast du mir gar nichts erzählt. Wann war denn das Bewerbungsgespräch?

Selma: Heute Vormittag. Es war gar nicht so schlimm, sondern eigentlich sogar ziemlich angenehm. Mit Lisas Hilfe war ich wirklich gut vorbereitet. Sie hat mir gesagt, um bei Bewerbungsgesprächen zu überzeugen, muss man auf ein paar Sachen achten.

Nico: Zum Beispiel?

Selma: Du solltest dich vorher über die Ausbildung und die Schule informieren. Das hab' ich auch gemacht und deshalb war ich wohl auch gar nicht so aufgeregt und habe alle Fragen sofort verstanden!

Nico: Du bist unglaublich!

Selma: Sie haben sofort zugesagt. Ich muss ihnen nur noch ein paar Dokumente schicken, um schnell anfangen zu können.

Nico: Das müssen wir feiern. Hm?

Selma: Ich würde gerne, aber ... ich muss jetzt gehen, damit ich rechtzeitig zu Hause bin. Wir sehen uns!

Max: Und du glaubst, dass es eine gute Idee ist?

Inge: Ja, wieso denn nicht? Im Gegensatz zu den meisten Männern ist Jacques rücksichtsvoll, charmant, humorvoll, romantisch ...

Tarek: Was heißt denn *im Gegensatz zu den meisten Männern*?

Nico: Hi!

Inge: Hallo Nico!

Tarek/Max: Hi Nico!

Max: Warum haben wir deinen Jacques eigentlich noch nicht gesehen? Hast du kein Foto von ihm?

Tarek: Oder sieht er vielleicht gar nicht so gut aus, wie du immer sagst?

Inge: Jetzt werd' bloß nicht frech! Jacques ist sehr attraktiv. Er ist groß und schlank, er hat schöne Augen und ... Moment! Hier.

Nico: Kann ich das bitte noch mal sehen? Das ist Otto.

Inge: So ein Quatsch! Das ist Jacques!

Nico: Ich sag' ja nur, dass er so aussieht.

Inge: Wieso red' ich überhaupt mit euch?

Max: Weil du uns magst, liebe Inge!

Tarek: Und weil wir immer noch die besten Köche sind, die du kennst.

Clip 2.06

Nina: Möchtest du ein Plätzchen? Hab' ich heute Morgen frisch gebacken.

Nico: Vielen Dank!

Sebastian: Also, ich will auch eins!

Nina: Weil du so lieb *Bitte* gesagt hast?

Sebastian: Hm ... Die sind aber nicht von dir!

Nina: Wieso nicht?

Sebastian: Weil die so wahnsinnig lecker sind.

Nico: Ja! Lecker!

Nina: Gut. Das war dein Letztes. Lisa, möchtest du auch ein Plätzchen?

Lisa: Danke!

Sebastian: Was machst 'n du da?

Lisa: Ich muss morgen das Thema Recycling und Umweltschutz im Unterricht behandeln. Aber ich weiß noch nicht, wie.

Nina: Und wieso? Wo ist das Problem?

Lisa: Das Thema ist total wichtig. Aber wenn der Unterricht nicht spannend ist, dann ist es total langweilig.

Sebastian: Langweilig? Also, pass mal auf: Wenn wir unseren Planeten weiterhin so ausbeuten, dann brauchen wir 2030 mindestens zwei Erden. Und du kannst deinen Schülern auch sagen, dass jeden Tag 130 Tierarten aussterben. Nur mal so.

Nico: Was?

Sebastian: Mhm. Insekten zählen auch dazu.

Lisa: Also, je statistischer das Thema, desto langweiliger wird es.
Sebastian: Stimmt überhaupt nicht.
Lisa: Doch, das ist viel zu abstrakt. Meine Schüler sollen ja selber aktiv werden. Die sollen ein Umweltbewusstsein entwickeln und sich über ihr Konsumverhalten klar werden.
Nina: Na ja, es reicht ja eigentlich schon, wenn du mal 'ne Woche kein Plastik kaufst. Das Zeug ist so was von umweltschädlich.
Lisa: Ja, das ist super!
Sebastian: Ach, das ist super? Das ist ultralangweilig!
Lisa: Also, wenn die mal eine Woche auf Plastik verzichten würden, dann würden sie ja merken, was alles aus Plastik ist. Das ist toll!
Lisa: Ihr sollt nicht euer ganzes Leben lang auf Plastik verzichten, sondern nur eine Woche. Kommt schon! Plastik ist eine wahnsinnig große Umweltbelastung. Wusstet ihr, dass viele Tonnen Plastik im Meer schwimmen? Die Fische werden krank davon. Wir essen die Fische, dann werden wir krank davon. Das ist ein Kreislauf. Also, macht ihr mit?
Schüler: Sie auch, Frau Brunner!
Lisa: Natürlich!

Clip 2.07

Sebastian: Selma!
Selma: Hallo Sebastian!
Sebastian: Ey, schön, dich zu sehen. Geht's dir gut?
Selma: Danke, mir geht's gut. Ich bin auf dem Weg zu meinem Praktikum. Und du?
Sebastian: Ja, ich treff' mich jetzt mit 'ner Freundin zum Frühstück. Und wie gefällt dir das Praktikum?
Selma: Die Arbeitsbedingungen in der Firma sind toll, obwohl die Arbeitszeiten an manchen Tagen ziemlich lang sind.
Sebastian: Und dein Chef? Ist der nett?
Selma: Er ist streng, aber hilfsbereit und verständnisvoll. Und ich find es gut, dass ich viele verantwortungsvolle Aufgaben habe.
Sebastian: Cool, das klingt super.
Selma: Wie geht es Nico?
Sebastian: Nico? Ja, du, Nico geht's eigentlich ganz gut. Der ist immer noch auf der Suche nach 'nem Ausbildungsplatz. Soll ich ihn von dir grüßen?
Selma: Besser nicht.
Sebastian: O. k. Dann wünsch' ich dir viel Spaß auf der Arbeit!
Selma: Danke.
Sebastian: Bis bald!
Selma: Bis bald, Sebastian!
Sebastian: Ciao!
Nina: Steckt ihr in einer Beziehungskrise?
Nico: Eine was?
Sebastian: Was Nina meint, ist: Habt ihr euch gestritten?
Nico: Nein.
Nina: Selma antwortet nicht. Na und?
Sebastian: Ich denke, sie ist doch sauer. Vielleicht hast du irgendwas Falsches gesagt?
Nico: Nein, wir haben nur über ihr Praktikum geredet.
Nina: Jetzt warte mal ab, sonst nervst du sie nur.
Sebastian: Vielleicht ist Selma sauer, obwohl für dich alles o.k. ist. Oder ihr ist irgendwas passiert. Das kann natürlich auch sein.
Nina: Sebastian!
Sebastian: Was denn?
Nina: Mann! Du sollst ihn nicht verunsichern, sondern ihm helfen.
Sebastian: Ich helf' ihm doch!
Nico: Hm. Ich muss das klären.

Einheit 10: Wir lieben Kaffee!

Clip 2.08

Adrian: Oh, hi. Wie war dein Wochenende?
Lerner*in: Hey Adrian. Ganz gut, aber sag mal: Was machst du denn hier?
Adrian: Das hier? Wir haben Besuch für ein Projekt und ich habe leider gefragt, ob sie Kaffee möchten.
Lerner*in: Sieht so aus, als wollen sie alle einen.
Adrian: Das kannst du laut sagen. Und alle trinken ihren Kaffee anders! Am liebsten hätte ich sie zum Coffee Shop geschickt. Aber das geht natürlich nicht.
Lerner*in: Stimmt. Du hast auch schon mal als Barista gearbeitet, oder?
Adrian: Genau. Während des Studiums.
Lerner*in: ... und was machst du jetzt hier?
Adrian: Also, ich mach einen Filterkaffee mit frisch gemahlenen Bohnen und einen Cappuccino mit Hafermilch. Hier mache ich den Espresso für den Cappuccino. Und diese Bohnen sind super für einen Flat White. Den trinkt Franziska besonders gerne. Weil sie gleich aber los muss, zu einem anderen Meeting, mache ich ihr einen Coffee-to-go.
Lerner*in: Wow, du bist ja fleißig. Gehen wir heute Mittag in die Kantine?
Adrian: Gern. So um halb eins?
Lerner*in: Gut, bis dann.
Adrian: Super, dann mach' ich mal weiter.

Einheit 11: Einfach genial!

Clip 2.09

Locker und gut riechend – so kennt ihr Rasierschaum. Aber wusstet ihr, dass man mit ihm auch den Spiegel nach dem Duschen nie mehr putzen muss? Oder eine quietschende Tür reparieren kann? Wir zeigen euch geniale Lifehacks mit Rasierschaum.
Hack Nummer eins: Jeder kennt es - nach dem Duschen könnt ihr im Spiegel nichts mehr sehen? Hier ist Rasierschaum total hilfreich! Ihr sprüht ihn auf den Spiegel und wartet kurz. Dann müsst ihr den Spiegel nur noch mit einem Tuch abwischen, fertig! Ihr braucht nach dem Duschen keinen Spiegel mehr zu putzen – cool, oder?
Hack Nummer zwei: Eure quietschende Zimmertür nervt? Kein Problem! Ihr braucht nur den Rasierschaum auf die Scharniere zu sprühen. Dann noch kurz warten, abwischen und das nervende Geräusch ist weg. Genial, oder?
So, das war's für heute. Wenn ihr noch vier geniale Life-Hacks mit Alufolie sehen wollt, braucht ihr nur hier oben auf das Video zu klicken. Wenn euch das Video gefallen hat, gebt ihm einen Like und abonniert den Kanal – wir freuen uns! Ciao, tschüss und bis zum nächsten Mal!

Clip 2.10

Emma: Hey, schön dich zu sehen! Aber ... du, es passt grad nicht so ... ich bin voll im Stress!
Lerner*in: Hallo! Aber warum bist du so gestresst?
Emma: Na ja, ich muss morgen in meinem Kurs eine Präsentation halten, aber ich bin noch nicht fertig. Außerdem habe ich Angst, vor so vielen Menschen zu sprechen.
Lerner*in: Du musst doch keine Angst haben! Schreib doch Karten mit Stichpunkten.
Emma: Wieso das denn?
Lerner*in: Na, die Notizen helfen dir, frei zu sprechen.
Emma: Oh ja, super Idee! Aber ich weiß auch nicht genau, wie ich anfangen soll.
Lerner*in: Wie wär's mit einem Eisbrecher?
Emma: Ein Eisbrecher? Was meinst du?
Lerner*in: Zum Beispiel ein interessantes Bild oder ein passendes Zitat von einer berühmten Person.
Emma: O.k., da fällt mir sicher was ein. Und was mach' ich, wenn jemand eine Frage hat?
Lerner*in: Du beantwortest die Frage gleich oder alle Fragen am Ende.
Emma: Super, danke für deine Tipps. Da fühle ich mich gleich viel besser! Jetzt brauche ich nur noch einen Tipp gegen Lampenfieber.

Einheit 12: Gestern - heute - morgen

Clip 2.11

Elia: Hallo, was machst du denn hier?
Lerner*in: Mensch, dich habe ich echt lange nicht gesehen! Alles gut?
Elia: Ja, passt schon. Und bei dir?
Lerner*in: Na ja, viel zu tun, aber ganz o.k. Das kennst du ja.
Elia: Hm. Sag mal. Hast du Lust auf Kino?
Lerner*in: Gerne, was gibt's denn?
Elia: Guck mal hier. Im Schillerhof läuft gerade Metropolis.
Lerner*in: Echt? Den Film wollte ich schon immer mal sehen!
Elia: Oh! Ich sehe gerade, dass der 150 Minuten dauert. Zweieinhalb Stunden!
Lerner*in: Stimmt, das ist ziemlich lange.
Elia: Du weißt doch, dass das ein Stummfilm ist, oder?
Lerner*in: Ein was?
Elia: Ein Stummfilm. Das heißt, man hört nicht, was die Schauspielerinnen und Schauspieler sagen.
Lerner*in: Der Film ist also ganz ohne Ton? Ohne Sprache?
Elia: Nein, natürlich nicht. Man kann ab und zu lesen, was gesagt wird oder was in der nächsten Szene passiert. Ich finde das total spannend!
Lerner*in: Und man hört wirklich gar nichts?
Elia: Doch, natürlich. Man hört die ganze Zeit Musik.
Lerner*in: Ach so. Naja, das hört sich doch gut an.
Elia: Wann würde es dir denn passen? Ich habe eigentlich fast immer Zeit.
Lerner*in: Ich könnte am ... um ...
Elia: Ach, das ist so ziemlich der einzige Termin, der mir nicht passt.
Lerner*in: Und am ... um ...?
Elia: Ja, da geht's. Treffen wir uns vorher? Auf einen Kaffee oder so?
Lerner*in: Gerne. Kennst du das Café neben dem Schillerhof?
Elia: Ja, das kenne ich. Echt gemütlich. Sagen wir eine Stunde vorher?
Lerner*in: O.k. Dann reserviere ich zwei Tickets, einverstanden?
Elia: Einverstanden. Ich freu mich. Bis dann!

Plateau 4

Clip 2.12

Selma: Hey! Spinnst du?
Nico: Selma, es tut mir leid ...
Selma: Was soll das?

Nico: Warum antwortest du mir nicht? Ich hab' dir geschrieben, dich angerufen und ...
Selma: Das hab' ich gesehen.
Nico: Ich ... ich versteh einfach nicht, was los ist. Entweder du sagst mir, warum du mir nicht antwortest, oder ich bleib den ganzen Tag hier vor deinem Haus stehen.
Selma: Nico, wovon sprichst du?
Nico: Ich will einfach nicht, dass es irgendwelche Missverständnisse zwischen uns gibt. Hab' ich was Falsches gesagt?
Selma: Nico, ich ...
Nico: Ich weiß, entweder wir treffen uns heimlich in der WG oder in der Stadt, aber ... aber ich musste dich sehen. Deshalb bin ich gekommen.
Selma: Du hast nichts falsch gemacht, Nico. Es hat nichts mit dir zu tun. Ich fühl mich so ... so unglaublich schlecht. Gerade jetzt. Meine Eltern dürfen sich jetzt nicht aufregen.
Nico: Aber was ist denn passiert, hm?
Selma: Mein Vater ist wieder im Krankenhaus.
Nico: Was?

Lisa: Danke. Also, erzähl mal: Wie geht's denn mit deiner Brücke voran?
Selma: Du meinst die Brücke für den Wettbewerb?
Lisa: Ja, genau.
Selma: Ich habe ziemlich viel zu tun, trotzdem bin ich schon weitergekommen.
Lisa: Und bist du zufrieden?
Selma: Hm, noch nicht ganz. Aber ich hatte die Idee, Solarzellen an die Seiten zu montieren. Die können die Lampen auf der Brücke dann mit Strom versorgen. Das fanden ein paar andere gut und machen jetzt mit.
Lisa: Cool!
Selma: Ich finde alternative Energien sowieso am interessantesten, auch in der Architektur. Man kann auch an Gebäuden viel Energie sparen. Das ist so spannend!
Lisa: Ja, ich hab' neulich einen Artikel über intelligente Häuser gelesen.
Tarek: So, zweimal die Tagessuppe.
Lisa: Also Selma, du und Nico: Was ist denn da los?

Clip 2.13

Nico: Und ich könnte nach der Ausbildung wirklich bei dir arbeiten?
Yara: Ja. Das ist mein Angebot. Du müsstest es nur wollen und du müsstest dafür arbeiten.
Nico: O.k., ich will es! Also, wie geht's jetzt weiter?
Yara: Zuerst müsstest du deine spanischen Zeugnisse übersetzen lassen. Sobald du einen Platz an der Berufsschule hast, kannst du mit der Ausbildung beginnen.
Nico: Und ich kann die Ausbildung wirklich bei dir machen?
Yara: Ja. Mein Fahrradladen ist ein Meisterbetrieb. Ich darf auch ausbilden.
Nico: Und ich wäre nach drei Jahren mit der Ausbildung fertig?
Yara: Genau. Und ich hätte einen top Mitarbeiter!
Nico: Gut. Hier steht noch, dass ich einen Nachweis über meine Deutschkenntnisse brauche.
Yara: Du müsstest die B1-Prüfung machen.
Nico: Dann muss ich auf jeden Fall noch 'ne Menge lernen ...
Yara: Glaubst du, du kannst das schaffen?
Nico: Auf jeden Fall!
Yara: Ich bin stolz auf dich!
Jacques: Bevor ich ein Restaurant hatte, hab' ich lange als Koch gearbeitet. In einem Bistro, das ganz ähnlich aussah wie euer Restaurant.
Tarek: Bevor wir das Restaurant aufgemacht haben, hatte ich in einer Firma als Elektriker gearbeitet.
Max: Und ich war Bankkaufmann.
Jacques: Nein, wirklich? Das ist ja erstaunlich. Da arbeiten Sie jetzt ja in einem ganz anderen Beruf.
Tarek: Aber es hat sich gelohnt. Auch wenn die Gastronomie ganz schön anstrengend ist.
Jacques: Ja, wem sagen Sie das! Aber man erlebt viel in der Gastronomie. Ich könnte 'n Buch drüberschreiben.
Inge: Deine Biografie will doch gar keiner lesen.
Jacques: Was? Aber vielleicht interessieren sich die Menschen ja für meine Erfahrungen.
Tarek: Jacques, wir würden es lesen. Nicht wahr, Max?
Max: Ganz sicher!
Jacques: Da! Zwei Käufer haben wir schon!
Yara: Hey, habt ihr zufällig Nico gesehen? ... Otto! Was machst du denn hier? Hallo Otto!
Inge: Entschuldigung, das muss aber eine Verwechslung sein. Das ist Jacques.
Yara: Nein, ganz sicher nicht. Das ist Otto aus Duisburg. Ich kenne ihn schon seit Jahren.
Jacques: Inge ...
Inge: Sag nicht, dass sie recht hat.
Yara: Was ist denn hier los?
Inge: Das würde ich auch gerne wissen.
Jacques: Lass es mich erklären! Inge! Inge! Inge, warte! Ich ...

Clip 2.14

Pepe: Und?
Nico: Ich weiß nicht.
Pepe: Wie ist dein Gefühl?
Nico: Gut.
Selma: Nico!
Nico: Selma!
Lisa: Ist die Prüfung schon vorbei?
Nico: Ja, ich bin gerade fertig geworden.
Lisa: Oh, ich dachte schon, wir kommen viel zu spät.
Selma: Ich muss mit dir reden!
Pepe: Wir warten draußen.
Lisa: Ja! Ja.
Selma: Nico ...
Nico: Du musst nichts sagen. Ich hätte dich niemals in diese Situation bringen dürfen.
Selma: Machst du Schluss?
Nico: Wir waren nie zusammen, Selma. Nie.

Max: Es ist wirklich unglaublich, was du geschafft hast!
Nico: Ich weiß doch noch gar nicht, ob ich die Prüfung bestanden habe.
Max: Ich bin überzeugt, dass du bestanden hast.
Nico: Hoffentlich reicht's. Ich bin mir wegen des Briefs, den ich schreiben musste, nicht sicher. Und ich habe Angst, dass ich im schriftlichen Teil meines Tests zu viele Fehler gemacht habe.
Pepe: Du wirst wegen ein paar Fehlern schon nicht durchfallen. Du musst dir keine Sorgen machen.
Nico: Ich weiß nicht, ob ich es schaffe, mir keine Sorgen zu machen.
Pepe: Bald beginnt dann deine Ausbildung. Da wirst du noch viele Prüfungen machen müssen.
Nico: Stimmt. Und ich bin gespannt auf alles, was jetzt kommt.
Max: Diese Prüfung ist der erste Schritt auf deinem neuen Weg. Auf Nicos Weg!
Pepe: Auf Nicos Weg!

Die alphabetische Wortliste enthält den Wortschatz der Einheiten. Zahlen, grammatische Begriffe sowie Namen von Personen, Städten und Ländern sind nicht in der Liste enthalten. Wörter, die nicht zum Zertifikatswortschatz gehören, sind kursiv ausgezeichnet..

Die Zahlen geben an, wo die Wörter das erste Mal vorkommen – 10/1b bedeutet zum Beispiel Seite 10, Aufgabe 1b.

Die . oder ein _ unter Buchstaben des Worts zeigen den Wortakzent:
ạ = ein kurzer Vokal; a̲ = ein langer Vokal.

Bei den Verben ist immer der Infinitiv aufgenommen. Bei Nomen finden Sie immer den Artikel und die Pluralform.
(Sg.) = Dieses Wort gibt es (meistens) nur im Singular.
(Pl.) = Dieses Wort gibt es (meistens) nur im Plural.

A

	abbrechen, *er bricht ab, er hat abgebrochen*	15/4b
das	**Abenteuer,** die Abenteuer	11/2b
	abenteuerlich	28/1a
die	***Abenteuerlust*** *(Sg.)*	76/3a
	abhängen (von), es hängt ab (von), es hat abgehangen (von)	190/2c
	abonnieren, er abonniert, er hat abonniert	176/2b
	abräumen, *er räumt ab, er hat abgeräumt*	90/2a
	abreisen, *er reist ab, er ist abgereist*	63/4
	abschließen, er schließt ab, er hat abgeschlossen	124
die	**Absicht,** die Absichten	129/2a
der	**Abwasch** (Sg.)	90/2a
	abwechslungsreich	60
	abwesend	128/2b
	abwischen, *er wischt ab, er hat abgewischt*	176/2b
der	***Advent,*** *die Advente*	90/1a
die	***Adventszeit,*** *die Adventszeiten*	90/1a
	ahnen, er ahnt, er hat geahnt	111
das	***Akkordeon,*** *die Akkordeons*	77/5a
	alkoholfrei	141/6b
	allerbester, allerbeste, allerbestes	88
	allerdings	133/9b
das	**Alltagsproblem,** die Alltagsprobleme	140/2a
die	***Almhütte,*** *die Almhütten*	62/1a
die	***Alufolie,*** *die Alufolien*	176/2b
der	***Amateurfußball*** *(Sg.)*	40/2a
die	**Analyse,** die Analysen	126/1b
	anerkennen, er erkennt an, er hat anerkannt	61
die	**Angst,** die Ängste	138
	anhören, er hört an, er hat angehört	188
	anmachen, er macht an, er hat angemacht	20/9a
	anregen, *er regt an, er hat angeregt*	92/2a
	ansprechen, er spricht an, er hat angesprochen	125
	anstrengen (sich), er strengt sich an, er hat sich angestrengt	71/11
	anwendbar	176/1b
	anzünden, *er zündet an, er hat angezündet*	90/1a
das	***Apfelmus,*** *die Apfelmuse*	89/5
der/die	**Apotheker/in,** die Apotheker / die Apothekerinnen	174/1b
	applaudieren, *er applaudiert, er hat applaudiert*	25/4a
der	***Applaus,*** *die Applause*	27/4b
der/die	***Arbeitgeber/in,*** *die Arbeitgeber / die Arbeitgeberinnen*	124
	arbeitsfrei	141/6b
der/die	**Arbeitskollege/Arbeitskollegin,** die Arbeitskollegen / die Arbeitskolleginnen	160/6
die	**Arbeitslosigkeit,** die Arbeitslosigkeiten	115/5c
der	**Arbeitsmarkt,** die Arbeitsmärkte	125
die	**Arbeitsstelle,** die Arbeitsstellen	124
die	**Architektur,** die Architekturen	15/4a
der	**Ärger** (Sg.)	129/1
die	***Armut*** *(Sg.)*	78/1a
die	**Art,** die Arten	93/6a
	auf der einen Seite… auf der anderen Seite	92/2c
der	***Aufbau*** *(Sg.)*	179/4b
	auffallen, er fällt auf, er ist aufgefallen	174/1b
	auffangen, *er fängt auf, er hat aufgefangen*	143/7b
die	***Auffassung,*** *die Auffassungen*	42/1c
	auffordern, er fordert auf, er hat aufgefordert	15/5c
	aufgeben, er gibt auf, er hat aufgegeben	138
	aufgießen, *er gießt auf, er hat aufgegossen*	162/1b
die	***Auflage,*** *die Auflagen*	112/1c

aufmerksam 129/3a
die ***Aufnahmeprüfung,*** *die Aufnahmeprüfungen* 12/1b
aufregen (sich), er regt sich auf, er hat sich aufgeregt 129/1b
die ***Aufregung,*** *die Aufregungen* 84/11a
der **Auftritt,** die Auftritte 24
ausfallen 114/4a
das **Auslandssemester,** die Auslandssemester 13/3b
das ***Außenohr,*** *die Außenohren* 143/5b
der ***Austausch,*** *die Austausche* 10
das ***Auswanderermuseum,*** *die Auswanderermuseen* 78/1a
auswandern, *er wandert aus, er ist ausgewandert* 75/6
die ***Auswanderung,*** *die Auswanderungen* 74
der/die **Auszubildende,** die Auszubildenden 10
autofrei 141/6b
automatisch 13/4c
automatisiert 189/4b

B

das **Baby,** die Babys 120/9c
der/die ***Bäckereifachverkäufer/in,*** *die Bäckereifachverkäufer / die Bäckereifachverkäuferinnen* 11
der/die ***Barista,*** *die Baristas* 161
barrierefrei 138
die ***Barrierefreiheit*** *(Sg.)* 140/2a
basteln, er bastelt, er hat gebastelt 90/1b
die ***Bastelschere,*** *die Bastelscheren* 192/2
das ***Baumhaus,*** *die Baumhäuser* 62/1a
der ***Baumwollstoff,*** *die Baumwollstoffe* 174/1b
beauftragen, *er beauftragt, er hat beauftragt* 174/1b
der **Bedarf,** die Bedarfe 125
bedienen, er bedient, er hat bedient 25/1c
befestigen, *er befestigt, er hat befestigt* 143/7c
befinden (sich), er befindet sich, er hat sich befunden 63/2
begeben *(sich), er begibt sich, er hat sich begeben* 24
begegnen, er begegnet, er hat begegnet 113/3a
der **Beginn** (Sg.) 75
behandeln, er behandelt, er hat behandelt 38
die ***Behinderung,*** *die Behinderungen* 138
beispielsweise 76/3b
die ***Bekleidungsfirma,*** *die Bekleidungsfirmen* 139/3a
der/die ***Beleuchter/in,*** *die Beleuchter / die Beleuchterinnen* 25/1c
die ***Beleuchtung,*** *die Beleuchtungen* 25/1c
bemerken, er bemerkt, er hat bemerkt 25/1c
das **Benzin,** die Benzine 188
die **Beobachtung,** die Beobachtungen 126/1b
die **Beratungsstelle,** die Beratungsstellen 76/3b
der **Bereich,** die Bereiche 10
der/die ***Bergbauer/Bergbäuerin,*** *die Bergbauern / die Bergbäuerinnen* 64/1c
bergig 60
berlinerisch 28/2c
der **Berufsalltag** (Sg.) 64/1c
der/die ***Berufseinsteiger/in,*** *die Berufseinsteiger / die Berufseinsteigerinnen* 125
der/die **Berufsschullehrer/in,** die Berufsschullehrer / die Berufsschullehrerinnen 11/2b
berühren, er berührt, er hat berührt 164/2a
der/die ***Beschäftigte,*** *die Beschäftigten* 126/1b
der/die ***Beschenkte,*** *die Beschenkten / die Beschenkten* 91/4b
beschließen, er beschließt, er hat beschlossen 113/3a
der ***Besen,*** *die Besen* 57/2b
besetzen, er besetzt, er hat besetzt 164/2a
die **Besonderheit,** die Besonderheiten 114/1a
besorgen, *er besorgt, er hat besorgt* 90/1b
die **Besprechung,** die Besprechungen 26/1a
die ***Beständigkeit,*** *die Beständigkeiten* 93/6b
das **Beste** (Sg.) 60
bestimmen, er bestimmt, er hat bestimmt 179/3a
der ***Besuchsdienst,*** *die Besuchsdienste* 39
beteiligt 25
die **Bevölkerung,** die Bevölkerungen 142/1a
bewältigen, *er bewältigt, er hat bewältigt* 138
der/die **Bewerber/in,** die Bewerber / die Bewerberinnen 125
das **Bewerbungsgespräch,** die Bewerbungsgespräche 127/3b
bewerten, *er bewertet, er hat bewertet* 61
die ***Bezahlung,*** *die Bezahlungen* 38
bezeichnen, er bezeichnet, er hat bezeichnet 100/17a
der ***Bildschirm,*** *die Bildschirme* 189

die	***Billion***, *die Billionen*	174/1b
	biologisch	163/2a
die	***Biosphäre***, *die Biosphären*	61
das	***Biosphärenreservat***, *die Biosphärenreservate*	60
der	***Bischof***, *die Bischöfe*	111
	bitter	160/5b
der	**Blick**, die Blicke	25
der	**Bord**, die Borde	78/1a
	böse	114/1a
die	***Branche***, *die Branchen*	125
die	***Bratwurst***, *die Bratwürste*	88
der	***Brauch***, *die Bräuche*	111/3a
	brauen, *er braut, er hat gebraut*	31/4a
	brennen, es brennt, es hat gebrannt	90/1a
das	***Brett***, *die Bretter (Pl.)*	24
die	**Brücke**, die Brücken	206/1i
	brühen, *er brüht, er hat gebrüht*	161
das	***Bühnenbild***, *die Bühnenbilder*	24
der/die	***Bühnenhandwerker/in***, *die Bühnenhandwerker / die Bühnenhandwerkerinnen*	24
der/die	***Bühnenmaler/in***, *die Bühnenmaler / die Bühnenmalerinnen*	24
der	**Bundesstaat**, die Bundesstaaten	93/6c
die	**Burg**, die Burgen	60
die	***Bürgerinitiative***, *die Bürgerinitiativen*	42/1a

C

die	**Chance**, die Chancen	11/2b
	charmant	108/3a
der/die	***Chefdramaturg/in***, *die Chefdramaturge / die Chefdramaturginnen*	26/1a
das	***Christkind***, *die Christkinder*	90/1a
der	***Coffeeshop***, *die Coffeeshops*	161
	Corona	112/1c
das	***Couchsurfing*** *(Sg.)*	62/1a
der	***Cup***, *die Cups*	41/3a

D

	da sein (für jmnd.), er ist für jmnd. da, er war für jmnd. da	39
der	***Dachboden***, *die Dachböden*	75
	darin	192/1e
der	***Darm***, *die Därme*	111
	darum	11/3
	das *Eis brechen*	15/3
der	***Daumen***, *die Daumen*	41/3b
	davon	192/1e
	dazukommen, *er kommt dazu, er ist dazugekommen*	127/3b
der	***Deal***, *die Deals*	106/1d
	definitiv	125/4b
	demonstrieren *(gegen), er demonstriert (gegen), er hat demonstriert (gegen)*	42/1a
das	**Denkmal**, die Denkmäler/Denkmale	110
	deswegen	43/3b
	deutlich	93/7
	dicht	60
die	***die*** *Röntgenstrahlen (Pl.)*	175
der	***Diesel***, *die Diesel*	188
der	***Dieselmotor***, *die Dieselmotoren*	188
	Dingenskirchen	28/2a
der	***Direktflug***, *die Direktflüge*	78/1a
die	***Diskussionsrunde***, *die Diskussionsrunden*	43/2a
die	***Disziplin***, *die Disziplinen*	138
	divers	191/5d
der	***Döner***, *die Döner*	174/1b
	doppelt	11/2b
	drahtlos	188
	drehen, er dreht, er hat gedreht	190/1
	drüben	14/1b
der	***Duft***, *die Düfte*	88
die	**Dunkelheit** (Sg.)	79/4a
	durchführen, er führt durch, er hat durchgeführt	41/3b

E

	ebenfalls	188
die	**Ecke**, die Ecken	97/7a
	ehemalig	159
	ehren, *er ehrt, er hat geehrt*	38
das	***Ehrenamt***, *die Ehrenämter*	38
	ehrenamtlich	39/1a
der	***Eierpunsch***, *die Eierpunsche*	89/5
	eilig	190/2c
der	**Eindruck**, die Eindrücke	111/1
	einerseits... andererseits	92/2c
	einfrieren, *er friert ein, er hat/ ist eingefroren*	177/4b
die	***Eingangstür***, *die Eingangstüren*	140/2b
	einheitlich	113/3a
der	***Einklang***, *die Einklänge*	61
der	***Einsatz***, *die Einsätze*	38
der	***Einsendeschluss***, *die Einsendeschlüsse*	206/1i
	einsetzen (sich) (für), er setzt sich ein (für), er hat sich eingesetzt (für)	38
die	***Einstellung***, *die Einstellungen*	174
	einteilen, *er teilt ein, er hat eingeteilt*	125
der	**Eintrittspreis**, die Eintrittspreise	78/1a

der ***Einwegbecher,*** *die Einwegbecher* 162/1b
einzigartig 100/17a
das ***Eisfach,*** *die Eisfächer* 177/4b
der ***Eisklump,*** *die Eisklumpe/Eisklümpe* 174/1b
der **Elefant,** die Elefanten 191/5d
das ***Elektroauto/E-Auto,*** *die Elektroautos / E-Autos* 188
die ***Elektronenstrahlen*** *(Pl.)* 174/1b
die ***Elektrotechnik*** *(Sg.)* 124
die ***E-Mobilität*** *(Sg.)* 124
enden, es endet, es hat geendet 26/1a
das ***Engagement,*** *die Engagements* 38
engagieren *(sich) (für), er engagiert sich, er hat sich engagiert* 41/4a
der ***Engel,*** *die Engel* 92/1a
das ***Engelchen,*** *die Engelchen* 92/1a
entfernt 28/2c
die **Entfernung,** die Entfernungen 143/7a
der ***Entscheidungsfaktor,*** *die Entscheidungsfaktoren* 62/1b
entsorgen, er entsorgt, er hat entsorgt 162/1b
entweder ... **oder** ... 128/2a
entwerfen, *er entwirft, er hat entworfen* 24
die **Entwicklung,** die Entwicklungen 124
erben, *er erbt, er hat geerbt* 106/1g
der ***Erdbeerkuchen,*** *die Erdbeerkuchen* 129/4
der/die **Erfinder/in,** die Erfinder / die Erfinderinnen 162/1b
die **Erfindung,** die Erfindungen 174
erfreuen *(sich), er erfreut sich, er hat sich erfreut* 93/6b
erfüllen, er erfüllt, er hat erfüllt 164/2a
das ***Ergebnisprotokoll,*** *die Ergebnisprotokolle* 128/2b
erhalten, er erhält, er hat erhalten 38
erholsam 62/1b
das ***Erholungsgebiet,*** *die Erholungsgebiete* 42/1c
die ***Erholungskur,*** *die Erholungskuren* 111
die **Erinnerung,** die Erinnerungen 92/2a
die ***Erkenntnis,*** *die Erkenntnisse* 62/1b
erlebnisreich 114/1a
erleichtern, es erleichtert, es hat erleichtert 176/1b
die **Ernte,** die Ernten 162/1b
ernten, er erntet, er hat geerntet 162/1b
eröffnen, er eröffnet, er hat eröffnet 164/2a
die **Eröffnung,** die Eröffnungen 25
erreichbar 125/4b
der ***Ersatzschlüssel,*** *die Ersatzschlüssel* 192/1c
erstaunlich 188
die **Erwartung,** die Erwartungen 11/2b
der/die **Erzieher/in,** die Erzieher / die Erzieherinnen 39/1a
die **Europäische Union** (Sg.) 10
eventuell 193/3b
das ***Examen,*** *die Examen/Examina* 113/3a
die ***Existenz,*** *die Existenzen* 75
exklusiv 92/2a
experimentieren, *er experimentiert, er hat experimentiert* 174/1b
der ***Exportschlager,*** *die Exportschlager* 88

F

die ***Fachkraft,*** *die Fachkräfte* 125
die ***Fahrraddemo,*** *die Fahrraddemos* 42/1a
die **Fahrtdauer,** die Fahrtdauern 28/5a
das **Fahrzeug,** die Fahrzeuge 188
fair 162/1b
falten, *er faltet, er hat gefaltet* 97/7a
familienfreundlich 63/3a
das ***Farbfoto,*** *die Farbfotos* 113/5a
faszinierend 11/4a
fegen, *er fegt, er hat gefegt* 57/2b
der **Feierabend,** die Feierabende 64/1c
die ***Feierstunde,*** *die Feierstunden* 39/3a
das ***Ferienlager,*** *die Ferienlager* 39/4a
die ***Ferne*** *(Sg.)* 60
das ***Festspiel,*** *die Festspiele* 111
das ***Festtagslied,*** *die Festtagslieder* 93/7
fettig 179/6a
die ***FFP2-Maske,*** *die FFP2-Masken* 114/1b
die ***Filiale,*** *die Filialen* 11/2b
der ***Filterkaffee,*** *die Filterkaffees* 160
finanziell 10
das ***Fitnessstudio,*** *die Fitnessstudios* 40/1b
flach 60
fleißig 25
die ***Flexibilität*** *(Sg.)* 126/1b
fließend 63/2
flirten, *er flirtet, er hat geflirtet* 11/4a
das ***Flügelchen,*** *die Flügelchen* 92/2a
die ***Flusslandschaft,*** *die Flusslandschaften* 61/5
der ***Föhn,*** *die Föhne* 179/6a
die **Folie,** die Folien 178/2a
fördern, er fördert, er hat gefördert 10
die **Förderung,** die Förderungen 10
die ***Formalität,*** *die Formalitäten* 76/3b
formen, *er formt, er hat geformt* 176/2b
das **Formular,** die Formulare 190/2c
die **Forschung,** die Forschungen 124

das	***Forschungsprojekt,*** *die Forschungsprojekte*	191/5b
die	**Fortbildung,** die Fortbildungen	40/2a
das	***Fotomotiv,*** *die Fotomotive*	113/3a
die	***Fotoplatte,*** *die Fotoplatten*	174/1b
	frech	77/5a
der/die	**Freiwillige,** die Freiwilligen / die Freiwilligen	64/1c
die	**Freude,** die Freuden	38
der	***Freundeskreis,*** *die Freundeskreise*	92/2a
die	**Freundlichkeit,** die Freundlichkeiten	113/3a
der	***Friedhof,*** *die Friedhöfe*	113/3a
	frieren, er friert, er hat/ist gefroren	174/1b
	frisieren, *er frisiert, er hat frisiert*	24
die	**Frisur,** die Frisuren	25/1c
der	***Früchtepunsch,*** *die Früchtepunsche*	89/5
der	***Früchtetee,*** *die Früchtetees*	89/5
das	**Frühstücksbuffet,** die Frühstücksbuffets	62/1b
das	**Fünkchen,** die Fünkchen	Ü31/4a
	für etwas sein, er ist für, er war für	43/2b
	füreinander	38
der	***Fußabdruck,*** *die Fußabdrücke*	60
der	***Fußballclub,*** *die Fußballclubs*	40/2a
der	**Fußballplatz,** die Fußballplätze	40/2a

G

die	***Galle,*** *die Gallen*	111
der	***Gartenhandschuh,*** *die Gartenhandschuhe*	90/1c
die	***Gasse,*** *die Gassen*	61/4b
die	**Gastfamilie,** die Gastfamilien	11/2b
der/die	***Gastgeber/in,*** *die Gastgeber / die Gastgeberinnen*	14/2b
	gebrauchen, er gebraucht, er hat gebraucht	192/2
	gegen etwas sein, er ist gegen, er war gegen	43/2b
das	***Gegenargument,*** *die Gegenargumente*	93/7
die	***Gegenwart*** *(Sg.)*	111/2
das	**Gehalt,** die Gehälter	124
das	***Gehirn,*** *die Gehirne*	143/5b
das	***Gehörknöchelchen,*** *die Gehörknöchelchen*	143/5b
	gehörlos	143/5b
der	***Gehweg,*** *die Gehwege*	140/2a
die	**Gemeinschaft,** die Gemeinschaften	40/2a
das	**Geräusch,** die Geräusche	176/2b
	gerecht	162/1b
der	***Gesang,*** *die Gesänge*	114/1a
die	**Geschäftsreise,** die Geschäftsreisen	62/1c
der/die	**Geschäftsreisende,** die Geschäftsreisenden	62/1b
der	**Geschäftstermin,** die Geschäftstermine	78/1a
	geschehen, er geschieht, er ist geschehen	191/5b
der	**Geschmack,** die Geschmäcke	92/3
die	***Geschmackssache*** *(Sg.)*	92/2a
der	***Geschwindigkeitsrekord,*** *die Geschwindigkeitsrekorde*	188
die	**Gesellschaft,** die Gesellschaften	38
das	**Gesellschaftsspiel,** die Gesellschaftsspiele	91/4b
das	**Gesicht,** die Gesichter	25/2a
	gespannt	25
der	**Gewinn** (Sg.)	164/2a
das	**Gewürz,** die Gewürze	89/5
die	***Glaskanne,*** *die Glaskannen*	162/1b
der	***Glasreiniger,*** *die Glasreiniger*	57/2b
	gleichzeitig	28/3a
das	***Glöckchen,*** *die Glöckchen*	88
der	***Glockenturm,*** *die Glockentürme*	111
das	***Glücksgefühl,*** *die Glücksgefühle*	160
der	***Glühwein,*** *die Glühweine*	88
das	**Gold** (Sg.)	179/5b
der/die	***Goldgräber/in,*** *die Goldgräber / die Goldgräberinnen*	174/1b
die	***Goldmedaille,*** *die Goldmedaillen*	138
das	***Grab,*** *die Gräber*	113/3a
das	***Graffiti,*** *die Graffitis*	92/3
das	**Gras,** die Gräser	79/4a
	gratis	164/2a
	greifen, er greift, er hat gegriffen	31/4a
die	**Grenze,** die Grenzen	139
die	***Großtante,*** *die Großtanten*	28/2a
das	**Grün** (Sg.)	60
die	**Gründung,** die Gründungen	106/1g
	gucken, er guckt, er hat geguckt	114/1a
das	**Gute** (Sg.)	60

H

die	***Hafermilch,*** *die Hafermilche[n]*	161
das	***Häkchen,*** *die Häkchen*	174/1b
	halten (von), er hält (von), er hat gehalten (von)	162/1c
der	**Hammer,** die Hämmer	176/1a
das	***Handbike,*** *die Handbikes*	138
die	***Handlung,*** *die Handlungen*	28/3a
die	***Handschrift,*** *die Handschriften*	75
das	**Handwerk,** die Handwerke	125
der	**Handyempfang,** die Handyempfänge	63/4
	hässlich	92/1

das **Hauptgeschäft,** die Hauptgeschäfte 11/2b
die **Hauptrolle,** die Hauptrollen 24
hauptsächlich 125
das **Hausboot,** die Hausboote 62/1a
hausgemacht 164/2a
der/die **Hauslehrer/in,** die Hauslehrer / die Hauslehrerinnen 113/3a
der **Hausmüll** (Sg.) 162/1b
heben, er hebt, er hat gehoben 160
das **Heimatgefühl,** die Heimatgefühle 79/5b
die **Heiterkeit,** die Heiterkeiten 114/1a
herausnehmen, er nimmt heraus, er hat herausgenommen 140/1a
heraussuchen, er sucht heraus, er hat herausgesucht 61/1
hereinkommen, er kommt herein, er ist hereingekommen 25/2a
der/die **Herrscher/in,** die Herrscher / die Herrscherinnen 189
herunterdrücken, er drückt herunter, er hat heruntergedrückt 162/1b
die **Heuernte,** die Heuernten 64/1c
hilfsbereit 158/3c
der **Himmel,** die Himmel 85/14c
hinten 93/7
hinunter 111/5a
hinzufügen, er fügt hinzu, er hat hinzugefügt 42/1c
hip 160/3b
historisch 60
die **Hochschule,** die Hochschulen 10
der **Hochschulinformationstag,** die Hochschulinformationstage 12/3a
der **Hochzeitstag,** die Hochzeitstage 62/2
die **Hoffnung,** die Hoffnungen 79/7b
die **Holzfigur,** die Holzfiguren 92/3
das **Holzfigürchen,** die Holzfigürchen 88
der/die **Hörakustiker/in,** die Hörakustiker / die Hörakustikerinnen 138
das **Hörproblem,** die Hörprobleme 142/1b
die **Hörschnecke,** die Hörschnecken 143/5b
der **Hörtest,** die Hörtests 142/1b
die **Hotelbranche,** die Hotelbranchen 62/1b
hügelig 60
husten, er hustet, er hat gehustet 25
die **Hymne,** die Hymnen 93/6c

I

idyllisch 61/4a
ignorieren, er ignoriert, er hat ignoriert 129/4
im Gegensatz zu ... 43/2a
immergrün 93/6a
immerhin 76/3a
der **Impfpass,** die Impfpässe 164/2a
in die Hose gehen 174
in Gang halten 15/4a
die **Industrie,** die Industrien 189/4b
der/die **Influencer/in,** die Influencer / die Influencerinnen 128/2a
der **Infoabend,** die Infoabende 43/2a
informativ 113/5a
die **Infrastruktur,** die Infrastrukturen 126/1b
inhaltlich 26/1c
die **Inklusion,** die Inklusionen 138
inklusiv 138
das **Inland** (Sg.) 126/1b
das **Innenohr,** die Innenohren 143/5b
innovativ 92/2a
integrieren, er integriert, er hat integriert 39/4a
interaktiv 78/1a
interkulturell 126/1b
investieren, er investiert, er hat investiert 174
der/die **Investor/Investorin,** die Investoren / die Investorinnen 106/1d
inzwischen 164/2a
irgendwann 14/1c
irgendwas 12/1a
irgendwer 14/1b
irgendwie 28/2a
irgendwoher 15/4a
der **Irrtum,** die Irrtümer 31/4a
je ... desto ... 140/3

J

das **Jobticket,** die Jobtickets 126/1b
Jottwehdeh 28/2a
der **Journalismus** (Sg.) 12/1b
das **Judo** (Sg.) 40/1b
die **Jugend** (Sg.) 164/2a
der/die **Junior/Juniorin,** die Junioren / die Juniorinnen 40/2a

K

die **Kaffeebohne,** die Kaffeebohnen 160
der/die **Kaffeegenießer/in,** die Kaffeegenießer / Kaffeegenießerinnen 161
der **Kaffeegenuss,** die Kaffeegenüsse 162/1
der/die **Kaffeehersteller/in,** die Kaffeehersteller / die Kaffeeherstellerinnen 163/2a

der **Kaffeekonsum** (Sg.) 162/1b
das **Kaffeepulver**, die Kaffeepulver 160/2
der **Kaffeesatz**, die Kaffeesätze 162/1b
der **Kahn**, die Kähne 61
kaltstellen, er stellt kalt, er hat kaltgestellt 91/3
der **Kampf**, die Kämpfe 125
kämpfen (für), er kämpft (für), er hat gekämpft (für) 42/1a
die **Kapsel**, die Kapseln 162/1b
die **Kapselmaschine**, die Kapselmaschinen 162/1b
der **Kartoffelpuffer**, die Kartoffelpuffer 89/5
die **Kartoffelstärke**, die Kartoffelstärken 176/2b
der **Käsekuchen**, die Käsekuchen 129/4
die **Kerze**, die Kerzen 88
kilometerweit 61/4a
die **Kinderarbeit**, die Kinderarbeiten 162/1b
die **Kindheit** (Sg.) 39
die **Kirche**, die Kirchen 60
die **Kita**, die Kitas 39/1a
der **Kitsch** (Sg.) 92/2a
kitschig 92/2a
der **Klang**, die Klänge 88
die **Klarheit**, die Klarheiten 31/4a
die **Klassenfahrt**, die Klassenfahrten 192/1c
klatschen, er klatscht, er hat geklatscht 143/7a
kleben, er klebt, er hat geklebt 97/7a
der **Klebestift**, die Klebestifte 97/7a
der **Klebstoff**, die Klebstoffe 174/1b
der/die **Kleinbauer/in**, die Kleinbauern / die Kleinbäuerinnen 162/1b
die **Klette**, die Kletten 177/4b
der **Klettverschluss**, die Klettverschlüsse 174/1b
die **Klimaerwärmung** (Sg.) 64/1c
klimafreundlich 60
die **Klimakrise**, die Klimakrisen 71/11
die **Klugheit**, die Klugheiten 113/3a
knapp 204
kneten, er knetet, er hat geknetet 96/5b
das **Koffein** (Sg.) 160
die **Kokosnuss**, die Kokosnüsse 176/1a
das **Komitee**, die Komitees 139/3a
kommend 42/1c
die **Kommunikationsfähigkeit**, die Kommunikationsfähigkeiten 126/1b
der/die **Konditor/Konditorin**, die Konditoren / die Konditorinnen 108/3a
die **Konditorei**, die Konditoreien 108/3a
der **Konflikt**, die Konflikte 124
konkret 191/5b
die **Konsequenz**, die Konsequenzen 139
konstruieren, er konstruiert, er hat konstruiert 11/2b
der **Kontinent**, die Kontinente 60
kontinental 63/2
die **Kooperation**, die Kooperationen 10
die **Körpersprache**, die Körpersprachen 15/4c
die **Kosmetik** (Sg.) 91/4b
kostenfrei 141/6b
das **Kostüm**, die Kostüme 24
der/die **Kostümbildner/in**, die Kostümbildner / die Kostümbildnerinnen 24
die **Kraft**, die Kräfte 79/6a
kreieren, er kreiert, er hat kreiert 174/1b
der **Krimskrams** (Sg.) 192/1c
kritisieren, er kritisiert, er hat kritisiert 140/2b
die **Kugel**, die Kugeln 89/6a
die **Kulisse**, die Kulissen 24
der **Kult**, die Kulte 160/3
der/die **Kulturliebhaber/in**, die Kulturliebhaber / die Kulturliebhaberinnen 60
kündigen, er kündigt, er hat gekündigt 164/2a
die **Kunstausstellung**, die Kunstausstellungen 178/1
das **Kunstwort**, die Kunstwörter 174/1b
die **Kupferniete**, die Kupfernieten 174/1b
das **Kurhaus**, die Kurhäuser 110
der **Kurpark**, die Kurparks 110
der **Kurzurlaub**, die Kurzurlaube 65/6
die **Küste**, die Küsten 61/5

L

das **Lampenfieber** (Sg.) 24
landen, er landet, er ist gelandet 162/1b
die **Landschaft**, die Landschaften 60
das **Landschaftsgemälde**, die Landschaftsgemälde 92/3
die **Landung**, die Landungen 191/5d
das **Laufband**, die Laufbänder 189
lautlos 61/4b
die **Lebenslinie**, die Lebenslinien 75
die **Lebensmittelfarbe**, die Lebensmittelfarben 89/5
die **Lebensqualität**, die Lebensqualitäten 140/2b
der **Lebensraum**, die Lebensräume 61
die **Leber**, die Lebern 111
der **Lebkuchen**, die Lebkuchen 88
die **Lehre**, die Lehren 10
lehren, er lehrt, er hat gelehrt 93/6b

der/die	***Lehrende,*** *die Lehrenden*	10
die	***Lehrkraft,*** *die Lehrkräfte*	10
die	**Leistung,** die Leistungen	126/1b
	leuchten, *er leuchtet, er hat geleuchtet*	174/1b
die	***Lichtfigur,*** *die Lichtfiguren*	92/1a
der	***Liebesapfel,*** *die Liebesäpfel*	89/5
die	**Lieferung,** die Lieferungen	179/5b
der	***Lifehack,*** *die Lifehacks*	176/1a
die	***Lizenz,*** *die Lizenzen*	40/2a
	loben, er lobt, er hat gelobt	38
der	***Lockdown,*** *die Lockdowns*	112/1c
	locker	11/4a
der	**Lohn,** die Löhne	163/2a
	lohnen (sich), es lohnt sich, es hat sich gelohnt	61/4b
	losgehen, er geht los, er ist losgegangen	176/2b
	löslich	160/2
der	***Luftballon,*** *die Luftballons*	150/18b
die	**Lüge,** die Lügen	208/3f

M

das	***Mädel,*** *die Mädels*	41/3b
der	**Magen,** die Mägen	111
die	***Magie*** *(Sg.)*	88
	mahlen, *er mahlt, er hat gemahlt*	160
die	**Mahlzeit,** die Mahlzeiten	78/1a
die	***Mandel,*** *die Mandeln*	88
	männlich	191/5d
die	**Marke,** die Marken	126/1b
das	***Marketingkonzept,*** *die Marketingkonzepte*	127/3b
der	***Markttrend,*** *die Markttrends*	126/1b
die	***Maske,*** *die Masken*	24
der/die	***Maskenbildner/in,*** *die Maskenbildner / die Maskenbildnerinnen*	24
der	***Master,*** *die Master*	12/3a
die	***Masterarbeit,*** *die Masterarbeiten*	133/9b
die	***Mediengeschichte*** *(Sg.)*	12/3a
das	***Medienrecht,*** *die Medienrechte*	12/3a
das	**Mehl,** die Mehle	89/5
	mehrmals	160/6
der	***Mehrwegbecher,*** *die Mehrwegbecher*	162/1b
der/die	***Meister/in,*** *die Meister / Meisterinnen*	41/6
die	***Meisterschaft,*** *die Meisterschaften*	40/2a
	melancholisch	54/2a
die	**Menge,** die Mengen	11/2b
	menschenleer	28/2c
	menschlich	40/2a
der/die	***Mentor/Mentorin,*** *die Mentoren / die Mentorinnen*	39/4a
	mietfrei	106/1g
der	***Milchschaum,*** *die Milchschäume*	161
die	***Minibar,*** *die Minibars*	62/1b
die	***Mischung,*** *die Mischungen*	11/4a
das	**Missverständnis,** die Missverständnisse	129/3a
	mitarbeiten, er arbeitet mit, er hat mitgearbeitet	26/1c
der/die	***Mitbürger/in,*** *die Mitbürger / die Mitbürgerinnen*	39/3a
	miterleben, *er erlebt mit, er hat miterlebt*	111
die	***Mitmach-Aktion,*** *die Mitmach-Aktionen*	114/1a
	mitspielen, er spielt mit, er hat mitgespielt	41/3b
das	**Mittel,** die Mittel	176/1b
	mittelgroß	111
das	***Mittelohr,*** *die Mittelohren*	143/5b
der	***Mittelpunkt,*** *die Mittelpunkte*	15/5c
die	***Möbelmanufaktur,*** *die Möbelmanufakturen*	124
	möglicherweise	189/4b
	monatlich	10
der	***Mönch,*** *die Mönche*	110
das	***Monoski*** *(Sg.)*	139/3a
	montags	39/1a
das	***Moped,*** *die Mopeds*	56/1e
die	***Motivation,*** *die Motivationen*	142/1b
das	***Motivationsschreiben,*** *die Motivationsschreiben*	108/3g
	motiviert	124
der	**Motor,** die Motoren	56/1e
die	**Mücke,** die Mücken	62/1a
der	**Mückenstich,** die Mückenstiche	65/2a
die	**Mühe,** die Mühen	174
die	**Mülltonne,** die Mülltonnen	58/3b
die	***Mülltüte,*** *die Mülltüten*	58/3b
der	**Mund,** die Münder	114/4a
der	***Mund-Nasen-Schutz*** *(Sg.)*	114/1a
das	***Musical,*** *die Musicals*	111
die	***Musikkassette,*** *die Musikkassetten*	192/1c
das	***Muss*** *(Sg.)*	160

N

	nachdem	127/4a
	nachdenklich	54/2a
die	**Nachfrage,** die Nachfragen	43/2c
die	***Nachhaltigkeit*** *(Sg.)*	162/1b

der **Nachhilfeunterricht,** die Nachhilfeunterrichte 39/1a
nachschlagen, er schlägt nach, er hat nachgeschlagen 112/1c
*der **Nachttisch,** die Nachttische* 192/1c
die **Nadel,** die Nadeln 93/6a
*die **Naht,** die Nähte* 174/1b
***naschen,** er nascht, er hat genascht* 88
die **Nationalität,** die Nationalitäten 28/1a
*das **Naturparadies,** die Naturparadiese* 61/5
der **Naturschutz** (Sg.) 39/3a
*der **Naturschutzbund** (Sg.)* 38
nebeneinander 143/7c
nervös 24
das **Netzwerk,** die Netzwerke 125
*der **Neuanfang,** die Neuanfänge* 76/3a
*der **Neubau,** die Neubauten* 42/1c
*das **Neubaugebiet,** die Neubaugebiete* 42/1c
neugierig 88
die **Neuigkeit,** die Neuigkeiten 106/1d
*das **Nichtraucherzimmer,** die Nichtraucherzimmer* 62/1b
*die **Nietenhose,** die Nietenhosen* 174/1b
nirgends 24
nötig 141/5b
notwendig 219
nützlich 174

O

obwohl 60
*die **Öffentlichkeitsarbeit** (Sg.)* 26/1a
*der **Ohrring,** die Ohrringe* 192/1c
ökologisch 11/2b
ökonomisch 11/2b
*das **Olivenöl,** die Olivenöle* 177/4d
*die **Online-Bewertung,** die Online-Bewertungen* 63/4
*die **Orangenschale,** die Orangenschalen* 89/5
*die **Orientierung,** die Orientierungen* 143/7b
original 88
originell 92/2a

P

*die **Palme,** die Palmen* 115/7a
*die **Pampa** (Sg.)* 28/2a
*die **Pandemie,** die Pandemien* 112/1c
*der **Papierfilter,** die Papierfilter* 162/1b
paralympisch 138
*das **Patent,** die Patente* 174/1b
*der/die **Pendler/in,** die Pendler / die Pendlerinnen* 140/2b
die **Pension,** die Pensionen 63/2
***perfektionieren,** er perfektioniert, er hat perfektioniert* 174/1b
das **Personal** (Sg.) 62/1b
*die **Personalabteilung,** die Personalabteilungen* 124
*die **Persönlichkeit,** die Persönlichkeiten* 113/3c
pflanzen, er pflanzt, er hat gepflanzt 162/1b
die **Phantasie** (Fantasie), die Phantasien (die Fantasien) 24
der/die **Philosoph/in,** die Philosophen / die Philosophinnen 10
die **Physik** (Sg.) 191/5d
*das **Platt** (Sg.)* 111/4
*das **Plätzchen,** die Plätzchen* 90/1b
***Pleiten,** Pech und Pannen* 174
*das **Plus,** die Plus* 124
*die **Poesie,** die Poesien* 115/7b
politisch 221
*das **Porzellan,** die Porzellane* 174/1b
der/das **Poster,** die Poster / Posters 141/7a
die **Praxis** (Sg.) 11/4a
*der/die **Preisträger/in,** die Preisträger / die Preisträgerinnen* 39/3a
***proben,** er probt, er hat geprobt* 25
problemlos 125
die **Produktion,** die Produktionen 25
*der/die **Produktmanager/in,** die Produktmanager / die Produktmanagerinnen* 126/1b
produzieren, er produziert, er hat produziert 92/2a
*die **Prognose,** die Prognosen* 188
programmierbar 179/5b
*die **Programmierung,** die Programmierungen* 179/5b
*der **Projekttag,** die Projekttage* 141/4a
protestieren (gegen), er protestiert (gegen), er hat protestiert (gegen) 42/1a
*das **Protokoll,** die Protokolle* 124
das **Publikum,** die Publika 25
der **Pulli** (Abk. von der Pullover), die Pullis 91/4b
*der **Punsch,** die Punsche* 89/6a
die **Puppe,** die Puppen 91/4b
*die **Pyramide,** die Pyramiden* 88

Q

die **Qualifikation,** die Qualifikationen 126/1b
qualifiziert 125
*die **Quelle,** die Quellen* 91/4b
***quietschen,** er quietscht, er hat gequietscht* 176/2b

R

die ***Rampe,*** *die Rampen* 141/7a
der **Rand,** die Ränder 143/7c
der ***Rasierschaum*** 176/2b
der **Rat,** die Räte 13/3c
das ***Räuchermännchen,*** *die Räuchermännchen* 88
die ***Raumfahrt,*** *die Raumfahrten* 191/5d
rechnen, er rechnet, er hat gerechnet 80/1a
rechnen (mit), er rechnet (mit), er hat gerechnet (mit) 11/2b
die ***Rechtschreibung,*** *die Rechtschreibungen* 112/2
recyceln, *er recyclet, er hat recyclet* 162/1b
die **Rede,** die Reden 38
der/die ***Redner/in,*** *die Redner / die Rednerinnen* 43/2a
der/die ***Referent/in,*** *die Referenten / die Referentinnen* 178/2a
reformieren, *er reformiert, er hat reformiert* 113/3a
der ***Regenwald,*** *die Regenwälder* 84/12c
die ***Regieanweisung,*** *die Regieanweisungen* 28/3a
die ***Regionalbahn,*** *die Regionalbahnen* 61/4b
der/die ***Regisseur/in,*** *die Regisseure / die Regisseurinnen* 25/1c
regnerisch 164/2a
rein 14/1b
der **Reisebericht,** die Reiseberichte 61
die ***Reiselust*** *(Sg.)* 62/1
der/die ***Reisende,*** *die Reisenden* 78/1a
die ***Relativität,*** *die Relativitäten* 190/1b
der/die **Rennfahrer/in,** die Rennfahrer / die Rennfahrerinnen 188
die **Reportage,** die Reportagen 12/3a
der/die **Reporter/in,** die Reporter / die Reporterinnen 160/5a
der **Rest,** die Reste 25/2a
retten, er rettet, er hat gerettet 39/3a
die **Rezeption,** die Rezeptionen 62/1b
richtig *liegen, er liegt richtig, er hat richtig gelegen* 189
riesengroß 89/6a
riesig 25/2a
riskant 106/1d
der ***Roboter,*** *die Roboter* 189/4b
der ***Rollstuhlbasketball,*** *die Rollstuhlbasketbälle* 139/3a
die ***Rolltreppe,*** *die Rolltreppen* 140/2b
romanisch 111
das ***Röntgen*** *(Sg.)* 174/1b
die ***Rosinen*** *(Pl.)* 88
rösten, *er röstet, er hat geröstet* 164/2a
die ***Rückfahrkarte,*** *die Rückfahrkarten* 78/1a
das ***Rückflugticket,*** *die Rückflugtickets* 78/1a
der **Ruf,** die Rufe 111
die ***Ruine,*** *die Ruinen* 111
der ***Rum,*** *die Rums* 89/5
runterbringen, *er bringt runter, er hat runtergebracht* 13/4a
russisch 28/1a

S

der **Saal,** die Säle 25
die **Sauberkeit** (Sg.) 62/1b
saugen, er saugt, er hat gesaugt 90/2a
die ***Schallwelle,*** *die Schallwellen* 143/5b
das ***Scharnier,*** *die Scharniere* 176/2b
das ***Schauspiel*** *(Sg.)* 26/1a
der ***Scheinwerfer,*** *die Scheinwerfer* 25/1c
der/die ***Schiedsrichter/in,*** *die Schiedsrichter / die Schiedsrichterinnen* 40/2a
der ***Schiffsbauch,*** *die Schiffsbäuche* 78/1a
das ***Schirmchen,*** *die Schirmchen* 93/5
die ***Schlafmöglichkeit,*** *die Schlafmöglichkeiten* 63/5
das **Schlafsofa,** die Schlafsofas 63/2
schlagen, er schlägt, er hat geschlagen 79/6a
die ***Schlagsahne*** *(Sg.)* 89/5
das **Schloss,** die Schlösser 60
der ***Schluck,*** *die Schlucke/Schlücke* 28/3a
das **Schlusswort,** die Schlussworte 26/1c
schmal 61/4b
schmerzfrei 141/6b
schminken (sich), er schminkt sich, er hat sich geschminkt 25/1c
schmücken, *er schmückt, er hat geschmückt* 90/1b
die ***Schnecke,*** *die Schnecken* 143/5b
die ***Schneekugel,*** *die Schneekugeln* 92/3
der/die ***Schneider/in,*** *die Schneider / die Schneiderinnen* 174/1b
der ***Schock,*** *die Schocks* 138
schonen, *er schont, er hat geschont* 60
die **Schönheit,** die Schönheiten 114/1a
die ***Schublade,*** *die Schubladen* 192/2
schütteln, er schüttelt, er hat geschüttelt 115/7a
schwach 160/5b
die ***Schwerhörigkeit,*** *die Schwerhörigkeiten* 142/1a
der ***Secondhandladen,*** *die Secondhandläden* 157/2h

der **Seehund**, die Seehunde 61/1
die **Seele**, die Seelen 164/2a
sehenswert 78/1a
selbstbewusst 11/2b
selbstklebend 174/1b
die **Selbstpräsentation**, die Selbstpräsentationen 127/5
selbstverständlich 62/1b
sensationell 188
servieren, er serviert, er hat serviert 63/2
das **Sightseeing** 64/1c
das **Signal**, die Signale 143/5b
das **Silber** (Sg.) 179/5b
der **Sinn** (Sg.) 25/2a
die **Sitzungsleitung**, die Sitzungsleitungen 128/2b
der **Sitzvolleyball** (Sg.) 141/4a
sogenannt 143/7b
solange 11/4a
solcher, solche, solches 92/2a
somit 60
sorgenfrei 141/6b
sorgenvoll 114/1b
soziologisch 191/5b
spalten, er spaltet, er hat gespaltet 92/2a
spektakulär 189
der **Spiegel**, die Spiegel 176/2b
die **Spielplanung**, die Spielplanungen 26/1a
die **Spielzeit**, die Spielzeiten 24
spinnen, er spinnt, er hat gesponnen 206/1d
das **Spray**, die Sprays 65/2a
das **Sprichwort**, die Sprichwörter 38
sprühen, er sprüht, er hat gesprüht 176/2b
das **Spülmittel**, die Spülmittel 57/2b
die **Spur**, die Spuren 84/12c
die **Spurensuche**, die Spurensuchen 75
das **Stadion**, die Stadien 40/1b
der **Stadtrand**, die Stadtränder 42/1c
das **Stadttheater**, die Stadttheater 25/2a
ständig 57/2a
die **Station**, die Stationen 113/3b
der **Staub**, die Staube/Stäube 90/2a
stechen, er sticht, er hat gestochen 64/1c
stecken, er steckt, er hat gesteckt 115/7a
die **Stellenanzeige**, die Stellenanzeigen 124
der **Stichpunkt**, die Stichpunkte 178/2b
der **Stiel**, die Stiele 174/1b
die **Stille** (Sg.) 143/5a
die **Stimme**, die Stimmen 113/5
das **Stipendium**, die Stipendien 11/3
die **Stofftasche**, die Stofftaschen Ü/13a
der **Strahl**, die Strahlen 174/1b
der **Straßenlärm** (Sg.) 62/1b
das **Streichholz**, die Streichhölzer 174/1b
stressfrei 141/6b
die **Strophe**, die Strophen 93/6c
das **Stückchen**, die Stückchen 111
das **Studentenwohnheim**, die Studentenwohnheime 11/2b
die **Studienberatung**, die Studienberatungen 12/1b
das **Studienfach**, die Studienfächer 11/2b
der **Studiengang**, die Studiengänge 11/4a
stürmisch 78/2a
die **Suppenküche**, die Suppenküchen 39/4a
der **Swimmingpool**, die Swimmingpools 63/3a
der/die **Systemadministrator/in**, die Systemadministratoren / die Systemadministratorinnen 126/1b

T

die **Tagesordnung**, die Tagesordnungen 128/2a
der **Tagesordnungspunkt**, die Tagesordnungspunkte 128/2b
das **Tal**, die Täler 112/2
die **Tanne**, die Tannen 93/6a
der **Tannenbaum**, die Tannenbäume 88
der/die **Tänzer/in**, die Tänzer / die Tänzerinnen 25/4a
der **Taschenrechner**, die Taschenrechner 192/1c
die **Tat**, die Taten 112/2
tätig sein, er ist tätig, er war tätig 39/1a
tatsächlich 125
tauchen, er taucht, er hat/ist getaucht 143/7c
die **Teamarbeit**, die Teamarbeiten 26/1a
die **Teamfähigkeit**, die Teamfähigkeiten 115/5c
der/die **Teamleiter/in**, die Teamleiter / die Teamleiterinnen 127/3b
die **Teamsitzung**, die Teamsitzungen 128/2
technisch 25/1c
die **Technologie**, die Technologien 124
die **Teilnahme** (Sg.) 43/2b
der **Tesafilm**, die Tesafilme 174/1b
die **Theateraufführung**, die Theateraufführungen 60
die **Theaterprobe**, die Theaterproben 111/5a
die **Theaterwissenschaften** (Pl.) 26/1a
die **Theorie**, die Theorien 11/4a
das **Ticken** (Sg.) 142/3a
der **Tierschutz** (Sg.) 39/3a
der **Tiger**, die Tiger 191/5d
der/die **Tischler/in**, die Tischler / die Tischlerinnen 74
die **Tischlerei**, die Tischlereien 74
toasten, er toastet, er hat getoastet 163/3a
der **Tod**, die Tode 75/3
der **Todestag**, die Todestage 111

das	**Verständnis,** die Verständnisse	129/2a
	verständnisvoll	158/3c
die	***Verwandtschaft,** die Verwandtschaften*	28/2a
die	**Verzeihung** (Sg.)	129/2a
	verzichten, er verzichtet, er hat verzichtet	64/1c
die	***Vielfalt** (Sg.)*	88
die	**Viertelstunde,** die Viertelstunden	129/3a
die	***Vision,** die Visionen*	188
das	***Vögelchen,** die Vögelchen*	92/1a
	völlig	206/1d
	vollständig	113/3a
die	**Vollzeit** (Sg.)	126/1b
die	**Voraussetzung,** die Voraussetzungen	12/1b
	vorbei	190/2b
	vorbeigehen, er geht vorbei, er ist vorbeigegangen	25/3b
die	**Vorbereitung,** die Vorbereitungen	178/2b
das	***Vorbild,** die Vorbilder*	138
die	***Vorfreude** (Sg.)*	88
der	***Vorgang,** die Vorgänge*	139
	vorgestern	188
der	***Vorhang,** die Vorhänge*	25
	vormittags	160
	vorschlagen, er schlägt vor, er hat vorgeschlagen	12/1a
	vorsichtig	138
	vorstellbar	91/4b
die	**Vorstellung,** die Vorstellungen	43/2c
das	**Vorstellungsgespräch,** die Vorstellungsgespräche	124
	***vorübergehen,** es geht vorüber, es ist vorübergegangen*	24
der	**Vorwurf,** die Vorwürfe	129/3a

W

die	***Waffel,** die Waffeln*	89/6a
die	**Wahl,** die Wahlen	125
der	***Wahnsinn** (Sg.)*	89/6a
	während	28/3a
die	**Wahrheit,** die Wahrheiten	31/4a
	wahr	40/2a
	wahrscheinlich	174
die	***Walachei** (Sg.)*	28/2a
die	***Wärmflasche,** die Wärmflaschen*	179/6a
die	***Wartezeit,** die Wartezeiten*	190/2c
der	***Wasserhahn,** die Wasserhähne*	177/4c
das	***Watt,** die Watten*	60
das	**Wattenmeer,** die Wattenmeere	60
	weder ... noch ...	111
	wegen	78/1a
	wegfahren, er fährt weg, er ist weggefahren	28/2a
	weiblich	10
der	**Weihnachtsbaum,** die Weihnachtsbäume	88
die	***Weihnachtsdekoration,** die Weihnachtsdekorationen*	88
das	**Weihnachtslied,** die Weihnachtslieder	88
der	***Weihnachtsmann,** die Weihnachtsmänner*	89/1
der	**Weihnachtsmarkt,** die Weihnachtsmärkte	88
die	***Weihnachtsmarkttasse,** die Weihnachtsmarkttassen*	88
die	***Weihnachtspyramide,** die Weihnachtspyramiden*	88
das	***Weiterbildungsangebot,** die Weiterbildungsangebote*	126/1b
die	***Weiterbildungsmöglichkeit,** die Weiterbildungsmöglichkeiten*	142/1b
	weiterentwickeln (sich), er entwickelt sich weiter, er hat sich weiterentwickelt	40/2a
der	***Wellness-Bereich,** die Wellness-Bereiche*	62/1b
	weltberühmt	174/1b
der	***Welterfolg,** die Welterfolge*	174/1b
	***wenden** (sich) (an), er wendet sich (an), er hat sich gewendet (an)*	76/3b
die	***Werbeaktion,** die Werbeaktionen*	128/2a
der/die	***Werkstudent/in,** die Werkstudenten / die Werkstudentinnen*	124
	wert	60
die	**Wichtigkeit** (Sg.)	62/1c
	***wickeln** (um), er wickelt (um), er hat gewickelt (um)*	143/7c
	wiedererkennen, er erkennt wieder, er hat wiedererkannt	92/2a
	wild	60
	winzig	174/1b
	wirken, er wirkt, er hat gewirkt	88
die	**Wirtschaft,** die Wirtschaften	127/3b
	wirtschaftlich	218
	***wischen,** er wischt, er hat gewischt*	57/2b
der	***Wischer,** die Wischer*	57/2b
die	**Wissenschaft,** die Wissenschaften	61
	wöchentlich	39/3a
	wofür	77/4c
der	**Wohnraum,** die Wohnräume	63/2
	wohnungslos	38
der	***Wolkenkratzer,** die Wolkenkratzer*	189
	worum	76/3b

	wundervoll	114/1a
das	***Würmchen,*** *die Würmchen*	93/5

Z

	zahlreich	60
der	***Zauberwürfel,*** *die Zauberwürfel*	192/1a
der	***Zeitdruck*** *(Sg.)*	127/5
der/die	***Zeitforscher/in,*** *die Zeitforscher / die Zeitforscherinnen*	189/4b
das	***Zeitgefühl,*** *die Zeitgefühle*	190/1a
die	***Zeitkapsel,*** *die Zeitkapseln*	192/1c
die	**Zeitreise,** die Zeitreisen	78/1a
der	***Zeltstoff,*** *die Zeltstoffe*	174/1b
die	**Zimmertür,** die Zimmertüren	140/1a
der	***Zimt***	89/5
	zitieren, *er zitiert, er hat zitiert*	38
der	***Zitronensaft,*** *die Zitronensäfte*	89/5
die	***Zuckertüte,*** *die Zuckertüten*	77/5a
der	**Zufall,** die Zufälle	174
	zufällig	174
die	***Zufallserfindung,*** *die Zufallserfindungen*	174
	zuletzt	77/4c
	zumachen, er macht zu, er hat zugemacht	13/4d
	zunächst	125/4a
	zurückbewegen (sich), er bewegt sich zurück, er hat sich zurückbewegt	191/5b
	zurückschicken, er schickt zurück, er hat zurückgeschickt	128/2a
	zusammenpassen, er passt zusammen, er hat zusammengepasst	26/1c
	zusammensitzen, er sitzt zusammen, er hat/ist zusammengesessen	190/1b
	zusätzlich	179/5b
	zwar ..., aber...	92/2c

Bildquellen

Cover Cornelsen/Anja Rosendahl, Daniel Meyer; **U2** (PagePlayer-App Logo) Cornelsen/ Raureif; (Badge Google Play) Google Play and the Google Play logo are trademarks of Google LLC.; (Badge Apple App Store) Apple and App Store are registered trademarks of Apple Inc.; **U4** Cornelsen/Anja Rosendahl, Daniel Meyer; (Nicos Weg Logo): © DW.com/nico;

S. 4 (Sterne, Aufgaben mit GeR-Bezug) Cornelsen/werkstatt für gebrauchsgrafik; **S. 5** (Filmstill 1–2) Cornelsen/Gunnar Rossow Cinematography; (Filmstill 3) © DW.com/nico; (PagePlayer-App Logo) Cornelsen/Raureif; (Badge Google Play) Google Play and the Google Play logo are trademarks of Google LLC.; (Badge Apple App Store) Apple and App Store are registered trademarks of Apple Inc.; **S. 6** (1) stock.adobe.com/EdNurg; (2) Shutterstock.com/Jonas Petrovas; (3) stock.adobe.com/benjaminnolte; (Theatermasken) Shutterstock.com/Oxy_gen; **S. 7** (4) stock.adobe.com/Eduard; (5) stock.adobe.com/holger.l.berlin; (6) stock.adobe.com/Fotowerk/hailey_copter; **S. 8** (7) © Bad Hersfelder Festspiele/S.Sennewald; (8) stock.adobe.com/StockPhotoPro; (9) Shutterstock.com/Dan Race; **S. 9** (10) Shutterstock.com/amenic181; (11) Shutterstock.com/Parinya; (12) Shutterstock.com/Corona Borealis Studio; **S. 10** (EU-Emblem) Shutterstock.com/Gil C; (Personen-Icon) Shutterstock.com/TotemArt; (Laptop-Icon) Shutterstock.com/Nadiinko; (Geld-Icon) Shutterstock.com/cve iv; (Lampen-Icon) stock.adobe.com/olkita; (Haus-, Doktorhut-Icon) Shutterstock.com/Iconic Bestiary; (unten links) stock.adobe.com/Maksym Povozniuk; (unten mittig) stock.adobe.com/Mangostar; (unten rechts) stock.adobe.com/Périg MORISSE/Production Perig; **S. 11** (oben links) stock.adobe.com/EdNurg; (Europakarte) Shutterstock.com/M.KOS; (Personen-Icon) stock.adobe.com/Maksim; **S. 12** (oben links) stock.adobe.com/contrastwerkstatt; **S. 14** (unten links) stock.adobe.com/miya227; **S. 16** (EU-Fahne) Shutterstock.com/Gil C; **S. 17** (links) stock.adobe.com/EdNurg; (a) stock.adobe.com/Mangostar; (b) stock.adobe.com/Périg MORISSE/Production Perig; (c) stock.adobe.com/Maksym Povozniuk; **S. 18** (Karopapier) Shutterstock.com/The_Pixel; (Foto) stock.adobe.com/contrastwerkstatt; **S. 19** (Icon 1) Shutterstock.com/creativepriyanka; (Icon 2–7) Shutterstock.com/Sergey Cherednichenko; **S. 20** (Foto) Shutterstock.com/Sophie Picard; **S. 22** (oben rechts) Cornelsen/Gunnar Rossow Cinematography; **S. 24** (oben rechts) Shutterstock.com/Jonas Petrovas; (oben links) Shutterstock.com/Kokulina; (Mitte links) Shutterstock.com/ALPA PROD; (unten rechts) Shutterstock.com/Anna Jurkovska; (unten links) stock.adobe.com/Luka; **S. 25** (oben links) Shutterstock.com/gnepphoto; (rechts oben) Shutterstock.com/Chris Cornish; (rechts unten) stock.adobe.com/fotopic; (Theatermasken) Shutterstock.com/Oxy_gen; **S. 26** (Beate Seidel) Deutsches Nationaltheater und Staatskapelle Weimar / Candy Welz; (Kopfhörer) Shutterstock.com/Alexander Lysenko; **S. 28** (Tschick) Rowohlt Taschenbuch Verlag; **S. 29** (Foto) „TSCHICK" Eine Inszenierung des Schauspiel Leipzig. Mit Mitgliedern des Theaterjugendclubs „Sorry, eh!" und des Schauspielensembles; von Wolfgang Herrndorf; Bühnenfassung von Robert Koall © Foto: Rolf Arnold; **S. 30** (oben) Cornelsen/VDL; (Parpierschnipsel) Shutterstock.com/STILLFX; **S. 31** (1) Shutterstock.com/Kokulina; (2) Shutterstock.com/ALPA PROD; (3) stock.adobe.com/Luka; **S. 32** (Porträtfoto) Deutsches Nationaltheater und Staatskapelle Weimar / Candy Welz; **S. 33** (a) stock.adobe.com/krasyuk; (b) stock.adobe.com/Studio Uphotopia/Kim Yang Won; (c) stock.adobe.com/Copyright: Dmitry Naumov; (d) stock.adobe.com/somemeans; (e) stock.adobe.com/T.S-Fotodesign; (f) stock.adobe.com/Taeksang; (g) Shutterstock.com/kedrov; (h) stock.adobe.com/Gordana Sermek; (i) stock.adobe.com/Veniamin Kraskov; (Frau) Shutterstock.com/mimagephotography; (Mann) Shutterstock.com/Ebtikar; **S. 35** (a) stock.adobe.com/Fotowerk/hailey_copter; (b) stock.adobe.com/Iakov Filimonov/JackF; (c) stock.adobe.com/Christian Schwier/Christian; (d) stock.adobe.com/Copyright: Sergey Novikov (serrnovik) ripicts.com; (e) stock.adobe.com/Halfpoint; (f) stock.adobe.com/Artem; (unten rechts) Cornelsen/Gunnar Rossow Cinematography; **S. 38** (Foto) stock.adobe.com/benjaminnolte; (Handschlag-Icon) stock.adobe.com/blankstock; **S. 39** (oben rechts) stock.adobe.com/Tatyana A. – tataks/Tatyana; (Mitte links) stock.adobe.com/auremar; (Mitte rechts) stock.adobe.com/mad_production; (Personen-Icon) stock.adobe.com/blankstock; **S. 40** (oben rechts) stock.adobe.com/Copyright 2008, Mike Watson Images Limited./moodboard; (Foto auf Website) stock.adobe.com/lassedesignen; **S. 41** (oben links) Shutterstock.com/Elnur; (oben rechts) stock.adobe.com/vectorich; **S. 42** (oben) stock.adobe.com/Tim Eckert/Tim; (Mitte) stock.adobe.com/pusteflower9024; **S. 45** (Handschlag-Icon) stock.adobe.com/blankstock; (Foto) Shutterstock.com/Bangkok Click Studio; **S. 46** (Fußball-Icon) Shutterstock.com/R Market Stock; (Foto auf Website) stock.adobe.com/lassedesignen; **S. 47** (Vereinslogo) stock.adobe.com/vectorich; (Filmstill, oben rechts) Cornelsen/Gunnar Rossow Cinematography; (1) Shutterstock.com/Mladen Zivkovic; (2) Shutterstock.com/Focus and Blur; (3) Shutterstock.com/matimix; (4) Shutterstock.com/Jacob Lund; **S. 48** (Andrej) Shutterstock.com/Rawpixel.com; (Lena) Shutterstock.com/wavebreakmedia; (Nesriin) Shutterstock.com/fizkes; **S. 50** (Paul) Shutterstock.com/Syda Productions; (Nora) Shutterstock.com/fizkes; (Miray) Shutterstock.com/kryzhov; (Tekla) Shutterstock.com/fizkes; (Sonja) Shutterstock.com/Monkey Business Images; (Friedrich) Shutterstock.com/lovelyday12; (Prakash) Shutterstock.com/AJP; (Tim) Shutterstock.com/Cookie Studio; (Nina) Shutterstock.com/Krakenimages.com; (Robert) Shutterstock.com/fizkes; (Antonio) Shutterstock.com/Luis Molinero; (Svetlana) Shutterstock.com/WAYHOME studio; **S. 53** (unten rechts) Shutterstock.com/Roman Samborskyi; **S. 54/55** (Hintergrund) Shutterstock.com/JSvideos; **S. 56** (Nicos Weg Logo, Filmstill) © DW.com/nico; (Motorroller) stock.adobe.com/creativeteam; (Smileys) stock.adobe.com/Ivan Kopylov; **S. 57** (Filmstills) © DW.com/nico; **S. 58** (Nicos Weg Logo, Filmstills) © DW.com/nico; **S. 60** (DACH-Karte) Cornelsen/Peter Kast; (Watt) stock.adobe.com/powell83; (Rhön) stock.adobe.com/Eduard; (Entlebuch) stock.adobe.com/MRG/ueuaphoto; (Kopfhörer) Shutterstock.com/Alexander Lysenko; **S. 61** (DACH-Karte) Cornelsen/Peter Kast; (Hände-Icon) Shutterstock.com/Marina Shevchenko; (Berge-Icon) Shutterstock.com/Tasha Vector; (Spreewald) stock.adobe.com/Konrad Maas/KMPhoto; (Wienerwald) stock.adobe.com/romanple; **S. 62** (1) stock.adobe.com/Nguyen Duc Quang; (2) stock.adobe.com/Patrick Daxenbichler; (3) stock.adobe.com/Patrick Daxenbichler; (4) stock.adobe.com/Biker; **S. 64** (oben links) stock.adobe.com/sutthinon602; (Mitte rechts) Shutterstock.com/riopatuca; (unten links) Shutterstock.com/DisobeyArt; **S. 66** (Foto) Shutterstock.com/Light Design Photo; **S. 67** (a) stock.adobe.com/Petair; (b) stock.adobe.com/Matthias; (c) stock.adobe.com/J.M. Image Factory; (d) stock.adobe.com/momentsoutside; (e) stock.adobe.com/animaflora; (unten rechts) stock.adobe.com/Werner Fellner; **S. 68** (oben rechts) Shutterstock.com/Alexander Grumeth; (unten links) stock.adobe.com/Zoran Zeremski; (unten rechts) Shutterstock.com/Monkey Business Images; **S. 69** (oben rechts) Cornelsen/Gunnar Rossow Cinematography; (a) Shutterstock.com/Juergen Faelchle; (b) Shutterstock.com/Marina Bakush; (c) Shutterstock.com/Asukanda; (d) Shutterstock.com/photopia; (e) Shutterstock.com/Bearok; (f) Shutterstock.com/makasana photo; (unten rechts) stock.adobe.com/refresh(PIX); **S. 70** (Foto) stock.adobe.com/loreanto; (Person-Icon, Haus-Icon, Rauchverbot-Icon) Shutterstock.com/DStarky; (Tasche-Icon) Shutterstock.com/davooda; (Standort-Icon, Sprechblase) Shutterstock.com/ANT 7; (Hund-Icon) Shutterstock.com/Kapreski; (Internet-Icon) Shutterstock.com/BARS graphics; **S. 71** (Foto) Shutterstock.com/Daniela Staerk; **S. 74** (Stifte) Shutterstock.com/feeling lucky; (Hintergrund) stock.adobe.com/Anhees; **S. 75** (Person-Icon) Shutterstock.com/WonderfulPixel; (Werkzeug-Icon, Klick-Icon) Shutterstock.com/FNDigital; (Haus -Icon) Shutterstock.com/90miles; (Foto) Shutterstock.com/IKO-studio; (Standort-Icon) Shutterstock.com/Grow studio; **S. 76** (Foto 1) Shutterstock.com/Erich Sacco; (Foto 2) Shutterstock.com/Paulo Vilela; (Foto 3) Shutterstock.com/AshTproductions; **S. 77** (Foto 1) stock.adobe.com/kuco; (Foto 2) stock.adobe.com/CupOfSpring; (Foto 3) Shutterstock.com/John-Fs-Pic; (Foto 4) Shutterstock.com/frescomovie; **S. 78** (Mitte) stock.adobe.com/holger.l.berlin; **S. 79** (Foto) MUNICH SUPERCREW; **S. 80** (Mitte) Shutterstock.com/Kanoktuch; (unten rechts) Shutterstock.com/IKO-studio; **S. 82** (Filmstill) Cornelsen/Gunnar Rossow Cinematography / Still enthält Abb. von (Katze) Shutterstock.com/bellena, (Wiese) Shutterstock.com/Andrii Siryi, (Gewürze) Shutterstock.com/Zolnierek, (Environment Poster) stock.adobe.com/Rawpixel.com; (Reisender-Icon) Shutterstock.com/Janis Abolins; **S. 84** (a) Shutterstock.com/Michael Rosskothen; (b) Shutterstock.com/Eky Studio; (c) Shutterstock.com/Olga Pink; (unten rechts) Shutterstock.com/Kunlaphat Raksakul; **S. 85** (unten rechts) stock.adobe.com/02 giugno 2015/nuvolanevicata; **S. 86** (Personen-Icon) Shutterstock.com; (Erdbeer-Icon) Shutterstock.com; (Brötchen-Icon) Shutterstock.com; (Boot-Icon) Shutterstock.com/davooda; (Sonne-Icon) Shutterstock.com; **S. 88** (Männchen-Icon) stock.adobe.com/valeriyakozoriz; (unten rechts) stock.adobe.com/emmi; (unten links) stock.adobe.com/Fotowerk/hailey_copter; (Hintergrund) stock.adobe.com/Alex Waltner/Alex; **S. 89** (Weihnachtsmarkttassen) stock.adobe.com/shosmikov; (Mandeln und Nüsse) stock.adobe.com/Ildi; (Chengdu-Weihnachtsmarkt) Shutterstock.com/BearFotos; (Manchester-Weihnachtsmarkt) stock.adobe.com/manuta; (Weihnachtspyramide) stock.adobe.com/Jan Christopher Becke/eyetronic; (Weihnachten-Icons) stock.adobe.com/valeriyakozoriz; (Hintergrund) stock.adobe.com/Alex Waltner/Alex; **S. 90** (Adventskranz) stock.adobe.com/cloudless; (oben links) stock.adobe.com/Krakenimages.com; (1) Shutterstock.com/Tiger Images; (2) stock.adobe.com/Kathrin39; (3) stock.adobe.com/Halfpoint; (4) stock.adobe.com/Sławomir Fajer; (5) stock.adobe.com/MclittleStock; (6) stock.adobe.com/golubovy; (7) stock.adobe.com/Gina Sanders/Erwin Wodicka; (8) stock.adobe.com/oranguta007; **S. 92** (1) stock.adobe.com/Photocreo Bednarek/www.photocreo.com; (2) stock.adobe.com/tsuguliev; (3) stock.adobe.com/Horváth Botond/Botond Horvath; (4) stock.adobe.com/

jo.pix; (Schneekugel) Shutterstock.com/koya979; **S. 93** (Noten) Kontrapunkt Satzstudio Bautzen; (Tannebaum) stock.adobe.com/Smileus; **S. 94** (a) stock.adobe.com/bilderhexchen; (b) Shutterstock.com/Maria Sbytova; (c) Shutterstock.com/VasiliyBudarin; (d) Shutterstock.com/Brent Hofacker; (e) Shutterstock.com/Ildi Papp; (f) Shutterstock.com/New Africa; **S. 96** (Adventskranz) Shutterstock.com/mapman; (Plätzchen) Shutterstock.com/Africa Studio; (Block) Shutterstock.com/iunewind; (Sternschnuppe-Icon) Shutterstock.com/wildfloweret; (Teig) Shutterstock.com/Vladimir Volodin; **S. 97** (Tannenbaum) Shutterstock.com/winyuu; **S. 98** (Filmstill) Cornelsen/Gunnar Rossow Cinematography; (Karopapier) Shutterstock.com/The_Pixel; **S. 100** (unten rechts) stock.adobe.com/Lawiesen; **S. 103** (Bratapfel) Shutterstock.com/JeniFoto; **S. 104/105** (Hintergrund) stock.adobe.com/Vahit Telli; **S. 106** (Nicos Weg Logo, Filmstill) © DW.com/nico; **S. 107** (Fotos) © DW.com/nico; **S. 108** (Nicos Weg Logo, Filmstill, Fotos) © DW.com/nico; (DW Logo) Deutsche Welle; **S. 110** (Kurhaus) Shutterstock.com/Sina Ettmer Photography; (Festspiele in der Stiftsruine) © Bad Hersfelder Festspiele/S.Sennewald; (Deutschlandkarte) Shutterstock.com/Nook Hok; (Lullusbrunnen) stock.adobe.com/Branko Srot; (Duden-Denkmal) Torsten Wiegand, Bad Hersfeld; (Lingplatz) stock.adobe.com/Jan Kirchner JHK Fotografie/jan3007; (Fußspuren) Shutterstock.com/Lovecta; **S. 110/111** (Hintergrund) stock.adobe.com/André Franke; **S. 112** (Duden-Cover und Auszüge) © 2020 Bibliographisches Institut GmbH (Duden), Berlin; (Urduden-Cover und Auszüge) Prof. Dr. Hermann Funk; **S. 113** (Konrad Duden) akg-images; **S. 114** (wortreich Logo und Foto) wortreich in Bad Hersfeld; **S. 116** (1) © Bad Hersfelder Festspiele/S.Sennewald; (2) stock.adobe.com/Branko Srot; (3) Shutterstock.com/Sina Ettmer Photography; (Lullusfest) Torsten Wiegand, Bad Hersfeld; **S. 118** (Filmstill) © DW.com/nico; **S. 120** (oben links) Shutterstock.com/Julia_585; (Fisch) Shutterstock.com/a9photo; (Fleisch) Shutterstock.com/PhotoEd; (unten links) Shutterstock.com/Norbert Braun; **S. 121** (Mitte rechts) wortreich in Bad Hersfeld; (1) Shutterstock.com/Heru Anggara; (2) Shutterstock.com/WAYHOME studio; (3) Shutterstock.com/WAYHOME studio; (4) Shutterstock.com/Krakenimages.com; **S. 122** (Filmstill) Cornelsen/Gunnar Rossow Cinematography; **S. 124** (Parvati) stock.adobe.com/Seventyfour; (Christoph) stock.adobe.com/Robert Kneschke; (Merle) stock.adobe.com/StockPhotoPro; (Jan) stock.adobe.com/Gorodenkoff Productions OU; **S. 125** (Kopfhörer) Shutterstock.com/Alexander Lysenko; **S. 127** (Foto) stock.adobe.com/fizkes; **S. 129** (1) stock.adobe.com/Racle Fotodesign; (2) stock.adobe.com/pressmaster; (3) Shutterstock.com/ALPA PROD; (4) stock.adobe.com/Dan Race; **S. 130** (1) Shutterstock.com/G-Stock Studio; (2) Shutterstock.com/Rido; (3) Shutterstock.com/Ikonoklast Fotografie; (4) Shutterstock.com/Africa Studio; (5) Shutterstock.com/Antonio Guillem; (6) Shutterstock.com/Tyler Olson; (7) Shutterstock.com/Iakov Filimonov; (Parvati) stock.adobe.com/Seventyfour; (Christoph) stock.adobe.com/Robert Kneschke; (Merle) stock.adobe.com/StockPhotoPro; (Jan) stock.adobe.com/Gorodenkoff Productions OU; **S. 131** (Foto) Shutterstock.com/Roman Samborskyi; **S. 134** (oben rechts) Shutterstock.com/Nenad Aksic; (Mitte rechts) stock.adobe.com/fizkes; **S. 135** (oben rechts) Cornelsen/Gunnar Rossow Cinematography; **S. 136** (Foto) Shutterstock.com/ESB Professional; **S. 138** (Aktion Mensch Logo) Aktion Mensch e.V.; (Foto) Shutterstock.com/Dan Race; (Sport-Icons) stock.adobe.com/rashadaliyev; **S. 139** (Foto) stock.adobe.com/Mak; (Medaillen-Icon) Shutterstock.com/notbad; **S. 140** (1) stock.adobe.com/ANDRII BILETSKYI/bilanol; (2) Shutterstock.com/Mumemories; (3) Shutterstock.com/TairA; (4) Shutterstock.com/zoff; **S. 141** (unten links) Shutterstock.com/Photo Win1; **S. 142** (Foto) Shutterstock.com/Kzenon; **S. 143** (oben links) Shutterstock.com/Axel_Kock; (Schnecke) Shutterstock.com/Oksana Zavadskaya; **S. 144** (Foto) Shutterstock.com/Dan Race; **S. 145** (a, d) stock.adobe.com/rashadaliyev; (b, c, e) Shutterstock.com/Leremy; (f) Shutterstock.com/Leremy; (g) stock.adobe.com/rashadaliyev; (h) Shutterstock.com/Mr. Rashad; (i) Shutterstock.com/K3Star; (j) Shutterstock.com/Leremy; **S. 146** (Silhouette) Shutterstock.com/Viktorija Reuta; (unten links) Shutterstock.com/Gino Santa Maria; **S. 147** (oben links) stock.adobe.com/E. Zacherl; (unten rechts) Shutterstock.com/worldvectors; **S. 148** (Bilderrahmen) Shutterstock.com/Seeker1983; (gerahmte Schrift) Shutterstock.com/AnnHirna; **S. 149** (A) stock.adobe.com/Aleksej; (B) stock.adobe.com/EyeEm/suriyapong koktong; (C) Shutterstock.com/SmartPhotoLab; (D) stock.adobe.com/Photographee.eu; **S. 150** (Warnzeichen) Shutterstock.com/Adisak Panongram; (unten rechts) Cornelsen/Gunnar Rossow Cinematography; **S. 153** (unten rechts) Cornelsen/Inhouse; **S. 154/155** (Hintergrund) Shutterstock.com/Richman21; **S. 156** (Nicos Weg Logo, Filmstills) © DW.com/nico; (Zirkel-Icon) Shutterstock.com/RaulAlmu; (Zoohandlung-Icons) Shutterstock.com/SNicky; (Fahrschule-Logo) Shutterstock.com/Kilroy79; **S. 157** (Filmstill) © DW.com/nico; (Erdkugel) Shutterstock.com/ixpert; (unten) stock.adobe.com/Siberian Art; **S. 158** (Nicos Weg Logo, Filmstills) © DW.com/nico; (DW Logo) Deutsche Welle; **S. 160** (Foto) Shutterstock.com/amenic181; (Kaffeebohne-Icon) Shutterstock.com/alionaprof; (Tasse-Icon) Shutterstock.com/kornn; **S. 161** (Kaffee 1) stock.adobe.com/Danko Natalya/nndanko; (Kaffee 2) stock.adobe.com/Kondratova Ekaterina/nblxer; (Kaffee 3) Shutterstock.com/Ruslan Semichev; (Kaffee 4) Shutterstock.com/pick; **S. 162** (a) stock.adobe.com/rdnzl; (b) stock.adobe.com/svitlini; (c) stock.adobe.com/hectorfabio; (d) stock.adobe.com/Rawf8; (e) stock.adobe.com/MICROGEN@GMAIL.COM/Microgen; **S. 163** (Malik) stock.adobe.com/Krakenimages.com; (Evelina) stock.adobe.com/Rawpixel Ltd./Rawpixel.com; **S. 164** (oben rechts) stock.adobe.com/Javier Sánchez Mingorance/javiindy; (Steffi) stock.adobe.com/pikselstock; (Café Musli) stock.adobe.com/kichigin19; **S. 166** (Foto) stock.adobe.com/Nomad_Soul; **S. 167** (Foto) stock.adobe.com/Creativemarc; **S. 168** (Foto) stock.adobe.com/Gerhard Seybert, all rights reserved; **S. 169** (Foto) stock.adobe.com/weixx; **S. 171** (oben rechts) stock.adobe.com/pikselstock; (Kaffee) stock.adobe.com/Danko Natalya/nndanko; (Filmstill unten rechts) Cornelsen/Gunnar Rossow Cinematography / Still enthält Abb. von (Kaffee-Icon) Shutterstock.com/visualrocks, (Hafer) Shutterstock.com/ifong, (grünes Label) Shutterstock.com/Pavlo S; **S. 172** (Foto) Shutterstock.com/Dean Drobot; **S. 175** (Porzellan) Shutterstock.com/Tobik; (Jeans) stock.adobe.com/setthaphat; (Eis) Shutterstock.com/Parinya; (Röntgenbild) Shutterstock.com/LuYago; (Tesafilm) Shutterstock.com/MAKSYM SUKHENKO; (Streichhölzer) Shutterstock.com/New Africa; (Klettverschluss) Shutterstock.com/raksapon; (Currywurst) Shutterstock.com/stockcreations; **S. 176** (Filmstills) Cornelsen/Gunnar Rossow Cinematography; **S. 177** (Kletten) Shutterstock.com/Nehris; (Verbotszeichen) Shutterstock.com/Arcady; **S. 178** (Foto 1) stock.adobe.com/Gorodenkoff Productions OU; (Foto 2) stock.adobe.com/alfa27; (Foto 3) stock.adobe.com/engel.ac; (Foto 4) stock.adobe.com/BalanceFormCreative; **S. 179** (T-Shirt) stock.adobe.com/Naypong Studio; (Föhn) Shutterstock.com/dmytro herasymeniuk; (Wärmflasche) stock.adobe.com/Asier; (Schokolade) stock.adobe.com/Racamani; **S. 181** (Teebeutel) Shutterstock.com/nuu_jeed; (Zahnpasta) Shutterstock.com/New Africa; (Aspirin) Shutterstock.com/Shane Maritch; **S. 182** (Kaffeefilter) Shutterstock.com/Farknot Architect; (Grace Hopper) mauritius images/Science Source; **S. 184** (Foto) Shutterstock.com/Fotos593; **S. 185** (oben rechts) Shutterstock.com/Syda Productions; (Mitte rechts) Cornelsen/Gunnar Rossow Cinematography; **S. 186** (Tablet) Shutterstock.com/CLIPAREA l Custom media; **S. 188** (Passenger Drone) Shutterstock.com/Chesky; (Landeplatz) Shutterstock.com/Corona Borealis Studio; **S. 189** (Roboter) Shutterstock.com/Phonlamai Photo; (Kristallkugel-Icon) Shutterstock.com/Kamil Abbasov; (unten links) Shutterstock.com/Corona Borealis Studio; **S. 190** (Albert Einstein) Shutterstock.com/art_rj; **S. 191** (unten rechts) Shutterstock.com/Redshinestudio; **S. 192** (Kassette) Shutterstock.com/aopsan; (Ohrring) Shutterstock.com/Photo Win1; (Schlüssel) Shutterstock.com/yamix; (Ticket) Shutterstock.com/infografick; (Taschenrechner) Shutterstock.com/Vitaly Korovin; (Zauberwürfel) Shutterstock.com/JIANG HONGYAN; **S. 194** (Passenger Drone) Shutterstock.com/Chesky; **S. 195** (1) Shutterstock.com/Ekaterina Pokrovsky; (2) Shutterstock.com/A_stockphoto; (3) Shutterstock.com/Phonlamai Photo; (4) Shutterstock.com/aappp; (5) Shutterstock.com/liewluck; (6) Shutterstock.com/fizkes; **S. 196** (Standuhr) Shutterstock.com/Roman Belogorodov; **S. 197** (Kuchenstück) Shutterstock.com/Sudowoodo; (Filmstill) Cornelsen/Gunnar Rossow Cinematography / Still enthält Abb. von (Skyline-Illu) Shutterstock.com/BibiDesign, (Steg) Shutterstock.com/Amir Bajric, (Schildkröte) Shutterstock.com/Shane Myers Photography, (UK-Karte) stock.adobe.com/Nata Savina; (Taschenuhr) Shutterstock.com/Varavin88; **S. 198** (Foto) stock.adobe.com/Lapping Pictures; **S. 202** (Würfel) Shutterstock.com/igra.design; (Spielfiguren) Shutterstock.com/MichaelJayBerlin; (Narrenkappe) Shutterstock.com/Panda Vector; (Regenbogen-Icon) Shutterstock.com/Jambronk; (Feuerwerk-Icon) Shutterstock.com/lantapix; **S. 204/205** (Hintergrund) stock.adobe.com/GD schaarschmidt; **S. 210** (Nicos Weg Logo, Filmstills) © DW.com/nico; **S. 211** (Smiley) stock.adobe.com/Ivan Kopylov; (Zweiradmechatroniker) Shutterstock.com/FXQuadro; (Filmstills) © DW.com/nico; **S. 212** (Nicos Weg Logo, Filmstill) © DW.com/nico; (DW Logo) Deutsche Welle; **S. 217** (Papierhintergrund) Shutterstock.com/alwaysloved afilm; **S. 218** (Papierhintergrund) Shutterstock.com/alwaysloved afilm; **S. 219** (Papierhintergrund) Shutterstock.com/alwaysloved afilm; **S. 220** (Papierhintergrund) Shutterstock.com/alwaysloved afilm; (Gänsebraten) Shutterstock.com/Alexander Raths; **S. 226** (Mitte) Shutterstock.com/Visual Generation; **S. 227** (oben) Shutterstock.com/Nowik Sylwia; **S. 230** (Foto) stock.adobe.com/wodicka@aon.at/Erwin Wodicka/Gina Sanders; **S. 231** (oben links) Shutterstock.com/wavebreakmedia; (Verkehrsschild) stock.adobe.com/fotomek; **S. 232** (Foto) Shutterstock.com/AnnaStills; **S. 234** (Foto) stock.adobe.com/RRF; **S. 238** (wortreich Logo) wortreich in Bad Hersfeld; **S. 239** (oben links) Shutterstock.com/koya979; (oben rechts) stock.adobe.com/jo.pix; **S. 241** (Foto) Shutterstock.com/Jacob Lund; **S. 242** (Orangensaft) Shutterstock.com/Wildeside

Textquellenverzeichnis
S. 28 Wolfgang Herrndorf, Tschick © 2010, Rowohlt · Berlin Verlag GmbH, Berlin; **S. 54** Erich Fried: Liebesgedichte. Verlag Klaus Wagenbach GmbH, Berlin; **S. 104** Keto von Waberer; **S. 154** Lydia Dimitrow; **S. 206/207** Ilse Aichinger, Das Fenster-Theater. Aus: dies., Der Gefesselte. © S. Fischer Verlag GmbH, Frankfurt am Main 1954.